"十四五"职业教育国家规划教材　　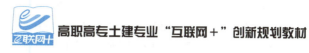高职高专土建专业"互联网+"创新规划教材

建筑工程经济

第三版

主　编◎胡六星　赵小娥
副主编◎胡芳珍　吴　迪
参　编◎曾福林　金　昱　唐茂华
　　　　李　露　赵　玲　陈白兰
　　　　张　弛　卓如彩　左　宇

内容简介

本书系统地介绍了建筑工程经济的基本原理和方法及其在建设工程项目中的应用，按照建设项目投资分析的基本过程编排，系统性强。本书内容主要包括课程绪论、建筑产品及建筑业、建设项目可行性研究前期工作、建设项目经济分析与评价、价值工程、建筑工程经济在建设工程项目中的应用、建设项目经济评价案例等。

本书可作为高职高专院校工程造价、建筑工程管理、建筑工程技术、建筑设计技术、建筑设备等专业的教材和参考书，也可作为从事建筑工程项目管理的工程技术人员的参考用书，还可为参加建筑行业的从业和执业资格证书考试的人员提供重要参考。

图书在版编目（CIP）数据

建筑工程经济/胡六星，赵小娥主编. —3 版. —北京：北京大学出版社，2023.1
高职高专土建专业"互联网+"创新规划教材
ISBN 978-7-301-32793-7

Ⅰ.①建… Ⅱ.①胡… ②赵… Ⅲ.①建筑经济学—工程经济学—高等职业教育—教材 Ⅳ.①F407.9

中国版本图书馆 CIP 数据核字（2021）第 273678 号

书　　　名	建筑工程经济（第三版） JIANZHU GONGCHENG JINGJI（DI-SAN BAN）
著作责任者	胡六星　赵小娥　主编
策 划 编 辑	杨星璐　刘健军
责 任 编 辑	于成成
数 字 编 辑	蒙俞材
标 准 书 号	ISBN 978-7-301-32793-7
出 版 发 行	北京大学出版社
地　　　址	北京市海淀区成府路 205 号　100871
网　　　址	http://www.pup.cn　新浪微博：@北京大学出版社
电 子 信 箱	pup_6@163.com
电　　　话	邮购部 010-62752015　发行部 010-62750672　编辑部 010-62750667
印 刷 者	河北文福旺印刷有限公司
经 销 者	新华书店 787 毫米×1092 毫米　16 开本　22 印张　528 千字 2012 年 8 月第 1 版　2014 年 9 月第 2 版 2023 年 1 月第 3 版　2023 年 7 月第 2 次印刷
定　　　价	59.00 元

未经许可，不得以任何方式复制或抄袭本书之部分或全部内容。
版权所有，侵权必究
举报电话：010-62752024　电子信箱：fd@pup.pku.edu.cn
图书如有印装质量问题，请与出版部联系，电话：010-62756370

第三版前言

"建筑工程经济"是建筑类专业的一门专业基础课程,是适应市场经济的需要而产生的一门技术、经济科学和建筑科学相互渗透的边缘学科。通过本课程的学习,学生可养成建筑工程技术人员与经济管理人员必须具备的经济意识,增强经济观念,从而能运用建筑工程经济的基本知识、基本理论和基本技能,以市场为前提、经济为目的、技术为手段,对多种投资方案进行经济评价、比较、选优,基本具备建筑工程经济分析和评价的能力。

本书融入"培育和践行社会主义核心价值观,弘扬与培养求真务实、认真严谨、实事求是、精益求精的'工匠精神'"等课程思政元素和党的二十大报告内容,同时根据高职高专教学的特点和要求,结合当前建筑类专业人才培养目标在第二版的基础上进行改编。本书有如下特点。

(1)坚持"以应用为目的,专业理论知识以必需、够用为度"的原则,以任务引领、"提出问题—分析问题—解决问题"为主线,力图为学生提供建筑工程经济的基本理论与应用技能。

(2)兼顾土建施工及工程管理类各专业课程设置情况,按照项目课程的核心理念,突破了原有相关教材的知识体系。本书以建设工程项目(建筑产品)为对象,围绕项目建设中投资分析的程序而展开。全书内容组织合理、逻辑性强,较好地解决了目前建设类高职院校"建筑工程经济"课程教学教材短缺或不适用的问题,适用于土建施工及工程管理类技术经济专业人才的培养。

(3)以职业能力培养为目标,尽可能将执业资格内容课程化。本书紧扣当前土建施工及工程管理类各专业执业资格考试大纲规定的工程经济方面的知识点和能力点,以适应学生获得相应从业和执业资格证书的学习要求。

除此之外,本书在以下方面还做了改进。

(1)进一步完善全书的结构体系,使之更具有高职教育特色、更符合高职学生认知与学习规律,减少了理论内容的阐述,增加了注重应用方面的案例与习题。

(2)生产中的新知识、新技术、新工艺、新方法不断出现,如国家财税制度的改变、相应评价参数的调整等,据此对全书的内容进行了更新。

(3)在内容组织上更充分体现"以学生为主体、以教师为主导"的"教、学、做合一"的教学思想,注重全书案例的实用性和可操作性,做到理实一体化。

(4)将课程建设成果补充到教材资源库中,进一步完善立体化教学资源库,本书除配备电子教案、课件外,还已完成配套的课后习题及试题库的建设。

本书的课堂教学时间约为70学时,课程设计为1~2周。本书在课程内容和课程设计的安排上,都留有余地,使用时可根据专业设置等实际情况进行取舍。课程教学内容及课时分配建议见下表。

课程教学内容及课时分配

工学单元模块		参考学时
模块名称	模块内容描述	
模块1　课程绪论	课程性质、研究对象、研究任务、学习方法	2
模块2　建筑产品及建筑业	建筑产品的内涵、特点，建筑业及建筑市场的内涵	建议以自学为主，不占课堂教学时间
模块3　建设项目可行性研究前期工作	建设项目资金筹措	4
	市场研究	4
模块4　建设项目经济分析与评价	资金时间价值	6
	单方案经济效果评价	6
	多方案经济效果评价	4
	建设项目财务评价	6
	建设项目国民经济评价	2
	可行性研究及报告编制	2
模块5　价值工程	价值工程理论及案例分析	6
模块6　建筑工程经济在建设工程项目中的应用	建筑工程经济在建筑设计、施工方案技术经济分析与评价中的应用、设备更新方案的选择与分析	4
模块7　建设项目经济评价案例	某建设项目财务评价（根据专业培养目标另作安排）	24
合　　计		70

　　本书由湖南城建职业技术学院胡六星和赵小娥担任主编，由武汉城市职业技术学院胡芳珍、湖南城建职业技术学院吴迪担任副主编。具体编写分工如下：湖南城建职业技术学院张弛编写模块1；吉首大学21级风景园林2班金昱编写模块2；胡芳珍编写模块3和模块4中的4.6；赵小娥编写模块4中的4.1~4.3和附录部分；湖南城建职业技术学院卓如彩编写模块4中的4.4；湖南城建职业技术学院唐茂华编写模块4中的4.5；吴迪编写模块5；湖南城建职业技术学院曾福林编写模块6；湖南城建职业技术学院李露编写模块7；湖南城建职业技术学院赵玲、陈白兰提供案例素材，企业专家左宇给全书案例部分的编写提供建议。全书由胡六星和赵小娥统稿。

　　本书第一版由胡六星和赵小娥担任主编，胡芳珍和湖南城建职业技术学院景玉华担任副主编。本书第二版由胡六星和赵小娥担任主编，胡芳珍、唐茂华、曾福林担任副主编，吴文辉、梁列芬、左宇、张弛、丁梦茹担任参编。

　　本书在编写、修订过程中，参考和引用了国内外的文献资料，在此谨向原作者表示衷心的感谢。

　　由于编者水平有限，本书难免存在不足和疏漏之处，敬请各位读者批评指正。

资源索引

编　者

2022年8月

目 录

模块 1　课程绪论 ··· 001
　　思考与练习 ··· 006

模块 2　建筑产品及建筑业 ··· 007
　　2.1　建筑产品 ·· 009
　　思考与练习 ··· 018
　　2.2　建筑业 ··· 019
　　思考与练习 ··· 025

模块 3　建设项目可行性研究前期工作 ·· 027
　　3.1　建设项目资金筹措 ··· 029
　　思考与练习 ··· 045
　　3.2　市场研究 ·· 047
　　思考与练习 ··· 076

模块 4　建设项目经济分析与评价 ·· 078
　　4.1　资金时间价值 ··· 080
　　思考与练习 ··· 097
　　4.2　单方案经济效果评价 ·· 099
　　思考与练习 ··· 115
　　4.3　多方案经济效果评价 ·· 117
　　思考与练习 ··· 132
　　4.4　建设项目财务评价 ··· 134
　　思考与练习 ··· 172
　　4.5　建设项目国民经济评价 ··· 174
　　思考与练习 ··· 185
　　4.6　可行性研究及报告编制 ··· 186
　　思考与练习 ··· 206

模块 5　价值工程 ··· 208
　　5.1　价值工程理论与研究 ·· 210
　　思考与练习 ··· 232
　　5.2　价值工程应用案例分析 ··· 234
　　思考与练习 ··· 239

| 模块 6 | 建筑工程经济在建设工程项目中的应用 | 241 |

6.1 建筑工程经济在建筑设计、施工方案技术经济分析与评价中的应用 ············ 243
思考与练习 ·········· 264
6.2 设备更新方案的比选 ·········· 265
思考与练习 ·········· 275

| 模块 7 | 建设项目经济评价案例 | 277 |

7.1 项目概述 ·········· 278
7.2 基础数据 ·········· 278
7.3 财务评价 ·········· 283
7.4 国民经济评价 ·········· 299
7.5 评价结论 ·········· 311
7.6 主要方案比较 ·········· 311

| 附录 | 复利系数表 | 314 |

| 参考文献 | | 346 |

模块 1　课 程 绪 论

　　现代科学技术的发展有两个特点：①向纵深发展，形成许多分支科学；②向广度进军，形成许多边缘学科。建筑工程经济就是介于自然科学和社会科学之间的边缘学科，是根据现代科学技术和社会经济发展的需要，在自然科学和社会科学的发展过程中，互相渗透，互相促进，逐渐形成和发展起来的，也是技术学和经济学的边缘学科。在这门学科中，经济处于支配地位，因此，它属于应用经济学，即经济学在建设行业中的应用。

教学目标

知识目标：
（1）初步了解"建筑工程经济"课程的性质、研究对象和研究任务；
（2）掌握本课程的指导思想、主要内容、学习方法。

能力目标：
（1）能认识"建筑工程经济"课程的性质、研究对象和研究任务；
（2）能熟悉本课程的主要内容、学习方法。

思维导图

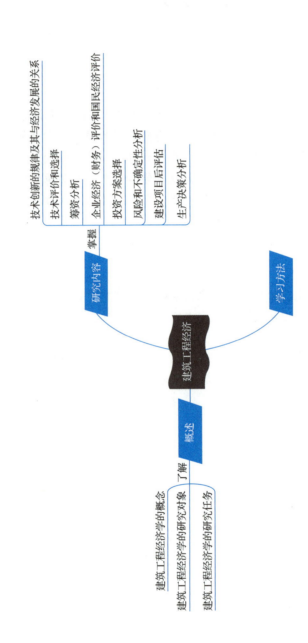

任务引入

在学习新课程之前,最重要的是了解该课程的主要内容、性质、研究对象、研究任务,并掌握课程的学习方法。

相关知识

下面介绍"建筑工程经济"课程的相关知识。

1. 建筑工程经济学概述

1) 建筑工程经济学的概念

工程技术经济学是研究工程技术与经济的关系,以及技术经济活动规律的科学,是利用经济学的理论和分析方法,研究如何有效地在各种技术之间配置资源,寻求技术和经济最佳结合的学科。工程技术经济学有许多分支,如工业技术经济、农业技术经济、运输技术经济、能源技术经济、建筑技术经济等。建筑工程经济学是工程技术经济学的理论和方法在建筑工程技术政策和技术方案中的具体应用。

2) 建筑工程经济学的研究对象

目前,建筑工程经济学得到了很大发展,但是,对于建筑工程经济学的研究对象却存在着不同的认识。归纳起来主要有四种观点:①研究技术方案、技术政策、技术规划和技术措施等经济效果,通过经济效果的计算以求找到最好的技术方案;②研究技术与经济的关系以达到技术与经济的最佳结合;③研究生产、建设中各种技术经济问题;④研究技术因素与经济因素的最佳结合。

综上所述,具体来说,建筑工程经济学的具体研究对象是技术方案、技术政策、技术规划和技术措施等技术实践活动中的经济效果问题。

人们在社会生产活动中可利用的资源相对于人们的需要而言总是有限的,因此,如何最有效地利用各种资源,满足人类社会不断增长的物质文化生活的需要是经济学研究的一个基本问题,也是技术实践活动的基本目标。

经济效果是人们在使用技术的社会实践中所得与所费的比较。人们的社会实践是多方面的,它可以是技术政策的制定,也可以是技术规划的制定;可以是生产实践活动,还可以是非生产实践活动。人们从事各种活动都有一定的目的,都会产生一定的效果。由于各种技术实践活动的性质和物质环境不同,因此会取得不同性质的技术效果,如生产效果、军事效果、环境效果、艺术效果、政治效果、社会效果等。但无论从事哪种技术实践活动,都要通过经济环境取得投入物和销售产出物,在特定环境下以货币计量的一定资源消耗和社会有用成果的对比分析就是经济效果评价。

经济效果可用效率型指标表示,计算公式为

$$经济效果 = 效益/费用$$

或用价值型指标表示为

$$经济效果 = 效益 - 费用$$

经济效果和技术效果是密不可分的,经济效果包含技术效果。当经济利润为正时,生产率越高,经济效果就越好;在技术效果一定的情况下,产品或服务带给人们的边际效用越大,经济效果就越好。

对技术实践活动的经济效果进行研究,在我国建设项目的前期决策中已得到广泛的应用,特别是引进了西方的投资项目可行性研究后,更加丰富了经济效果的理论。所谓可行性研究,就是在市场调查的基础上,准确地估计项目的所得与支出,科学地计算项目的效益和费用,通过财务分析和国民经济分析,对各种建设项目的技术可行性和经济合理性进行综合评价。可行性研究的引入,使技术实践活动的经济效果提高到了一个新的水平。

建筑工程经济学还要研究如何用最低的寿命周期成本实现产品、作业或服务的必要功能,通过对物质环境的功能分析、功能评价和功能创新,寻求提高经济效果的途径与方法。

世界上第一辆汽车是在19世纪80年代制造的,由于生产成本太高,在相当长一段时间内仅是贵族的一种玩物。后来,经过亨利·福特的努力,使每辆车的售价降到1 000~1 500美元,进而又降至850美元,到1916年甚至降到360美元。这为汽车的广泛使用创造了条件,最终使汽车工业成为美国经济的一大支柱,汽车工业的发展又推动了钢铁、石油、橡胶等一系列工业产品的发展,极大地改变了人类的生活方式。这一事例说明,在保证实现产品(作业、服务)必要功能的前提下,不断追求更低的寿命周期成本,是提高经济效果的重要渠道,对于社会经济的发展具有重要意义。

3)建筑工程经济学的研究任务

建筑工程经济学研究的中心问题,就是建筑工程技术发展中的经济效益问题。其主要任务包括:①选择技术上先进、适用和可靠,经济上合理的建设方案;②为国家和建设部门制定建筑技术方案、技术政策、技术规划和技术措施提供经济依据;③为建筑技术的不断创新设计合理的运行机制。

知识链接

工程、经济、技术基本概念

绿色机场

一项工程能被接受的条件仅仅是具备技术上的可行性与经济上的合理性吗?

答案是否定的,近年来我们国家越来越重视生态环境的保护,要坚持人与自然和谐共生。党的二十大报告指出了,大自然是人类赖以生存发展的基本条件。尊重自然、顺应自然、保护自然,是全面建设社会主义现代化国家的内在要求。必须牢固树立和践行绿水青山就是金山银山的理念,站在人与自然和谐共生的高度谋划发展。可见工程项目的建设也不例外,不能以牺牲环境为代价,必须以保护生态环境为前提。

2. 建筑工程经济学的研究内容

建筑工程经济学的研究内容主要包括以下几个方面。

1)研究技术创新的规律及其与经济发展的关系

探求如何建立和健全技术创新的机制,研究技术创新的规律及其与经济发展的关系,为制定有关的经济政策和技术政策提供理论依据。

2）技术评价和选择

为了实现一定的经济目标，要考虑客观因素的制约，对各种可能使用的技术手段进行分析、评价和比较，选取最佳方案。因此，需要研究各种客观条件如何影响技术选择，如何对技术手段进行分析、评价和比较，从而选取最佳方案。

3）筹资分析

随着社会主义市场经济体制的建立，建设项目资金来源多元化已成为必然。因此，要研究在社会主义市场经济体制下，如何建立筹资主体和筹资机制，如何分析各种筹资方式的成本和风险。

4）企业经济（财务）评价和国民经济评价

任何一项投资都必须讲求经济效益，经济效益包括企业经济效益和国民经济效益。因此，要对企业经济效益和国民经济效益进行科学评价。

5）投资方案选择

投资项目往往具有多个方案，分析多个方案之间的关系，进行多方案选择是建筑工程经济学研究的重要内容。

6）风险和不确定性分析

任何一项经济活动，由于各种不确定性因素的影响，会使期望的目标与实际状况发生差异，可能造成经济损失。为此，需要识别和估计风险，进行不确定性分析。

7）建设项目后评估

项目后评估是在项目建成后，衡量和分析项目的实际情况与预测情况的差距，为提高项目投资效益提出对策、措施。因此，需要研究怎样进行建设项目后评估，采用什么样的方法和指标。

8）生产决策分析

在社会主义市场经济体制下，企业如何根据市场结构和需求的变化作出最佳的生产决策也是建筑工程经济学研究的重要内容。

3．建筑工程经济学的学习方法

我国经济建设的新形势和新任务对工程技术人才的培养提出了更高的要求。未来新型的建筑师和工程师，应当既精通专业技术，又具有经济头脑；既善于科学思维，又掌握技术经济论证的理论和方法；不仅能够做到"精心设计、精心施工"，还能在建筑生产活动中少花钱、多办事，取得良好的经济效益。因此，建筑工程经济学就成为建筑工程相关专业的必修课程之一。

在我国，建筑工程经济学的基本理论、分析方法都还不成熟，需要不断地开发和充实。因此，要求我们在学习的过程中，不唯书、不唯上，勤于思考，勇于探索，努力实践，开拓新的研究领域、摸索好的学习方法。

建筑工程经济学是一门政策性和思想性较强的应用学科，学习中必须以辩证唯物主义和历史唯物主义的原理为指导，党的二十大报告指出，坚持运用辩证唯物主义和历史唯物主义，才能正确回答时代和实践提出的重大问题，认真学习党和国家有关经济建设和建筑业的指导思想、方针政策，要不断总结并推行我国建筑工程经济工作中行之有效的理论和方法，要从我国的国情出发，学习借鉴国外技术经济分析的理论和方法，切忌生搬硬套，要在"消化"上下功夫。

1. 建筑工程经济学的研究对象和任务是什么？
2. 建筑工程经济学的主要研究内容是什么？

模块 2　建筑产品及建筑业

在日常生活中,建筑产品无处不在,围绕建筑产品开展的一系列生产活动,形成了庞大的建筑行业,支撑着整个国民经济。

教学目标

知识目标:
(1) 熟悉建筑产品的含义、特点、分类;
(2) 掌握建筑产品的价格、成本的构成,降低成本、提高利润的途径;
(3) 熟悉建筑业的范围、特点、作用,固定资产的定义、分类,基本建设的定义、分类、程序;
(4) 掌握固定资产的价值、折旧,固定资产、基本建设与建筑业的关系。

能力目标:
(1) 能认识建筑产品、建筑业、固定资产、基本建设;
(2) 会对建筑产品的价格、成本、利润进行分析,从而知晓如何提高建筑企业的利润。

思维导图

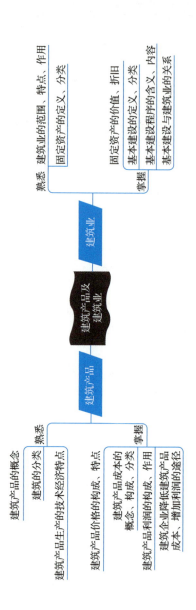

2.1 建筑产品

引言

作为国民经济中独立的物质生产部门,建筑业向社会提供自己的产品。建筑产品是社会总产品中的重要组成部分。与国民经济其他物质生产部门的产品相比,建筑产品无论是在实物形态方面,还是在价值形态和功能目的等方面,都具有显著的特征。正是由于建筑产品所具有的这些特征,才使得建筑经济运动具有特殊的规律性。因此,分析研究建筑产品的性质、技术和经济特征,不仅是进一步研究建筑生产活动经济问题的基础,也是研究整个建筑经济运动规律的基础,其是建筑工程经济学研究的重要内容之一。

2.1.1 认识建筑产品

■ 任务引入

建筑产品是人们日常生活的必需品,但是其又不同于一般商品,因此建筑产品在建造及使用过程中,施加在建筑产品上的资金及其对市场经济的影响,都不同于一般商品。下面以日常生活中最简单的房屋建筑为例,从其形成过程中总结建筑产品的共同规律,明确其理论描述方法,掌握解决之道。

■ 相关知识

1. 建筑产品的概念

建筑产品包括广义的建筑产品和狭义的建筑产品。

1) 广义的建筑产品

广义的建筑产品是指建筑业向社会所提供的具有一定功能、可供人类使用的土木工程和附属设施工程,线路管道和设备安装工程及装饰装修工程。这个定义包含土木建筑产品、线路管道和设备安装产品、装饰装修产品三大部分。土木建筑产品的内容非常广泛,包括房屋建筑工程、交通工程、水利工程、电力工程、矿山工程、冶炼工程、化工工程、市政工程、通信工程等。线路管道和设备安装产品及装饰装修产品的内容也非常广泛,限于篇幅这里不做详细叙述。

2) 狭义的建筑产品

狭义的建筑产品是指建筑业向社会所提供的具有一定功能、可供人类使用的房屋建筑工程、附属设施工程,以及与其配套的线路管道和设备安装工程。这个定义包含房屋建筑产品、附属设施产品、线路管道和设备安装产品三个部分。

(1) 房屋建筑产品,即各类房屋建筑工程,一般是指具有顶盖、梁柱、墙壁、基础,以及能够形成内部活动空间,满足人们生产、生活所需功能的工程实体,包括民用住宅建筑、工业建筑、商业旅游建筑、文教卫生体育建筑、公共建筑等。

(2)附属设施产品是指与房屋建筑工程共同发挥作用的各类附属设施工程,包括水塔、烟囱、区内道路、停车场、污水处理、涵洞等设施。这些设施本身并不具备独立发挥作用的功能,必须和房屋建筑共同使用,其功能才能得到发挥。附属设施中有相当一部分没有内部活动空间,习惯上又把没有内部活动空间的工程称为构筑物。

(3)线路管道和设备安装产品是指与房屋建筑工程配套的各类线路、管道、设备(含电梯)安装工程等,不包括独立施工的专业设备安装工程。

显然,狭义的建筑产品是围绕房屋建筑工程及配套的线路管道和设备安装工程定义的,所以通常又将这类建筑产品称为建筑安装工程。

2. 建筑的分类

建筑的分类标准有多种,其中,按建筑的使用性质分类,可分为生产性建筑和非生产性建筑。

1)生产性建筑

生产性建筑分为工业建筑、农业建筑。

工业建筑是指为生产服务的各类建筑,又称厂房类建筑,如生产车间、辅助车间、动力用房、仓储建筑等。厂房类建筑又可以分为单层厂房和多层厂房两大类。

中国十大代表性建筑

农业建筑是指用于种植业、畜牧业生产和加工的建筑,如温室、畜禽饲养场、粮食与饲料加工站、农机修理站等。

2)非生产性建筑

非生产性建筑为民用建筑,分类如下。

(1)民用建筑按照使用功能分为居住建筑和公共建筑。

居住建筑主要是指提供家庭和集体生活起居用的建筑物,如住宅、公寓、别墅、宿舍。

公共建筑主要是指提供人们进行各种社会活动的建筑物,包括以下几类。

① 行政办公建筑:机关、企事业单位的办公楼。

② 文教建筑:学校、图书馆、文化宫等。

③ 托教建筑:托儿所、幼儿园等。

④ 科研建筑:研究所、科学实验楼等。

⑤ 医疗建筑:医院、门诊部、疗养院等。

⑥ 商业建筑:商店、商场、购物中心等。

⑦ 观览建筑:电影院、剧院、音乐厅、杂技场等。

⑧ 体育建筑:体育馆、体育场、健身房、游泳池等。

⑨ 旅馆建筑:旅馆、宾馆、招待所等。

⑩ 交通建筑:航空港、水路客运站、火车站、汽车站、地铁站等。

⑪ 通信广播建筑:电信楼、广播电视台、邮电局等。

⑫ 园林建筑：公园、动物园、植物园、亭台楼榭等。
⑬ 纪念性建筑：纪念堂、纪念碑、陵园等。
⑭ 其他建筑类：监狱、派出所、消防站等。

（2）民用建筑按照规模大小分为大量性建筑和大型性建筑。

大量性建筑是指建筑规模不大但修建数量多、与人们生活密切相关、分布面广的建筑，如住宅、中小学校、医院、中小型影剧院、中小型工厂等。

大型性建筑是指规模大、耗资多的建筑，如大型体育馆、大型影剧院、航空港、火车站、博物馆、大型工厂等。

低层住宅

（3）民用建筑按照层数分为低层或多层民用建筑、高层民用建筑、超高层建筑。

① 低层或多层民用建筑：建筑高度不大于 27.0m 的住宅建筑、建筑高度不大于 24.0m 的公共建筑及建筑高度大于 24.0m 的单层公共建筑。

② 高层民用建筑：建筑高度大于 27.0m 的住宅建筑和建筑高度大于 24.0m 的非单层公共建筑，且高度不大于 100.0m。

高层住宅

③ 超高层建筑：建筑高度大于 100.0m 的建筑。

（4）民用建筑按照主要承重结构材料分为木结构建筑、砖木结构建筑、砖混结构建筑、钢筋混凝土结构建筑、钢结构建筑和其他结构。

3. 建筑产品生产的技术经济特点

建筑业以最终产品为生产对象，从事建筑产品的生产，同一般工业生产相比较，共同之处在于都是把资源投入产品的生产过程，生产上的阶段性和连续性，组织上的专业化、协作和联合化，两者相一致。不同之处在于建筑产品的生产具有一系列技术经济特点。下面从建筑产品本身的特点入手，分析其生产的技术经济特点。

超高层住宅

1）建筑产品的特点

建筑产品的使用功能、平面与空间组合、结构与构造等方面的特殊性，以及建筑产品所用材料的物理力学性能的特殊性，决定了建筑产品的特殊性。其具体特点有以下几点。

（1）建筑产品地点的固定性。一般的建筑产品均由自然地面以下的基础和自然地面以上的主体两部分组成（地下建筑全部在自然地面以下）。基础承受主体的全部荷载（包括基础的自重），并传给地基，同时将主体固定在地面上。任何建筑产品都是在选定的地点上建造和使用的，与选定地点的土地不可分割，从建造开始直至拆除均不能移动（不包括极少数特殊情况要求建筑产品在有限的范围内移动）。因此，建筑产品的建造和使用地点在空间上是固定的。

（2）建筑产品类型的多样性。建筑产品不但要满足各种使用功能的要求，而且还要体现出所处地区的民族风格、物质文明和精神文明，同时也受到所处地区的自然条件诸因素的限制，使其在规模、结构、构造、基础和装饰等方面变化纷繁，因此建筑产品类型多样。

（3）建筑产品体形庞大。无论是复杂的建筑产品，还是简单的建筑产品，为了满足其使用功能的需要,并结合建筑材料的物理力学性能,需要大量的物质资源,占据广阔的平面与空间,因而建筑产品体形庞大。

2)建筑产品生产的特点

建筑产品地点的固定性、类型的多样性和体形庞大等三大主要特点,决定了建筑产品生产与一般工业产品生产相比具有自身的特殊性。其具体特点有以下几点。

(1)建筑产品生产的流动性。建筑产品地点的固定性决定了生产的流动性。一般工业产品都是在固定的工厂、车间内进行生产的,而建筑产品的生产是在不同地区,或同一地区的不同现场,或同一现场的不同单位工程,或同一单位工程的不同部位组织工人、机械围绕着同一建筑产品进行的。因此,使建筑产品的生产在地区与地区之间、现场之间和单位工程不同部位之间流动。

(2)建筑产品生产的单件性。建筑产品地点的固定性和类型的多样性决定了生产的单件性。一般工业产品是在一定时期内,在统一的工艺流程中进行批量生产的,而一个具体的建筑产品应在国家或地区的统一规划内,根据其使用功能,在选定的地点上单独设计和单独施工。即使是选用标准设计、通用构件或配件,由于建筑产品所在地区的自然、技术、经济条件的不同,建筑产品的结构、构造、建筑材料、施工组织和施工方法等也要因地制宜加以修改,从而使建筑产品的生产具有单件性。

(3)建筑产品生产的地区性。建筑产品地点的固定性决定了同一使用功能的建筑产品因其建造地点的不同必然受到建设地区的自然、技术、经济和社会条件的约束,使其结构、构造、艺术形式、室内设施、建筑材料、施工方案等方面均各异。因此,建筑产品的生产具有地区性。

(4)建筑产品生产周期长。建筑产品地点的固定性和体形庞大的特点决定了建筑产品生产周期长。因为建筑产品体形庞大,所以最终建筑产品的建成必然耗费大量的人力、物力和财力。同时,建筑产品的生产全过程还要受到工艺流程和生产程序的制约,使各专业、工种间必须按照合理的施工顺序进行配合和衔接。而建筑产品地点的固定性,使施工活动的空间具有局限性,从而导致建筑产品的生产具有生产周期长、占用流动资金大的特点。

(5)建筑产品生产的露天作业多。由于建筑产品的地点固定、体形庞大,因此建筑产品生产的露天作业多。因为体形庞大的建筑产品不可能在工厂、车间内直接进行施工,即使建筑产品生产达到高度的工业化水平,也只能在工厂内生产其部分的构件或配件,仍然需要在施工现场内进行总装配后才能形成最终建筑产品。因此,建筑产品的生产具有露天作业多的特点。

(6)建筑产品生产的高空作业多。由于体形庞大,建筑产品生产具有高空作业多的特点。特别是随着城市现代化的发展,高层建筑物的施工任务日益增多,此特点日益明显。

(7)建筑产品生产组织协作的综合复杂性。由建筑产品生产的上述特点可以看出,建筑产品生产的涉及面广。在建筑企业内部,涉及工程力学、建筑结构、建筑构造、地基基础、水暖电、机械设备、建筑材料和施工技术等学科的专业知识,要在不同时期、不同地点和不同产品上组织多专业、多工种的综合作业。在建筑企业外部,涉及不同种类的专业施工企业,以及城市规划、征用土地、勘察设计、消防、公用事业、环境保护、质量监督、科研试验，交通运输，银行财政，机具设备，物质材料，电、水、热、气的供应，劳务等各领域的复杂协作配合，从而使建筑产品生产的组织协作关系综合复杂。

■ 任务实施

从上面的分析可以看出，建筑产品不同于一般商品，对建筑产品特点和技术的分析，可以使建筑产品价格和成本的确定更加科学化。

2.1.2 建筑产品的价格、成本、利润分析

■ 任务引入

追求利润是企业生存和持续经营的原动力，利润最大化是企业的追求目标。利润额是企业在一定期间经营收入和经营费用的差额，而且是按照收入费用配比原则加以计算的。它反映了当期经营活动中投入（所费）与产出（所得）对比的结果，在一定程度上体现了企业经济效益的高低。利润是增加业主投资收益、提高职工劳动报酬的来源，也是企业补充资本积累、扩大经营规模的源泉。建筑企业利润的高低直接反映企业的经济效益，是我国建筑企业在市场上竞争力的构成要素，进而影响到企业的生存和发展。通过对建筑产品价格、成本的分析，得出建筑产品利润的来源及影响因素。

■ 相关知识

1. 建筑产品的价格

建筑产品也是商品，其价值具有与一般商品价值相同的基本特征：①同其他商品一样是使用价值与交换价值的统一体；②生产者的劳动，既是具体劳动又是抽象劳动；③其价值量是由其社会必要劳动时间所决定的；④符合等价交换的原则。

1）建筑产品价格的构成

狭义的建筑产品价格（建筑安装工程费用），按照费用构成要素划分为人工费、材料费、施工机具使用费、企业管理费、利润、规费和税金。

（1）人工费是指按工资总额构成规定，支付给从事建筑安装工程施工的生产工人和附属生产单位工人的各项费用。其包括计时工资或计件工资、奖金、津贴补贴、加班加点工资，以及特殊情况下支付的工资。

（2）材料费是指施工过程中耗费的原材料、辅助材料、构配件、零件、半成品或成品、工程设备的费用。其包括材料原价、运杂费、运输损耗费、采购及保管费。

（3）施工机具使用费是指施工作业中所发生的施工机械、仪器仪表使用费或其租赁费。

① 施工机械使用费，以施工机械台班耗用量乘以施工机械台班单价表示，施工机械台班单价应由七项费用组成，包括折旧费、大修理费、经常修理费、安拆费及场外运费、机上人工费、燃料动力费，以及按照国家规定应缴纳的车船使用税等税费。

② 仪器仪表使用费是指工程施工所需使用的仪器仪表的摊销及维修费用。

（4）企业管理费是指建筑安装企业组织施工生产和经营管理所需的费用。其包括管理

人员工资、办公费、差旅交通费、固定资产使用费、工具使用费、劳动保险和职工福利费、劳动保护费、检验试验费、工会经费、职工教育经费、财产保险费、财务费、其他等。

（5）利润是指施工企业完成所承包工程获得的盈利。

（6）规费是指按国家法律、法规规定，由省级政府和省级有关权力部门规定必须缴纳或计取的费用。其包括社会保险费（养老保险费、失业保险费、医疗保险费、生育保险费、工伤保险费）、住房公积金和工程排污费。

（7）税金是指国家税法规定的应计入建筑安装工程造价内的营业税、城市维护建设税及教育费附加。

建筑产品价格的形成原理是什么？

2）建筑产品价格形成的特点

建筑产品价格形成的特点为个别产品单件计价、多阶段计价和供求双方直接定价。

3）建筑产品价格运动的特点

（1）"观念流通"规律。建筑产品只有"观念流通"，没有物的流通。

（2）建筑产品生产的"时滞性"。

（3）采取承包生产方式的建筑产品价格运动与一般产品的价格运动不同。

一般产品的价格运动是，生产成本—税金—流通费用（含税金）—利润—销售价格。

承包生产的建筑产品价格运动是，签订合同价格（买卖双方同意的合同价格，包含利润、税金）—生产预付款—假定产品（工程按完成进度）中间付款—按国际惯例、标准合同条件索赔等调整合同价格—实际成本—验收最终结算—实际价格。

（4）建筑产品的使用价值可以零星出售，即出租。

（5）现货销售的建筑产品的价格，除生产成本外，还取决于环境及配套设施。

4）建筑产品价格的计算原理

（1）国家不能对整个建筑产品统一定价，但可以对建筑产品进行分解，对分解所得到的比较简单而彼此相同的组成部分统一规定消耗定额和计价标准，从而实现对建筑产品计划价格的统一管理。

建设工程项目可以分解为建设项目、单项工程（又称工程项目）、单位工程、分部工程和分项工程。

（2）建筑产品及分部、分项工程的统一计价。不同的建筑工程，往往具有相同的分部、分项工程。这些分部、分项工程的计量单位相同，每一单位所消耗的劳动量也相同。这样，就可以在一定意义上把分部、分项工程视为建筑产品。但这些分部、分项工程并没有独立存在的意义，因此是一种假定产品，是整个建筑工程的基本构成要素。

国家统一规定分部、分项工程的内容及其物化劳动和活劳动的消耗定额，按地区统一规定各种原材料价格、施工机械使用费标准、工人工资及其他取费标准，这样就可以计算出各种分部、分项工程成本中的直接费，也就等于规定了假定产品的统一价格。

若按照工程的构造将该项工程所有假定产品的价格加以汇总，再加上其他有关费用，就能计算出建筑产品以至整个建设项目的造价。这就是采用单位估价方法计算建设项目和建筑产品价格的基本原理，也是我国建设预算编制方法的基础。

 想一想

结合党的二十大报告内容，坚持和完善社会主义基本经济制度，毫不动摇巩固和发展公有制经济，毫不动摇鼓励、支持、引导非公有制经济发展，充分发挥市场在资源配置中的决定性作用，更好发挥政府作用。探讨我国目前建筑产品造价的主流计价方法是什么？原因是什么？

2．建筑产品的成本

1）建筑产品成本的概念

建筑产品的成本是指该产品在施工中所发生的一切费用的总和。

建筑产品的价格确定以后，成本愈高，企业的盈利就愈小；反之，企业的盈利就随成本的降低而增大。成本是表明企业全部工作质量的综合性指标，反映出企业生产经营各方面工作的效果。

劳动生产率的高低，建筑材料消耗的多少，建筑机械设备的利用程度，施工进度的快慢、质量的优劣，施工技术水平和组织状况，以及企业各级生产管理的水平，都会直接、间接地影响建筑产品的成本，并由成本这一指标反映出来。

2）建筑产品成本的构成

（1）施工企业的产品总成本费用构成。

① 人工费是指直接从事现场施工和构件制作，运料、配料的工人的基本工资、附加工资和工资性津贴。

② 材料费是指构成工程实体的材料、构件的价值和周转材料摊销费。

③ 施工机械使用费是指施工中所用施工机械的使用费，包括机械工人工资、折旧、燃料、润滑油料等费用。

④ 其他直接费是指施工现场生产耗用的水、电、蒸汽费，季节施工增加费及现场发生的二次搬运费等。

⑤ 间接成本主要是指企业管理费，其内容有工作人员工资、辅助工资、工资附加费、办公费、差旅交通费、固定资产使用费、工具使用费、劳动保护费、检验试验费、职工教育经费、利息支出和其他费用。

（2）房地产开发企业的产品总成本费用构成。

① 土地征用及拆迁补偿费包括土地征用费、耕地占用税、劳动力安置费及有关地上、地下附着物拆迁补偿净支出、安置动迁用房支出。

② 前期工程费包括规划、设计、项目可行性研究、水文、地质、测绘、"三通一平"等支出。

③ 建筑安装工程费包括建造商品房的直接费和间接费。

④ 基础设施费包括建造基础设施的直接费和间接费。

⑤ 公共配套设施费包括建造公共配套设施的直接费和间接费。

⑥ 销售费用指企业在销售产品或提供劳务等过程中所发生的各项费用，以及专设机构的各项费用。

⑦ 管理费用指企业行政管理部门为管理和组织经营活动而发生的各项费用。

⑧ 财务费用指企业为筹集资金而发生的各项费用。

3）建筑产品成本的分类

（1）合同成本是指建筑企业与建设单位在施工合同中所确定的工程造价，减去计划利润和税金后的成本。

（2）计划成本是指建筑企业考虑降低成本措施后的成本计划数。

（3）实际成本是指在建筑安装工程施工中实际发生的费用总和，是反映企业经营活动效果的综合性指标。

4）项目技术经济分析中的其他成本概念

（1）经营成本是项目技术经济分析中所特有的一个概念，是在总成本费用中扣除折旧费、维简费、摊销费和利息之后的一部分费用。其用公式表示为

$$经营成本 = 总成本费用 - 折旧费 - 维简费 - 摊销费 - 利息 \quad (2-1)$$

（2）机会成本是指把一种具有多种用途的稀缺资源用于某一特定用途上时，所放弃的其他用途中最佳用途的收益。

（3）沉没成本是过去的成本支出，是项目投资决策评价前已经花费的，在目前的决策中无法改变的成本。

（4）边际成本是指增加一个单位产品产量时所增加的成本，也就是增加最后一个单位产品生产的成本。边际成本可用成本增量与产量增量之比来计算，用公式表示为

$$边际成本 = 成本增量 / 产量增量 \quad (2-2)$$

> **知识链接**
>
> **边际成本的经济学意义**
>
> 当边际收益（增加最后一个单位产品时所增加的收益）大于边际成本时，增加产量、扩大生产规模的决策有助于投资者增加利润总额，因而，此投资方案是可取的。
>
> 当边际收益小于边际成本时，增加产量、扩大生产规模的决策会使投资者的利润总额减少，因而，此投资方案是不可取的。
>
> 当边际收益与边际成本相等时，当前的生产规模是投资者获利最大的生产规模，因而也是最佳的。

5）降低建筑产品成本的途径

降低成本的途径是多样而复杂的，仅以建筑企业内部因素对降低成本的影响，可以从以下几个方面考虑：①改善施工组织设计；②在不影响工程质量的原则下，因地制宜地采用新材料和代用品；③提高机械利用率；④提高劳动生产率；⑤减少非生产性开支；⑥减少运输费用；⑦贯彻经济核算和节约制度。

3．建筑产品的利润

1）建筑产品利润的基本概念

建筑产品利润即建筑企业的施工利润，是建筑企业的生产工人在从事建筑工程的施工

生产活动中,为社会创造的那部分剩余产品的价值表现形式。

(1)建筑产品利润的构成。利润是建筑企业经营活动的财务成果,包括经营利润和营业外收支净额两部分。

① 经营利润是指建筑企业在其生产经营活动中直接创造的利润,包括以下几点。

a. 施工利润是建筑产品销售收入减去实际成本后的余额,是建筑产品利润的主要部分。

b. 附属、辅助生产单位产品及作业利润,是建筑企业除施工单位以外的其他单位所创造的产品及作业利润。

c. 其他销售结余是除产品及作业利润以外的其他净收入。

② 营业外收支净额是指建筑企业经营利润之外的营业外收入减去营业外支出后的余额。

(2)建筑产品利润的作用。建筑产品的利润对发展社会生产、推动社会进步等方面具有重要作用,主要表现在以下方面。

① 建筑产品的利润是社会积累和扩大再生产的源泉。

② 建筑产品的利润是评价建筑企业经营成果的重要指标。

③ 建筑产品的利润是确定建筑产品价格的重要依据。

④ 建筑产品的利润可以不断提高建筑企业职工的物质和文化生活水平。

2)建筑企业增加利润的途径

建筑企业利润的多少,受到企业内外两方面因素的影响。由于建筑企业生产经营活动的技术经济特点,建筑企业的利润受外部因素的影响较大。

(1)降低工程成本。提高劳动生产率、材料利用率和机械设备使用率,努力减少和消灭各种浪费损失,降低人力和物质技术资源的消耗,以降低直接费。节约各种管理开支,降低间接费。降低工程成本是增加利润的最主要来源。

(2)提高流动资金和固定资产的利用效果,如做好物资技术供应、降低材料库存、减少流动资金的占用、加速周转、杜绝积压等。

(3)增加产量,提高质量。增加产量可以增加企业利润,同时还可以提高企业生产能力的利用效率;提高质量可以保证生产的正常秩序,防止返工浪费,同时还可以在建筑产品优质优价政策兑现后直接增加利润。

(4)降低其他经营的成本,包括降低附属企业产品的成本,对外劳务和其他多种经营的成本等。

(5)减少营业外支出。

■ 任务实施

从上面的分析可以看出,增加建筑产品的利润,首先必须树立开源节流的意识,掌握建筑产品价格、成本的构成及其与利润的关系,分析各组成部分对建筑产品利润的影响,有针对性地采取措施促使建筑企业生产利润最大化。

思考与练习

一、选择题

1. ( ) 是项目技术经济分析中所特有的一个概念，是在总成本费用中扣除折旧费、维简费、摊销费和利息之后的一部分费用。
   - A. 经营成本
   - B. 机会成本
   - C. 实际成本
   - D. 沉没成本

2. 下列 ( ) 属于生产性建筑。
   - A. 工业建筑
   - B. 农业建筑
   - C. 居住建筑
   - D. 公共建筑

3. 建筑产品价格的构成包括 ( )。
   - A. 人工费与材料费
   - B. 施工机具使用费
   - C. 利润
   - D. 规费和税金
   - E. 建设单位管理费

4. 下列 ( ) 属于建筑产品的特点。
   - A. 地点的固定性
   - B. 体形庞大
   - C. 类型的多样性
   - D. 生产的单件性
   - E. 生产的流动性

5. 狭义的建筑产品是指建筑业向社会所提供的具有一定功能、可供人类使用的 ( )。
   - A. 房屋建筑工程
   - B. 附属设施工程
   - C. 线路管道工程
   - D. 设备安装工程
   - E. 水利工程与电力工程

二、判断题

1. 降低工程成本是增加建筑企业利润的最主要来源。 ( )
2. 企业管理费属于建筑产品成本中的直接费。 ( )
3. 人工费、材料费、施工机械使用费是建筑产品成本中的直接费。 ( )
4. 施工企业产品的总成本与房地产开发企业产品的总成本是完全相同的。 ( )
5. 提高机械设备使用率、劳动生产率是建筑企业降低工程成本的基本途径。 ( )

三、实训

试调查本地一家具备一定影响力的建筑企业的建筑产品价格、成本的构成，根据实际情况向其提出增加建筑企业利润的建议并形成调查报告。

2.2 建筑业

引言

建筑工程经济学主要研究建筑业经济活动的运动规律。既然要研究建筑业的经济活动，首先就要认识和了解建筑产品和建筑业本身。下面从建筑业的内涵入手，简要介绍建筑业和建筑工程经济的一些基本知识。

2.2.1 认识建筑业

■ 任务引入

建筑业是我国的支柱产业，其自身加速发展的同时，对相关行业的带动力也会增强。通过本任务的学习，加深对建筑业的认识，掌握建筑业与相关行业的联系，理解建筑业对国民经济的重要性。

■ 相关知识

1. 建筑业概述

建筑业是指国民经济中专门从事土木工程、房屋建设和设备安装、建筑装饰装修，以及与之相关的工程准备、提供施工设备服务的物质生产部门。

1）建筑业的范围

我国于 2017 年 10 月实施的《国民经济行业分类》（GB/T 4754—2017），对建筑业的内部构成进行了细分和明确的范围界定，即分成以下四大类。

（1）房屋建筑业，包括住宅房屋建筑、体育场馆建筑、其他房屋建筑业。

（2）土木工程建筑业，包括铁路、道路、隧道和桥梁工程建筑，水利和水运工程建筑，海洋工程建筑，工矿工程建筑，架线和管道工程建筑，节能环保工程施工，电力工程施工，其他土木工程建筑。

（3）建筑安装业，包括电气安装、管道和设备安装、其他建筑安装业。

（4）建筑装饰、装修和其他建筑业，包括建筑装饰和装修业、建筑物拆除和场地准备活动、提供施工设备服务、其他未列明建筑业。

2）建筑业的特点

（1）建筑企业总的规模大，其中中小型企业占绝大多数。截至 2020 年 6 月底，我国从事建筑产品生产的总人数达 4 120.90 万人（中国建筑业协会发布的《2020 年上半年建筑业发展统计分析》），属于劳动密集型企业。但由于建筑产品类型的多样性和建筑产品生产的单件性，使其难以大规模批量生产，所以多以专业化分工进行承包生产，这就使得建筑企业中的中小型企业在数量上占绝大多数。

（2）建筑企业采用固定工、合同工和临时工相结合的用工制度，合同工与临时工所占比例比其他产业要高。由于建筑生产没有固定的生产对象和稳定的生产条件，建筑产品生产技术的要求比其他高新技术产业要简单得多，因此导致建筑企业大量使用合同工和临时工。

（3）生产经营方式采用多层次分包制。按照我国现阶段建筑企业的资质管理，建筑企业资质分为施工总承包、专业承包和劳务分包三个序列。由于一个建设项目是由多项专业工程所组成的综合体，因此其有条件由各专业承包企业或劳务分包企业分别承包而共同完成。

（4）建筑企业必须建立预付款制度。由于建筑产品体形庞大，生产周期长，材料耗用多，需用建设资金多，必须有大量资金作为保证，以使工程建设顺利进行，因此应给承包方支付预付款，形成建筑企业的流动资金。

（5）设计和施工分别发包。建筑工程一般由设计单位和施工单位分别承担设计和施工任务。建筑工程不同于一般的工业产品，其设计和建造不是在同一个企业中进行的。

2. 建筑业的作用

建筑业是国民经济的重要产业部门，在西方经济发达国家，与钢铁工业、汽车工业并列为三大支柱产业。中华人民共和国成立以后，一直将建筑业与工业、农业、交通运输业、商业合称为五大物质生产部门。建筑业在国民经济中的作用具体表现在以下方面。

（1）建筑业所完成的产值在社会总产值中占有相当大的比重，所创造的价值也是国民收入的重要组成部分。

（2）建筑业能够吸收国民经济各部门大量的物质产品。

（3）建筑业建造大量的生产性房屋建筑、构筑物，为国民经济各部门提供了重要的物质基础。

（4）建筑业能容纳大量劳动力，是重要的劳动力就业部门，已成为转移农村富余劳动力、解决就业问题的主要途径。

■ 任务实施

从上述分析可以看出，建筑业对国民经济的发展发挥着重要的作用。分析建筑业的作用，可以使建筑产品的各方参与者能够积极主动参与，促使建筑业的和谐发展。

2.2.2 认识固定资产、基本建设及其与建筑业之间的关系

■ 任务引入

通过对固定资产、基本建设与建筑业的对比分析，加深对建筑业的认识和理解，掌握建筑业、固定资产、基本建设的关系及我国基本建设的程序，突出建筑业的重要性。

■ 相关知识

1. 固定资产概述

1）固定资产的定义

固定资产是指企业用于生产商品或提供劳务，或租借给他人，或为了行政管理目的，

而持有的预计使用年限超过一年的具有实物形态的资产。界定固定资产的标准较多,包括以下方面。

(1) 固定资产主要用于生产商品、提供劳务,或租借给他人,以获得相应的资产收益;或用于企业的行政管理,如办公大楼、管理用具等。

(2) 经济价值较大,现制度规定在 2 000 元以上。

(3) 预计使用年限超过一年的长期资产。

(4) 具有实物形态,可以服务于多个生产经营周期。

(5) 价值分次经过累计折旧形成消耗,计入当期的成本费用,并从产品销售收入中得到收回。

2) 固定资产的分类

(1) 固定资产按经济性质,可分为房屋建筑物和机械设备。后者包括动力设备、传导设备、工作机器及设备、运输设备、仪器及生产工具、管理用具及其他固定资产等。

(2) 固定资产按用途性质,可分为经营用固定资产和非经营用固定资产。前者直接服务于企业生产经营过程,后者则间接服务于企业生产经营过程。

(3) 固定资产按使用情况,可分为在用固定资产、未使用固定资产和不需用固定资产。

(4) 固定资产按所有权情况,可分为自有固定资产和融资租入固定资产。

(5) 固定资产按现行制度,可分为生产经营用固定资产、非生产经营用固定资产、租出固定资产、未使用固定资产、不需用固定资产、融资租入固定资产和土地七大类。

3) 固定资产的价值

在使用寿命期限内,固定资产的价值量会不断发生变化,这种变化对于财务评价和国民经济评价有着重要的意义。

(1) 固定资产原值,指建设项目建成或设备购置投入使用时发生并核定的固定资产完全原始价值总量。

(2) 固定资产损耗,指固定资产在使用期间发生的物质和非物质的磨损。其包括两种情况:①有形损耗又称物质损耗,即由于使用或自然力的作用而引起的物质上的磨损;②无形损耗又称精神损耗,即由于科学技术进步、社会劳动生产率的提高而引起的贬值。例如,电子计算机由于更新换代很快,其无形损耗在固定资产损耗中就占主要部分。

(3) 固定资产重置价值又称重置完全价值,指在对固定资产重新估价时,按估价时的价格重新建造或购置同样全新固定资产所需的全部费用。

(4) 固定资产净值又称折余价值,指固定资产原值或重置价值减去累计折旧额后的余额,反映固定资产的现存价值。

(5) 固定资产残值,指固定资产达到规定的使用寿命期限或报废清理时可以回收的残余价值。

4) 固定资产折旧

(1) 固定资产折旧的含义。固定资产折旧是固定资产由于使用耗损、自然侵蚀、科技进步和社会劳动生产率的提高所引起的价值损耗。

(2) 固定资产折旧的决定因素。决定固定资产折旧的基本因素有固定资产原值、净残值和清理费用、固定资产的经济寿命及折旧计算方法。

① 固定资产原值也称折旧基数。计提折旧以固定资产账面原值为依据，原值大小决定了每期计提折旧的数额。

② 净残值等于固定资产处置时回收的价款减去清理费用的余额，固定资产原值与净残值之比，决定了实际计提折旧的净额。

③ 固定资产的经济寿命，即固定资产的折旧年限，决定了每期固定资产折旧数额的相对数。

④ 固定资产折旧计算方法，决定了每期固定资产折旧数额的分布情况，同时也影响每期应缴纳所得税的情况。

2. 基本建设概述

1）基本建设的定义

基本建设是指国民经济各部门为增加固定资产而进行的建筑、购置和安装及与之有关的工作的总称。凡固定资产扩大再生产的新建、扩建、改建、恢复工程及与之连带的工作都为基本建设。

> **特别提示**
>
> 基本建设实质就是形成新的固定资产的经济活动过程。

2）基本建设的分类

建设项目由基本建设工程项目组成。根据工程项目的性质、用途和资金来源，建设项目可进行如下分类。

三峡水利枢纽工程

（1）按性质划分。

① 新建项目，指新开始建设的项目或对原有建设项目重新进行总体设计，经扩大规模后，其新增固定资产价值超过原有固定资产价值三倍以上的建设项目。

② 扩建项目，指为扩大原有主要产品的生产能力或效益，提高新产品生产能力，在原有固定资产的基础上，兴建一些主要车间或其他固定资产的项目。

③ 改建项目，指为了提高生产效益，改进产品质量或产品方向，对原有设备、工艺流程进行技术改造的项目，或为提高综合生产能力增加一些附属和辅助车间或非生产性工程项目。

④ 恢复项目又称重建项目，指因重大自然灾害或战争而遭受破坏的固定资产按原来的规模重新建设或在恢复的同时进行扩建的工程项目。

⑤ 迁建项目，指原有企事业单位，由于各种原因迁到另外的地方建设的项目。

（2）按在国民经济中的用途划分。

① 生产性建设项目，指直接用于物质生产或满足物质生产需要的建设项目，具体包括工业、建筑业、农业、林业、水利、气象、运输、邮电、商业或物资供应、地质资源勘探等建设项目。

② 非生产性建设项目，指满足人民物质文化生活需求的建设项目，如住宅、文教卫生、科研、公用事业和其他建设项目。

(3) 按投资使用方向和投资主体的活动范围划分。

① 竞争性项目，指投资收益和风险比较高，市场调节比较灵敏，竞争性比较强的建设项目，主要是制造业和房地产项目，以企业作为基本的投资主体，主要向市场融资。

② 基础性项目，指建设周期长、投资大的基础设施和部分基础工业项目，如交通、通信、能源、水利、城市公用设施等。有些基础性项目具有自然垄断性高收益，而有些基础性项目收益低。其以中央政策性投资为主，同时需要地方和企业的投资。

③ 公益性项目，指主要为社会发展服务、难以产生直接回报的建设项目，如科研、医疗、教育、文化等社会公益事业项目，主要由政府拨款建设。

(4) 按建设阶段划分。

① 筹建项目，指只做准备，尚不能开工的项目。

② 施工（在建）项目，指正在建设中的项目。

③ 竣工项目，指工程施工已经全部结束并通过验收的项目。

④ 建成投产项目，指工程已经全部竣工并通过验收，交付使用的项目。

> **特别提示**
>
> 基本建设是一项多行业、多部门密切配合，综合性强，涉及面广，环节多的工作。

3．基本建设程序

1）基本建设程序的含义

基本建设程序是指建设项目从酝酿、提出、决策、设计、施工到竣工验收整个过程中各项工作的先后次序，是基本建设经验的科学总结，是客观存在的经济规律的正确反映。

2）基本建设程序的内容

我国现行的基本建设程序自改革开放以来已逐步完善，并不断科学化和法制化。现行的基本建设程序分为以下九个阶段。

（1）项目建议书阶段。投资者根据国民经济的发展、工农业生产和人民物质文化生活的需要，拟投资兴建某项工程，开发某系列产品，并论证该项目建设的必要性、可行性及兴建的目的、要求、计划等内容，写成书面报告，建议有关上级部门同意批准兴建该项目。

（2）可行性研究报告阶段。根据上级批准的项目建议书，进行进一步可行性研究、论证，并根据最优方案编制初步设计。可行性研究的目的是要从技术、经济的角度论证该项目是否适合于建设。

（3）编制设计任务书阶段。设计任务书是确定基本建设项目，编制设计文件的主要依据。它在基本建设程序中起主导作用，一方面把国民经济计划落实到建设项目上，另一方面使项目建设及建成投产后所需的人力、财力、物力有可靠保证。

（4）选择建设地点。建设地点的选择主要解决以下问题：①工程地质、水文地质等自然条件是否可靠；②建设时所需的水、电、运输条件是否落实；③建设项目投产后的原材料、燃料等是否满足要求。对生产人员的生活条件、生产环境也要全面考虑。

（5）编制设计文件。拟建项目的设计任务书和选址报告经批准后，主管部门就应委托设计单位，按照设计任务书的要求，编制设计文件。

> **特别提示**
>
> 设计文件是安排建设项目和组织工程施工的主要依据。

（6）做好施工准备工作。主管部门根据计划要求的建设进度和工作实际情况，采取招标方式选定一个施工企业总承包，或自己组织精干熟练的班子负责施工准备工作，如征地拆迁、场地测量、"三通一平"和临时设施的准备等。

（7）全面施工。所有建设项目都必须在列入年度计划、做好施工准备、签订施工合同、具备开工条件的前提下，经有关机关审核、批准后方能组织施工。在施工过程中要注意科学管理、文明施工。在质量和进度发生矛盾时，首先要保证质量。单位工程必须编制施工组织设计，并且该施工组织设计要受施工组织总设计的约束和限制。要加强经济核算，建立项目负责制，并严格履行工程合同。

（8）竣工验收。竣工验收是工程建设过程的最后一环，是全面考核基本建设成果、检查工程设计和施工质量的重要步骤。验收分为两个阶段，即单项工程的验收和整体项目的验收，由按照国家有关规定组成的验收委员会专门负责进行。

（9）项目后评价阶段。建设项目后评价是建设项目竣工投产、正常运营一段时间后，再对项目的立项决策、设计施工、竣工验收、生产运营等全过程进行系统评价的一种技术经济活动，是固定资产投资管理的最后一个环节。通过后评价可以肯定成绩、总结经验、研究问题、吸取教训，并将结果反馈给项目投资者和银行贷款部门，作为今后改进投资规划、评估、管理工作的重要参考。

我国现行基本建设程序如图 2.1 所示。

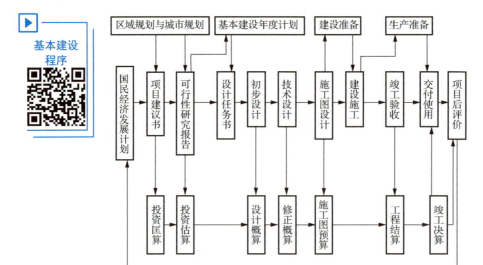

图 2.1 我国现行基本建设程序

4. 基本建设与建筑业的关系

作为投资行为的基本建设活动和作为物质生产部门的建筑业，两者之间有着密切的关系，它们互相依赖、互相影响、互相制约，同时又有区别。

1）基本建设与建筑业的联系

（1）基本建设的主要内容由建筑业来完成。建筑安装工作量在基本建设投资中占有相当大的比重，一般为60%左右。建筑业的技术进步和生产效率的提高，直接关系着基本建设工作的进程和效果。事实已充分证明，没有强大的建筑业，就无法进行大规模的基本建设。

（2）基本建设投资是促进建筑业发展的客观需要。基本建设投资的多少直接影响着建筑业工程任务的大小，如果基本建设投资忽高忽低，建筑业的经营就时好时坏。因此，只有基本建设规模得到健康发展，才能促进建筑业的发展。

2）基本建设与建筑业的区别

（1）性质不同。基本建设是一种投资行为，是一种综合性的经济活动，而建筑业是一个物质生产部门，主要从事建筑安装等物质生产活动。

（2）内容不同。基本建设除了包括建筑业完成的建筑安装工程内容，还包括设备的购置，而建筑业的生产任务除了基本建设投资形成的建筑安装任务，还有更新改造和维修资金形成的建筑安装生产任务。

（3）任务不同。基本建设的主要任务是在一定期限和资金限额内完成投资活动，得到足够需用的固定资产，而建筑业的主要任务是为社会提供更多、更好、更经济的建筑产品并盈利。

任务实施

从上述分析可以看出，基本建设过程就是新增固定资产的过程。通过分析基本建设的内容和程序，我们需加深对基本建设项目的理解，更加深入地体会基本建设与建筑业的关系。

想一想

结合党的二十大报告内容，实施产业基础再造工程和重大技术装备攻关工程，支持专精特新企业发展，推动制造业高端化、智能化、绿色化发展，探讨我国建筑业的发展趋势如何？

思考与练习

一、选择题

1. 下列建设项目中，（　　）属于非生产性建设项目。
    A. 文教卫生建设项目　　　　　　　　B. 科研建设项目
    C. 公用事业建设项目　　　　　　　　D. 商业、物资供应建设项目

2. 架线和管道工程建筑属于（　　）。
　　A．基本建设　　　　　　　　B．建筑工程
　　C．设备安装工程　　　　　　D．其他基本建设工作
3. 下列关于建筑业的说法正确的有（　　）。
　　A．建筑业的技术装备水平较高
　　B．基本建设的主要内容由建筑业来完成
　　C．建筑业在我国属于第二产业
　　D．建筑业属于我国国民经济中的物质生产业
4. （　　）指正在建设中的项目。
　　A．筹建项目　　　　　　　　B．在建项目
　　C．已完工程项目　　　　　　D．施工项目
5. 固定资产（　　），指固定资产原值或重置价值减去累计折旧额后的余额，反映固定资产的现存价值。
　　A．残值　　　　B．折旧　　　　C．原值　　　　D．净值

二、判断题

1. 建筑业中合同工与临时工所占的比例比其他行业低。　　　　　　　　　　（　　）
2. 基本建设是一种投资行为，是一种综合性的经济活动，而建筑业是一个物质生产部门，主要从事建筑安装等物质生产活动。所以基本建设的内容比建筑业的内容更广泛。
　　　　　　　　　　　　　　　　　　　　　　　　　　　　　　　　　　　（　　）
3. 基本建设程序是指建设项目从酝酿、提出、决策、设计、施工到竣工验收整个过程中各项工作的先后次序，是基本建设经验的科学总结，是客观存在的经济规律的正确反映。
　　　　　　　　　　　　　　　　　　　　　　　　　　　　　　　　　　　（　　）
4. 新建项目，指新开始建设的项目或对原有建设项目重新进行总体设计，经扩大规模后，其新增固定资产价值超过原有固定资产价值两倍以上的建设项目。　　（　　）
5. 固定资产损耗，指固定资产在使用期间发生的物质有形磨损。　　　　　　（　　）

三、实训

试通过实地考察与资料的查阅进一步加深对建筑业的理解。

2.2 思考与练习在线答题

模块 3　建设项目可行性研究前期工作

　　项目资金筹措和市场研究是建设项目可行性研究报告中的两项重要内容，是决策者决策的重要依据。项目资金筹措是否到位、是否能使投资成本最低、是否使资金参与各方均得到相应的利益，关系到建设方能否得到投资资金顺利进行建设。市场研究则是对市场进行分析、预测，从而判断市场是否需要该建设项目，以决定该建设项目是否需要建设，能否获得相应的利益。

教学目标

知识目标：
（1）了解项目资金总额的构成；
（2）掌握项目资本金和债务性资金的筹措方式和渠道；
（3）熟练计算各种个别资金成本率和综合资金成本率；
（4）了解市场调查的重要性、内容、程序，熟悉市场预测的概念、特点、程序；
（5）掌握市场预测方法及数据测算。

能力目标：
（1）知道项目资金总额的构成；
（2）能区分项目资本金和债务性资金；
（3）能熟练计算个别资金成本率和综合资金成本率，能合理选择项目资本金和债务性资金的筹措方式和渠道；
（4）能灵活运用个别资金成本率和综合资金成本率进行项目资金筹措方案决策；
（5）能灵活运用市场调查与预测的方法对建设项目进行市场调查与预测。

思维导图

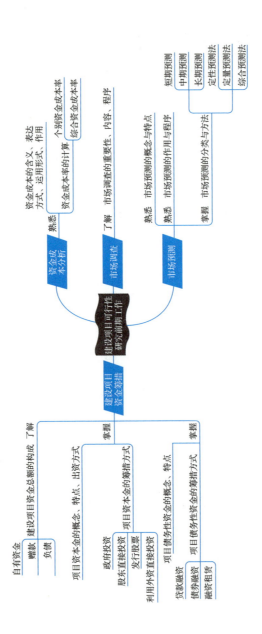

3.1 建设项目资金筹措

引言

建筑业是国民经济的一个重要物质生产部门,从事建筑物和构筑物的生产经营活动,其生产建设的过程较长,涉及面广,经济关系复杂,且所需要的资金量非常巨大,周转期也较长。如果完全依靠建设企业的自有资金进行建设,是非常难以实现的。因此,需要借助金融工具,通过项目的融资达到项目竣工的目的。而要想实现项目的融资——资金筹措,则需要了解项目资金如何构成及其来源。

3.1.1 建设项目资金总额的构成及来源分析

■ 任务引入

【例3.1】××花园项目总投资(含建设期贷款利息)为37 725.35万元,整个建设经营期为3年,是一个建设周期长、资金投入量大的建设项目。因此,一般采用投资的多种组合方式,一方面可减轻融资的压力,有助于资金的流通;另一方面可相对降低开发商的风险,使项目顺利开发。本项目自有资金10 000万元,占总投资的26.5%,销售收入再投入用于投资合计7 725.35万元,另需贷款额合计20 000万元。

港珠澳大桥建设资金来源

■ 任务分析

本项目开发投资的资金来源有三个渠道:一是自有资金,二是向银行贷款,三是销售收入用于投资部分。资金运作方式如下:自有资金全部用于投资;销售收入扣除与销售有关税费后用于投资,初步估算按销售收入的15.5%计算;此外还缺少的资金,则向银行借贷。

在项目的前期,将汇集到的自有资金用于支付土地使用权出让金和前期工程费;在获取土地使用权后,可将其向银行或金融机构抵押以获取银行抵押贷款,用于地上建筑物建设;当住宅楼建设完成了主体工程后就可进行销售,销售收入再加上用其他方式筹措到的资金,就可将整个项目投资完成。

■ 相关知识

1. 建设项目资金总额的构成

按照建设项目资金来源的不同,其资金总额通常由自有资金、赠款及负债构成,如图3.1所示。

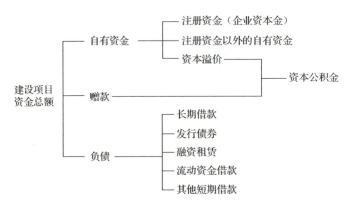

图 3.1　建设项目资金总额的构成

以上各个资金的构成部分均需通过一定的渠道筹措获得。

2. 项目资本金的筹措

1）项目资本金的概念与特点

项目资本金是指在建设项目总投资中，由投资者认缴的出资额，对于建设项目来说是非债务性资金，项目法人不承担这部分资金的任何利息和债务。投资者可按其出资的比例依法享有所有者权益，也可转让其出资及相应权益，但不得以任何方式抽回。

项目资本金主要强调的是作为项目实体而不是企业的注册资金。注册资金是指企业实体在工商行政管理部门登记的注册资金，通常指营业执照登记的资金，即会计上的"实收资本"或"股本"，是企业投资者按比例投入的资金。在我国注册资金又称为企业资本金。因此，项目资本金有别于注册资金。

项目资本金是确定项目产权关系的依据，也是项目获得债务性资金的基础。项目资本金没有固定按期还本付息的压力，而股利是否支付和支付多少，则视项目投产运营后的实际经营效果而定。因此，项目法人对于项目的财务负担较小。

我国对于经营性项目实行资本金制度，即规定了经营性项目的建设必须有总投资额一定比例的项目资本金，该比例按照不同行业和项目的经济效益等因素有不同的规定。例如，国家规定电力、建材等行业的项目资本金比例一般为20%及以上，房地产开发行业（不含廉租房和经济适用房）的项目资本金比例为35%以上，廉租房和经济适用房的项目资本金比例为20%以上。

2）项目资本金的出资方式

按照有关规定，项目资本金可以用货币出资，也可以用实物、工业产权、非专利技术、土地使用权作价出资。对作为项目资本金的实物、工业产权、非专利技术、土地使用权，必须让有资格的资产评估机构依照法律、法规评估作价。以工业产权、非专利技术作价出资的比例不得超过投资项目资本金总额的 20%，国家对采用高新技术成果有特别规定的除外。

为了使建设项目保持合理的资产结构，应根据投资各方及项目的具体情况选择项目的项目资本金出资方式，以保证项目能顺利建设并在建成后正常运营。

3) 项目资本金的筹措方式

建设项目可通过政府投资、股东直接投资、发行股票、利用外资直接投资等多种方式来筹集项目资本金，下面介绍前三项。

(1) 政府投资。政府投资资金包括各级政府的财政预算内资金、国家批准的各种专项建设基金、统借国外贷款、土地批租收入、地方政府按规定收取的各种费用及其他预算外资金等。政府投资主要用于关系国家安全和市场不能有效配置资源的经济和社会领域，包括加强公益性和公共基础设施建设，保护和改善生态环境，促进欠发达地区的经济和社会发展，推进科技进步和高新技术产业化。中央政府投资除本级政权等建设外，主要安排跨地区、跨流域，以及经济和社会发展对全局有重大影响的项目（如三峡工程、青藏铁路等）。

国家根据资金来源、项目性质和调控需要，分别采取直接投资、资本金注入、投资补助、转贷和贴息贷款等方式，并按项目安排政府投资资金。

(2) 股东直接投资。股东直接投资资金包括政府授权投资机构入股资金、国内外企业入股资金、社会团体和个人入股资金及基金投资公司入股资金，分别构成国家资本金、法人资本金、个人资本金和外商资本金。

既有法人融资项目，股东直接投资表现为扩充既有企业的资本金，包括原有股东增资扩股和吸收新股东投资；新设法人融资项目，股东直接投资表现为项目投资者为项目提供资本金。合资经营公司的资本金由企业的股东按股权比例认缴，合作经营公司的资本金由合作投资方按预先约定的金额投入。

有些项目不允许境外资本控股，有些项目要求国有资本控股。《外商投资产业指导目录（2017 年修订）》中明确规定，核电站、铁路干线路网、出版物印刷等项目，必须由中方控股。

(3) 发行股票。股票是股份有限公司发放给股东作为已投资入股的证书和索取股息的凭证，是可作为买卖对象或质押品的有价证券。发行股票融资可以采取公募与私募两种形式。公募也称公开发行，是在证券市场上向不特定的社会公众公开发行股票。私募也称不公开发行或内部发行，是指将股票直接出售给少数特定的投资者。

既有法人融资和新设法人融资，凡符合规定条件，均可通过发行股票在资本市场上募集股本资金。

拓展阅读

股票的种类及优缺点

1. 股票的种类

按股东承担风险和享有权益的大小，股票可分为优先股和普通股两大类。

（1）优先股是指在公司利润分配方面较普通股有优先权的股份。优先股的股东按一定比例取得固定股息，企业清算时，能优先得到剩下的可分配给股东的财产。

（2）普通股是指在公司利润分配方面享有普通权利的股份。普通股的股东除能分得股息外，还可在公司盈利较多时再分享红利。因此，普通股获利水平与公司盈亏息息相关。股票持有人不仅可据此分配股息和获得股票涨价时的利益，还有选举该公司董事、监事的机会，有参与公司管理的权利，股东大会的选举权根据普通股持有额计算。

2. 发行股票筹资的优点

（1）以股票筹资是一种有弹性的融资方式。与利息不同，由于股息或红利不需要按期支付，当公司经营不佳或现金短缺时，董事会有权决定不发股息或红利，因而公司融资风险低。

（2）股票无到期日。其投资属永久性投资，公司不需要为偿还资金而担心。

（3）发行股票筹资可降低公司负债比率，提高公司财务信用，提高公司今后的融资能力。

3. 发行股票筹资的缺点

（1）资金成本高。购买股票承担的风险比购买债券高，投资者只有在股票的投资报酬高于债券的利息收入时，才愿意投资股票。此外，债券利息可在税前扣除，而股息或红利须在税后利润中支付，这样就使股票筹资的资金成本大大高于债券筹资的资金成本。

（2）增发普通股须给新股东投票权和控制权，从而降低原有股东的控制权。

（3）上市公司公开发行股票，必须公开披露信息，接受投资者和社会公众的监督。

3. 项目债务性资金的筹措

1）项目债务性资金的概念与特点

项目债务性资金是指项目中除项目资本金外，通过负债方式从金融机构、证券市场等资本市场借入的各种资金。负债融资是建设项目资金筹措的重要形式。

负债融资的特点主要体现在以下方面。

（1）筹集的资金在使用上具有时间限制，必须按期偿还。

（2）无论项目法人今后经营效果好坏，均需要按期支付债务利息，从而形成项目法人今后的财务负担。

（3）资金成本一般比权益融资低，且不会分散对项目未来权益的控制权。

2）项目债务性资金的筹措方式

（1）贷款融资。贷款融资是利用信用筹措所需资金的一种方式，包括国外贷款和国内贷款。

国外贷款包括以下几种。

① 商业银行贷款。商业银行贷款是指在国际金融市场上，由商业银行提供的贷款。

② 外国政府贷款。外国政府贷款是一国政府向另一国政府提供的具有一定援助或部分赠与性质的优惠贷款。目前，我国可以利用的外国政府贷款主要有日本国际协力银行贷款、日本能源贷款、美国国际开发署贷款、加拿大国际开发署贷款，以及德国、法国等的政府贷款。我国各级财政部门也可以为外国政府贷款提供担保，按照财政担保的方式分为财政部担保、地方财政厅（局）担保、无财政担保。

③ 国际金融组织贷款。国际金融组织贷款是指利用国际货币基金组织、世界银行集团、亚洲开发银行等国际金融组织筹集债务性资金。

④ 出口信贷。出口信贷是各国为促进本国产品及设备的出口而设立的，分为卖方信贷和买方信贷。卖方信贷是指外国银行将资金贷给本国出口商，以使买方赊销购入产品和设备。买方信贷则是外国银行将资金贷给进口商或进口国银行，约定购买本国出口商的产品和设备，从而达到融通资金的目的。

⑤ 信托投资公司等非银行金融机构提供的贷款。

国内贷款主要包括商业银行贷款、政策性银行贷款及非银行金融机构贷款等。

① 商业银行贷款。商业银行贷款是我国建设项目获得短期、中长期贷款的重要渠道。国内的商业银行贷款手续简单、成本较低，适用于有偿债能力的建设项目。

② 政策性银行贷款。政策性银行贷款一般期限较长、利率较低，是为配合国家产业政策等的实施，对有关的政策性项目提供的贷款。我国政策性的银行有中国进出口银行和中国农业发展银行。

③ 非银行金融机构贷款。非银行金融机构贷款是指向除银行外从事金融业务的机构借入的各项贷款。我国的非银行金融机构包括保险公司、金融信托投资公司、证券公司、财务公司、金融租赁公司、融资公司（中心）等。

（2）债券融资。债券融资是指项目法人以自身的财务状况和信用条件为基础，通过发行企业债券筹集资金，用于项目建设的融资方式。债券融资的利息允许在税前支付，且可发挥财务杠杆作用，提高自有资金收益率，但债券融资也具有发行限制条件较多、还本付息负担较重的问题。除了一般债券融资，项目法人还可采用可转换债券融资，这种债券的发行无须以项目资产或其他公司资产作为担保。

> **拓展阅读**

长江债券

债券的分类

1. 按发行主体分类

债券按发行主体不同可划分为国家债券、地方政府债券、金融债券、企业债券。国家债券（简称国债）的发行主体是国家，往往是为了弥补国家财政赤字，或者为了一些耗资巨大的建设项目，以及某些特殊经济政策甚至为战争筹措资金。由于国债以国家的税收作为还本付息的保证，因此，国债的风险小、流动性强，利率也比其他债券低。从国债的形式来看，我国发行的国债又可分为凭证式国债、无记名（实物）国债和记账式国债三种。

地方政府债券的发行主体是地方政府，一般用于交通、通信、住宅、教育、医院和污水处理系统等地方性公共设施的建设。同国债一样，地方政府债券一般也是以当地政府的税收能力作为还本付息的保证。但是，有些地方政府债券的发行是为了某个特定项目（或企业）融资，因而其不是以地方政府税收作为担保，而是以借债人经营该项目所获的收益作为担保。例如，某地方政府为解决当地中低收入居民的住房困难问题，利用发行债券所得收入修建一批大众化的"商品房"，由此获得的租售收入用于偿还债券的本金和利息。地方政府债券的安全性较高，被认为是安全性仅次于国债的一种债券。地方政府债券所获得的利息收入一般都免交所得税。

金融债券的发行主体是金融机构，债券在到期之前一般不能提前兑换，只能在市场上转让，从而保证了所筹集资金的稳定性。金融债券的资信通常高于其他非金融机构债券，违约风险相对较小，具有较高的安全性。因此，金融债券的利率通常低于一般的企业债券，但高于风险更小的国债和银行储蓄存款利率。此外我国还发行政策性金融债券和特种金融债券。

企业债券的发行主体是企业。由于企业主要以本身的经营利润作为还本付息的保证，因此，企业债券风险与企业本身的经营状况直接相关。如果企业发行债券后，经营状况不好，连续出现亏损，可能无力支付投资者本息，投资者就面临着受损失的风险。从这个意义上来说，企业债券是一种风险较大的债券。所以在企业发行债券时，一般要对发债企业进行严格的资格审查或要求发债企业有财产抵押，以保护投资者利益。另一方面，在一定限度内，证券市场上的风险与收益成正相关关系，高风险伴随着高收益。企业债券由于具有较大风险，它们的利率通常也高于国债和地方政府债券。

2. 按付息方式分类

债券按付息方式不同可划分为贴现债券（零息债）与附息债券。

贴现债券是期限比较短的折现债券，是指债券券面上不附有息票，在票面上不规定利率，发行时按规定的折扣率，以低于债券面值的价格发行，到期按面值支付本息的债券。从付息方式来看，贴现债券以低于面额的价格发行，可以看作是利息预付，因而其又可称为利息预付债券、贴水债券。

附息债券平价发行、分期计息，也分期支付利息，债券券面上附有息票，息票上标有利息额、付息的期限和债券号码等内容。投资者可以从债券上剪下息票，并凭据息票领取利息。附息债券的利息支付方式一般应在偿还期内按期付息，如每半年或一年付息一次，目前我国很少采用这种形式。

3. 按利率变动方式分类

债券按利率是否变动可分为固定利率债券和浮动利率债券。

固定利率债券是指在发行时规定利率在整个偿还期内不变的债券。

浮动利率债券的票面利率是随市场利率或通货膨胀率的变动而相应变动的。也就是说，浮动利率债券的利率通常根据市场基准利率加上一定的利率差（通货膨胀率）来确定。浮动利率债券往往是中长期债券，它的种类较多，如规定有利率浮动上、下限的浮动利率债券，规定利率到达指定水平时可以自动转换成固定利率债券的浮动利率债券，附有选择权的浮动利率债券，以及在偿还期的一段时间内实行固定利率而另一段时间内实行浮动利率的混合利率债券等。

4. 按偿还期限长短分类

债券按偿还期限长短可划分为长期债券、中期债券、短期债券。一般来说，偿还期限在十年以上的为长期债券；偿还期限在一年以下的为短期债券；偿还期限在一年以上（包括一年）、十年以下（包括十年）的为中期债券。我国国债的偿还期限划分与上述标准相同。但我国企业债券的偿还期限划分与上述标准有所不同。我国短期企业债券的偿还期限在一年以内，偿还期限在一年以上（包括一年）、五年以下（包括五年）的为中期企业债券，偿还期限在五年以上的为长期企业债券。

此外，债券还可按募集方式划分为公募债券、私募债券；按担保性质可划分为无担保债券、有担保债券。

（3）融资租赁。融资租赁是指由出租人按承租人要求，融通资金购买设备，租给承租人使用，由承租人支付租金获取设备使用权的一种筹资方式。采用这种筹资方式，一般是由承租人选定设备，出租人购置后租给承租人使用，承租人按期交付租金。租赁期满后，出租人可以将设备作价售让给承租人。这种融资方式实际上是通过租赁设备融通到所需资金，从而形成债务性资金。

任务实施

从上述分析可以看出，项目的资金筹措主要从两个方面进行，即项目资本金和项目债务性资金。在这部分内容中，学生掌握这两种资金的特点和筹措方式，可为筹措项目建设资金提供参考依据。例 3.1 的资金筹措方案如下所述。

1. 自有资金

整个项目的自有资金为 10 000 万元，占总投资的 26.5%，分三年投入，如表 3-1 所示。

表 3-1　自有资金年度投入表　　　　　　　　　　　　　　　　　　　单位：万元

第一年	第二年	第三年
3 340.65	6 582.23	77.12

2. 银行贷款

银行长期贷款共有两笔，共计 20 000 万元，占总投资的 53%。从第一年起到第二年止每年借一笔，如表 3-2 所示。

表 3-2　银行贷款年度投入表　　　　　　　　　　　　　　　　　　　单位：万元

第一年	第二年
10 000	10 000

3. 销售收入再投入

销售收入再投入按销售收入的 15.5% 计算，从项目有销售收入最后第三年开始，直到项目建设经营期结束，上半年为整个销售收入的 11.9%，下半年为整个销售收入的 3.6%。总销售收入再投入为 7 725.35 万元，占总投资的 20.5%，如表 3-3 所示。

表 3-3　销售收入再投入年度投入表　　　　　　　　　　　　　　　　单位：万元

第三年	
上半年	下半年
5 931.45	1 793.90

3.1.2　资金成本分析

■ 任务引入

【例 3.2】某企业计划进行筹资决策，现有两个备选方案，甲、乙方案资金筹措情况如表 3-4 所示，要求分别计算两个方案的综合资金成本率，从中选择一个较优方案。

表 3-4　甲、乙方案资金筹措情况

筹资方式	甲方案		乙方案	
	筹资额/万元	资金成本率/（%）	筹资额/万元	资金成本率/（%）
长期借款	80	8	50	7
公司债券	100	10	30	8
优先股	30	12	110	9
普通股	40	15	60	15
合计	250		250	

模块 3 建设项目可行性研究前期工作

■ 任务分析

本企业筹资的来源可以通过长期借款、公司债券、优先股和普通股四种方式综合筹得。因此，要分析选择哪个方案，必须计算出不同方案的综合资金成本率，以综合资金成本率最低者为最优方案。根据条件中各种筹资的资金成本率，可以求取各种筹资的资金占总筹资额的比例，将其作为计算综合资金成本率的权重，这样计算出的综合资金成本率最低者就是决策的结果。

■ 相关知识

1. 资金成本概述

1）资金成本的含义

资金成本是指项目为筹集和使用资本所付出的代价，包括资金筹集费用和资金占用费用。

资金筹集费用是指在筹集资金过程中发生的各项筹资费用，如发行股票、债券支付的印刷费、发行费、律师费、资信评估费、公证费、担保费、广告费等，可以冲减企业筹资总额。资金占用费用是指使用债务性资金过程中发生的经常性的费用，如股票股息或红利、银行借款利息、债券利息等。

2）资金成本的表达方式

资金成本有不同的表达方式，既可以用绝对数表示，也可以用相对数表示。用绝对数表示的，如借入长期资金即指资金占用费用和资金筹集费用；用相对数表示的，如借入长期资金即为资金占用费用与实际取得资金之间的比率，以百分数表示，即资金成本率，但是它不能简单地等同于利率，两者在含义和数值上是有区别的。在财务管理中，一般用相对数表示。

3）资金成本的运用形式

资金成本有多种运用形式。

（1）在比较各种筹资方式时，使用个别资金成本率，如借款资金成本率、债券资金成本率、普通股资金成本率、优先股资金成本率、留存盈余资金成本率。

（2）进行项目资金结构决策时，则使用综合资金成本率。

（3）进行追加筹资结构决策时，则使用边际资金成本率。

4）资金成本的作用

（1）资金成本是项目筹资决策的重要依据。通过不同渠道和方式所筹措的资金，将会形成不同的资金结构，由此产生不同的财务风险和资金成本。因此，资金成本也就成为确定最佳资金结构的主要因素之一。随着筹资数量的增加，资金成本将随之变化。当筹资数量增加到增资的成本大于增资的收入时，企业便不能再追加资本。因此，资金成本是限制企业筹资数额的一个重要因素。

（2）资金成本是评价和选择投资项目的重要标准。资金成本实际上是投资者应当取得的最低报酬水平。只有当投资项目的收益高于资金成本的情况下，才值得为之筹措资本；反之，就应该放弃该投资机会。

（3）资金成本是衡量项目资金效益的临界基准。如果一定时期的综合资金成本率高于总资产报酬率，就说明企业资金的运用效益差，经营业绩不佳；反之，则相反。

2. 资金成本率的计算

从原则上来讲，项目筹集和使用的各种来源的资金都要估算其资金成本率，但短期资金来源的资金成本率很小，且占用时间短，因而筹资决策中可不予考虑，重点考虑长期资金的资金成本率。项目资金筹集的方式各异，其资金成本率估算的方法也不同。但总的来说，资金成本率计算的一般形式为

$$资金成本率 = \frac{资金占用费用}{筹集资金总额 - 资金筹集费用} \times 100\% \tag{3-1}$$

由于资金筹集费用一般与筹集资金总额成正比，因此一般用筹资费用率表示资金筹集费用占筹集资金总额的比例，资金成本率也可表示为

$$资金成本率 = \frac{资金占用费用}{筹集资金总额 \times (1 - 筹资费用率)} \times 100\% \tag{3-2}$$

下面从资金成本不同的运用形式来说明资金成本率的计算。

1）个别资金成本率

（1）银行借款资金成本率。银行借款资金成本是指借款的利息和筹资费用。

由于借款的利息计入税前成本，可以抵税。因此，在不考虑银行筹资费用的情况下，银行借款资金成本率的计算公式为

$$K_d = (1 - T) R_d \tag{3-3}$$

式中：K_d——银行借款资金成本率；

T——所得税税率；

R_d——银行借款年利率。

在考虑银行筹资费用的情况下，银行借款资金成本率的计算公式为

$$K_d = \frac{I_d (1 - T)}{L(1 - F_d)} \tag{3-4}$$

式中：I_d——银行借款年利息；

L——银行借款筹资额；

F_d——资金筹资费用率。

也可以写为

$$K_d = \frac{R_d (1 - T)}{1 - F_d} \tag{3-5}$$

【例3.3】安合公司从银行借入长期资金100万元，期限五年，年利率为10%，利息在每年年末支付，到期时一次还本。借款手续费为借款额的1%，公司所得税税率为25%。要求计算该公司长期借款资金成本率。

【解】 $K_d = \dfrac{R_d(1-T)}{1-F_d} = \dfrac{10\% \times (1-25\%)}{1-1\%} = 7.58\%$

（2）债券资金成本率。债券资金成本主要是指债券利息和融资费用。债券资金成本率计算公式为

$$K_b = \dfrac{I_b(1-T)}{B(1-F_b)} \quad (3\text{-}6)$$

或

$$K_b = \dfrac{R_b(1-T)}{1-F_b} \quad (3\text{-}7)$$

式中： K_b——债券资金成本率；

T——所得税税率；

I_b——债券年利息；

B——债券筹资额；

R_b——债券年利率；

F_b——债券筹资费用率。

【例 3.4】某公司平价发行面值为 1 000 元，票面年利率为 8%，每年付息，五年后一次还本的公司债券，债券筹资费用率为 4%，公司所得税税率为 25%。要求计算该债券资金成本率。

【解】 $K_b = \dfrac{R_b(1-T)}{1-F_b} = \dfrac{8\% \times (1-25\%)}{1-4\%} = 6.25\%$

（3）股票资金成本率。

① 优先股资金成本率。公司在融资时，对优先股认购人会给以某些优惠条件的承诺。优先股的优先权利主要体现在优先于普通股分得股利，股利通常是固定的。优先股股息是税后支付，而且需支付发行费用，因此优先股资金成本一般要高于负债资金成本。优先股资金成本率计算公式为

$$K_p = \dfrac{D}{P_p(1-F_p)} \quad (3\text{-}8)$$

或

$$K_p = \dfrac{R_p}{1-F_p} \quad (3\text{-}9)$$

式中： K_p——优先股资金成本率；

D——优先股年股利；

P_p——优先股筹资额（票面价值）；

R_p——优先股年股息率；

F_p——优先股筹资费用率。

【例 3.5】兴达公司按面值发行 10 元/股的优先股 100 万股，筹资费用率为 4%，年股息率为 10%。要求计算优先股资金成本率。

【解】$K_p = \dfrac{R_p}{1-F_p} = \dfrac{10\%}{1-4\%} = 10.42\%$

② 普通股资金成本率。普通股资金成本的确定方法和优先股资金成本基本相同。但普通股的股利是不固定的,它随企业盈利增长而增长,普通股资金成本通常高于优先股。这是因为,当企业资不抵债时,普通股股东对剩余资产的索赔权在优先股股东之后,其投资风险更大,因而其股利要高于优先股股东,同时大多数公司预期股利按某一固定比率增长。普通股资金成本率计算公式为

$$K_c = \dfrac{D_c}{P_c(1-F_c)} + G \tag{3-10}$$

式中：K_c——普通股资金成本率；

D_c——普通股第一年的股利；

P_c——普通股筹资额；

G——普通股股利年增长率；

F_c——普通股筹资费用率。

【例 3.6】嘉禾公司发行普通股筹资,每股面值 10 元,发行价为 16 元/股,筹资费用率为 3%,预计第一年每股股利为 2 元,以后每年按 5% 递增。要求计算普通股资金成本率。

【解】$K_c = \dfrac{D_c}{P_c(1-F_c)} + G = \dfrac{2}{16 \times (1-3\%)} + 5\% = 17.89\%$

（4）留存盈余资金成本率。留存盈余资金成本是指企业从税后利润总额中扣除股利后保留在企业的剩余盈利,包括盈余公积金和未分配利润。它是属于股东但未以股利的形式发放而保留在企业的资金,对其使用并非无偿,也应计算资金成本,不过是一种机会成本。其确定方法与普通股资金成本基本相同,只是不考虑筹资费用。留存盈余资金成本率计算公式为

$$K_r = \dfrac{D_c}{P_c} + G \tag{3-11}$$

式中：K_r——留存盈余资金成本率。

【例 3.7】庆安公司普通股每股市价为 16 元,预计第一年年末每股盈利 2 元,每股发放 1 元股利,股利年增长率为 5%。要求计算留存盈余资金成本率。

【解】$K_r = \dfrac{D_c}{P_c} + G = \dfrac{1}{16} + 5\% = 11.25\%$

2）综合资金成本率

由于受多种因素的制约,企业不可能只使用某种单一的筹资方式,往往需要通过多种方式筹集所需资金。为了反映整个融资方案的资金成本的情况,在计算各种资金的个别资金成本率的基础上,还要计算综合资金成本率。

综合资金成本又称加权平均资金成本。它是依据各个个别资金成本和该资金成本占全部资金的比重,通过加权平均的方法计算的。它是企业比较各融资组合方案、进行资本结构决策的重要依据。其资金成本率计算公式为

$$K_w = \sum_{j=1}^{n} K_j W_j \quad (3\text{-}12)$$

式中：K_w——综合资金成本率；

K_j——第 j 种个别资金成本率；

W_j——第 j 种个别资金比例；

n——筹资方式的种类。

【例 3.8】假设某公司按账面价值确定的资本总额为 1 600 万元，其中长期债券 200 万元，优先股 400 万元，普通股 800 万元，留存收益 200 万元。经计算各筹资方式的资金成本率依次为 6%、8%、10.5% 和 10.37%。要求确定该公司的综合资金成本率。

【解】$K_w = \sum_{j=1}^{n} K_j W_j$

$= \dfrac{200}{1600} \times 6\% + \dfrac{400}{1600} \times 8\% + \dfrac{800}{1600} \times 10.5\% + \dfrac{200}{1600} \times 10.37\%$

$= 9.30\%$

任务实施

根据上述资金成本有关知识的学习，在制定项目资金的筹措方案时，可以依据各种资金成本的高低决定项目资金结构和各种来源资金在筹资总额中所占比例，以及确定在追加筹资时追加的数额，为决策者的决策提供一定的参考依据。我们利用基础知识解决例 3.2 中的问题。

综合资本成本率随堂练习

【解】

甲方案中各种筹资占筹资总额的比重情况如下。

长期借款：80/250＝32%

公司债券：100/250＝40%

优先股：30/250＝12%

普通股：40/250＝16%

综合资金成本率：8%×32%＋10%×40%＋12%×12%＋15%×16%＝10.40%

乙方案中各种筹资占筹资总额的比重情况如下。

长期借款：50/250＝20%

公司债券：30/250＝12%

优先股：110/250＝44%

普通股：60/250＝24%

综合资金成本率：7%×20%＋8%×12%＋9%×44%＋15%×24%＝9.92%

两个方案进行比较，乙方案的综合资金成本率较低，故乙方案较优。

3.1.3 资金筹措案例分析

■ **任务引入**

某企业现需要一笔资金进行项目建设,如何获得这笔资金?资金结构如何安排最为合理?

■ **任务分析**

根据前文学习,只需要掌握资金筹措的方式和各种不同来源资金的资金成本率的计算方法,就能知道通过何种渠道获得资金及获取该资金的资金成本,从而合理安排筹资结构,制定合理的筹资方案。

■ **相关知识**

【例 3.9】某项目经过分析测算,决定从申请贷款、发行债券和股票三个方面筹集资金,其资金成本率已经分别确定,但还需从四种资金来源结构中优选一种,资金来源及比重如表 3-5 所示。

表 3-5 资金来源及比重(一)

资金来源	待定资金来源结构/(%)				已定资金成本率/(%)
	一	二	三	四	
贷款	30	20	25	30	6
债券	20	40	30	40	8
股票	50	40	45	30	9

【解】根据表 3-5 资料,各种组合情况的总资金成本率计算如下。

(一)组合总资金成本率 $=0.3\times0.06+0.2\times0.08+0.5\times0.09=7.9\%$

(二)组合总资金成本率 $=0.2\times0.06+0.4\times0.08+0.4\times0.09=8\%$

(三)组合总资金成本率 $=0.25\times0.06+0.3\times0.08+0.45\times0.09=7.95\%$

(四)组合总资金成本率 $=0.3\times0.06+0.4\times0.08+0.3\times0.09=7.7\%$

从以上计算结果可以看出,第四种组合的总资金成本率最低(7.7%)。因此,应以 30% 贷款、40%债券、30%股票为最优资金来源结构。

【例 3.10】某项目决定在所筹资金中,贷款、债券、股票的比例分别为 50%、30%、20%,但各项资金成本率尚待从四个组合中优选。资金来源及比重如表 3-6 所示。

表 3-6 资金来源及比重(二)

资金来源	已定资金来源结构/(%)	待定资金成本率/(%)			
		一	二	三	四
贷款	50	6	6.5	7	6.5
债券	30	8	7.5	8	7
股票	20	9	8	8.5	9.5

【解】根据表 3-6 资料，各种组合情况的总资金成本率计算如下。

（一）组合总资金成本率＝0.5×0.06＋0.3×0.08＋0.2×0.09＝7.2%

（二）组合总资金成本率＝0.5×0.065＋0.3×0.075＋0.2×0.08＝7.1%

（三）组合总资金成本率＝0.5×0.07＋0.3×0.08＋0.2×0.085＝7.6%

（四）组合总资金成本率＝0.5×0.065＋0.3×0.07＋0.2×0.095＝7.25%

从以上计算结果可以看出，第二种组合的总资金成本率最低（7.1%）。因此，应采用贷款、债券、股票年利率分别为 6.5%、7.5%、8% 的资金成本率。

【例 3.11】某企业计划年初的资金结构如表 3-7 所示。普通股股票每股面值为 200 元，今年期望股息为 20 元，预计以后每年股息率增加 5%。该企业所得税税率假定为 25%，并且发行各种证券均无筹资费用。现在，该企业拟增资 400 万元，有两个备选方案。

甲方案：发行长期债券 400 万元，年利率为 10%，同时，普通股股息增加到 25 元，以后每年还可增加 6%。

乙方案：发行长期债券 200 万元，年利率为 10%，另发行普通股 200 万元，普通股股息增加到 25 元，以后每年增加 5%。试比较甲乙方案的综合资金成本率，选择最佳筹资方案。

表 3-7　某企业计划年初的资金结构

各种资金来源	金额/万元
b：长期债券，年利率 9%	600
p：优先股，年股息率 7%	200
c：普通股，400 000 股，年增长率 5%	800
合计	1 600

【解】计算如下。

（1）采用甲方案后，企业的综合资金成本率为 $K_甲$。各种资金来源的比重和资金成本率如下。

原有长期债券：

$$F_b = \frac{600}{2\,000} \times 100\% = 30\%$$

$$K_b = \frac{9\% \times (1-25\%)}{1-0} = 6.75\%$$

新增长期债券：

$$F_b = \frac{400}{2\,000} \times 100\% = 20\%$$

$$K_b = \frac{10\% \times (1-25\%)}{1-0} = 7.5\%$$

优先股：

$$F_p = \frac{200}{2\,000} \times 100\% = 10\%$$

$$K_p = \frac{7\%}{1-0} = 7\%$$

普通股：

$$F_c = \frac{800}{2\,000} \times 100\% = 40\%$$

$$K_c = \frac{25}{200} \times 100\% + 6\% = 18.5\%$$

综合资金成本率：

$$K_甲 = 30\% \times 6.75\% + 20\% \times 7.5\% + 10\% \times 7\% + 40\% \times 18.5\% = 11.625\%$$

（2）采用乙方案后，企业的综合资金成本率为 $K_乙$。各种资金来源的比重和资金成本率如下。

原有长期债券：

$$F_b = \frac{600}{2\,000} \times 100\% = 30\%$$

$$K_b = \frac{9\% \times (1-25\%)}{1-0} = 6.75\%$$

新增长期债券：

$$F_b = \frac{200}{2\,000} \times 100\% = 10\%$$

$$K_b = \frac{10\% \times (1-25\%)}{1-0} = 7.5\%$$

优先股：

$$F_p = \frac{200}{2\,000} \times 100\% = 10\%$$

$$K_p = \frac{7\%}{1-0} = 7\%$$

普通股：

$$F_c = \frac{1\,000}{2\,000} \times 100\% = 50\%$$

$$K_c = \frac{25}{200} \times 100\% + 5\% = 17.5\%$$

综合资金成本率：

$$K_乙 = 30\% \times 6.75\% + 10\% \times 7.5\% + 10\% \times 7\% + 50\% \times 17.5\% = 12.225\%$$

从以上计算可以看出，$K_乙 > K_甲$，所以应选择甲方案筹资，因为甲方案筹资为最佳经济方案。

思考与练习

3.1 思考与练习讲解

一、选择题

1. 关于项目资本金的说法，正确的是（　　）。
   A．项目资本金是债务性资金　　B．项目法人要承担项目资本金的利息
   C．投资者可转让项目资本金　　D．投资者可抽回项目资本金

2. 项目资金结构中，如果项目资本金所占比重过小，则对项目的可能影响是（　　）。
   A．财务杠杆作用下滑　　B．负债融资成本提高
   C．负债融资难度降低　　D．市场风险承受力增强

3. 固定资产投资项目实行资本金制度，以工业产权、非专利技术作价出资的比例不得超过投资项目资本金总额的（　　）。
   A．20%　　B．25%　　C．30%　　D．35%

4. 下列资金筹措渠道与方式中，新设项目法人可用来筹措项目资本金的是（　　）。
   A．发行债券　　B．贷款融资　　C．融资租赁　　D．合资合作

5. 在公司融资和项目融资中，所占比重最大的债务融资方式是（　　）。
   A．发行股票　　B．贷款融资　　C．发行债券　　D．融资租赁

6. 项目资金结构应有合理安排，如果项目资本金所占比重过大，会导致（　　）。
   A．财务杠杆作用下滑　　B．贷款融资风险加大
   C．负债融资难度增加　　D．市场风险承受力降低

7. 关于项目资本金性质或特征的说法，正确的是（　　）。
   A．项目资本金是债务性资金　　B．项目法人不承担项目资本金的利息
   C．投资者不可转让其出资　　D．投资者可以任何方式抽回其出资

8. 既有法人作为项目法人的，下列项目资本金来源中，属于既有法人外部资金来源的是（　　）。
   A．企业增资扩股　　B．企业银行存款
   C．企业资产变现　　D．企业产权转让

9. 根据《国务院关于调整和完善固定资产投资项目资本金制度的通知》（国发〔2015〕51号），对于保障性住房和普通商品住房项目，项目资本金占项目总投资的最低比例是（　　）。
   A．20%　　B．25%　　C．30%　　D．35%

10. 既有法人筹措新建项目资金，属于其外部资金来源的有（　　）。
    A．企业增资扩股　　B．资本市场发行的股票
    C．企业现金　　D．企业资产变现
    E．企业产权转让

11. 技术方案资本金是由技术方案的发起人、股权投资人以获得技术方案财产权和控制权的方式投入的资金。必须经过有资格的资产评估机构评估作价的资本金出资形态可以是（　　）。
    A．资源开采权　　　　　　　　B．实物
    C．工业产权　　　　　　　　　D．专利技术
    E．土地使用权

12. 既有法人融资项目的新增资本金筹集渠道包括（　　）。
    A．原有股东增资扩股　　　　　B．吸收新股东投资
    C．发行股票　　　　　　　　　D．社会集资
    E．政府投资

13. 某企业拟发行一笔期限为三年的债券，债券面值为100元，债券的票面年利率为8%，每年付息一次。企业发行这笔债券的费用为其债券发行价格的5%，由于企业发行债券的利率比市场利率高，因此债券实际发行价格为120元，假设企业的所得税税率为25%，则企业发行的债券资金成本率为（　　）。
    A．5.26%　　　　B．7.16%　　　　C．7.02%　　　　D．7.26%

14. 某公司计划发行债券500万元，年利率为10%，预计筹资费用率为5%，预计发行价格为600万元，则该债券资金成本率为（　　）。
    A．10%　　　　B．7.05%　　　　C．5.88%　　　　D．8.77%

15. 在个别资金成本率的计算中，不必考虑筹资费用影响因素的是（　　）。
    A．长期借款资金成本率　　　　B．债券资金成本率
    C．留存盈余资金成本率　　　　D．普通股资金成本率

16. 一般来讲，以下四项中（　　）最低。
    A．长期借款资金成本　　　　　B．优先股资金成本
    C．债券资金成本　　　　　　　D．普通股资金成本

17. 某企业平价发行一批债券，其票面年利率为12%，筹资费用率为2%，所得税税率为25%，则该债券资金成本率为（　　）。
    A．8.7%　　　　B．12%　　　　C．9.18%　　　　D．10%

18. 某公司发行债券面值为1 000元，平价发行，票面年利率为12%，偿还期限为五年，发行费率为3%，所得税税率为25%，则债券的个别资金成本率为（　　）。
    A．12.37%　　　　B．16.45%　　　　C．9.28%　　　　D．8.04%

19. 与发行债券相比，发行优先股的特点是（　　）。
    A．融资成本较高　　　　　　　B．股东拥有公司控制权
    C．股息不固定　　　　　　　　D．股利可在税前扣除

20. 在不考虑筹款限制的前提下，下列筹资方式中个别资金成本最高的通常是（　　）。
    A．发行普通股　　　　　　　　B．留存收益筹资
    C．长期借款筹资　　　　　　　D．发行公司债券

21．下列个别资金成本中属于权益资金成本的是（　　）。
　　A．优先股资金成本　　　　　　B．债券资金成本
　　C．普通股资金成本　　　　　　D．留存盈余资金成本
　　E．债务资金成本
22．在计算个别资金成本率时，需要考虑所得税抵减作用的筹资方式是（　　）。
　　A．银行借款　　　　　　　　　B．长期债券
　　C．优先股　　　　　　　　　　D．普通股
　　E．留存盈余

二、判断题
1．留存盈余资金成本率的计算与普通股资金成本率完全相同。　　　　　　　（　　）
2．企业进行投资，只需考虑目前所使用资金的成本。　　　　　　　　　　　（　　）
3．优先股股利是税后支付，故其成本一般高于债券资金成本。　　　　　　　（　　）
4．企业进行筹资和投资决策时，需计算的企业综合资金成本率为各种资金成本率之和。　　　　　　　　　　　　　　　　　　　　　　　　　　　　　　　　　　（　　）
5．优先股资金成本通常比普通股资金成本低。　　　　　　　　　　　　　　（　　）

三、案例分析题
1．某企业取得五年期借款 2 000 万元，年利率为 10%，筹资费用率为 0.5%，所得税税率为 25%，求该项借款的资金成本率。
2．某企业需要筹集一笔资金，有三种筹集方式可供选择：一是贷款，年利率为 10%；二是发行债券，年利率为 9%，筹资费用率为 2%；三是发行普通股股票，首期股利率是 6%，预计股利年增长率为 5%，筹资费用率为 3%。企业所得税税率为 25%，要求选出最优筹资方式。
3．假设某公司优先股的市场价值在其账面价值 400 万元的基础上上涨了 5%，普通股的市场价值在其账面价值 800 万元的基础上上涨了 10%，长期债券和留存盈余保持其账面价值不变，都是 200 万元。经计算各筹资方式的资金成本率依次为 7.62%、10.26%、6% 和 10.14%。要求确定该公司的综合资金成本率。

3.2　市场研究

引言

　　市场研究是建设项目进行可行性研究的一个重要组成部分。它包括两个方面的内容，市场调查和市场预测。通过市场研究，确定建设产品的建设方案、生产规模、需求者、竞争对手、需求者对产品的要求等，从而为项目决策者提供决策的依据。

3.2.1 市场调查

■ 任务引入

A 房地产开发公司拟投资一个商业购物中心项目,但不知该项目建成后能否正常运营,获得相应的利润。为了确保该项目能获得相应的利润,该公司委托 B 市场研究公司进行市场调查。你认为 B 市场研究公司会调查哪方面内容?

■ 任务分析

对于 A 房地产开发公司委托的业务,B 市场研究公司应根据商业购物中心项目的性质进行相应的市场调查。调查项目所在地段的流动人口和常住人口的数量、购买力水平及该地区对零售业的特殊要求,还有调查购物中心的服务半径,以及附近其他购物中心、中小型商铺的分布情况等。根据调查的内容,A 房地产开发公司就可以确定项目的规模、档次及日后经营构想,为编写项目可行性研究报告打下基础。

■ 相关知识

市场调查

1. 市场调查的重要性

市场调查就是指运用科学的方法,有目的地、系统地搜集、记录、整理有关市场营销信息和资料,分析市场情况,了解市场的现状及发展趋势,为市场预测和营销决策提供客观的、正确的资料。

市场调查与决策有密切的联系。科学的决策要以科学的预测为条件,而对未来发展趋势进行科学的预测,必须及时掌握市场信息,做好市场调查。

市场调查是一项经常性的工作,对于确定建设项目计划,提高企业经营管理水平,增强预测和决策的正确性,促进社会生产发展,都是非常重要的。在项目的可行性研究中,对项目的需求和市场的分析是不可缺少的内容。

2. 市场调查的内容

由于影响市场的因素很多,因此进行市场调查的内容也很多,调查的范围非常广泛。市场调查的内容包括国内外市场环境调查、技术发展调查、市场需求容量调查、消费者和消费者行为调查、竞争情况调查、市场营销因素调查等。

长江三峡生态环境

1)国内外市场环境调查

(1)政治法律环境。其包括政府的有关方针政策,如政府关于发展住宅产业、原材料工业、能源产业、交通运输业的价格、关税、外汇、税收、财政、金融政策和对外贸易政策等;政府的有关法规,如《中华人民共和国环境保护法》《中华人民共和国建筑法》《中华人民共和国城市房地产管理法》《中华人民共和国企业破产法》《中华人民共和国反不正当竞争法》《中华人民共和国保险法》与《城市房屋拆迁管理条例》等;政局的变化,如政府人事变动及战争、罢工、暴乱等情况。

(2)经济环境。其包括国民生产总值、国民收入总值及发展速度;物价水平、通货膨胀率、进出口税率及股票市值稳定情况；城乡居民家庭收入、人均可支配收入、城乡居民存款额；通信及交通运输、能源与资源供应、技术协作条件等。

（3）人口环境。其包括人口规模、人口自然增长率、人口结构；地理分布、民族分布、人口密度、人口迁徙流动情况；出生率、结婚率；家庭规模和结构等。

（4）社会文化环境。其包括教育程度、职业构成、文化水平；价值观、审美观、风俗习惯；宗教信仰、社会阶层分布；妇女就业面大小等。企业营销人员综合分析研究社会文化环境对人们生活方式的影响，便于了解不同消费者的行为，以正确细分市场和选择目标市场，制定企业的市场营销策略。

2）技术发展调查

技术发展调查包括新技术、新工艺、新材料、新能源的发展趋势和速度；新产品的技术现状和发展趋势，使用新技术、新工艺、新材料的情况；新产品的国内外先进水平等。

3）市场需求容量调查

市场需求容量调查包括国内外市场的需求动向；现有的和潜在的市场需求量；社会拥有量、库存量；同类产品在市场上的供应量或销售量，供求平衡状况；本企业和竞争企业的同类产品市场份额；本行业或有关的其他行业的投资动向；企业市场营销策略的变化，对本企业和竞争者销售量的影响等。

4）消费者和消费者行为调查

调查了解消费者的情况及购买行为，主要目的在于使企业掌握消费者的爱好、心理、购买动机、习惯等，以便正确细分市场和选择目标市场，针对不同的消费者和市场，采取不同的市场营销策略。

5）竞争情况调查

竞争情况调查包括竞争者的调查分析（如竞争者的数量和名称、生产能力、生产方式、技术水平、价格策略、销售渠道、促销策略及其他竞争策略和手段，竞争者所处地理位置和交通运输条件，新产品开发和企业的特长等）、竞争产品的调查分析（如竞争产品的价格、性能、品质、用途、规格、式样、包装、交货期、市场份额、销售量及销售地区等）。只有清楚竞争对手的情况，才能采取有针对性的策略，使企业在竞争中处于不败之地。

6）市场营销因素调查

市场营销因素调查包括产品调查、价格调查、分销渠道调查、促销策略调查。产品调查主要是调查顾客对新老产品的评价、现有产品的新用途使用的可能性、新产品的投放时间、产品包装的评价、品牌的吸引力、产品的服务方式等；价格调查主要是调查顾客对价格变动的反应、产品适宜的售价、竞争产品的价位等；分销渠道调查主要是调查中间商销售状况、市场份额、各销售网点的销售状况、商品的运输包装、存储地点和设施等；促销策略调查主要是调查采用人员推销和非人员推销的方法和效果、广告的效果、顾客对销售服务的要求、营业推广活动的成效等。

前五项调查内容属于不可控制因素的调查，其目的是通过市场调查分析市场环境，提高企业适应市场变化的能力，以及寻找发掘市场机会，拓展新市场。第六项调查内容属于可控制因素的调查，企业通过该调查，可以制定有效的市场营销组合策略，促进消费者购买和新市场的开发，以达到预期的营销目标。

3. 市场调查的程序

市场调查的程序，一般分为五个步骤，即明确问题和调查目标、制订调查计划、收集资料、分析资料、报告结果。

1）明确问题和调查目标

明确问题是市场调查的关键，如果目的不清，调查就无处下手，毫无意义。明确了问题，才能做出正确的决定。要找出产生问题的根本原因所在，首先要进行现状分析，要查阅文献，向有关人员调查，初步掌握问题的焦点，然后市场调查人员开始下一步的工作。

2）制订调查计划

制订调查计划一般要包括资料来源、调查方法、调查手段、抽样方案和联系方法几个方面。

（1）资料来源。确定调查计划中资料的来源是收集二手资料、一手资料，或是两者都要收集。二手资料是为其他目的的已经收集到的资料，而一手资料则是指为了当前特定目的而收集的原始信息。市场调查人员开始总是先收集二手资料，以判断问题是否部分或全部解决了，不再需要去收集成本很高的一手资料。二手资料是调查的起点，其优点是成本低及可以立即使用。然而，市场调查人员所需要的资料可能不存在，或者由于种种原因，资料不够准确、不可靠、不完整或者已经过时。这时，市场调查人员就需要花费一定的时间去收集更切题、更准确的一手资料。

（2）调查方法。收集一手资料的方法有观察法、专题讨论法、问卷调查法和实验法四种方法。观察法，根据可调查的对象与背景可以收集到最新资料。专题讨论法，通常邀请6～10人，在有经验的主持人的引导下，就某种产品、某项服务、某个组织或市场营销话题展开讨论，是设计大规模问卷调查前的一个有用的试探性步骤。问卷调查法，是介于观察法、专题讨论法和实验法之间的一种方法，适合描述性调查，目的是了解人们的认识、看法、喜好和满意度等，以便在总体上衡量这些量值。实验法是最科学的调查方法，要求选择多个可比的主体组，分别赋予不同的实验方案，控制外部变量，并检查所观察的差异是否具有统计上的显著性。

（3）调查手段。收集一手资料采用的主要调查手段是问卷和座谈。问卷是收集一手资料时最普遍采用的手段，因为问卷中的问题设计可以非常灵活多变。座谈调查是由熟悉情况和富有实践经验的调查人员主持会议，依据事先准备好的调查提纲，向与会者提出问题，展开讨论，借以取得资料的一种方法。开调查会时，调查者和调查对象可以直接对话、共同研讨、互相启发、互相核实，使所得到的资料符合实际。与会者必须熟悉情况，有一定的代表性，能够提供比较可靠的信息，与会者一般以3～8人为宜。

（4）抽样方案。在设计抽样方案时，必须确定以下问题。

① 抽样单位：解决向什么人调查的问题。调查者必须界定抽样的目标总体，一旦确定了抽样单位，必须确定出抽样范围，以便目标总体中所有样本被抽中的机会是均等的或已知的。

② 样本规模：主要确定调查多少人的问题。大规模样本比小规模样本的结果更可靠，但是没有必要为了得到完全可靠的结果而调查整个或部分目标总体。如果抽样程序正确，小于1%的样本就能提供比较准确的结果。

③ 抽样方法：解决如何选择答卷人的问题。为了得到有代表性的样本，应采用概率抽样的方法。概率抽样可以计算抽样误差的置信度。但由于概率抽样的成本过高、时间过长，调查者也可以采用非概率抽样。

（5）联系方法。一般有邮寄、电话和面访三种联系方法。面访是三种方法中最常用的方法，调查者能够提供较多的问题并能了解被访者的情况，但面访的成本较高，而且需要更多的管理计划和监督工作，也容易受到被访者偏见或曲解的影响。

3）收集资料

收集资料是市场调查中成本最高，也最容易出错的阶段。在采用问卷调查法时，可能会出现某些被调查者不在家必须重访或更换、某些被调查者拒绝合作、某些被调查者的回答不诚实或在某些问题上有偏见等情况。在采用实验法进行调查时，调查人员必须注意，要使实验组与控制组匹配，并尽可能消除参与者的参与误差，实验方案要统一形式并要能控制外部因素的影响等。现代计算机和通信技术使得资料收集的方法迅速发展，且减少了人员和时间的投入。

4）分析资料

该阶段的主要任务是从收集的信息和数据中提炼出与调查目标相关的信息，对主要变量可以分析其离散性并计算平均值，同时还可以采用统计技术和决策模型进行分析。

5）报告结果

市场调查人员不能把大量的调查资料和分析方法直接提供给有关决策者，必须对资料进行分析和提炼，总结归纳出主要的调查结果并报告给决策人员，减少决策者在决策时的不确定性因素，只有这样的调查报告才是有价值的。

任务实施

根据市场调查的内容和程序的介绍，进行可行性研究的相关人员必须懂得如何进行市场调查、市场调查的方法和内容，这样才能根据调查的目标调查出切合实际且准确的资料，为决策者决策提供可靠的依据。

3.2.2 市场预测

任务引入

某房地产公司正在开发一个住宅项目，该项目大约在半年之后封顶。销售部门要做售房的准备工作，其首要的准备工作是如何确定该项目的售价。

任务分析

对于该房地产公司的住宅项目的售价问题，实际是要预测该住宅项目的售价。售价预测的合理与否，关系到该项目能否获得最大的盈利，能否尽早地销售完毕。因此，有必要懂得预测的相关知识。

相关知识

1. 市场预测的概念与特点

1）市场预测的概念

市场预测，就是根据事物的历史资料，运用科学的方法和逻辑推理，对影响市场供求变化的诸因素进行调查研究，分析和预见其发展趋势，掌握市场供求变化的规律，为经营决策提供可靠的依据。

预测不是幻想，也不是主观臆断，而是一种技巧和方法。预测不仅研究事物的本身，而且还要研究它和环境之间的相互作用、相互影响。因此，预测的过程就是在调查研究或科学试验的基础上的分析过程，简称预测分析。预测分析所使用的科学方法与手段，统称为预测技术，也称为预测方法。

2）市场预测的特点

（1）预测的科学性。预测是根据过去的统计资料和经验，通过一定的程序、方法和模型，对事物未来发展的趋势作出预计和推测。它基本上反映了事物发展的规律性，因而预测具有科学性。

（2）预测的近似性。预测是对事物未来的预计和推测，产生在事物发展之前。由于事物的发展受到各方面不断变化因素的影响，预测结果总会与事物未来发生的实际情况存在一定的偏差。预测的数值同事物未来发生的数值不可能完全一致，是一个近似值，因而预测具有近似性。

（3）预测的局限性。预测对象的许多因素，往往会受到外界各种因素变化的影响，且带有随机性。而且人们对事物未来的认识，总会有一定的局限性，或者掌握的资料不准确、不全面，或者对具有许多复杂因素的时间进行预测时，为了建立模型而简化了一些因素和条件，以致预测的结果往往不能表达事物发展的全体，因而预测具有一定的局限性。

2. 市场预测的作用与程序

1）市场预测的作用

在经济飞速发展的时代，预测不仅关系到企业的生存和发展，而且已成为一个国家发展国民经济和科学技术必须研究的领域。预测合理与否，将直接影响国民经济和科学技术的发展。其主要作用表现在以下四个方面。

（1）预测是决策的前提。

（2）预测是制定国民经济和科学技术发展规划的重要依据。

（3）预测可以推动技术和产品更新，增强产品的竞争能力。

（4）预测是做好经营管理的重要手段。

现代管理理论认为，决策正确与否是企业兴衰的关键。企业要想减少或避免决策的失误，就必须重视预测工作，提高预测的准确性。在建筑生产经营活动中，预测是一项十分重要的基础工作。例如，预测社会对各类建筑产品的需求量，提供制定建筑业发展规划的依据；预测建筑市场的需求，保证建筑企业经营的科学性、灵活性和稳定性；对建筑技术进步趋势及方向进行预测，制定符合我国国情的建筑技术政策等。

2）市场预测的程序

进行市场预测的程序通常包括以下五步。

（1）确定预测的目标。根据预测的对象和内容，确定预测的范围，规定预测的期限，选择预测的方法。预测的目标一定要明确，尽可能用数量单位来描述。

（2）收集资料、分析数据。调查收集整理的资料是进行预测的依据。由于预测涉及的因素复杂，要求收集的资料种类很多，数据量很大，因此，为了提高预测工作效率和质量，必须掌握事物的变化规律，同时注意数据资料的可靠性和完整性，分析研究数据的代表性，排除个别因偶然因素影响所出现的异常数据。

（3）建立预测模型。预测的核心是建立符合客观实际的数据模型，经过计算得出预测结果。

（4）分析评价。分析评价指研究预测结果或其主要构成因素之间的函数关系，检验其是否符合客观规律。

（5）修正预测值。经分析评价，找出预测值与实际值之间的误差，根据误差的大小及其产生的原因，对预测结果进行修正，选出满意的数值，作为决策的依据。

3. 市场预测的分类与方法

1）市场预测的分类

市场预测按预测时间可分为以下几类。

（1）短期预测，指为期一年以内（包含）的预测。

（2）中期预测，指为期一年以上五年以内（包含）的预测。

（3）长期预测，指为期五年以上的预测。

2）市场预测的方法

（1）定性预测法。定性预测是根据事物的性质、特点、过去和现状等方面，对事物进行非数量化的分析，然后对事物的未来发展趋势作出预测和判断。这种定性预测是根据人们的主观判断来取得预测结果。定性预测法有集合意见法、专家预测法等。

① 集合意见法。集合意见法就是集合经营管理人员和业务人员的判断意见的预测方法。企业的短期预测可采用这种方法。

采用集合意见法进行市场预测时，为了对预测人员的定量估计进行归纳、整理，常用的方法就是主观概率法。

② 专家预测法。专家预测法是以专家为索取信息的对象，运用专家的知识和经验，考虑预测对象的社会环境，直接分析研究和寻求其特征规律，并推测未来的一种预测方法。这种预测方法的准确性，主要取决于专家所具有的知识和经验的广度与深度。因此，调查时所选择的专家，必须对所预测的问题有丰富的实际经验或较高的学术水平。

专家预测法包括专家会议法、头脑风暴法、德尔菲法、个人判断法、集体判断法。

a. 专家会议法。专家会议法又称专家会议调查法，是根据市场预测的目的和要求，向一组经过挑选的有关专家提供一定的背景资料，通过会议的形式对预测对象及其前景进行评价，在综合专家分析判断的基础上，对市场趋势作出量的推断。

采用专家会议法进行市场预测时应特别注意以下两个问题：一是选择的专家要合适，即专家要具有代表性、具有丰富的知识和经验，人数要适当；二是预测的组织工作要合理，即专家会议组织者最好是市场预测方面的专家，有较丰富的组织会议的能力。会议组织者要提前向与会专家提供有关的资料和调查提纲，讲清所要研究的问题和具体要求，以便使与会专家有备而来。精心选择会议主持人，使与会专家能够充分发表意见。要有专人对各位专家的意见进行记录和整理，要注意对专家的意见进行科学的归纳和总结，以便得出科学的结论。

b．头脑风暴法。头脑风暴法又称智力激励法、BS 法、自由思考法，是由美国创造学家奥斯本于 1939 年首次提出、1953 年正式发表的一种激发性思维的方法。此法经各国创造学研究者的实践和发展，至今已经形成了一个发明技法群，深受众多企业和组织的青睐。

头脑风暴法就是组织各类专家相互交流意见，无拘无束地畅谈自己的想法，发表自己的意见，在头脑中进行智力碰撞，产生新的思想火花，使预测观点不断集中和深化，从而提炼出符合实际的预测方案。

采用头脑风暴法进行预测，其开会的方法与普通会议的根本区别在于它有四条规则：不批评别人的意见；提倡自由奔放地思考；提出的方案越多越好；提倡在别人方案的基础上进行改进或与之结合。

c．德尔菲法。德尔菲法在 20 世纪 40 年代首创。1946 年，美国兰德公司为避免集体讨论存在的屈从于权威或盲目服从多数的缺陷，首次用这种方法来进行定性预测，后来该方法被迅速广泛采用。

德尔菲法依据系统的程序，采用匿名发表意见的方式，即专家之间不得互相讨论，不发生横向联系，只能与调查人员发生关系，通过多轮次调查专家对问卷所提问题的看法，经过反复征询、归纳、修改，最后汇总成专家基本一致的看法，作为预测结果。这种方法具有广泛的代表性，较为可靠。

德尔菲法的具体实施步骤如下。

第一，组成专家小组。按照课题所需要的知识范围，确定专家。专家人数的多少可根据预测课题的大小和涉及面的宽窄而定，一般不超过 20 人。

第二，向所有专家提出所要预测的问题及有关要求，并附上有关这个问题的所有背景材料，同时请专家提出还需要什么材料，然后由专家做书面答复。

第三，各位专家根据他们所收到的材料，提出自己的预测意见，并说明自己是怎样利用这些材料提出预测值的。

第四，将各位专家第一次判断意见汇总列成图表，进行对比，再分发给各位专家，让专家比较自己同他人的不同意见，修改自己的意见和判断。也可以把各位专家的意见加以整理，或请身份更高的其他专家加以评论，然后把这些意见再分发给各位专家，以便他们参考后修改自己的意见。

第五，将所有专家的修改意见收集起来汇总，再次分发给各位专家，以便做第二次修改。逐轮收集意见并为专家反馈信息是德尔菲法的主要环节。收集意见和反馈信息一般要经过三四轮。在向专家进行反馈的时候，只给出各种意见，但并不说明发表各种意见的专家的具体姓名。这一过程重复进行，直到每一位专家都不再改变自己的意见为止。

第六，对专家的意见进行综合处理。

此法具有三个特点：匿名性消除了专家之间心理因素的影响；多次反馈沟通情况；预测结果采用统计方法进行处理。

d. 个人判断法。个人判断法是用规定程序对专家个人进行调查的方法。这种方法是依靠个别专家的专业知识和特殊才能来进行判断预测的。

e. 集体判断法。集体判断法是在个人判断法的基础上，通过会议进行集体的分析判断，将专家个人的见解综合起来，寻求较为一致的结论的预测方法。这种方法参加的人数多，所拥有的信息量远远大于个人拥有的信息量，因而能凝集众多专家的智慧，避免个人判断法的不足，在一些重大问题的预测方面较为可行可信。但是，集体判断法的参与人员也可能受到感情、个性、时间及利益等因素的影响，不能充分或真实地表明自己的判断。

因此，运用集体判断法时，会议主持人要尊重每一位与会者，鼓励与会者各抒己见，使与会者在积极发言的同时要保持谦虚恭敬的态度，对任何意见都不应带有倾向性。同时还要掌握好会议的时间和节奏，既不能拖得太长，也不要草草收场，当话题分散或意见相持不下时，能适当提醒或调节会议的进程等。

（2）定量预测法。定量预测是根据事物比较系统的统计资料和有关数据，建立数学模型，对事物的未来发展趋势作出预测和判断，一般比定性预测精确。定量预测法的方法很多，有增减趋势预测法、时间序列预测法、回归趋势预测法。

① 增减趋势预测法。社会经济现象的发展规律可以其变化的增减量或增减速度等显示出来。在分析经济现象变化的特点时，先要根据时间数列中数量增减的基本类型，用合适的方程去描述其变化趋势，再根据变化的规律向今后延伸，预测未来。下面介绍平均增减量趋势预测法和平均发展速度趋势预测法。

a. 平均增减量趋势预测法。如果时间数列的逐期增减量大致相同，就可以用平均增减量进行趋势预测。其计算公式为

$$\overline{y}_n = y_0 + n\overline{d} \tag{3-13}$$

式中：$\overline{y}_n$ ——预测期的趋势值；

y_0 ——基准期的实际值；

$\overline{d}$ ——逐年增减量的平均值；

n ——预测期的顺序数（$n=1, 2, 3, \cdots$）。

【例 3.12】某建筑企业近五年完成的生产总值如表 3-8 所示，试预测今后三年的总产值为多少。

表 3-8 某建筑企业近五年完成的生产总值　　　　　　　　　　　单位：万元

年次	基础年份	1	2	3	4
总产值	6 810	7 130	7 460	7 810	8 180
增减量		320	330	350	370
趋势值		7 150	7 500	7 840	8 180

【解】 第一步，计算逐年增减量。

$$d_1 = 7\,130 - 6\,810 = 320（万元）$$
$$d_2 = 7\,460 - 7\,130 = 330（万元）$$
$$d_3 = 7\,810 - 7\,460 = 350（万元）$$
$$d_4 = 8\,180 - 7\,810 = 370（万元）$$

将逐年增减量填入表中。

第二步，计算逐年增减量的平均值 $\overline{d}$。

$$\overline{d} = \frac{d_1 + d_2 + \cdots + d_n}{n} = \frac{\sum_{i=1}^{n} d_i}{n}$$

得

$$\overline{d} = \frac{320 + 330 + 350 + 370}{4} = 342.5（万元）$$

第三步，用平均增减量推算各年的趋势值（个位均四舍五入）。

$$\overline{y}_n = y_0 + n\overline{d}$$

第一年　$\overline{y}_1 = 6\,810 + 1 \times 342.5 = 7\,150（万元）$
第二年　$\overline{y}_2 = 6\,810 + 2 \times 342.5 = 7\,500（万元）$
第三年　$\overline{y}_3 = 6\,810 + 3 \times 342.5 = 7\,840（万元）$
第四年　$\overline{y}_4 = 6\,810 + 4 \times 342.5 = 8\,180（万元）$

将计算结果填入表中。

第四步，计算预测值。

第五年　$\overline{y}_5 = 6\,810 + 5 \times 342.5 = 8\,520（万元）$
第六年　$\overline{y}_6 = 6\,810 + 6 \times 342.5 = 8\,865（万元）$
第七年　$\overline{y}_7 = 6\,810 + 7 \times 342.5 = 9\,210（万元）$

因此，今后三年预计企业的总产值分别为 8 520 万元、8 865 万元、9 210 万元。

b. 平均发展速度趋势预测法。如果时间数列的逐期发展速度大致相同，根据逐期发展速度计算其平均数，据以推算各期的预测值。其计算公式为

$$\overline{v} = \sqrt[n]{v_1 v_2 v_3 \cdots v_n}$$
$$\overline{y}_n = y_0 \times \overline{v}^n \tag{3-14}$$

式中：$\overline{y}_n$ ——预测期的趋势值；
　　　y_0 ——基准期的实际值；
　　　$\overline{v}$ ——逐期发展速度的平均数；
　　　n ——预测期的顺序数（$n = 1, 2, 3, \cdots$）。

式中：$v_1 = \dfrac{y_1}{y_0}$，$v_2 = \dfrac{y_2}{y_1}$，$\cdots$，$v_n = \dfrac{y_n}{y_{n-1}}$。

则

$$\overline{v} = \sqrt[n]{\frac{y_1}{y_0} \times \frac{y_2}{y_1} \times \frac{y_3}{y_2} \times \cdots \times \frac{y_{n-1}}{y_{n-2}} \times \frac{y_n}{y_{n-1}}} \tag{3-15}$$

【例 3.13】某建筑公司 2014—2018 年的总产值如表 3-9 所示，试用平均发展速度趋势预测法预测 2019 年、2020 年的总产值。

表 3-9　某建筑公司 2014—2018 年的总产值

年份	2014	2015	2016	2017	2018
产值/亿元	1.12	1.35	1.64	1.97	2.40
发展速度/（%）		120.5	121.5	120.1	121.8
趋势值/亿元		1.36	1.64	1.98	2.40

【解】从表 3-9 中可知 2014 年的总产值 1.12 亿元为基准值。

第一步，计算每年的发展速度。

第一年　$v_1=\dfrac{1.35}{1.12}=1.205=120.5\%$

第二年　$v_2=\dfrac{1.64}{1.35}=1.215=121.5\%$

第三年　$v_3=\dfrac{1.97}{1.64}=1.201=120.1\%$

第四年　$v_4=\dfrac{2.40}{1.97}=1.218=121.8\%$

将计算结果填入表中。

第二步，计算年平均发展速度 $\bar{v}$。

$$\bar{v}=\sqrt[4]{1.205\times1.215\times1.201\times1.218}\approx1.21\,（121\%）$$

第三步，计算各年的趋势值。

根据　$\bar{y}_n=y_0\times\bar{v}^n=1.12$（亿元）

2015 年　$\bar{y}_1=1.12\times(1.21)^1=1.36$（亿元）

2016 年　$\bar{y}_2=1.12\times(1.21)^2=1.64$（亿元）

2017 年　$\bar{y}_3=1.12\times(1.21)^3=1.98$（亿元）

2018 年　$\bar{y}_4=1.12\times(1.21)^4=2.40$（亿元）

将计算结果填入表中。

第四步，计算预测值。

2019 年　$\bar{y}_5=1.12\times(1.21)^5=2.90$（亿元）

2020 年　$\bar{y}_6=1.12\times(1.21)^6=3.52$（亿元）

因此，预测该公司 2019 年的总产值为 2.90 亿元，2020 年的总产值为 3.52 亿元。

② 时间序列预测法。时间序列预测法是一种比较简单而应用很广泛的短、中期预测方法。所谓时间序列是指预测事物的一组统计或观察值，按发生时间的先后次序排列出来的数字序列。时间序列预测法就是从时间序列中找出事物随时间发展变化的规律，从而推算出事物未来的演变趋势。

时间序列预测法有以下几种常用方法。

a. 简单平均数法。简单平均数法是将过去时期形成的时间序列数据进行简单平均,以平均数作为预测值的方法。其计算公式为

$$y_t = \frac{\sum_{i=1}^{n} y_i}{n} \tag{3-16}$$

式中：y_t——t 期的预测值,即平均数；

y_i——t 期以前 n 期中的第 i 次实际值,$i=1,2,\cdots,n$；

n——实际值个数。

【例 3.14】某建筑公司 1—5 月实际完成建筑安装工作量如表 3-10 所示,试用简单平均数法预测 6 月能完成多少工作量。

表 3-10　某建筑公司 1—5 月实际完成建筑安装工作量

月份	1	2	3	4	5
工作量/万元	290	301	296	303	310

【解】 $y_t = \dfrac{290+301+296+303+310}{5} = 300（万元）$

因此,6 月预测完成工作量 300 万元。

简单平均数法简单易行,在无明显上升或下降趋势时,应用较为适宜,一般只用于近期预测。

b. 移动平均法。移动平均法是在简单平均数法的基础上,以近期资料为依据,并考虑事物发展趋势的一种预测方法。

移动平均法在给定的时间序列中,每次选取最近的 N 个周期数据,求其平均值,这样逐点推移,分段平均,最后以 t 期的移动平均值作为 $t+1$ 期的预测值。此法分为一次移动平均法和二次移动平均法。

一次移动平均法。设有一组按时间顺序排列的统计数据 Y_1、Y_2、$\cdots$、Y_t,则 t 期一次移动平均值为

$$Y_t^{(1)} = \frac{Y_t + Y_{t-1} + \cdots + Y_{t-N+1}}{N} = \frac{1}{N}\sum_{j=0}^{N-1} Y_{t-j} \tag{3-17}$$

预测结果公式为

$$\hat{Y}_{t+1} = Y_t^{(1)} + n\overline{\Delta Y^{(1)}}$$

式中：$Y_t^{(1)}$——t 期一次移动平均值；

Y_t——t 期观察值；

$\hat{Y}_{t+1}$——$t+1$ 期观察值；

$\overline{\Delta Y^{(1)}}$——预测值逐期变动量的平均值；

n——最终预测值距离最后一期预测值的期数；

N——移动期数。

【例 3.15】 某房地产开发公司历年的商品房开发面积如表 3-11 所示,试用一次移动平均法模拟该时间序列,并预测 2019 年的商品房开发面积。

表 3-11 某房地产开发公司历年的商品房开发面积

年份	2012	2013	2014	2015	2016	2017	2018
开发面积/万平方米	0.79	2.82	2.59	8.15	9.79	5.46	10.21
预测值（$N=3$）			2.07	4.52	6.84	7.80	8.49
逐期变动量				2.45	2.32	0.96	0.69
逐期平均变动量				（2.45+2.32+0.96+0.69）÷4=1.605			
2019 年预测值				8.49+2×1.605=11.70			
预测值（$N=5$）					4.83	5.76	7.24
逐期变动量						0.93	1.48
逐期平均变动量				（0.93+1.48）÷2=1.21			
2019 年预测值				7.24+3×1.21=10.87			

【解】 设 $N=3$,则根据公式分别计算各周期的移动平均值:

$$Y_3^{(1)}=\frac{0.79+2.82+2.59}{3}=2.07$$

$$Y_4^{(1)}=\frac{2.82+2.59+8.15}{3}=4.52$$

$$Y_5^{(1)}=\frac{2.59+8.15+9.79}{3}=6.84$$

$$Y_6^{(1)}=\frac{8.15+9.79+5.46}{3}=7.80$$

$$Y_7^{(1)}=\frac{9.79+5.46+10.21}{3}=8.49$$

由此,可预测该公司 2019 年的商品房开发面积为

$$\hat{Y}_{2019}=11.70（万平方米）$$

若设 $N=5$,则根据公式分别计算各周期的移动平均值:

$$Y_5^{(1)}=\frac{0.79+2.82+2.59+8.15+9.79}{5}=4.83$$

$$Y_6^{(1)}=\frac{2.82+2.59+8.15+9.79+5.46}{5}=5.76$$

$$Y_7^{(1)}=\frac{2.59+8.15+9.79+5.46+10.21}{5}=7.24$$

由此,可预测该公司 2019 年的商品房开发面积为

$$\hat{Y}_{2012}=10.87（万平方米）$$

从 $N=3$、$N=5$ 的一次移动平均法预测目标结果可以看出,N 值的大小影响最终的预

测结果准确与否。也就是说，N的选择是移动平均法的难点，不同N的选择对所计算的平均数有较大影响。

一般来说，当N取较大时，其灵活性降低，对外界波动反应也较慢；当N取较小时，则对外界波动反应快，但是容易把外界的偶然波动误认为发展趋势。所以N的选取是用好移动平均法的关键。当需要处理的资料数据较多，预测精度较高时，N可取大些，反之则取小些。

最终可取$N=3$、$N=5$计算所得预测值的简单算术平均值，即（11.70+10.87）÷2=11.29（万平方米）作为2019年的预测商品房开发面积。

c. 指数平滑法。移动平均法对N期以内的数据是平等对待的，因而不能反映出远期数据和近期数据对预测结果不同的影响。指数平滑法是在移动平均法基础上的一种发展和改进，它通过平滑系数，对不同时期的数据赋予不同的权值，以提高预测的精度。

指数平滑法的基本计算公式为

$$y_t = \alpha D_{t-1} + (1-\alpha) y_{t-1} \tag{3-18}$$

式中：y_t——t期的预测值；

D_{t-1}——t期上一期的实际值；

y_{t-1}——t期上一期的预测值；

α——平滑系数，$0<\alpha<1$。

上式可理解为预测值y_t是上一期的实际值D_{t-1}和预测值y_{t-1}的加权平均值。

平滑系数α愈大，近期的影响愈大；α愈小，则远期的影响愈大。α值一般应根据具体情况和实际经验选定。当时间序列变化较为缓慢，或虽有不规则的起伏波动，但长期趋势为接近稳定的常数时，α取较小值；如果时间序列有明显迅速变动的倾向，α应取较大值。

上式亦可变换为

$$y_t = y_{t-1} + \alpha(D_{t-1} - y_{t-1})$$

预测值y_t也可以理解为上一期的预测值y_{t-1}与上一期的实际值和预测值偏差的调整值之和。如果已知一个时间序列，求未来某一时期的预测值时，可采用逐点推移的办法求得。

【例3.16】某施工企业1—5月完成的建筑安装工作量如表3-12所示，试用指数平滑法预测6月的工作量为多少（取$\alpha=0.6$）。

表3-12 某施工企业1—5月完成的建筑安装工作量　　　　　　单位：万元

月份	实际值	预测值
1	190	200.00
2	201	194.00
3	196	198.20
4	203	196.88
5	210	200.55
		206.22

【解】设 $y_1 = \overline{D} = \dfrac{190+201+196+203+210}{5} = 200$（万元）

由于 $y_t = \alpha D_{t-1} + (1-\alpha) y_{t-1}$，则

$y_2 = 0.6 \times 190 + 0.4 \times 200 = 194$（万元）

$y_3 = 0.6 \times 201 + 0.4 \times 194 = 198.2$（万元）

$y_4 = 0.6 \times 196 + 0.4 \times 198.2 = 196.88$（万元）

$y_5 = 0.6 \times 203 + 0.4 \times 196.88 = 200.55$（万元）

预测 6 月的工作量为

$y_6 = 0.6 \times 210 + 0.4 \times 200.55 = 206.22$（万元）

答：6 月预测完成的工作量为 206.22 万元。

特别提示

此处实际值较少（少于 20 个）时，第一期预测值 y_1 最好取各实际值的平均值。

③ 回归趋势预测法。回归趋势预测法是根据历年积累的材料，在假定过去的发展趋势及规律性而今后仍然存在的条件下，预测未来的发展方向和变动程度的方法。常用的回归趋势模型有直线型、指数曲线型、二次抛物线型等。此处仅介绍直线趋势预测法即一元线性回归预测法。

如果时间数列的逐年增减量大致相同，且它的发展趋势是直线型的，就可以用相应的直线模型来预测未来。其直线方程式为

$$y = a + bx \tag{3-19}$$

式中：y——逐年总量指标；

x——表示时间或年次；

$a,\ b$——方程式的参数。

该直线方程式首先要确定 a、b 参数。根据最小二乘法的原理，可以导出两个标准方程式：

$$\begin{cases} \sum y = Na + b\sum x & \text{(1)} \\ \sum xy = a\sum x + b\sum x^2 & \text{(2)} \end{cases} \tag{3-20}$$

根据这两个方程式，就可以求解 a 和 b 两个参数。其方法为，把（1）式各项都乘以 $\sum x$，把（2）式各项都乘以 N，就可以得到下列方程式。

$$\begin{cases} \sum y \sum x = Na\sum x + b\sum x \sum x \\ \sum xyN = a\sum xN + b\sum x^2 N \end{cases} \tag{3-21}$$

解上述两个方程式得

$$b = \dfrac{N\sum xy - \sum y \sum x}{N\sum x^2 - \sum x \sum x}$$

$$a = \dfrac{\sum y - b\sum x}{N}$$

式中：N——数列的项数。

$\sum x$、$\sum x^2$、$\sum y$、$\sum xy$ 的数值，可以分别从数列的实际值中求得，把求得的数据代入公式中去，求出 a 和 b 两个参数，则可建立直线预测方程进行预测。

【例 3.17】某建筑集团近九年完成的产值如表 3-13 所示，试用直线趋势预测法预测今后三年的产值。

表 3-13 某建筑集团近九年完成的产值   单位：亿元

年次	1	2	3	4	5	6	7	8	9
产值	2.2	2.4	2.7	3.0	3.4	3.8	4.2	4.7	5.3

【解】第一步，列表 3-14，计算出 $\sum x$、$\sum y$、$\sum xy$、$\sum x^2$。

表 3-14 计算过程

年次代号（x）	建筑安装工作量（y）/亿元	xy	x^2	建筑安装工作量理论值/亿元
1	2.2	2.2	1	1.98
2	2.4	4.8	4	2.37
3	2.7	8.1	9	2.75
4	3.0	12.0	16	3.14
5	3.4	17.0	25	3.52
6	3.8	22.8	36	3.91
7	4.2	29.4	49	4.29
8	4.7	37.6	64	4.68
9	5.3	47.7	81	5.06
45	31.7	181.6	285	

第二步，求 a、b 参数。

$$b=\frac{181.6\times 9-31.7\times 45}{285\times 9-45\times 45}=0.385$$

$$a=\frac{31.7-0.385\times 45}{9}=1.597$$

第三步，建立预测方程。

$$y=1.597+0.385x$$

第四步，计算建筑安装工作量理论值。

$$y_1=1.597+0.385\times 1=1.982（亿元）$$
$$y_2=1.597+0.385\times 2=2.367（亿元）$$
$$\cdots$$
$$y_9=1.597+0.385\times 9=5.062（亿元）$$

将计算结果填入表中。

第五步,进行预测。

$$y_{10}=1.597+0.385\times10=5.447（亿元）$$
$$y_{11}=1.597+0.385\times11=5.832（亿元）$$
$$y_{12}=1.597+0.385\times12=6.217（亿元）$$

因此,预测今后三年的产值分别为 5.447 亿元、5.832 亿元、6.217 亿元。

(3)综合预测法。综合预测法是将定性、定量预测等多种预测方法进行综合运用。它兼有多种方法的优势,因此预测的准确性和可靠性较高。

■ 任务实施

通过以上学习,我们懂得了市场预测的内容、特点及类型,掌握了市场预测的方法,尤其是定量预测法的技术工作,为今后从事建设项目的市场预测奠定了基础。

3.2.3 市场调查与预测案例分析

成都芯谷项目市场调研分析报告(市场调查与预测部分)如下。

第一部分　全国经济情况分析

受新冠肺炎疫情影响,2020 年上半年我国经济先降后升,二季度经济增长由负转正,主要指标恢复性增长,经济运行稳步复苏,基本民生保障有力,市场预期总体向好,社会发展大局稳定。2020 年全球新冠肺炎疫情依然在蔓延扩散,新冠肺炎疫情对世界经济的巨大冲击将继续发展演变,外部风险挑战明显增多,国内经济恢复仍面临压力。初步核算,上半年国内生产总值 456 614 亿元,按可比价格计算,同比下降 1.6%。分季度看,一季度同比下降 6.8%,二季度增长 3.2%。分产业看,第一产业增加值 26 053 亿元,同比增长 0.9%;第二产业增加值 172 759 亿元,下降 1.9%;第三产业增加值 257 802 亿元,下降 1.6%。从环比看,二季度国内生产总值增长 11.5%。2019—2020 年国内生产总值情况如图 3.2 所示。

(1)农业生产形势较好,夏粮再获丰收。
(2)工业生产恢复较快,高技术制造业和装备制造业实现增长。
(3)服务业降幅缩小,现代服务业增势良好。
(4)市场销售逐步改善,网上零售较快增长。
(5)固定资产投资降幅明显收窄,高技术产业和社会领域投资回升。
(6)货物进出口好于预期,贸易结构继续改善。
(7)居民消费价格涨势温和,工业生产者出厂价格同比下降。

（8）全国城镇调查失业率有所下降，就业形势总体稳定。

（9）居民实际收入降幅收窄，城乡居民人均可支配收入比值缩小。

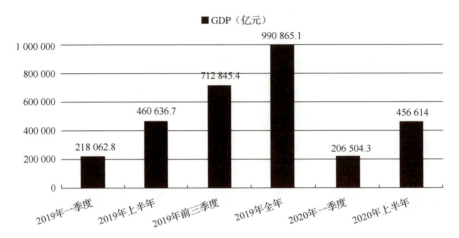

图 3.2 2019—2020 年国内生产总值情况

数据来源：国家统计局、中商产业研究院整理

第二部分 成都市经济情况分析

新冠肺炎疫情对全市经济社会发展冲击逐步减弱，疫情防控向好形势持续巩固，生产生活秩序有序恢复，经济稳中向好的发展基础不断夯实。根据市（州）地区生产总值统一核算结果，上半年全市实现地区生产总值 8 298.63 亿元，同比增长 0.6%。分产业看，第一产业实现增加值 214.50 亿元，同比增长 0.1%；第二产业实现增加值 2 565.10 亿元，同比增长 2.0%；第三产业实现增加值 5 519.03 亿元，同比下降 0.2%。2019—2020 年成都 GDP 总量及增速情况和 2020 年上半年成都三次产业结构情况分别如图 3.3 和图 3.4 所示。

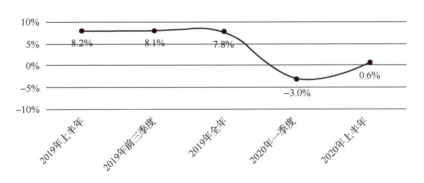

图 3.3 2019—2020 年成都 GDP 总量及增速情况

数据来源：成都统计局、中商产业研究院整理

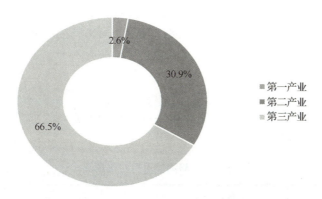

图 3.4　2020 年上半年成都三次产业结构情况

数据来源：成都统计局、中商产业研究院整理

（1）城市运转加快恢复，经济活跃度不断提升。
（2）供给侧活力持续增强，产业发展态势向好。
（3）需求侧活力不断激发，内外循环持续畅通。
（4）重大战略部署深入实施，城市发展动能不断积蓄。
（5）发展效益渐趋向好，稳企业保民生成效显著。

第三部分　周边典型项目市场调查

根据企业提供的相关资料，本项目由科研办公用房组成，均采用楼盘均价进行对比，通过运用比较法，将对本项目的预期与周边同类项目进行比较，得出本项目的合理价格。选取比较样板的标准：①地理位置相近；②与项目有较为相似的特点，如产品档次相近、物业类型相似等；③销售状况良好，已得到了市场的一定认同。

根据实地考察加上网上收集资料，将周边项目整理成表 3-15 的形式。

表 3-15　周边项目情况

项目名称	毛坯均价/(元/m^2)	项目地址	备 注
电子科大科技园	9 800～10 000	双流区	2021 年年底交房，之前 9 800 元/m^2
紫光·天府芯城	11 500～12 500	天府新区兴隆湖	有配套住宅 17 000～18 000m^2，仅对企业内部员工，办公 50 年产权
和泓芯寓	10 000～11 000	双流区东升街道三里坝街 42 号	2 号楼 LOFT，面积段 40～58m^2
景茂誉景国际	9 000	双楠大道三段（地铁 3 号线龙桥路站旁）	景茂誉景国际 9、10 号楼在售，建筑面积 78～84m^2
三里花城新蕊公馆	7 259	双流区三里坝站 A 口旁	灵动小户建筑面积 59～110m^2，办公房源
成都芯谷研创城	9 500～9 800	双流区	独栋、高层

受新冠肺炎疫情影响，各地扶持中小企业共渡难关的主要举措集中在金融信贷支持、房租减免、税费支持、稳岗就业等几个领域，为企业助力纾困。根据项目战略发展定位，结合后工业时代的发展趋势，此时为响应国家号召，同时也为了园区能够引进优质企业，我们将采用先孵化、再转售的方式。结合目前的销售、经营情况，本项目拟定自持比例为50%。

根据项目区域条件、交通条件、商务聚集度等综合因素，选取了本项目周边常规性同类用房进行比较分析，调查结果如表3-16所示。

表3-16 与同类用房对比情况

对比物业名称	方式	单价	年增长率
电子科大科技园	出租	55~65 元/（m^2·月）；停车位租金200元/（辆·月）	5%
东航中心	出租	60~65 元/（m^2·月）；停车位租金200元/（辆·月）	5%
皇庭国际中心	出租	60 元/（m^2·月）	5%
美行中心	出租	60 元/（m^2·月）	5%
成都芯谷研创城	出租	60 元/（m^2·月）；停车位租金200元/（辆·月）	5%

因此本项目科研办公用房以60元/（m^2·月）的出租定价较为合理。

本项目建成后各类物业的销售、租赁定价及年增长率明细如表3-17所示。

表3-17 本项目建成后各类物业的销售、租赁定价及年增长率明细

序号	项目名称	经营方式	单价	年增长率
1	科研办公用房	出租	60 元/（m^2·月）	5%
2		出售	9 800 元/m^2	5%
3	停车位	出租	200 元/（辆·月）	5%
4		出售	80 000 元/辆	5%

周边项目具体情况如下。

（1）电子科大科技园。

基本信息	楼盘名称：电子科大科技园（天府园）。 建成时间：2016年05月30日。 物业类型：别墅/写字楼。 项目特色：投资地产。 装修情况：简装修。 开发商：成都科杏投资发展有限公司。 环线位置：三环以外。 楼盘地址：华府大道四段

续表

小区规划	占地面积：309 333.33m²。 建筑面积：600 000m²。 容积率：1.6。 绿化率：30%。 楼栋总数：61栋。 总户数：300户。 物业公司：成都蜀信物业服务有限公司。 物业费：5元/（m²·月）。 内部配套：园区自建健身中心、篮球场、羽毛球场、瑜伽馆、图书馆、咖啡厅等，邻近有南湖春天茶坊、南湖度假公园、国际五项赛事中心等
楼盘简介	电子科大科技园（天府园）是推动学校科技成果转化、创业企业孵化、创新创业人才培养的科技创新平台；全域布局微电子与电子元器件、大数据平台、通信与互联网、软件与云计算、智能硬件与精密仪器制造，构建从苗圃、孵化、加速器到规模化完整科技产业生态链，吸引以电子信息为主的高科技创新企业入驻，打造中国的电子信息科技园。电子科大科技园（天府园）的发展模式是"一体两翼"，一体指"载体建设"，两翼分别是"科技服务"和"科技投资"。载体建设指围绕"开放式创新"和"创造交流的空间"，将建筑融入优美的环境中，吸引全世界的人才到园区工作，创造一种开放的创新型工作环境。科技服务指搭建金融资本、人才培育、技术创新、政策扶持、企业管家、市场拓展六大服务平台，帮助入园企业高速发展。科技投资指对接学校的技术成果和社会资本，搭建资本与技术有机结合的平台，以股权投资推动成果转化

（2）和泓芯寓。

基本信息	物业类型：酒店写字楼。 楼盘特色：暂无资料。 写字楼级别：其他。 产权年限：40年。 环线位置：绕城以外。 开发商：成都非凡酒店管理有限公司。 所属商圈：双流区。 楼盘地址：双流区东升街道三里坝街42号
项目简介	和泓芯寓位于东升板块棠湖小学对面，3号线三里坝站地铁口，步行500m可达湿地生态公园。规划有两栋楼，一栋为商业，另一栋为商办产品，商办产品打造32～42m²的房源，高性能低门槛，空间自由组合，既可单独销售，也可组合销售
周边配套	学校：双流区鑫贝幼儿园，双流双桂幼稚园，棠湖小学（南区），新城实验小学，棠湖中学（新校区）。 医院：成都市双流区妇幼保健院，双流航都医院，双流恒康医院，成都双流柏林医院。 休闲健身：白河公园，双流区艺术公园，凤翔湖市政森林公园，双流区中心公园，双流运动公园

续表

交通信息	公共交通：距离 3 号线三里坝站 100m，乘坐 1 站可到双流西站或换乘 10 号线；南临宜城大街二段，西临三里坝街，可乘坐公交 S10、S21、S36、S63、812、840、S01、S02、S12 路
小区规划	占地面积：8 741m^2。 建筑面积：41 364m^2。 标准层面积：暂无资料。 商业面积：2 217m^2。 办公面积：28 586m^2。 开间面积：暂无资料。 容积率：3.54。 标准层高：3m。 绿化率：暂无资料。 装修情况：毛坯，公共部分带装修。 物业公司：北京和泓物业服务有限公司成都分公司

（3）景茂誉景国际。

基本信息	物业类型：商住公寓。 项目特色：总价低。 建筑类别：塔楼小高层。 装修情况：毛坯。 产权年限：40 年。 环线位置：绕城以外。 开发商：成都美好家园房地产开发有限公司。 楼盘地址：双楠大道三段（地铁 3 号线龙桥路站旁）
项目简介	景茂誉景国际作为景茂集团智享系产品代表作，是景茂集团经过十年精心雕琢，充分利用周边自然资源的优势，创造出的全新智享系产品，旨在打造双流高品质标杆商务社区
周边配套	临近地铁 3 号线；2km 内有海滨城、优品道广场、万达广场、奥特莱斯等大型商业综合体；医院有蛟龙港医院，双流区第一人民医院；银行有招商银行、中信银行、中国农业银行；小区内部配套地下停车场
小区规划	占地面积：75 309.93m^2。 建筑面积：360 678m^2。 容积率：3.69。 绿化率：35%。 停车位：2 219 个。 楼栋总数：17 栋。 总户数：2 540 户。 物业公司：四川景灿物业服务有限公司。 物业费：2.40 元/（m^2·月）。 物业服务描述：一级资质物业管家，24 小时提供全面化、精细化、人性化的物业服务。 楼层说明：地上 11 层，地下 2 层

（4）三里花城新蕊公馆。

基本信息	物业类型：商业。 楼盘特色：暂无资料。 写字楼级别：其他。 楼栋总数：5栋。 产权年限：40年。 开发商：成都双流富豪实业有限责任公司。 所属商圈：双流区。 楼盘地址：双流区三里坝站A口旁
项目简介	三里花城新蕊公馆位于双流区宜城大街与藏卫路交会处，地铁3号线三里坝站口，于湿地生态公园旁
周边配套	商场或超市：奥特莱斯、优品道广场、万达广场、海滨城、沃尔玛、欧尚。 学校：棠湖小学（南区）、东升一中。 医院：双流区第一人民医院、双流区中医医院。 休闲健身：湿地生态公园。 其他：星美国际影城、川投国际网球中心、谢菲联足球场、双流体育馆、三里坝农贸市场、双流大市场
交通信息	地铁3、10号线；公交车2、810、812路等
小区规划	占地面积：14 817m^2。 建筑面积：72 697m^2。 标准层面积：831m^2。 商业面积：8 446m^2。 办公面积：39 945m^2。 开间面积：暂无资料。 容积率：2.79。 标准层高：3m。 绿化率：35%。 装修情况：毛坯，公共部分带装修。 楼层说明：15层（28、29、30栋），3层（31、32栋）

第四部分　项目区位分析及市场定位

一、项目区位分析及市场定位

1. 项目区位分析

1）概况

双流区是四川省成都市中心城区之一，位于成都市四环路外西南，古称广都，西汉置广都县，隋改双流县，以《蜀都赋》中"带二江之双流"得名，2015年改置双流区。东连龙泉驿区和简阳市，南接眉山市仁寿县和彭山区，西邻新津县和崇州市，北靠温江区、青羊区、武侯区及锦江区。区政府驻东升街道。

双流区幅员面积1 067平方公里，实际管辖面积466平方公里，其余区域委托成都高新区和天府新区成都直管区管理。实际管辖5个街道、4个镇（挂街道牌子），共106个社区、28个村。2019年年末，全区户籍人口65.21万人。

双流区是四川天府新区重点区域，成都双流国际机场所在地，成都市城市向南发展的中心地带，成都临空经济示范区位于区内。成雅、成乐、成自泸、成都绕城高速（四环路）、成都第二绕城高速（六环路）、成新蒲快速通道、成昆铁路、成贵高铁（成绵乐城际铁路）等穿区而过。

2011年12月，双流被授予全国文明城市称号。2014年，双流荣获"中国全面小康十大示范县市"称号。双流曾是全国百强县，经济综合实力曾连续18年位居四川省十强县榜首，2015年位列全国百强县排名第9位。2017年12月，双流当选中国工业百强县区。2019年10月，双流成为2019年度全国综合实力百强区第32名、2019年度全国科技创新百强区第33名。

2）交通（略）

3）人口

2019年年末，全区户籍人口65.21万人，其中城镇人口41.65万人，乡村人口23.56万人；全区常住人口81.46万人，城镇化率83.17%；全年出生人口10 918人，死亡人口4 668人，人口自然增长率为13.15‰，全区符合政策生育率为99.88%。

4）经济发展

2019年，全区实现地区生产总值962.05亿元，增长8.8%，其中第一产业增加值18.39亿元，增长2.6%，第二产业增加值311.04亿元，增长8.4%，第三产业增加值632.62亿元，增长9.2%，三次产业结构比1.9∶32.3∶65.8，三次产业对经济增长的贡献率分别为0.6%、38.6%、60.8%。固定资产投资增长16.9%；规模以上工业增加值增长9.4%；全口径财政收入224.01亿元，增长4.1%，其中一般公共预算收入67.73亿元，增长12.1%，地方税收收入57.02亿元，增长11.1%；社会消费品零售总额223.37亿元，增长10.5%；城镇居民人均可支配收入48 588元，增长8.9%；农村居民人均可支配收入29 458元，增长9.6%；按常住人口计算，人均地区生产总值119 628元，增长6.6%。

2019年，全区民营经济实现增加值565.07亿元，增长8.9%。其中，第一产业增加值2.76亿元，增长0.9%；第二产业增加值238.78亿元，增长8.5%；第三产业增加值323.53亿元，增长9.3%，民营经济占地区生产总值比重58.7%。

2019年，全区固定资产投资增长16.9%。其中，第一产业投资下降0.2%，第二产业投资增长6.3%，第三产业投资增长21.4%。民间投资增长19.2%，占固定资产投资比重60.3%。

5）城市建设（略）

6）民生（略）

7）环境保护、邮电（略）

总结：

项目位于成都市双流区彭镇光荣社区，其所在区域目前基础配套设施较为完备，随着区域内教育、医疗规划的发展，以及较强的产业基础，具有很高的发展前景，是典型的城市扩张成长型区域，随着城市化的扩大，地铁的开通，以及项目周边配套设施日益完善，依托集群向新能源、新材料等高新技术产业延伸，形成高新技术产业集群及优质生活、商务配套集群，成为又一市场热点板块。

2. 项目市场定位

双流区受到成都主城、天府新区双核辐射的区位优势，以及自身城市能级提升的发展诉求，助推基地构建成都综合副中心。本项目立足自身临空优势，积极融入成都"双核"，构建具有临空服务特色的综合副中心。本项目距离双流国际机场 5.6km、双流西站高铁站 4km、成都市中心 19km，方便通达全国各地。

本项目位置如图 3.5 所示。

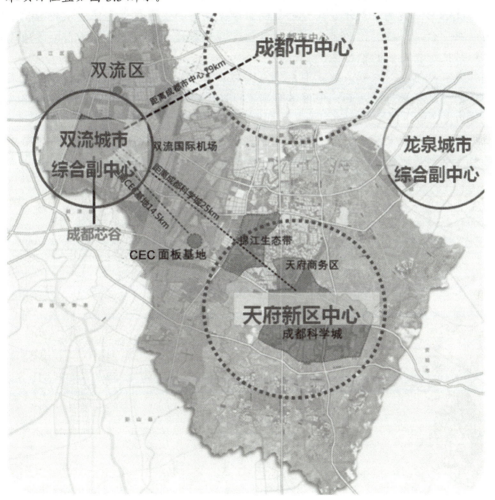

图 3.5 本项目位置

"成都芯谷"地处成都市双流区核心，并且在"4+N"的空间布局框架中处于中部位置。成都芯谷以 IC 设计、研发为引领，以芯片制造、封装、测试为核心，以整机终端制造为支撑，重点发展北斗导航、人工智能、物联网、5G、信息安全等细分领域，打造集成电路产业生态圈，促进集成电路产业聚集发展。成都芯谷作为成都市集成电路产业核心聚集区，已注册企业百余家，已入驻了包括中国电子旗下澜至电子、华大九天、中电九天、成都华微、华大半导体、中电数据、中电彩虹等,以及中科院微电子所西南研究院、天津中发集团在内的头部企业,共计30余家。

依托新一代网络信息技术和中电光谷产业资源共享平台,成都芯谷建设数字园区和节能绿色园区,在数字园区展厅可实时监控园区各项数据动态,实现让办公空间更智能、让能源管理更精细、让设备运维更高效、让生产环境更安全、让企业更人性化、让数字空间更实用、让运营场景更便捷。

"双创"孵化基地孵化科技成果,培育中小型科技企业自主创新能力,促进科技企业成长,着力打造完整的创新创业服务链,为入孵企业成长提供和营造良好的创业环境。进一步提升科技水平,提高生产效益,为创新创业等提供新的发展机遇和空间,把孵化基地建设成为创业平台,科技孵化的平台;使"双创"孵化基地成为经贸合作的前沿阵地、投资密集区和科技蓬勃发展的先行区。

成都国家"芯火"双创基地是由中华人民共和国工业和信息化部批复成立的集成电路产业创新创业服务平台,是西南地区首个国家"芯火"双创基地。基地以集成电路技术和产品为着力点,为小微企业、初创企业和创业团队提供加工、测试、EDA软件等技术服务,为行业提供各类交流交易平台,全产业链多角度多层次覆盖创新创业需求。成都芯谷是国家"芯火"双创基地的重要板块之一。

项目以研发为先导,制造为基石,城市为依托,集中规划控制 $20km^2$,形成整体空间规模,专注打造"成都芯谷"在临近城市建成区的用地范围内,首先开发先导区,再拓展至发展区和制造区。区位图如图 3.6 所示。

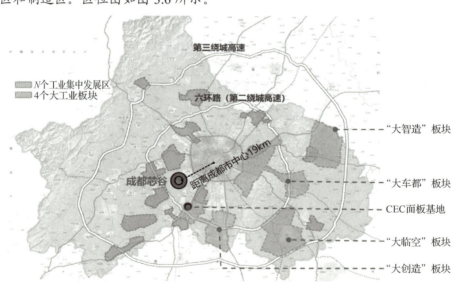

图 3.6 区位图

先导区:集成电路设计、软件开发、相关应用技术、配套住宅。
发展区:先导区功能的延续,制造区功能的依托,兼顾人才储备。
制造区:原料生产、提纯、晶圆生产、IC代工、测试封装、设备研发制造。

3. 项目产品定位

成都芯谷总规划面积 $88km^2$，重点打造 $16.1km^2$ 公园城市示范区。示范区以杨柳湖为核心、以杨柳河历史游憩带为脉络，挖掘彭镇老街"慢"文化和第一桥头"宽"生活，加快形成"一脉连五组""一湖聚五水"的独特空间结构，打造"两镇四馆六街八林盘"的高品质产业社区。

项目以企业生产、研发、办公、展示所需为主题，衍生出六大产业（电子信息、高端装备、智能制造、大健康、大数据、电子商务）、四大产品（智制工坊、研发基地、企业独栋、总部办公）。以"高新电子科技"为核心的生态产业园区，是集电子产业和现代新兴科技产业的研发设计、加工制造、商贸物流、信息交通等功能于一体的产业园。

通过打造高能复合产品，保证产品品质及配套服务，提升项目的整盘品质和溢价能力。在我国经济增速换挡和动能转换的背景下，推动大众创业、万众创新将成为经济增长的新引擎，符合区域未来发展方向，以实现整体溢价。成都芯谷研创城如图3.7所示。

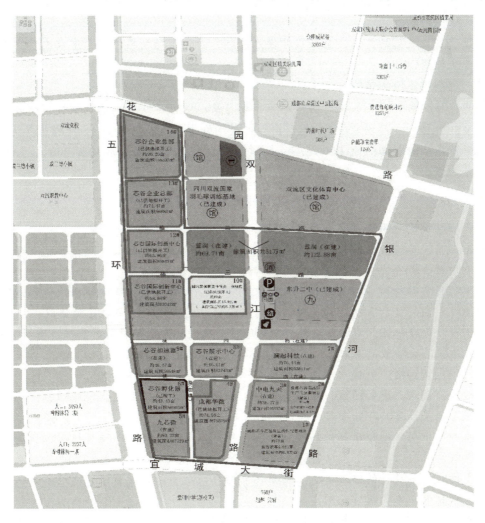

图3.7 成都芯谷研创城

4. 项目产业服务分析

EDA/IP 测试平台：依托华大九天，提供模拟/数模混合 IC 设计全流程解决方案、数字 SoC IC 设计与优化解决方案、晶圆制造专用 EDA 工具和平板显示设计全流程解决方案。

FPGA 测试平台：依托成都华微用自产 FPGA 产品搭建适用于不同领域的各类系统板卡，为用户提供整体解决方案。

软件测试平台：与上海浦东软件园合作建设软件测试平台，可为有信息化产品的相关企事业单位、高等院校或科研院所等用户提供面向数十个行业领域的第三方的软件测评、技术培训、工具租赁等服务。

5. 项目客户群体分析

本项目是集孵化、办公、研发、商务、生活等多功能为一体的新兴产业园区。为入驻企业提供独栋办公楼及各种生产、商务配套设施，助力民营中小型企业高速发展，旨在承接沿海电子产业的转移。项目旨在发挥×××集团的龙头引领和资源带动作用。

二、项目经营模式

根据项目发展商的意愿，本项目开发产品部分面向市场销售，部分用来出租经营，停车位供业主使用。

三、项目销售价格定位

考虑区位因素和项目入市时间，参照市场行情，依据稳健原则确定项目科研办公用房均价为 9 800 元/m^2，年增长率为 5%。出租部分均价为 60 元/（m^2·月），年增长率为 5%。

地下停车位销售均价 80 000 元/辆，年增长率为 5%。停车位出租均价 200 元/（辆·月），年增长率为 5%。

第五部分　项目销售策略及前景分析

一、项目销售总思路

（1）项目入市阶段：前期借助重要营销节点如展示区域的开放等进行营销及媒体集中投放，利用社会舆论力量快速建立项目品牌形象。

（2）项目定制阶段：随着项目前期形象的树立，利用前期势头向市场快速渗透项目核心价值点；利用频繁的营销活动造势，快速吸纳客户进行定制，签订定制协议。

（3）项目最后一批产品展示阶段：借势项目前几次的火爆热销，加推项目多批次产品，吸纳前几次未签订协议的客户。

二、项目营销推广策略

通过具有高辨识度的图案，提高项目推广画面的辨识度，反复出现增强客户记忆度达到"洗脑"效果，见物即知项目。

项目推广方向：结合项目销售节点，明确项目市场占位，演绎项目核心价值，树立项目区域标杆形象。

（1）通过聚焦项目的核心价值点，来树立项目与众不同的形象，并通过不断强化来加深客户对项目的印象并获得认同。

（2）项目入市后结合每月销售排行榜，及时推送项目热销信息，树立项目热销形象，巩固和增强客户信心。

(3)推售节点及产品信息的输出。

三、项目营销推广渠道

项目营销推广渠道采取线上加线下全面覆盖的方式,线上造势彰显领袖地位,线下针对性传播,解决销售行为。

线上渠道主要包括轨道交通、公交户外大牌,网络推广,报纸硬广,媒体合作,电台广播等。线上渠道的选取理由和作业要求如表3-18所示。

表3-18 线上渠道的选取理由和作业要求

线上渠道	选取理由	作业要求
户外	形象高端,展示面较广,面对客户群体较广	持续性、覆盖性、截流性
微信公众号	形象展示,客户获取项目信息的第一入口	持续性
阵地包装	形象展示,做好客户体验第一关	持续性、覆盖性
微信大V	内容操作灵活,传达的信息量大,同时可以筛选针对性的客户发送	节点性、覆盖性
直邮	可以定位发送,可重点针对办公客户	节点性、精准性
公交、地铁车身	将项目周边主干道全面封锁	节点性、覆盖性
外展	利于形象展示	节点性、覆盖性
网络	客户了解项目重要途径之一,利于同线下资源结合利用	节点性、沟通性
电影片头	强制性观看,客户宣传量有保证	节点性、沟通性
圈层	持续性强,潜移默化传递价值	持续性、覆盖性、截流性

线下渠道主要包括大客户(周边大事业单位、政企单位)的拓展,巡展外展,竞案拦截等。

项目营销推广渠道最终目的是形成口碑营销,重要的一个环节是老客户的维系,通过一系列老带新策略可以扩大项目口碑宣传效应,提高项目的知名度,降低营销成本,促进销售,建立有效的项目与客户间的互信、互助关系,营造良好的社区氛围。

四、项目展示策略

建立、完善展示线,提升客户感官体验系统;强化项目外围导视系统及示范区外围领地感;通过项目展厅内部区域的3D介绍,提升客户体验;以大型公关活动和圈层活动为主要活动线,在活动设置上,大型公关活动具备话题性,带动项目形成市场关注,圈层活动形成阶层标签感。

设置项目导视牌,提高项目昭示性,引导客户前往项目。在项目附近树立具备项目特色的精神堡垒,提高项目昭示性的同时,展示项目高端形象,给客户营造良好第一感。在项目地块周边树立新中式风格围挡,与区域内周边项目做出差异化的同时体现项目建筑风格特色,要打造独具项目特色的新中式风格营销中心,展示项目高端大气的同时,让客户提前感受项目建筑风格。

五、项目销售前景分析

项目建成后,可通过出租方式,吸引一部分大的企业入驻,再通过连带效应,推动项目出售。在详细的营销策划下,凭借项目自身的优势、专业的营销团队,以及当前成都市宏观房地产市场背景下，本项目必将呈现热销势头，科研办公用房、停车位基本可以保障在项目完工后销售率达50%，另外50%企业自持出租经营。

思考与练习

一、选择题

1. 定量预测法的条件是（　　）。
   A. 运用统计方法和数学模型　　B. 质与量的结合
   C. 精确度高　　D. 数据资料齐全
2. 时间序列预测法预测未来的前提是（　　）。
   A. 假定事物过去的规律会同样延续到未来
   B. 假定事物过去的规律不会延续到未来
   C. 假定事物的未来是不会有变化的
   D. 假定事物的未来是有规律变化的
3. 时间序列数据会呈现出一种长期趋势，它的表现（　　）。
   A. 只能是上升趋势　　B. 只能是下降趋势
   C. 只能是水平趋势　　D. 可以是上升、下降或水平趋势
4. 下面（　　）不属于短期预测的常用方法。
   A. 简单平均数法　　B. 移动平均法
   C. 指数平滑法　　D. 回归趋势预测法
5. 在应用移动平均法进行预测时，其关键在于移动期数的选择。移动期数的选择规则一般是（　　）。
   A. 时间序列越长，则移动期数就越短
   B. 时间序列越短，则移动期数就越长
   C. 时间序列越长，则移动期数就越长
   D. 移动期数的选择与时间序列长短无关
6. 指数平滑法是以（　　）来反映对时间序列资料的修匀程度的。
   A. 平滑系数的大小　　B. 跨越期数的多少
   C. 移动平均值的大小　　D. 趋势变动值的大小
7. 在用指数平滑法进行市场预测时，如果目的在于用新的指数平滑平均数去反映时间序列中所包含的长期趋势，那么平滑系数α最合适的是（　　）。
   A. 0.1　　B. 0.5　　C. 0.9　　D. 1.0

二、判断题

1. 时间序列预测法用于中长期预测会比较精确。（　　）
2. 当时间序列数据波动较小时，可以基于较短的观察期和较少的数据，得到相对较为精确的预测结果。（　　）

3. 在指数平滑法的平滑过程中，越是近期的数据权数越大，而越是远期的数据权数越小。（ ）

4. 在应用指数平滑法进行市场预测时，平滑系数 α 越小，视当前信息越重要。（ ）

5. 直线趋势预测模型的参数主要靠经验判断决定。（ ）

三、计算题

1. 某建筑公司近七年完成的施工产值如表 3-19 所示，试用平均增减量趋势预测、平均发展速度趋势预测和直线趋势预测等方法预测今后五年每年的施工产值。

表 3-19　某建筑公司近七年完成的施工产值　　　　　　　　　　单位：亿元

年次	1	2	3	4	5	6	7
施工产值	1.2	1.4	1.7	2.0	2.4	2.8	3.2

2. 某施工企业近十年房屋竣工面积如表 3-20 所示，试用移动平均法（$N=3$）、指数平滑法（$\alpha=0.6$），分别预测后一年的房屋竣工面积。

表 3-20　某施工企业近十年房屋竣工面积　　　　　　　　　　单位：万平方米

年次	1	2	3	4	5	6	7	8	9	10
房屋竣工面积	4.68	6.23	9.77	12.98	11.43	12.61	14.60	120.30	155.60	203.40

模块 4　建设项目经济分析与评价

　　随着社会主义市场经济体制的建立与逐步完善，我国由单一的政府投资主体发展成政府、国有企业、民营企业、事业单位、个体经济及政府与私人联合体等多种主体并存的方式，形成了投资主体多元化、资金来源多渠道化、投资方式多样化、项目建设市场化的格局。无论是农业、工业、建筑业、房地产业、交通运输业等营利性经营部门，还是教育、卫生等非营利性部门，各行业的投资项目都需要经过科学的经济分析与评价。细化到个人及家庭投资理财，需要对投资项目的经济分析与评价方面知识的了解与日俱增，因此，在这里，我们开始学习建设项目经济分析与评价的基础知识与基本技能。

教学目标

知识目标：

（1）理解资金时间价值的定义、特点、决定因素，掌握名义利率与实际利率的含义及转换，利息的计算方法，现金流量的定义、构成，现金流量表及现金流量图的构成要素。

（2）熟悉资金等值的含义、特点，掌握资金等值计算。

（3）理解静态及动态财务评价指标的含义，掌握静态及动态财务评价指标的计算、评价标准。

（4）掌握多方案类型和多方案比较与选择方法。

（5）了解财务评价的概念、特点，掌握财务评价报表的编制。

（6）理解确定性分析、不确定性分析的含义，掌握其步骤。

（7）了解国民经济评价的概念、范围、作用。

（8）熟悉可行性研究的概念、作用、阶段与内容，初步掌握可行性研究报告的编制。

能力目标：

（1）能认识生活中的资金时间价值。

（2）应该会编制现金流量表、画现金流量图。

（3）会进行利息、资金等值、静态及动态财务评价指标的计算。

（4）能对单方案进行评价及不同类型的多方案进行分析、比较、选优。

（5）能初步对投资方案进行财务评价。

（6）能解读建设工程项目国民经济评价报告；能解读与初步编制可行性研究报告。

思维导图

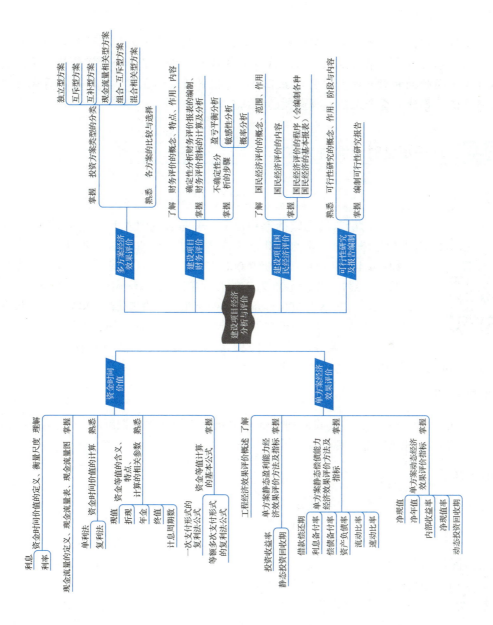

4.1 资金时间价值

引言

时间价值理论是技术经济学科比较重要的理论，明确资金时间价值的概念具有重要的意义。任何经济投资活动都是在一定的时空中进行的，离开了资金时间价值因素，就无法正确计算不同时期的财务收支，也无法正确评价投资活动的盈亏。我国过去曾长期忽视资金时间价值，导致了资金无法发挥最大的使用效用。

4.1.1 认识资金时间价值

任务引入

资金时间价值比较抽象和复杂，下面从案例入手，找出资金时间价值的组成和规律，进一步给出其理论描述方法进而掌握解决之道，参见例 4.1。

【例 4.1】某项目共投资 2 000 万元，其中自有资金 1 000 万元在第一年全部投入。银行贷款 1 000 万元的具体情况为，第一年年初借入 500 万元并投入，第二年年初借入 300 万元并投入，第三年年初借入 200 万元并投入。该项目建设期为三年，第四年开始投产，投产后每年净收益为 500 万元，年贷款利率为 8%，要求按季度计息，运营期为八年。试画出项目的现金流量图，并计算项目在建设期的贷款利息（要求用复利法计算）。

任务分析

从例 4.1 中可以看出，需要我们利用资金时间价值的基本知识解决一系列的实际问题，接下来介绍此案例涉及的知识点。

相关知识

1. 资金时间价值概述

1）资金时间价值的定义

资金时间价值是指资金在生产和流通过程中随着时间推移而产生的增值。它也可被看成是资金的使用成本。资金不会自动随时间变化而增值，只有在投资过程中才会有收益，所以资金时间价值一般用无风险的投资收益率来代替，因为理性个体不会将资金闲置不用。资金是时间的函数，随时间的推移而发生价值的变化，变化的那部分价值就是原有的资金时间价值。资金时间价值只有和劳动结合才有意义，不同于通货膨胀。

资金时间价值产生的两个前提条件：①经历一定的时间；②参与社会再生产过程的周转。

任何技术方案的实施，都有一个时间的延续过程，由于资金时间价值的存在，使不同时点上发生的现金流量无法直接加以比较。因此，要通过一系列的换算，在同一时点上进行对比，才能符合客观的实际情况。这种考虑了资金时间价值的经济分析方法，使方案的评价和选择变得更加现实和可靠，也就构成了工程经济学要讨论的重要内容之一。

【例4.2】某公司面临两种投资方案 A 和 B，寿命周期都是四年，初始投资相同，均为10 000 元。实现收益的总数相同，但每年数值不同，如表 4-1 所示。

表4-1 A、B 两种投资方案每年的现金流量　　　　　　　　　　　　单位：元

方案	0	1	2	3	4
A	−10 000	6 000	5 000	4 000	2 000
B	−10 000	2 000	4 000	5 000	6 000

如果其他条件相同，应该选用哪个方案？根据直觉和常识，我们会觉得方案 A 优于方案 B。方案 A 的得益比方案 B 早，这就是说，现金收入与支出的经济效益不仅与资金量的大小有关，而且与发生的时间也有关。这里隐含着资金具有时间价值的观念。

资金时间价值在银行的利息中可以得到体现。如果年利率为 9%，那么今年的 1 元存入银行，到明年这个时候可以得到 1.09 元，就是说，今年的 1 元等值于明年的 1.09 元，明年的 1 元相当于今年的 0.917 4 元（1/1.09）。对于资金时间价值，可以从这两个方面理解。

综上所述，资金时间价值是商品经济中的普遍现象，资金之所以具有时间价值，是基于以下两个原因。

（1）从社会再生产的过程来讲，投资者或生产者将其当前拥有的资金能够立即用于投资并在将来获取利润，而将来才可取得的资金则无法用于当前的投资，因此无法得到相应的收益。正是由于资金作为生产的基本要素，进入生产和流通领域产生利润，资金才具有时间价值。

（2）从流通的角度来讲，对于消费者或出资者，其拥有的资金一旦用于投资，就不能再用于消费。消费的推迟是一种福利损失，资金时间价值体现了对牺牲现期消费的损失所应作出的必要补偿，即利息。

下面介绍流通领域内资金时间价值的衡量尺度。

2）流通领域内资金时间价值的衡量尺度

利息是资金时间价值的一种重要表现形式。通常用利息作为衡量资金时间价值的绝对尺度，用利率作为衡量资金时间价值的相对尺度。

（1）利息。在借贷过程中，债务人支付给债权人超过原借贷款金额（常称作本金）的部分就是利息，也指占用资金所付的代价或者是放弃使用资金所得的补偿。即

$$利息（I）= 目前应付（应收）总金额（F）- 本金（P） \qquad (4\text{-}1)$$

（2）利率。利率（i）就是在单位时间（如年、半年、季、月等）内所得利息与借贷款金额（本金）之比，通常用百分数表示。即

$$i = \frac{I_t}{P} \times 100\% \qquad (4\text{-}2)$$

式中：I_t 表示单位时间内所得利息；P 表示本金。计算利息的时间单位称为计息周期，计息周期通常为年、半年、季、月、周或日。

在现实生活中，经常会遇到实际计息周期与利率的计息周期不同的情况，比如我国银行存贷款利率大多以年作为计息周期，而实际计息周期则可以是年，也可以是半年或季、月等。在这种情况下，就出现了名义利率与有效利率之分。

① 名义利率。名义利率（r）是指实际计息周期利率（i）乘以该名义利率周期内的计息周期数（m）所得的利率周期利率。即

$$r=im \tag{4-3}$$

若月利率为 1%，则年名义利率为 12%。显然，计算名义利率时忽略了前面各期利息再生利息的因素，这与单利的计算相同。通常所说的利率、周期利率都是名义利率。

② 有效利率。有效利率是指资金在计息中所发生的实际利率，包括计息周期有效利率和利率周期有效利率两种情况。

a. 计息周期有效利率，即计息周期利率，由式（4-3）得

$$i=\frac{r}{m} \tag{4-4}$$

b. 利率周期有效利率。若用计息周期利率计算利率周期有效利率，并将利率周期内的利息再生利息因素考虑进去，这时所得的利率称为利率周期有效利率（又称利率周期实际利率）。

例如，年利率为 12%，按年计息，则实际利率等于名义利率 12%；若按季度计息，则名义利率等于 12%，计息周期利率即季度利率等于 12%/4＝3%，利率周期有效利率即年实际利率不等于 12%，究竟是多少？下面是公式的推导过程。

根据利率的概念即可推导出利率周期有效利率的计算式。已知利率周期名义利率 r，一个利率周期内计息 m 次，如图 4.1 所示，则计息周期利率为 $i=\frac{r}{m}$，在某个利率周期初有资金 P。根据一次支付终值公式获得该利率周期终值 F，即

$$F=P\left(1+\frac{r}{m}\right)^m$$

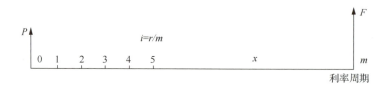

图 4.1 利率周期有效利率计算现金流量

根据利息的定义可得该利率周期的利息（I）为

$$I=F-P=P\left(1+\frac{r}{m}\right)^m-P=P\left[\left(1+\frac{r}{m}\right)^m-1\right]$$

再根据利率的定义可得该利率周期有效利率 i_{eff} 为

$$i_{\text{eff}}=\frac{I}{P}=\left(1+\frac{r}{m}\right)^m-1 \tag{4-5}$$

所以，年利率为 12%，若按季度计息，则
$$年实际利率 = (1+12\%/4)^4 - 1 = 12.55\%$$
由此可见，利率周期有效利率与名义利率的关系实质上与复利和单利的关系相同。

现设年名义利率 $r=10\%$，则按年、半年、季、月、日计息的年有效利率如表 4-2 所示。

表 4-2 按年、半年、季、月、日计息的年有效利率

年名义利率（r）	计息周期	年计息次数	计息周期利率（$i=r/m$）	年有效利率（i_{eff}）
10%	年	1	10%	10%
	半年	2	5%	10.25%
	季	4	2.5%	10.38%
	月	12	0.833%	10.46%
	日	365	0.027 4%	10.51%

计算说明：若 $r=10\%$，计息周期为季，则年有效利率
$$i_{eff} = (1+\frac{r}{m})^m - 1 = (1+\frac{10\%}{4})^4 - 1 = 10.38\%$$

从表 4-2 可以看出，在名义利率 r 一定时，每年计息周期数 m 越多，i_{eff} 与 r 相差越大。因此，在工程经济分析中，如果各方案的计息周期不同，就不能简单地使用名义利率来评价，而必须换算成有效利率进行评价，否则不会得出正确的结论。

3）资金时间价值的意义

研究资金时间价值具有十分重要的现实意义，主要表现在以下三个方面。

（1）研究资金时间价值有利于资金流向更合理的投资项目。资金是一种稀缺资源，并不是说只要投入某一生产经营活动就能带来增值。资金只有投向符合国家和地区政策鼓励发展的项目、符合国家和地区规划的项目，才会带来效益。盲目重复建设项目、违规建设项目，不但不能带来收益反而浪费了资源，给投资者、国家和人民带来损失。

（2）研究资金时间价值使得资金的运动过程更易于管理。由于资金时间价值的大小与资金的周转率有关，因此一旦投资项目确定，就应该把整个项目的寿命看作资金运动的时间段。一般来说，工程项目的寿命周期可分为两个部分：建设期和经营期。那么投资者为使资金投入项目以后取得最大的收益，就应尽量缩短建设期，而在经营期加速资金周转，提高资金的使用效益。

（3）在建设项目上所投入的资金，可能有不同的来源渠道。不同的资金来源，意味着不同的资金增值期望值（资本成本、资金收益率）。为了使建设项目资金的管理更方便，一般用综合后的资金增值期望值（平均资本成本、平均资金收益率）作为整个项目资金增值的最小期望值。这样在建设项目的运作过程中，使得资金的管理有计划、有控制地投入使用，提高投资项目的安全性和投资者投入资金的预期收益率。

2．现金流量概述

1）现金流量的定义

在工程经济分析中，把某一投资活动作为一个独立系统，在计算期内，把各个时点上

实际发生的资金流出或资金流入称为现金流量。流出系统的资金称为现金流出，流入系统的资金称为现金流入，现金流出与现金流入的代数和称为净现金流量。因此，净现金流量有正、有负。正值表示在一定研究周期内的净收入，负值表示在一定研究周期内的净支出。例如，从企业角度对某项工程项目进行经济分析，在其经济寿命年限内，现金流出包括总投资、经营成本（总成本减去折旧、摊销、利息支出）、上缴税金、利息；现金流入包括销售收入、流动资金回收价值、固定资产的残值（扣除清理费）回收。

2）现金流量表、现金流量图

（1）现金流量表。任何项目，包括建设工程项目的实施，都要持续一定的时间。在项目的寿命周期内，各种现金流量的数额及发生的时点不尽相同。为了便于分析不同时点的现金流入和现金流出，计算净现金流量，分析与评价该项目的投资效果，通常利用现金流量表的形式表示所研究的项目在不同时点发生的现金流量，如表 4-3 所示。

表 4-3　某项目现金流量表　　　　　　　　　　　　　　　　单位：万元

年份数	0	1	2	3	4	5	6	7	…	n
现金流入（CI）	0	0	0	0	1 200	1 200	1 200	1 200	…	1 300
现金流出（CO）	800	1 000	600	200	200	200	200	200	…	200
净现金流量（CI−CO）	−800	−1 000	−600	−200	1 000	1 000	1 000	1 000	…	1 100
累计净现金流量	−800	−1 800	−2 400	−2 600	−1 600	−600	400	1 400	…	…

注：CI 是 Cash-In 的缩写形式，CO 是 Cash-Out 的缩写形式。

利用现金流量表，不仅可以明确地表示该项目在不同时点上所发生的相应数额的现金流入和现金流出情况，还可计算不同时点上的净现金流量和累计净现金流量，为工程项目的技术经济分析直接提供所需数据。

（2）现金流量图。为了更简单、更直观地反映所研究项目在不同时点的现金流入和现金流出情况，也可以用一个数轴图表示现金流入、现金流出与相应时间的对应关系，这一图形就称为现金流量图，如图 4.2 所示。

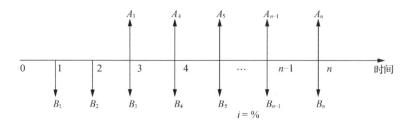

图 4.2　现金流量图

使用现金流量图时，必须明确以下几个要点。

① 图 4.2 为与项目寿命周期对应的时间轴，从左向右延伸表示时间的延续；时间轴上的每一小格代表一个时间单位，该时间单位一般与计息周期相等（也可不等），可取年、半

年、季、月等。零点表示时间序列的起点，同时也是第一计息周期的开始，随着时间的推移到达 n 点，n 点表示时间序列的终点，也是项目寿命的终点，其余各点均代表本计息周期期末，下一个计息周期期初。

② 置于时间轴的向上、向下的箭线代表不同时点的现金流量情况。在横轴上方向上的箭线表示现金流入，在横轴下方向下的箭线表示现金流出。在现金流量图中，箭线的长短与现金流量数额的大小本应成比例，但由于经济系统中各时点现金流量常常差额悬殊而无法成比例绘出，因此一般在现金流量图中，箭线长短只能适当体现各时点现金流量数额的差异，而具体代表的数额大小则用数字注明在箭头上方或下方，数字前不需添加"＋"或"－"号。

③ 现金流量图中，箭线与时间轴的交点即为现金流量发生的时间。

④ 利率或基准收益率标注在现金流量图的正下方。

绘制现金流量图时，注意把握好现金流量的三个基本要素，即现金流量的大小（资金数额）、方向（现金流入或现金流出）和时点（现金流入、流出发生的时间）。

【例 4.3】以表 4-3 反映的信息为例，$i_c=10\%$，绘制的其现金流量图如图 4.3 所示。

从图中可以看出，该项目的前三年为建设期，只有资金投入即现金流出，没有收益即现金流入。从第四年开始，项目投入生产使用，直至第 n 年年末项目寿命结束，每年年末均有现金流入。

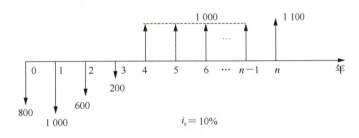

图 4.3　某项目现金流量图（万元）

现金流量图能简单、直观地表示项目寿命中不同时点上发生的现金流量，是经济分析的有效工具。其重要性犹如力学计算中的结构受力图，是正确进行经济分析计算的基础，但不能直接为项目的技术经济分析提供所需数据（如净现金流量），所以在项目分析与评价时，可将现金流量表与现金流量图结合起来使用。

3．资金时间价值的计算

资金时间价值的衡量尺度是利息和利率、收益和收益率，由于利息和收益之间存在着一定的等效关系，因此资金时间价值的计算就是利息或利率的计算。利率的计算是以利息为基础的，因此掌握利息的计算非常重要。利息的计算有两种方法：单利法和复利法。

1）单利法

单利法即对本金计算利息（时间价值），而对本金所产生的利息不再计算利息的方法，也就是利息不再产生利息。从单利法的概念可以看出，单利法所计算的利息与时间（计算期数）成正比，所得利息总额与本金成正比，也与利率成正比。

单利法的利息计算公式为

$$I = Pin \tag{4-6}$$

本金利息和的计算公式为

$$F = P(1+in) \tag{4-7}$$

【例4.4】某人以6%的年利率从银行借款10 000元,借期三年,若按单利法计算,则三年之后应向银行偿还的本金利息和是多少?

【解】该题目的现金流量图如图4.4所示。

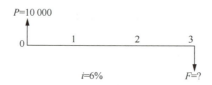

图4.4 例4.4的现金流量图

若计算利息方式为单利法,则三年后偿还的本金利息和为

$$F = P(1+in) = 10\ 000 \times (1+6\% \times 3) = 11\ 800(元)$$

从资金在社会生产经营活动中的实际状况来看,采用单利法计算资金时间价值还不够完善。尽管单利法计算了利息,但却没有考虑利息产生的利息,即假设利息不再投入生产经营过程。而现实情况却正好相反,即利息也会带来增值额。因此采用单利法计算不符合资金运动的客观规律,在建设项目的经济评价中一般不采用单利法,而是采用复利法计算资金时间价值。

2)复利法

复利法是以本金加上期累计利息之和作为本期计算利息的基础的计息方法,即通常所说的"利滚利""利生利"。

复利法的利息计算公式为

$$I_t = iF_{t-1} \tag{4-8}$$

式中:I_t——本期第t期期末产生的利息;

i——利率;

F_{t-1}——至上期($t-1$期)期末产生的本金利息和。

本金利息和的计算公式为

$$F_t = F_{t-1}(1+i) \tag{4-9}$$

【例4.5】仍以例4.4为例,试用复利法计算每年年末的利息、本金利息和。

【解】

第一年年末产生的利息:$I_1 = 10\ 000 \times 6\% = 600$(元)

第一年年末的本金利息和:$F_1 = 10\ 000 + 600 = 10\ 600$(元)

第二年年末产生的利息:$I_2 = 10\ 600 \times 6\% = 636$(元)

第二年年末的本金利息和:$F_2 = 10\ 600 + 636 = 11\ 236$(元)

第三年年末产生的利息:$I_3 = 11\ 236 \times 6\% = 674.16$(元)

第三年年末累计的本金利息和:$F_3 = 11\ 236 + 674.16 = 11\ 910.16$(元)

从例 4.4 和例 4.5 可以看出，同样一笔资金，由于采用的计算方法不同，最后向银行偿还的本金利息和有很大区别，两者相差 110.16 元（11 910.16－11 800）。而且从计算过程也可以看出，这种差距随资金使用年限的增长而增大，随利率的提高而大幅度提高。

上述计算过程太复杂，可以根据复利的定义得到复利法计息的本金利息和 F 的计算公式，计算过程如表 4-4 所示。由表 4-4 可以看出，n 年末本金利息和 F 与本金 P 的关系为

$$F=P(1+i)^n \tag{4-10}$$

例 4.5 可以直接利用 $F=P(1+i)^n$ 计算，即 $F=10\ 000\times(1+6\%)^3=11\ 910.16$（元）。

表 4-4 复利法计息的本金利息和 F 的计算过程

计息周期	期初金额（1）	本期利息额（2）	期末本金利息和 F_t=(1)+(2)
1	P	Pi	$F_1=P+Pi=P(1+i)$
2	$P(1+i)$	$P(1+i)\ i$	$F_2=P(1+i)+P(1+i)i=P(1+i)^2$
3	$P(1+i)^2$	$P(1+i)^2\ i$	$F_3=P(1+i)^2+P(1+i)^2\ i=P(1+i)^3$
…	…	…	…
n	$P(1+i)^{n-1}$	$P(1+i)^{n-1}i$	$F=F_n=P(1+i)^{n-1}+P(1+i)^{n-1}\ i=P(1+i)^n$

> **特别提示**
>
> （1）此公式仅用于借款发生在期初的情况。
>
> （2）若借款发生的具体时点不确定，需将借款看成均衡发放的情况，每期利息按下面的公式计算，即
>
> $$第 t 期应计利息=\left(第 t 期期初借款本息累计+\frac{本期借款额}{2}\right)\times i_{\text{eff}} \tag{4-11}$$
>
> 该公式通常用于建设期借款利息的计算，无论实际上是按年、季、月计息，均应简化为按年计息，即年名义利率折算成年实际利率（年有效利率）。每笔借款均假定是在年中支用，当年的借款按一半计息，之前年份的借款按全额计息。

由于复利法的计算思路和方法更符合资金运动的实际情况，能够客观地反映资金时间价值，因此在很多领域都具有应用价值，也被普遍应用于工程经济分析与评价中。

■ 任务实施

利用资金时间价值解决例 4.1 中的问题。

【解】

（1）画出现金流量图，如图 4.5 所示。

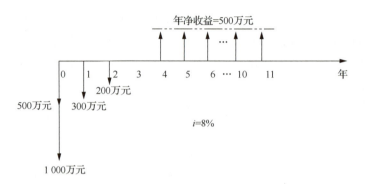

图 4.5 例 4.1 现金流量图

(2) 建设期贷款利息计算。

方法一：按季度有效利率计算，季度有效利率 $i=\dfrac{8\%}{4}=2\%$。

① 8%为年名义利率，不能用来计算利息。

② 贷款发生在年初，采用公式 $F=P[(1+i)^n-1]$ 且分资金计算。

③ 第一年年初借入 500 万元，到第三年年末共计息 12 次。第二年年初借入 300 万元，共计息 8 次。第三年年初借入 200 万元，共计息 4 次，所以

第一笔资金应计利息：$I_1=500\times[(1+2\%)^{12}-1]=134.12$（万元）

第二笔资金应计利息：$I_2=300\times[(1+2\%)^8-1]=51.49$（万元）

第三笔资金应计利息：$I_3=200\times[(1+2\%)^4-1]=16.49$（万元）

建设期利息总额：$I=I_1+I_2+I_3=134.12+51.49+16.49=202.10$（万元）

方法二：按年有效利率计算，年有效利率 $i=(1+\dfrac{8\%}{4})^4-1=8.24\%$。

第一笔资金应计利息：$I_1=500\times[(1+8.24\%)^3-1]=134.12$（万元）

第二笔资金应计利息：$I_2=300\times[(1+8.24\%)^2-1]=51.49$（万元）

第三笔资金应计利息：$I_3=200\times[(1+8.24\%)^1-1]=16.49$（万元）

建设期利息总额：$I=I_1+I_2+I_3=134.12+51.49+16.49=202.10$（万元）

(3) 若例 4.1 中贷款发生的时点不明确，只说明在某一年发生，即将"年初"的"初"字去掉，计算方法则不同，应该按式 (4-11) 且分年计算利息。

第一年应计利息：$I_1=(0+\dfrac{500}{2})\times8.24\%=20.60$（万元）

第二年应计利息：$I_2=(500+20.60+\dfrac{300}{2})\times8.24\%=55.26$（万元）

第三年应计利息：$I_3=(500+300+20.60+55.26+\dfrac{200}{2})\times8.24\%=80.41$（万元）

建设期利息总额：$I=I_1+I_2+I_3=20.60+55.26+80.41=156.27$（万元）

4.1.2 资金等值计算

■ 任务引入

资金时间价值的存在，使不同时点的资金具有不同的价值，不能直接进行对比，如我国 20 世纪 80 年代的万元户是人人羡慕的富有户，而如今"万元户"能称得上是富有户吗？再比如某家庭向银行贷款 50 万元购房，分 10 年还清，年利率 6%，银行要求按月计息，则该家庭每月应还多少贷款？

■ 任务分析

这需要我们利用资金等值计算的基本知识解决生活中或工程项目投资分析中不同时点资金的转换问题，下面介绍相关知识点。

■ 相关知识

1. 资金等值计算的含义

1）资金等值的含义

资金等值是指发生在不同时点上的两笔或一系列绝对数额不等的资金额，按资金时间价值尺度，所计算出的价值保持相等。

资金等值计算，是指在一定的利率条件下，将一个时点或时点序列的资金，通过一系列的变化，转换成另一个时点或时点序列的资金，从而可以进行对比的计算过程。这种考虑了资金时间价值的经济分析方法，使方案的评价和选择变得更为现实和可靠，构成了本任务要解决的重点问题。

资金等值包括三个因素：金额、金额发生的时间和利率。例如，在年利率为 10% 的情况下，现在的 100 元与一年后的 110 元等值，又与两年后的 121 元等值。三个等值的现金流量图如图 4.6 所示。

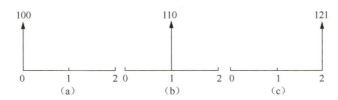

图 4.6 三个等值的现金流量图

2）资金等值的特点

资金等值以一定的利率为前提。

① 不同时点的资金，如果不规定利率，则它们不具有等值性，更不具有可比性。而规定不同的利率，则它们所具有的"价值"是不相等的。

② 不同资金支付形式，在相同利率条件下，在相同的时刻具有"等值"效果，具有可比性。

等值的概念是技术经济分析、比较和评价不同时期资金使用效果的重要依据。

3）资金等值计算的相关参数

为了更好地理解资金等值计算，首先应掌握与资金等值计算有关的名词。

（1）现值（P）。现值表示发生在时间序列起点处的资金价值（也称本金），或者是将未来某时点的价值折算为时间序列起点处的价值，该时点的资金价值称为资金的现值。时间序列的起点通常称为零期或期初，一般是项目进行分析与评价时的起点。所以在进行项目评价时，必须将预测的项目在以后建设、生产经营过程中出现的收入与支出的资金值折算为现值，在同一时点上（这时才具有可比性）对该项目的实施方案进行评价，使评价结果更接近于实际投资效果。

（2）折现。折现又称贴现，是指时间序列上某时点（或一系列时点）的资金值折算为现值的过程。折现必须以一定的利率（折现率）为条件，利率不同，则折算成现值的大小也不同。某时点的资金值折算成现值的大小为该时点（或一系列时点）的资金值与相应利息之差。

$$现值＝某时点（或一系列时点）的资金值－利息 \quad (4-12)$$

其中利息的计算时段为零点至该时点（或一系列时点）。

（3）年金（A）。年金表示在一段连续的时点上都有等金额的现金流出或流入。在现金流量的构成要素中有一项年经营成本，其中涉及很多类似于年金的费用，如利息、租金、保险金、养老金等，在每个核算期内，数额相等，可作年金处理。

（4）终值（F）。终值表示将时间序列上某时点发生的资金换算为时间序列终点时资金的价值，或者本身就发生在时间序列终点的现金流量（属预测价值）。常见的项目寿命周期结束时回收的流动资金、回收的固定资产残值等都发生在时间序列的终点上，所以称之为终值。

（5）计息周期数。计息周期数用 n 表示，是指计算资金利息的次数。在进行项目评价时，一般以其整个寿命周期作为确定计息次数的时间段。具体确定计息次数时还应考虑给定的利率周期，在有些情况下两者可能不一致。

> **特别提示**
>
> 建议辅助现金流量图讲解。

2. 资金等值计算的基本公式

资金时间价值的计算方法有单利法和复利法，但是复利法更能真实地反映资金的运行状态，因此以下资金等值计算的基本公式都是在复利法计息的前提条件下推导出来的。

1）一次支付形式的复利法公式

一次支付又称整付，指现金流量（流入或流出）只在所分析系统时间序列的某个特定时点上发生，如图 4.7 所示。

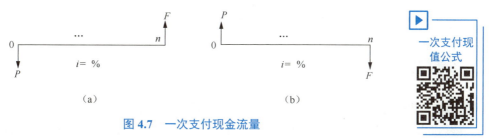

图 4.7 一次支付现金流量

图 4.7 中涉及 P、i、n、F 四个基本参数,在已知其中任意三个参数的条件下,则可以计算出其余的一个参数。根据所计算参数不同,一次支付情况的复利法计算公式有两种:终值计算和现值计算。

(1) 终值计算(已知 P 求 F):现有一笔资金 P,按年利率 i 计算,n 年以后的本金利息和为多少?

根据复利的定义即可得到本金利息和 F 的计算公式。其计算过程如表 4-4 所示。

本金利息和 F 与现值 P 的关系为

$$F=P(1+i)^n \tag{4-13}$$

式(4-13)中 $(1+i)^n$ 称为一次支付终值系数,用符号 $(F/P, i, n)$ 表示。所以式(4-13)又可表达为

$$F=P(F/P, i, n) \tag{4-14}$$

【例 4.6】假设某企业向银行贷款 100 万元,年利率为 6%,借期五年,如图 4.8 所示,试问五年后一次归还银行的本金利息和是多少?

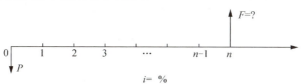

图 4.8 例 4.6 一次支付终值计算现金流量图

【解】由式(4-14)可得

$F=P(F/P, i, n)=100×(F/P, 6\%, 5)=100×1.338=133.8$(万元)

(2) 现值计算(已知 F 求 P):由式(4-13)即可求出现值 P。

$$P=F(1+i)^{-n} \tag{4-15}$$

其中,$(1+i)^{-n}$ 称为一次支付现值系数,也可称为折现系数或贴现系数,用符号 $(P/F, i, n)$ 表示,并按不同的利率 i 和计息周期数 n(列表见附录)计算。式(4-15)常写为

$$P=F(P/F, i, n) \tag{4-16}$$

其现金流量图如图 4.9 所示。

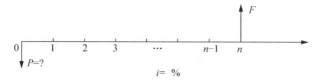

图 4.9 一次支付现值计算现金流量图

【例 4.7】 如果银行年利率是 5%，为了在三年后获得 10 000 元存款，试问现在应向银行存入多少元？

【解】 由式（4-15）可得

$$P = F(1+i)^{-n} = 10\,000 \times (1+5\%)^{-3} = 10\,000 \times 0.863\,8 = 8\,638（元）$$

或

$$P = F(P/F, i, n) = 10\,000 \times (P/F, 5\%, 3) = 10\,000 \times 0.863\,8 = 8\,638（元）$$

从以上计算可知，现值、终值的概念和计算方法正好相反，因为一次支付现值系数与终值系数互为倒数。在 P 一定、n 相同时，i 越高，F 越大；在 i 相同时，n 越长，F 越大。在 F 一定、n 相同时，i 越高，P 越小；在 i 相同时，n 越长，P 越小。

2）等额多次支付形式的复利法公式

等额多次支付指项目时间序列连续时点上发生的现金流入或流出量是等额的，即是以年金形式出现的。利用这个特征计算项目的现值或终值，或在已知现值或终值的情况下，求年金。

如果用 A_t 表示第 t 期期末发生的现金流量（可正可负），用逐个折现的方法，可将多次现金流量换算成现值，即

$$P = A_1(1+i)^{-1} + A_2(1+i)^{-2} + \cdots + A_n(1+i)^{-n} = \sum_{t=1}^{n} A_t(1+i)^{-t} \quad (4\text{-}17)$$

或

$$P = \sum_{t=1}^{n} A_t(P/A_t, i, t) \quad (4\text{-}18)$$

同理，也可将多次现金流量换算成终值，即

$$F = \sum_{t=1}^{n} A_t(1+i)^{n-t} \quad (4\text{-}19)$$

或

$$F = \sum_{t=1}^{n} A_t(F/A_t, i, n-t) \quad (4\text{-}20)$$

如果多次现金流量 A_t 是连续序列流量，且数额相等，这种具有 $A_t = A =$ 常数（$t = 1, 2, 3, \cdots, n$）特征的系列现金流量称为等额系列现金流量，其现金流量图如图 4.10 所示。

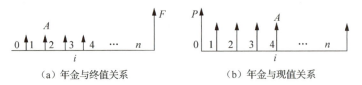

（a）年金与终值关系　　　　（b）年金与现值关系

图 4.10　等额系列现金流量图

对于等额系列现金流量，其复利计算方法如下。

（1）终值计算（已知 A 求 F）。它是指在一个时间序列中，在利率为 i 的情况下连续在每个计息周期期末支付一笔等额的资金 A，求 n 年后由各年的本金利息和累积而成的终值（F），亦即已知 A、i、n，求 F。类似于人们平常储蓄中的零存整取。其现金流量图如图 4.11 所示。

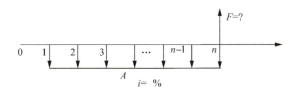

图 4.11　等额系列终值计算现金流量图

将式（4-19）展开得

$$F=\sum_{t=1}^{n}A_t(1+i)^{n-t}=A[(1+i)^{n-1}+(1+i)^{n-2}+\cdots+(1+i)+1]$$

$$F=A\frac{(1+i)^n-1}{i} \qquad (4\text{-}21)$$

其中，$\frac{(1+i)^n-1}{i}$ 称为等额系列终值系数或年金终值系数，用符号（F/A，i，n）表示。于是，式（4-21）又可写成

$$F=A（F/A,\ i,\ n） \qquad (4\text{-}22)$$

等额系列终值系数（F/A，i，n）可从附录中查得。

【例 4.8】某校为设立奖学金，每年年末向银行存入 2 万元，假设存款年利率为 5%，试问第五年年末可以得到的本金利息和是多少？

【解】由式（4-21）可得

$$F=A\frac{(1+i)^n-1}{i}=2\times\frac{(1+5\%)^5-1}{5\%}=2\times 5.526=11.05（万元）$$

或　　$F=A（F/A,\ i,\ n）=2\times（F/A,\ 5\%,\ 5）=2\times 5.526=11.05$（万元）

（2）现值计算（已知 A 求 P）。它是指在 n 年内每年等额收支一笔资金 A，在利率为 i 的情况下，求该等额年金收支的现值总额，亦即已知 A、i、n，求 P。其现金流量图如图 4.12 所示。

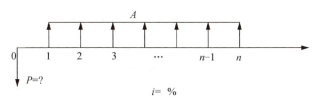

图 4.12　等额系列现值计算现金流量图

年金终值公式

其计算公式可以由式（4-15）和式（4-21）直接导出，表示为

$$P=F(1+i)^{-n}=A\frac{(1+i)^n-1}{i(1+i)^n} \qquad (4\text{-}23)$$

其中，$\frac{(1+i)^n-1}{i(1+i)^n}$ 称为等额系列现值系数或年金现值系数，用符号（P/A，i，n）表示。于是，式（4-23）又可写成

$$P=A（P/A,\ i,\ n） \qquad (4\text{-}24)$$

【例 4.9】假定预计在五年内，每年年末从银行提取 100 万元，试问在年利率为 6%的条件下，现在至少应存入银行多少资金？

【解】由式（4-23）可得

$$P = A\frac{(1+i)^n - 1}{i(1+i)^n} = 100 \times \frac{(1+6\%)^5 - 1}{6\% \times (1+6\%)^5} = 100 \times 4.212 = 421.2 \text{（万元）}$$

或 $P = A(P/A, i, n) = 100 \times (P/A, 6\%, 5) = 100 \times 4.212 = 421.2$（万元）

（3）资金回收计算（已知 P 求 A）。它是指期初一次投资数额为 P，欲在 n 年内将投资全部收回，则在利率为 i 的情况下，求每年应等额回收的资金，亦即已知 P、i、n，求 A。其现金流量图如图 4.13 所示。

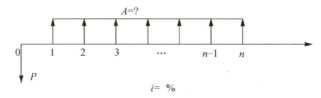

图 4.13 资金回收计算现金流量图

由式（4-23）可知，等额系列资金回收计算是等额系列现值计算的逆运算，故可得

$$A = P\frac{i(1+i)^n}{(1+i)^n - 1} \tag{4-25}$$

其中，$\frac{i(1+i)^n}{(1+i)^n - 1}$ 称为等额系列资金回收系数，用符号（$A/P, i, n$）表示。于是，式（4-25）又可写为

$$A = P(A/P, i, n) \tag{4-26}$$

【例 4.10】若某工程项目投资 1 000 万元，年利率为 8%，预计五年内全部收回，试问每年年末等额回收多少资金？

【解】由式（4-25）可得

$$A = P\frac{i(1+i)^n}{(1+i)^n - 1} = 1\,000 \times \frac{8\% \times (1+8\%)^5}{(1+8\%)^5 - 1} = 1\,000 \times 0.250\,5 = 250.5 \text{（万元）}$$

或 $A = P(A/P, i, n) = 1\,000 \times (A/P, 8\%, 5) = 1\,000 \times 0.250\,5 = 250.5$（万元）

（4）偿债基金计算（已知 F 求 A）。它是指为了筹集未来 n 年后需要的一笔偿债资金，在利率为 i 的情况下，求每个计息周期期末应等额存储的金额，亦即已知 F、i、n，求 A，类似于人们日常商业活动中的分期付款业务。其现金流量图如图 4.14 所示。

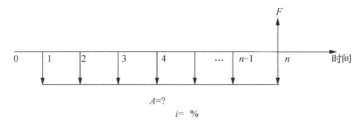

图 4.14 偿债基金计算现金流量图

偿债基金计算是等额系列终值计算的逆运算，故由式（4-21）可得

$$A = F\frac{i}{(1+i)^n - 1} \quad (4\text{-}27)$$

其中，$\dfrac{i}{(1+i)^n - 1}$ 称为等额系列偿债基金系数，用符号 $(A/F, i, n)$ 表示。于是，式（4-27）又可写成

$$A = F(A/F, i, n) \quad (4\text{-}28)$$

【例 4.11】如果预计在五年后得到一笔 100 万元的资金，在年利率为 6% 的条件下，试问从现在起每年年末应向银行支付多少资金？

【解】由式（4-27）可得

$$A = F\frac{i}{(1+i)^n - 1} = 100 \times \frac{6\%}{(1+6\%)^5 - 1} = 100 \times 0.1774 = 17.74（万元）$$

或 $A = F(A/F, i, n) = 100 \times (A/F, 6\%, 5) = 100 \times 0.1774 = 17.74$（万元）

3）常用的复利法小结

（1）一次支付形式和等额多次支付形式的现值系数与终值系数具有相同的性质：互为倒数关系。即

$$(F/P, i, n) = 1/(P/F, i, n) \quad (4\text{-}29)$$

（2）等额多次支付形式中的等额系列终值系数与偿债基金系数互为倒数关系。即

$$(F/A, i, n) = 1/(A/F, i, n) \quad (4\text{-}30)$$

（3）等额多次支付形式中的等额系列现值系数与资金回收系数互为倒数关系。即

$$(P/A, i, n) = 1/(A/P, i, n) \quad (4\text{-}31)$$

以上介绍的两类六个等值计算公式，每个公式都含有一个系数因子。为了便于记忆和运用，现将其汇总列于表 4-5 中。公式中的系数因子，可以根据不同的 i 值和 n 值进行计算或直接查附表得到。

表 4-5 资金等值计算公式

类 型		已知	待求	符 号	公 式
一次支付	终值公式	P	F	$(F/P, i, n)$	$F = P(1+i)^n$
	现值公式	F	P	$(P/F, i, n)$	$P = F(1+i)^{-n}$
等额多次支付	终值公式	A	F	$(F/A, i, n)$	$F = A\dfrac{(1+i)^n - 1}{i}$
	偿债基金公式	F	A	$(A/F, i, n)$	$A = F\dfrac{i}{(1+i)^n - 1}$
	现值公式	A	P	$(P/A, i, n)$	$P = A\dfrac{(1+i)^n - 1}{i(1+i)^n}$
	资金回收公式	P	A	$(A/P, i, n)$	$A = P\dfrac{i(1+i)^n}{(1+i)^n - 1}$

> **特别提示**
>
> （1）需理论联系实际，如将商业保险投资、车辆与房屋贷款的分析与表 4-5 中的公式结合起来，从而能灵活运用公式。
>
> （2）表中的公式只适合现金流量发生在期末的情况，若现金流量发生在期初，需将各个现金流量值乘以（1＋i）转换成期末的现金流量值之后，才能套用表 4-5 中的公式。
>
> 例如，某建设项目在建设期三年内每年年初均投资 500 万元，i＝8%，则该项目的投资现值是多少？
>
> 很明显，不能直接利用等额多次支付现值公式，应将 500 乘以（1＋i）变成年末的现金流量值，再利用该公式。
>
> $$P = A(1+i)\frac{(1+i)^n-1}{i(1+i)^n} = 500 \times (1+8\%) \times \frac{(1+8\%)^3-1}{8\% \times (1+8\%)^3}$$
>
> $$= 1\,391.63\,（万元）$$

任务实施

我们解决"任务引入"中的问题。

（1）20 世纪 80 年代的 1 万元与现在的 1 万元不具有可比性，远远高于现在 1 万元的价值。

（2）

$$i_月 = \frac{6\%}{12} = 0.5\%$$

该家庭每月还款为

$$A_月 = 500\,000 \times \frac{0.5\% \times (1+0.5\%)^{120}}{(1+0.5\%)^{120}-1} = 5\,551\,（元）$$

【例 4.12】某建筑企业参与投标，在投标总报价不变的情况下，现有两种不同的报价方式，该企业报价方案表如表 4-6 所示。

表 4-6　该企业报价方案表　　　　　　　　　　　　　　　　　　　　单位：万元

状　况	地基与基础工程	主体结构工程	装饰装修工程	投标总报价
工期/月	4	12	8	
报价方案 1	2 960	13 200	14 400	30 560
报价方案 2	3 200	14 400	12 960	30 560

假设贷款年利率为 12%，按月计息，每月工程量均衡完成且能按时收到工程款，试问作为承包方来说应采用哪种报价方案更合算？

【解】两个方案总报价相同，但是发生在不同时点的资金量不同，我们需要将各时点的资金转换到同一时点——终值点或现值点，现利用现值进行比较。

(1) 计算报价方案 1 的现值：

$$P_1 = \frac{2\,960}{4} \times (P/A, 1\%, 4) + \frac{13\,200}{12} \times (P/A, 1\%, 12) \times (P/F, 1\%, 4) + \frac{14\,400}{8} \times (P/A, 1\%, 8) \times (P/F, 1\%, 16) = 26\,530.9 （万元）$$

(2) 计算报价方案 2 的现值：

$$P_2 = \frac{3\,200}{4} \times (P/A, 1\%, 4) + \frac{14\,400}{12} \times (P/A, 1\%, 12) \times (P/F, 1\%, 4) + \frac{12\,960}{8} \times (P/A, 1\%, 8) \times (P/F, 1\%, 16) = 26\,672.1 （万元）$$

(3) 两者现值差额：$P_2 - P_1 = 26\,672.1 - 26\,530.9 = 141.2$（万元）

因此，采用报价方案 2 对建筑企业承包方更合算，能比报价方案 1 多带来 141.2 万元的收益。

思考与练习

一、选择题

1. 年利率为 12%，每半年计息一次，则年实际利率为（　　）。
   A. 6.00%　　　B. 12.36%　　　C. 3.00%　　　D. 7.18%

2. 某人每年年末在银行存 500 元，连续 5 年，银行利率为 5%，第五年年末他存入款时账上共（　　）元。
   A. 2 164　　　B. 2 265　　　C. 2 763　　　D. 625

3. 下列公式错误的有（　　）。
   A. $P = A(P/A, i, n)$
   B. $F = (A/F, i, n)$
   C. $P = P(P/F, i, n)$
   D. $F = P(F/P, i, n)$
   E. $A = F(F/A, i, n)$

4. 某企业设备购置费 1 万元，使用寿命为 10 年，残值为 500 元，$i = 8\%$，则费用年值约为（　　）元。
   A. 1 145　　　B. 1 455　　　C. 1 416　　　D. 1 146

5. 现金流量的三个要素是（　　）。
   A. 现金流量的大小　　　B. 时点
   C. 利率　　　D. 方向

6. 资金在运动过程中，把未来某一时间收支的货币换算成现在时刻的价值，称为（　　）。
   A. 时值　　　B. 现值　　　C. 终值　　　D. 等额年金

7. 若年利率为 12%，半年复利计息一次，第五年年末的本金利息和为 10 000 元，则现在应存入（　　）元。
   A. 5 584　　　B. 5 760　　　C. 5 820　　　D. 5 850

8. 影响资金等值的因素包括（　　）。
　　A．金额的多少　　　　　　　　B．资金发生的时间
　　C．利率的大小　　　　　　　　D．资金所投入项目是否盈利
　　E．成本的多少
9. 某人向银行贷款，甲银行年利率为 17%，一年计息一次，乙银行年利率为 16%，每月计息一次，问他分析的结果是（　　）。
　　A．向甲银行贷款　　　　　　　B．向乙银行贷款
　　C．向两家银行贷款一样　　　　D．甲银行贷款的实际利率高于乙银行
10. 下列对于企业来说属于现金流出的是（　　）。
　　A．投资　　　　　　　　　　　B．税金及附加
　　C．经营成本　　　　　　　　　D．利润
　　E．利息

二、判断题

1. 资金时间价值与货币的增值是等同的。　　　　　　　　　　　　　　　　（　　）
2. 资金时间价值是指资金随时间的推移而产生的增值。　　　　　　　　　（　　）
3. 复利法是指利息再计息的一种计息方法。　　　　　　　　　　　　　　（　　）
4. 名义利率一定，一年中计息次数越多，则有效利率越大。　　　　　　　（　　）
5. 发生时间在前的等量资金价值高于发生时间在后的资金价值。　　　　　（　　）
6. 在现金流量图中，箭头向上表示现金流出，箭头向下表示现金流入。　　（　　）
7. 一般情况下，收益发生在期末，投资发生在期初。　　　　　　　　　　（　　）
8. 资金等值是指在不同的时点上数量不等的资金具有相同的价值。　　　　（　　）
9. 贴现是指将现值转换成终值的计算过程。　　　　　　　　　　　　　　（　　）
10. 在资金等值计算公式中，一般情况下 F 表示终值。　　　　　　　　　（　　）

三、案例分析题

1. 某新建项目，建设期为三年，共向银行贷款 1 300 万元。贷款情况：第一年，300 万元；第二年，600 万元；第三年，400 万元。年利率为 6%，银行要求按月计息，则建设期期末的本金利息和是多少？若贷款全部发生在各年年初，则建设期期末的本金利息和又是多少？
2. 计算下列等额支付的终值和现值。
　　(1) 年利率为 8%，连续五年每年年初借入 10 000 元。
　　(2) 年利率为 5%，连续六年每年年末借入 3 000 元。
3. 计算下列情况的等额支付是多少？
　　(1) 年利率为 5%，连续三年每年年末支付一次，第三年年末累计金额为 80 000 元。
　　(2) 现借入 100 000 元，年利率为 6%，每年年末偿还部分债务，八年还清。
4. 某企业获得 10 000 元贷款，偿还期为五年，按照 10% 的年利率计息，有四种还款方式。
　　(1) 每年年末还 2 000 元本金和所欠利息（等额本金法）。
　　(2) 每年年末只付所欠利息，本金到第五年年末一次还清（等额利息法）。

(3) 在五年中每年年末还相等的款额（等额本息法）。
(4) 在第五年年末还全部本金和利息（一次还本付息法）。
试分别计算各种还款方式五年中总付款额。

5. 某人购买一套价值 50 万元的住房，银行提供七成 20 年按揭贷款，年利率为 6%，要求按月计息，试问此购房者的月供款为多少？

6. 某项工程，今年投资 100 万元，一年后又投资 150 万元，两年后又投资 200 万元。投资由某银行贷款，年利率为 8%，贷款从第三年年末开始偿还，若计划在 10 年中等额偿还银行，试问每年应偿还银行多少万元？

4.1 思考与练习在线答题

4.1 选择题和判断题讲解

4.1 案例分析题讲解

4.2　单方案经济效果评价

引言

经济效果评价是建设项目工程经济分析的核心内容，其目的在于确保决策的正确性和科学性，避免或最大限度地减小投资方案的风险，明确投资方案的经济效果水平，最大限度地提高项目投资的综合经济效益，为项目的投资决策提供科学的依据。因此，正确选择经济效果评价的指标和方法是十分重要的。

4.2.1　单方案静态经济效果评价

任务引入

在方案初选阶段进行方案比较时，以及在对单方案进行可行性初步分析与评价时，一般采用静态评价方法。

【例 4.13】某项目共投资 2 000 万元，其中自有资金 1 000 万元，银行贷款 1 000 万元（贷款情况同例 4.1），建设期为三年，第四年开始投产，投产后每年净收益为 450 万元，运营期为八年。若基准投资回收期为八年，基准投资收益率为 12%，基准资本金利润率为 20%，试计算该方案的静态投资回收期、投资收益率、资本金利润率并初步评价该方案是否可行。

■ 任务分析

从例 4.13 可以看出，需要利用静态经济效果评价的基本知识解决一系列实际问题，下面介绍解决此案例的问题涉及的知识点。

■ 相关知识

1. 工程经济效果评价概述

1）工程经济效果评价的含义及基本参数

工程经济效果评价是投资项目经济效益或投资效果的定量化及其直观的表现形式，它通常是通过对投资项目所涉及的费用和效益的量化和比较来确定的。只有正确地理解和适当地应用各个评价指标的含义及评价准则，才能对投资项目进行有效的经济分析，做出正确的投资决策。

工程经济效果评价的基本参数包括以下几个方面。

（1）方案计算期，又称方案的寿命周期，对建设项目来说，分为建设期和生产期两个阶段。

① 项目建设期，是指从开始施工至全部建成投产所需的时间。

② 项目生产期，是指项目从建成投产到主要固定资产报废为止所经历的时间，包括投产期（投产后未达到设计生产能力的100%）和达产期。

（2）基准投资收益率，又称基准收益率、标准折现率、基准贴现率、目标收益率、最低期望收益率，是决策者对技术方案的资金时间价值进行估算的依据。影响基准投资收益率的主要因素有资金的财务费用率、资金的机会成本、风险贴现率水平和通货膨胀率等。

2）工程经济效果评价方法分类

工程经济效果评价的基本方法包括确定性评价方法与不确定性评价方法两类。对同一个项目必须同时进行确定性评价和不确定性评价。

经济效果的评价方法，按其是否考虑时间因素又可分为静态评价方法和动态评价方法。

静态评价方法是不考虑货币的时间因素，即不考虑时间因素对货币价值的影响，而对现金流量分别进行直接汇总来计算评价指标的方法。静态评价方法的最大特点是计算简便。因此，在对方案进行粗略评价，或对短期投资项目及逐年收益大致相等的项目进行评价时，静态评价方法还是可采用的。

动态评价方法是考虑资金时间价值来计算评价指标的方法，能较全面地反映投资方案整个计算期的经济效果。

3）工程经济效果评价指标体系

根据不同的划分标准，投资项目评价指标体系可以进行不同的分类。

（1）根据是否考虑资金时间价值，其分为静态评价指标和动态评价指标，如图 4.15 所示。

（2）根据指标的性质，其分为时间性指标、价值性指标和比率性指标，如图 4.16 所示。

2. 单方案静态经济效果评价方法及指标

1）单方案静态盈利能力经济效果评价方法及指标

（1）投资收益率。投资收益率是指投资方案建成投产达到设计生产能力后一个正常生产年份的年净收益额或年平均净收益额与方案投资总额的比率。它表明投资方案正常生产年份中，单位投资每年所创造的年净收益额。对生产期内各年的净收益额变化幅度较大的方案，可计算生产期年平均净收益额与方案投资总额的比率。

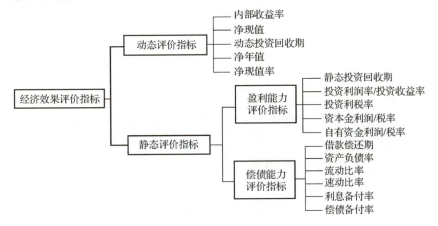

图 4.15　评价指标体系分类一

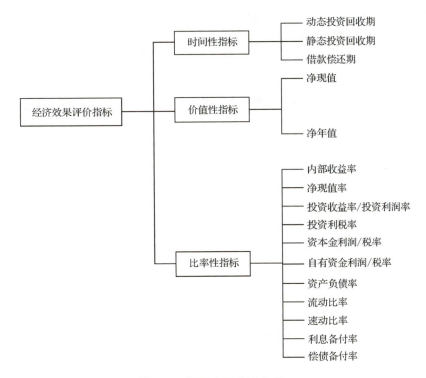

图 4.16　评价指标体系分类二

① 计算公式为

$$投资收益率（R）=\frac{年净收益额或年平均净收益额}{投资总额}\times 100\% \quad (4\text{-}32)$$

② 评价准则。将计算的投资收益率（R）与所确定的基准投资收益率（R_c）进行比较。

a. 若 $R \geqslant R_c$，则方案在经济上可以考虑接受。

b. 若 $R < R_c$，则方案在经济上是不可行的。

③ 投资收益率的应用指标。根据分析目的的不同，投资收益率又具体分为总投资利润率（R_a）、自有资金利润率（R_e）和资本金利润率。

a. 总投资利润率（R_a）计算公式为

$$R_a = \frac{F}{K} \times 100\% \tag{4-33}$$

式中：F——正常年销售利润（销售利润＝销售收入－总成本费用－销售税金及附加）或年平均利润；

K——总投资（包括建设投资和流动资金）。

b. 自有资金利润率（R_e）计算公式为

$$R_e = \frac{F}{Q} \times 100\% \tag{4-34}$$

其中，Q 为自有资金，式中所需的财务数据，均可从相关的财务报表中获得。

c. 资本金利润率。资本金利润率是利润总额占资本金（实收资本、注册资金）总额的百分比，是反映投资者投入企业资本金的获利能力指标。企业资本金是所有者投入的主权资金，资本金利润率的高低直接关系到投资者的权益，是投资者最关心的问题。

资本金利润率计算公式为

$$资本金利润率 = \frac{正常生产年份的年利润总额或年平均利润总额}{资本金总额} \times 100\% \tag{4-35}$$

另外，会计期间内若资本金发生变动，则公式中的"资本金总额"要用平均数，其计算公式为

$$资本金平均余额＝（期初资本金余额＋期末资本金余额）/2$$

这一比率越高，说明企业资本金的利用效果越好，企业资本金盈利能力越强；反之，则说明企业资本金的利用效果不佳，企业资本金盈利能力越弱。

> **特别提示**
>
> 各种资金利税率在计算时分母不变，分子加上年（年平均）销售税金及附加总额，评价标准均为指标值须不小于行业基准值，且越大越好。

④ 投资收益率指标的优点与不足。投资收益率指标经济意义明确、直观，计算简便，在一定程度上反映了投资效果的优劣，可适用于各种投资规模。但不足的是没有考虑投资收益的时间因素，忽视了资金具有时间价值的重要性；指标的计算主观随意性太强，换句话说，就是正常生产年份的选择比较困难，如何确定带有一定的不确定性和人为因素。因此，以投资收益率指标作为主要的决策依据不太可靠。

（2）静态投资回收期。投资回收期是反映投资方案盈利能力的重要指标，分为静态投资回收期和动态投资回收期。

静态投资回收期是在不考虑资金时间价值的条件下，以项目的净收益回收其全部投资所需要的时间。投资回收期可以自项目建设开始年算起，也可以自项目投产年开始算起，但应予注明。投资回收期示意如图 4.17 所示。

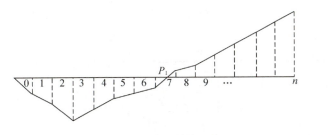

图 4.17　投资回收期示意

① 计算公式。自建设开始年算起，投资回收期 P_t（以年表示）的计算公式为

$$P_t = \sum_{t=0}^{P_t}(\mathrm{CI}-\mathrm{CO})_t = 0 \tag{4-36}$$

式中：P_t——静态投资回收期；

　　　CI——现金流入量；

　　　CO——现金流出量；

　　　$(\mathrm{CI}-\mathrm{CO})_t$——第 t 年净现金流量。

静态投资回收期可根据现金流量表计算，其具体计算又分以下两种情况。

a. 项目建成投产后各年的净收益（净现金流量）均相同，则静态投资回收期（包含建设期）的计算公式为

$$P_t = \frac{K}{A} + T \tag{4-37}$$

式中：T——建设期；

　　　K——总投资；

　　　A——每年的净收益，即 $A=(\mathrm{CI}-\mathrm{CO})_t$。

b. 项目建成投产后各年的净收益不相同，则静态投资回收期可根据累计净现金流量求得（见图4.17），也就是在现金流量图中累计净现金流量由负值转向正值之间的年份。其计算公式为

$$P_t = （累计净现金流量开始出现正值的年份数-1）+ \frac{上一年累计净现金流量的绝对值}{累计净现金流量开始出现正值年份的净现金流量} \tag{4-38}$$

② 评价准则。将计算的静态投资回收期（P_t）与所确定的基准投资回收期（P_c）进行比较。

a. 若 $P_t \leqslant P_c$，表明项目投资能在规定的时间内收回，则项目（或方案）在经济上可以考虑接受。

b. 若 $P_t > P_c$，则项目（或方案）在经济上是不可行的。

【例 4.14】某建设项目的有关数据如表 4-7 所示，求该项目的静态投资回收期，若 $P_c = 5$ 年，试判断该项目在经济上是否可行。

表 4-7　某建设项目的有关数据　　　　　　　　　　　　单位：万元

年份数	1	2	3	4	5	6
净现金流量	−100	−200	100	250	200	200
累计净现金流量	−100	−300	−200	50	250	450

【解】利用式（4-38）计算，得

$$P_t = 4 - 1 + \frac{|-200|}{250} = 3.8 \text{（年）}$$

所以该项目的静态投资回收期是 3.8 年。
因为 $P_t \leq P_c$，所以该项目在经济上是可行的。

知识链接

能否只用静态评价指标（一个或多个）对投资项目进行决策？

答案是否定的。以三峡工程为例进行说明。

一方面，从三峡工程论证过程到最后决策实施过程来看，这是一个非常复杂、科学、民主的过程，当然这是一个国家投资、举国上下关注的大型建设项目。它的决策实施依据考虑经济合理性但并未将经济合理性放在第一位，而是技术可行、社会效益、生态环境效益先行。

另一方面，从企业、个人等投资的微观经济效益来看，也不能完全用静态评价指标进行决策，因为静态评价指标未考虑资金时间价值，即使是可行的项目，也不能充分发挥有限资金的最大使用效益。因此，静态评价指标只能用于初步分析，决策时必须科学、合理地选择与严谨认真地计算动态评价指标进行经济效果评价，从而判断项目在经济上的可行性，确保有限的资金发挥最高的使用效益。

2）单方案静态偿债能力经济效果评价方法及指标

（1）借款偿还期。借款偿还期是指根据国家财政部门的规定及投资项目的具体财务条件，以可作为偿还借款的项目收益（利润、折旧及其他收益）来偿还项目投资借款本金和利息所需要的时间。它是反映项目借款偿债能力的重要指标。

① 计算公式。借款偿还期的计算公式为

$$K_d = \sum_{t=1}^{P_d} (B_p + D + B_o - B_r)_t \tag{4-39}$$

式中：P_d——借款偿还期（从借款开始年计算，当从投产年算起时，应予注明）；

K_d——建设投资借款本金和利息（不包括已用自有资金支付的部分）之和；

B_p——可用于还款的利润；

D——可用于还款的折旧和摊销费;
B_o——可用于还款的其他收益;
B_r——企业留利。

在实际工作中,借款偿还期可直接从财务平衡表推算,以年表示。其具体推算公式为

$$P_d = (借款偿还后出现盈余的年份数-1) + \frac{盈余当年应偿还借款额}{当年可用于还款的金额} \quad (4-40)$$

② 评价准则。借款偿还期满足贷款机构的要求期限时,即认为项目是有借款偿债能力的。借款偿还期指标适用于计算最大偿债能力、尽快还款的项目,不适用于预先给定借款偿还期的项目。对于预先给定借款偿还期的项目,应采用利息备付率和偿债备付率指标分析项目的偿债能力。

(2) 利息备付率。利息备付率又称已获利息倍数,指项目在借款偿还期内各年可用于支付利息的税息前利润与当期应付利息费用的比值。

① 计算公式。利息备付率的计算公式为

$$利息备付率 = \frac{税息前利润}{当期应付利息费用} \times 100\% \quad (4-41)$$

其中,税息前利润=利润总额+计入总成本费用的利息费用,当期应付利息是指计入总成本费用的全部利息。

利息备付率可以按年计算,也可以按整个借款期计算。

② 评价准则。利息备付率表示使用项目利润偿付利息的保证倍率。对于正常经营的企业,利息备付率应当大于 2;否则,表示项目的付息能力保障程度不足。而且需要将该项目的利息备付率指标与其他项目进行比较,以分析决定本项目的指标水平。

(3) 偿债备付率。偿债备付率指项目在借款偿还期内各年可用于还本付息的资金与当期应还本付息金额的比值。

① 计算公式。偿债备付率的计算公式为

$$偿债备付率 = \frac{可用于还本付息的资金}{当期应还本付息金额} \times 100\% \quad (4-42)$$

可用于还本付息的资金包括可用于还款的折旧和摊销费、成本中列支的利息费用、可用于还款的利润等。当期应还本付息金额包括当期应还借款本金及计入成本的利息。

偿债备付率可以按年计算,也可以按整个借款期计算。

② 评价准则。偿债备付率表示可用于还本付息的资金偿还借款本息的保证倍率。正常情况下应当大于 1,且越高越好。当指标小于 1 时,表示当年资金来源不足以偿付当期债务,需要通过短期借款偿付已到期债务。

(4) 资产负债率。资产负债率是反映项目各年所面临的财务风险程度及偿债能力的指标,该指标可以衡量项目利用债权人提供的资金进行经营活动的能力,反映债权人发放贷款的安全程度。其计算公式为

$$资产负债率 = \frac{负债总额}{全部资产总额} \times 100\% \quad (4-43)$$

资产负债率反映债权人所提供的资金占全部资金的比重,以及企业资产对债权人权益的保障程度。这一比率越低(50%以下),表明企业的偿债能力越强。资产负债率用资产负债表计算。

(5) 流动比率。流动比率是反映项目各年偿还流动负债能力的评价指标。其计算公式为

$$流动比率 = \frac{流动资产总额}{流动负债总额} \times 100\% \qquad (4-44)$$

流动比率表明项目每一元钱流动负债,有多少流动资产作为支付的保障。项目的流动资产在偿还流动负债后应该还有余力去应付日常经营活动中其他资金需要。特别是对债权人来说,该项比率越高,债权越有保障。根据经验判定,一般该项指标要求在200%以上。但是各行各业的经营性质不同,营业周期不同,对资产流动性的要求也不同,对该项指标应该有不同的衡量标准。

(6) 速动比率。速动比率是反映项目快速偿还流动负债能力的指标。其计算公式为

$$速动比率 = \frac{流动资产总额 - 存货}{流动负债总额} \times 100\% \qquad (4-45)$$

"流动资产总额-存货"为速动资产。速动资产包括流动资产中的现金、短期投资(有价证券)、应收票据及应收账款等项目。这类项目流动性较好,变现时间短。速动比率是对流动比率的补充,如果流动比率高,而流动资产的流动性低,则企业的偿债能力仍然不高。一般要求速动比率在100%以上,但是不同的行业应该有所差别。流动比率和速动比率用资产负债表计算。

■ 任务实施

利用静态经济效果评价方法解决例4.13中的问题。

■ 任务提示

(1) 要求掌握资金的构成,尤其是资本金和负债资金的区别(详情见资金筹措)。

(2) 需要掌握静态评价指标的计算方法。

【解】例4.13 建设项目现金流量情况如表4-8所示。

表4-8 例4.13建设项目现金流量情况 单位:万元

年份数	0	1	2	3	4	5	6	7	8	9	10	11
净现金流量	-1 500	-300	-200	0	450	450	450	450	450	450	450	450
累计净现金流量	-1 500	-1 800	-2 000	-2 000	-1 550	-1 100	-650	-200	250	700	1 150	1 600

(1) 利用式（4-38）计算，得静态投资回收期为

$$P_t = 8 - 1 + \frac{|-200|}{450} = 7.44（年）< P_c$$

(2) 利用式（4-32）计算，得投资收益率为

$$R = \frac{年净收益额或年平均净收益额}{投资总额} \times 100\%$$

$$= \frac{450}{2000} \times 100\% = 22.5\% > R_c = 12\%$$

(3) 利用式（4-35）计算，得资本金利润率为

$$资本金利润率 = \frac{正常生产年份的年利润总额或年平均利润总额}{资本金总额} \times 100\%$$

$$= \frac{450}{1000} \times 100\% = 45\% > 20\%$$

上述指标均能满足基准收益要求，所以可以初步判断该项目在经济上是可行的。

4.2.2 单方案动态经济效果评价

■ 任务引入

在建设项目详细可行性研究阶段进行决策时，以及在对多方案进行比较选优时，一般采用动态评价方法。

【例 4.15】某项目共投资 2 000 万元，其中自有资金 1 000 万元在第一年年初全部投入。银行贷款 1 000 万元的具体情况为，第一年年初借入 500 万元并投入，第二年年初借入 300 万元并投入，第三年年初借入 200 万元并投入，建设期为三年，第四年开始投产，投产后每年净收益为 600 万元，运营期为八年。若基准投资回收期为十年，基准投资收益率为 12%，试计算该方案的动态投资回收期、净现值、净年值、净现值率、内部收益率，并评价该方案在经济上是否可行。

■ 任务分析

从例 4.15 可以看出，需要利用动态经济效果评价的基本知识解决一系列实际问题，下面介绍解决此案例的问题涉及的知识点。

■ 相关知识

1. 净现值

净现值（NPV）是反映投资方案在计算期内获利能力的动态评价指标。投资方案的净现值是指用一个预定的基准收益率（或设定的折现率）i_c，分别把整个计算期内各年所发生的净现金流量都折现到投资方案开始实施时的现值之和。

净现值的计算

1）计算公式

净现值的计算公式为

$$NPV = \sum_{t=0}^{n}(CI-CO)_t(1+i_c)^{-t} \tag{4-46}$$

式中：NPV——净现值；

$(CI-CO)_t$——第 t 年的净现金流量（应注意"＋""－"号）；

i_c——基准收益率；

n——方案计算期。

2）评价准则

净现值（NPV）是评价项目盈利能力的绝对指标。

（1）当方案的 NPV≥0 时，说明该方案能满足基准收益率要求的盈利水平，故在经济上是可行的。

（2）当方案的 NPV＜0 时，说明该方案不能满足基准收益率要求的盈利水平，故在经济上是不可行的。

（3）净现值指标的优点与不足。

净现值指标考虑了资金时间价值，并全面考虑了项目在整个计算期内的经济状况，经济意义明确直观，能够直接以货币额表示项目的盈利水平，判断直观。但不足之处是必须首先确定一个符合经济现实的基准收益率，但基准收益率的确定往往是比较困难的，而且在对互斥型方案进行评价时，净现值必须慎重考虑互斥型方案的寿命，如果互斥型方案寿命不等，必须构造一个相同的分析期限，才能进行各个方案之间的比选。另外，净现值不能反映项目投资中单位投资的使用效率，不能直接说明在项目运营期间各年的经营成果。

【例 4.16】某建设项目计算期为五年，各年净现金流量如表 4-9 所示，该项目的行业基准收益率 $i_c=10\%$，求该项目财务净现值为多少万元？并判断该项目在经济上是否可行。

表 4-9　各年净现金流量　　　　　　　　　　　　　　　　单位：万元

年份数	1	2	3	4	5
净现金流量	－200	50	100	100	100

【解】$NPV = \sum_{t=0}^{n}(CI-CO)_t(1+i_c)^{-t}$

$= -\dfrac{200}{(1+10\%)} + \dfrac{50}{(1+10\%)^2} + \dfrac{100}{(1+10\%)^3} + \dfrac{100}{(1+10\%)^4} + \dfrac{100}{(1+10\%)^5}$

$= 65.02$（万元）

因为该项目的 NPV＝65.02 万元＞0，所以该项目在经济上是可行的。

3）净现值与基准收益率的关系

净现值是基准收益率的函数，其表达式为

$$NPV(i_c) = \sum_{t=0}^{n}(CI-CO)_t(1+i_c)^{-t} \tag{4-47}$$

随着基准收益率的逐渐增大，净现值将由大变小，由正变负，NPV 与 i 之间的关系一般如图 4.18 所示。

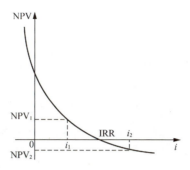

图 4.18　NPV 与 i 之间的关系

2. 净年值

净年值（NAV）又称等额年值、等额年金，是以一定的基准收益率将项目计算期内净现金流量等值换算而成的等额年值。

1）计算公式

净年值的计算公式为

$$NAV = \left[\sum_{t=0}^{n}(CI-CO)_t(1+i_c)^{-t}\right](A/P, i_c, n) \quad (4-48)$$

或

$$NAV = NPV(A/P, i_c, n) \quad (4-49)$$

其中，$(A/P, i_c, n)$ 为资本回收系数。

2）评价准则

NAV≥0 时，则项目在经济上可以接受；NAV<0 时，则项目在经济上应予拒绝。

3. 内部收益率

由图 4.18 可知，内部收益率（IRR）的实质就是使投资方案在计算期内各年净现金流量的现值累计等于零时的折现率。其经济含义是投资方案占用的尚未回收资金的获利能力，它取决于项目内部。它能反映项目自身的盈利能力，其值越高，方案的经济性越好。因此，在工程项目经济分析中，内部收益率是考察项目盈利能力的主要动态评价指标。

由于内部收益率不是初始投资在整个计算期内的盈利率，因而它不仅受项目初始投资规模的影响，而且还受项目计算期内各年净收益大小的影响。

1）计算公式

对于常规投资项目，内部收益率就是净现值为零时的收益率，其计算公式为

$$NPV(IRR) = \sum_{t=0}^{n}(CI-CO)_t(1+IRR)^{-t} = 0 \quad (4-50)$$

由于 IRR 值可达到的项目净现值等于零，因此项目的净年值也必为零。故有

$$NPV(IRR) = NAV(IRR) = 0 \quad (4-51)$$

通常采用"线性插值法"求 IRR 的近似解。设 IRR 在 i_n 与 i_{n+1} 之间，用 i' 近似代替 IRR，当 i_{n+1} 与 i_n 的距离控制在一定范围内，可以达到要求的精度。

2）具体计算步骤

（1）设初始折现率值为 i_1，一般可以先取行业基准收益率 i_c 作为 i_1，并计算对应的 NPV_{i_1}。

（2）$NPV_{i_1} \neq 0$，则根据 NPV_{i_1} 是否大于零，再设 i_2。若 $NPV_{i_1} > 0$，则设 $i_2 > i_1$；若 $NPV_{i_1} < 0$，则设 $i_2 < i_1$。i_2 与 i_1 的差距取决于 NPV_{i_1} 绝对值的大小，较大的绝对值可以取较大的差距，反之，取较小的差距。计算对应的 NPV_{i_2}。

（3）重复步骤（2），直到出现 $NPV_{i_n} > 0$ 且接近 0，即可看成式（4-52）中的 NPV_1 及对应的 i_1；$NPV_{i_{n+1}} < 0$ 且接近 0，即可看成式（4-52）中的 NPV_2 及对应的 i_2，用线性插值法求 IRR 近似值，即

$$IRR \approx i' = i_1 + \frac{NPV_1}{NPV_1 + |NPV_2|}(i_2 - i_1) \quad (4\text{-}52)$$

（4）计算的误差取决于 $i_2 - i_1$ 的大小，为此，一般控制 $|\Delta i| < 0 \sim 5.5\%$。

3）评价准则

若 $IRR \geq i_c$，则该项目在经济上可以接受；若 $IRR < i_c$，则该项目在经济上应予否定。

一般情况下，当 $IRR \geq i_c$ 时，会有 $NPV \geq 0$；反之，当 $IRR < i_c$ 时，则 $NPV < 0$。因此，对于单方案的评价，内部收益率准则与净现值准则的评价结论是一致的。

【例 4.17】某建设项目，当 $i_c = 10\%$ 时，NPV＝200 万元，当 $i_c = 12\%$ 时，NPV＝－100 万元。试用线性插值法求其内部收益率，并判断该建设项目在经济上是否可行。

【解】根据式（4-52）得

$$IRR = i_1 + \frac{NPV_1}{NPV_1 + |NPV_2|}(i_2 - i_1)$$
$$= 10\% + (12\% - 10\%) \times \frac{200}{200 + |-100|}$$
$$= 11.33\% > i_c$$

因此，该建设项目在经济上可以接受。

4）内部收益率指标的优点与不足

内部收益率指标考虑了资金时间价值，以及项目在整个计算期内的经济状况，能够直接衡量项目未回收投资的收益率，不需要事先确定一个基准收益率，而只需要知道基准收益率的大致范围即可。但不足的是内部收益率计算需要大量与投资项目有关的数据，计算比较麻烦，对于具有非常规现金流量的项目来讲，其内部收益率往往不是唯一的，在某些情况下甚至不存在。

4．净现值率

净现值率（NPVR）是在净现值的基础上发展起来的，可作为净现值的一种补充。净现值率是项目净现值与项目全部投资现值之比，其经济含义是单位投资现值所能带来的净现值，是一个考察项目单位投资盈利能力的指标。由于净现值不直接考虑项目投资额的大小，故为考虑投资的利用效率，可采用净现值的相对指标（单位投资的净现值），即净现值率来进行评价。

净现值率（NPVR）计算公式为

$$\text{NPVR} = \frac{\text{NPV}}{K_p} \times 100\% \tag{4-53}$$

$$K_p = \sum_{t=0}^{n} K_t (P/F, i_c, t) \tag{4-54}$$

式中：K_p——投资现值；

K_t——第 t 年投资额；

n——建设期年数。

若 NPV≥0，则 NPVR≥0（因为 K_p＞0）；若 NPV＜0，则 NPVR＜0。故对于单方案评价而言，净现值率与净现值是等效评价指标；对于资金有限的多方案评价时，一般选择 NPVR 最大的方案为最佳。

5. 动态投资回收期

动态投资回收期是把投资项目各年的净现金流量按基准收益率折成现值之后，再推算投资回收期，这就是它与静态投资回收期的根本区别。动态投资回收期就是累计折现净现金流量等于零时的年份。

1）计算公式

动态投资回收期的计算公式为

$$P_t' = \sum_{t=0}^{P_t'} (\text{CI} - \text{CO})_t (1+i_c)^{-t} = 0 \tag{4-55}$$

式中：P_t'——动态投资回收期；

i_c——基准收益率。

在实际应用中，可根据项目现金流量用下列公式近似计算，即

$$P_t' = （累计折现净现金流量开始出现正值的年份数 - 1） +$$

$$\frac{上一年累计折现净现金流量的绝对值}{当年的净现金流量的现值} \tag{4-56}$$

2）评价准则

将计算的动态投资回收期（P_t'）与所确定的基准动态投资回收期（P_c'）进行比较。

（1）若 $P_t' \leqslant P_c'$，表明项目投资能在规定的时间内收回，则项目（或方案）在经济上可以考虑接受。

（2）若 $P_t' > P_c'$，则项目（或方案）在经济上是不可行的。

3）动态投资回收期指标的优点与不足

动态投资回收期指标容易理解，计算也比较简便，项目投资回收期在一定程度上显示了资本的周转速度。显然，资本周转速度愈快，回收期愈短，风险愈小，盈利愈多。这对于技术上更新迅速的项目、资金相当短缺的项目、未来情况很难预测而投资者又特别关心资金补偿的项目的分析是特别有用的。但不足的是动态投资回收期没有全面考虑投资方案整个计算期内的现金流量，即只考虑投资回收之前的效果，不能反映投资回收之后的情况，

无法准确衡量方案在整个计算期内的经济效果。因此，动态投资回收期作为方案选择和项目排队的评价准则是不可靠的，它只能作为辅助评价指标，或与其他评价方法结合应用。

任务实施

利用动态经济效果评价方法来解决例 4.15 中的问题。

【解】例 4.15 建设项目现金流量情况如表 4-10 所示。

表 4-10　例 4.15 建设项目现金流量情况　　　　　　　　　　　　　单位：万元

年份数	0	1	2	3	4	5	6	7	8	9	10	11
净现金流量	−1 500	−300	−200	0	600	600	600	600	600	600	600	600
基准收益率 (i_c=12%)	1.000	0.893	0.797	0.712	0.636	0.567	0.507	0.452	0.404	0.361	0.322	0.288
折现净现金流量	−1 500	−267.9	−159.4	0	381.6	340.2	304.2	271.2	242.4	216.6	193.2	172.8
累计折现净现金流量	−1 500	−1 768	−1 927	−1 927	−1 545	−1 205	−900	−629	−387	−170	23	196

（1）动态投资回收期为

$$P'_t = （累计折现净现金流量开始出现正值的年份数 − 1） + \frac{上一年累计折现净现金流量的绝对值}{当年的净现金流量的现值}$$

$$= 10 − 1 + \frac{|-170|}{193.2} = 9.9（年）< 10 年$$

（2）净现值为

$$NPV = \sum_{t=0}^{n}(CI-CO)_t(1+i_c)^{-t}$$

$$= -1\,500 - \frac{300}{1+12\%} - \frac{200}{(1+12\%)^2} + 0 + \frac{600}{(1+12\%)^4} + \frac{600}{(1+12\%)^5} + \cdots + \frac{600}{(1+12\%)^{11}}$$

$$= 196（万元）> 0$$

（3）净年值为

$NAV = NPV(A/P, i_c, n) = 196 \times (A/P, 12\%, 11) = 196 \times 0.168\,4 = 33$（万元）

（4）净现值率为

$$NPVR = \frac{NPV}{K_P} \times 100\% = \frac{196}{1927} \times 100\% = 10.17\% > 0$$

（5）内部收益率的计算如下。

$i_c = 12\%$时，$NPV = 196$（万元）> 0，且接近 0，故可看成是"i_1"，若 $NPV > 0$ 不接近 0，则继续增加 i，反之则减小 i。

$i_c = 15\%$时，$NPV = -141.9$（万元）< 0，且接近 0，故可看成是"i_2"。

> **特别提示**
>
> 此处试算出的 NPV 越接近 0，即 i_2-i_1 的差量越小，内部收益率的精确度越高。

根据式（4-52）可求内部收益率为

$$IRR = 12\% + (15\% - 12\%) \times \frac{196}{196+141.9}$$
$$= 13.74\% > 12\%$$

从以上五个指标综合考虑，该项目均能达到且高于行业的基准要求，所以该项目在经济上是可行的。

4.2.3 单方案经济效果评价案例分析

▍任务引入

在考虑建设项目的经济效果时，通常需要计算静态经济指标和动态经济指标，再根据所选指标的判断标准综合衡量建设项目的经济效果。

【例 4.18】某企业拟投资建设一项生产性项目，各项基础数据如下。

（1）项目建设期为一年，第二年开始投入生产经营，运营期八年。

（2）建设期间一次性投入的建设投资为 850 万元，全部形成固定资产。固定资产使用年限为八年，到期预计净残值率为 4%，按照平均年限法计算折旧。

（3）流动资金投入为 200 万元，在运营期的前两年均匀投入，运营期末全额回收。

（4）运营期第一年生产负荷为 60%，第二年达产。

（5）运营期内正常生产年份各年的销售收入为 450 万元，经营成本为 200 万元。运营期第一年的销售收入和经营成本均按正常生产年份的 60% 计算。

（6）产品销售税金及附加合并税率为 6%，企业所得税税率为 25%。

（7）该行业基准收益率为 10%，基准投资回收期为七年。

（8）折现系数取三位小数，其余各项计算保留一位小数。

【问题】

（1）编制该项目全部投资现金流量表及延长表。

（2）计算该项目静态和动态投资回收期。

（3）计算该项目的净现值、内部收益率。

（4）分析该项目的盈利能力及可行性。

▍任务分析

从例 4.18 可以看出，需要利用现金流量及静态、动态经济效果评价方法的基本知识解决一系列实际问题，下面介绍此案例中问题的解决过程。

任务实施

【解】 根据已知条件列全部投资现金流量表及延长表，如表 4-11 所示。

表 4-11 全部投资现金流量表及延长表 单位：万元

序号	项目	建设期	达产期							
		1	2	3	4	5	6	7	8	9
	生产负荷		60	100	100	100	100	100	100	100
1	现金流入		270	450	450	450	450	450	450	684
1.1	销售收入		270	450	450	450	450	450	450	450
1.2	回收固定资产余值									34
1.3	回收流动资金									200
1.4	其他									
2	现金流出		236.2	327	227	227	227	227	227	227
2.1	建设投资	850								
2.2	流动资金		100	100						
2.3	经营成本		120	200	200	200	200	200	200	200
2.4	销售税金及附加		16.2	27	27	27	27	27	27	27
2.5	其他									
3	净现金流量	-850	33.8	123.0	223.0	223.0	223.0	223.0	223.0	457.0
4	累计净现金流量	-850	-816.2	-693.2	-470.2	-247.2	-24.2	198.8	421.8	878.8
5	折现系数	0.909	0.826	0.751	0.683	0.621	0.565	0.513	0.467	0.424
6	折现净现金流量	-772.7	27.9	92.4	152.3	138.5	126.0	114.4	104.1	193.8
7	累计折现净现金流量	-772.7	-744.8	-652.4	-500.1	-361.6	-235.6	-121.2	-17.1	176.7

教学提示

表 4-11 现金流出部分未列出所得税，所以用此表中净现金流量计算相应的经济指标均为所得税税前指标值，反之则是税后指标值。

（1）回收固定资产余值＝850×4%＝34（万元）

（2）每年的现金流入（1）＝每年的（1.1）＋（1.2）＋（1.3）＋（1.4）项对应的数值

每年的现金流出（2）＝每年的（2.1）＋（2.2）＋（2.3）＋（2.4）＋（2.5）项对应的数值

净现金流量＝每年的现金流入（1）－每年的现金流出（2）

(3) 静态投资回收期为 $P_t = 7 - 1 + \dfrac{|24.2|}{223.0} = 6.1$（年）< 7 年

(4) 动态投资回收期为 $P_t' = 8 - 1 + \dfrac{|-121.2|}{104.1} = 8.2$（年）> 7 年

由表 4-11 可以看出，动态投资回收期大于七年，即比基准投资回收期长。

(5) 净现值为

$$NPV = \sum_{t=0}^{n}(CI-CO)_t(1+i_c)^{-t}$$
$$= -850 + \frac{33.8}{1+10\%} + \frac{123}{(1+10\%)^2} + \frac{223}{(1+10\%)^3} + \frac{223}{(1+10\%)^4} + \cdots + \frac{457}{(1+10\%)^9}$$
$$= 176.7（万元）> 0$$

 教学提示

净现值（NPV）实质就是全部投资现金流量表中的累计折现净现金流量项的最后一期期末的数值，请读者思考为什么？

(6) 内部收益率的计算如下。

$i_c = 10\%$ 时，NPV = 176.7（万元）> 0，再计算 $i = 12\%$ 时，NPV = 92.5（万元），比较接近 0，先将其看成 "i_1"，现在需要试算 NPV < 0 且接近 0 的数值，所以需要增加 i。

因此取 $i_c = 15\%$，NPV = -11.3（万元）< 0 且接近 0，故将其看成 "i_2"。

代入公式计算得

$$IRR = 12\% + (15\% - 12\%) \times \frac{92.5}{92.5 + |-11.3|} = 14.67\% > 10\%$$

从以上静态和动态经济效果评价方法综合考虑，该项目基本能达到行业的基准要求，所以该项目在经济上可行，可以考虑投资。

一、选择题

1. 内部收益率一般采取线性插值法求近似解，近似解与精确解在数值上存在下列关系（　　）。

　　A. 近似解 > 精确解
　　B. 近似解 < 精确解
　　C. 近似解 = 精确解
　　D. 不能判断近似解与精确解的大小

2. 某建设项目，当 $i = 20\%$ 时，净现值为 78.7 万元；当 $i = 23\%$ 时，净现值为 -60.54 万元。则该建设项目的内部收益率为（　　）。

　　A. 14.35%　　　B. 21.70%　　　C. 35.65%　　　D. 32.42%

3．下列（　　）指标可以评价企业的偿债能力。
　　A．投资利润率　　　　　　　　B．资产负债率
　　C．内部收益率　　　　　　　　D．速动比率
4．某投资方案建设投资（含建设期利息）为8 000万元，流动资金为1 000万元，正常生产年份的利润总额为1 300万元，则该投资方案的总投资收益率为（　　）。
　　A．13.33%　　B．14.44%　　C．15.00%　　D．16.25%
5．静态经济效果评价方法的主要缺点是（　　）。
　　A．没有考虑资金时间价值　　　B．对方案未来发展变化未能充分反映
　　C．计算结果不唯一　　　　　　D．比较基准难以确定
　　E．仅适用于寿命周期短的项目
6．进行工程经济分析时，下列属于财务评价动态评价指标的是（　　）。
　　A．投资收益率　　　　　　　　B．偿债备付率
　　C．内部收益率　　　　　　　　D．借款偿还期
7．财务净现值的大小与所选定的基准收益率的关系是，基准收益率越小，（　　）。
　　A．财务净现值越小　　　　　　B．财务净现值不变
　　C．财务净现值越大　　　　　　D．不能判断
8．下列（　　）指标可以评价企业的静态盈利能力。
　　A．投资利润率　　　　　　　　B．静态投资回收期
　　C．净现值　　　　　　　　　　D．资产负债率
　　E．资本金利润率

二、判断题

1．净现值与所采用的基准收益率成正向变动关系。　　　　　　　　（　　）
2．某项目基准收益率的确定与该项目的贷款利率无关。　　　　　　（　　）
3．建设项目的内部收益率大于或等于零，说明该项目在经济上是可行的。　　　　　　　　　　　　　　　　　　　　　　　　　　　（　　）
4．建设项目的投资回收期小于或等于行业基准投资回收期，则说明该项目在经济上是可行的。　　　　　　　　　　　　　　　　　　（　　）
5．建设项目的流动比率≥200%，则说明该项目具备足够的偿还流动负债的能力。　　　　　　　　　　　　　　　　　　　　　　　　（　　）
6．若某建设项目的NPV=0，则说明该项目的利润为0。　　　　　（　　）
7．一般不单独用某一个静态评价指标对方案进行评价。　　　　　（　　）
8．动态投资回收期越短，净现值越大。　　　　　　　　　　　　（　　）
9．速动比率与流动比率通常反映项目偿还短期负债的能力。　　　（　　）
10．借款偿还期适合等额本金法的项目。　　　　　　　　　　　　（　　）

三、案例分析题

1．某项目的净现金流量情况如表4-12所示，试判断该项目有无内部收益率，内部收益率为多少？若基准收益率 $i_c=8\%$，试判断该项目在经济上是否可行。

表 4-12 某项目的净现金流量情况　　　　　　　　　　　　　　单位：万元

年份数	0	1	2	3	4	5
净现金流量	1 000	600	500	−2 000	1 500	1 000

2. 某拟建项目方案为，第一年年初投资 1 000 万元，第二年年初投资 1 500 万元，从第三年起连续七年，每年净获利 1 450 万元。若期末残值扣除资产清理费用后为 50 万元，基准收益率为 12%，试计算静态投资回收期、净现值、净现值率、净年值、内部收益率、动态投资回收期，并判断该项目在经济上是否可行。

4.3　多方案经济效果评价

引言

4.2 节内容中已列出单方案（或项目）经济评价指标。但是，要想正确评价多方案的经济性，仅凭对评价指标的计算及判别是不够的，还必须了解多方案所属的类型，然后按照方案的类型确定合适的评价方法和指标，最终为做出正确的投资决策提供科学依据。

4.3.1　多方案类型分析

■ 任务引入

在面临对多个方案进行比较选优时，首先要弄清楚多方案所属的类型，从而有针对性地选择相应的评价方法。

■ 任务分析

【例 4.19】某制造厂考虑下面三个投资方案。在五年计划期中，这三个投资方案的现金流量情况如表 4-13 所示（该厂的最低希望收益率为 10%）。

表 4-13 三个投资方案的现金流量情况　　　　　　　　　　　　　　单位：元

方案	A	B	C
最初成本	65 000	58 000	93 000
年净收入	18 000	15 000	23 000
残值	12 000	10 000	15 000

（1）假设这三个方案不受任何因素的限制，应选哪个？
（2）假定资金限制在 160 000 元，试选出最好的方案。
（3）假设方案 A、B、C 是相互排斥的，试选出最合适的投资方案。

从例 4.19 可以看出，需要利用多方案类型界定的基本知识解决一系列实际问题，下面介绍此案例涉及的知识点。

相关知识

1. 投资方案类型的含义

所谓方案类型，是指一组备选方案之间所具有的相互关系。这种关系一般分为独立型方案（又称单一方案）和多方案两类。而多方案又分为互斥型方案、互补型方案、现金流量相关型方案、组合-互斥型方案和混合相关型方案五种类型，如图 4.19 所示。

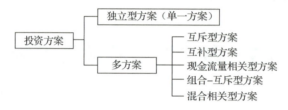

图 4.19　投资方案的分类

2. 各种方案的含义及分类的依据

1）独立型方案

独立型方案指方案间互不干扰、在经济上互不相关的方案，即这些方案是彼此独立无关的，选择或放弃其中一个方案，并不影响其他方案的选择。

2）互斥型方案

在若干备选方案中，各个方案彼此可以相互代替，因此方案具有排他性。选择其中任何一个方案，则其他方案必然被排斥，这种择其一就不能择其二的若干方案，就称为互斥型方案或排他型方案。在工程建设中，互斥型方案还可按以下因素进行分类。

按寿命周期长短不同，投资方案可分为以下三种。

（1）寿命周期相同的方案，即参与对比或评价的方案寿命周期均相同。

（2）寿命周期不同的方案，即参与对比或评价的方案寿命周期均不相同。

（3）寿命周期无限长的方案，在工程建设中永久性工程即可视为无限长寿命的工程，如大型水坝、运河工程、桥梁工程等。

按规模不同，投资方案可分为以下两种。

（1）相同规模的方案，即参与对比或评价的方案具有相同的产出量或容量，在满足相同功能要求的数量方面具有一致性和可比性。

（2）不同规模的方案，即参与对比或评价的方案具有不同的产出量或容量，在满足相同功能要求的数量方面不具有一致性和可比性。

项目互斥型方案比较是工程经济评价工作的重要组成部分，也是寻求合理决策的必要手段。

3）互补型方案

在多方案中，出现技术经济互补的方案称为互补型方案。根据互补型方案之间相互依存的关系，其可能是对称的，如建设一个大型电站时，必须同时建设铁路、电厂，它们在建成时间、建设规模上都要彼此适应，缺少其中任何一个项目，其他项目就不能正常运行。

此外，还存在着大量不对称的经济互补，如建造一座建筑物 A 和增加一个空调系统 B，建筑物 A 本身是有用的，增加空调系统 B 后使建筑物 A 更有用，但不能说采用方案 B 也包括方案 A。

4）现金流量相关型方案

即使方案间不完全互斥，也不完全互补，如果若干方案中任一方案的取舍会导致其他方案现金流量的变化，这些方案之间也具有相关性。例如，某跨江项目考虑两个方案，一个是建桥方案 A，另一个是轮渡方案 B，两个方案都是收费的。此时，任一方案的实施或放弃都会影响另一方案的现金流量；又如，某房地产开发商在相邻的两块地上开发两个居住小区，显然这两个方案既非完全排斥，也非完全独立，它们之间就是相关关系。

5）组合-互斥型方案

在若干可采用的独立型方案中，如果有资源约束条件（如受资金、劳动力、材料、设备及其他资源拥有量限制），只能从中选择一部分方案实施时，可以将它们组合为互斥型方案。例如，现有独立型方案 A、B、C、D，它们所需的投资分别为 10 000 万元、6 000 万元、4 000 万元、3 000 万元。当资金总额限量为 10 000 万元时，除方案 A 具有完全的排他性外，其他方案由于所需金额不大，可以互相组合。这样，可以选择的组合方案共有 A、B、C、D、B+C、B+D、C+D 等七个。因此，当受某种资源约束时，独立型方案可以组成各种组合方案，这些组合方案之间是互斥或排他的。

6）混合相关型方案

在方案众多的情况下，方案间的相关关系可能包括上述类型中的多种，这些方案称为混合相关型方案。

在方案评价前，分清方案属于何种类型是非常重要的。因为方案类型不同，其评价方法、选择和判断的尺度就不同。如果方案类型划分不当，会带来错误的评价结果。在方案评价中，以独立型方案和互斥型方案最为常见。

■ 任务实施

利用多方案类型界定的知识来判断例 4.19 中方案的类型。

【解】

问题（1）中设定的条件可以判定 A、B、C 三个方案是独立型方案。

问题（2）中三个方案受到资金的限制，可以判定 A、B、C 三个方案是组合-互斥型（资金有限相关型）方案。

问题（3）中三个方案间相互排斥，可以判定 A、B、C 三个方案是互斥型方案。

4.3.2　独立型方案的比较与选择

■ 任务引入

在面临对多个独立型方案进行比较选优时，必须用独立型方案的比较与选择的方法。

■ 任务分析

例 4.19 中问题（1）的解决需要用到独立型方案的比较与选择的方法。

■ 相关知识

1. 独立型方案选择标准

独立型方案在经济上是否可接受，取决于方案自身的经济性，即方案的经济效果是否达到或超过预定的评价标准或水平。欲知这一点，只需通过计算方案的经济效果指标，并按照指标的判别准则加以检验就可做到。这种对方案自身经济性的检验叫作"绝对经济效果检验"。如果方案通过了绝对经济效果检验，就认为方案在经济上是可行的，是值得投资的；否则，应予拒绝。

2. 独立型方案选择方法

1）投资收益率法

（1）确定行业基准投资收益率（R_c）。

（2）计算投资方案的投资收益率（R）。

（3）进行判断，当 $R \geqslant R_c$ 时，方案在经济上是可行的。

2）投资回收期法

（1）确定行业或投资者的基准投资回收期（P_c）。

（2）计算投资方案的静态投资回收期（P_t）。

（3）进行判断，当 $P_t \leqslant P_c$ 时，方案在经济上是可行的。

3）净现值法

（1）依据现金流量表和确定的基准收益率 i_c 计算方案的净现值（NPV）。

（2）对方案进行评价，当 NPV $\geqslant 0$ 时，方案在经济上是可行的。

4）内部收益率法

计算出内部收益率后，将 IRR 与基准收益率 i_c 进行比较。当 IRR $\geqslant i_c$ 时，方案在经济上是可行的。

5）净现值率法

计算出净现值率后，当方案的 NPVR $\geqslant 0$ 时，方案在经济上是可行的。

6）净年值法

计算出净年值后，当方案的 NAV $\geqslant 0$ 时，方案在经济上是可行的。

想一想

党的二十大报告指出了，高质量发展是全面建设社会主义现代化国家的首要任务。发展是党执政兴国的第一要务。没有坚实的物质技术基础，就不可能全面建成社会主义现代化强国。从"效益优先观念（让有限的资源发挥最大的效益）、践行改革开放基本国策、可持续发展理念、习近平新时代中国特色社会主义经济思想及精益求精"的原则出发，选择哪些方法进行评价更合适？

根据项目的背景条件，从净现值法、内部收益率法、净现值率法、净年值法、投资回收期法中选择两种方法进行评价更合适。

【例 4.20】现有 A、B 两个独立型方案，各自的净现金流量情况如表 4-14 所示，若 i_c = 15%，试判断其是否能被接受？

表 4-14　A、B 独立型方案的净现金流量情况　　　　　　　　　　　单位：万元

寿命周期	0	1	2~10
A 方案	−200	−50	80
B 方案	−250	20	45

【解】由于 A、B 两个方案为独立型方案，故只需接受绝对效果评价，根据已知条件，可分别以净现值、净年值、内部收益率、净现值率这四项指标中的一项或几项予以考察。

首先，考察净现值指标。

$NPV_A = -200 - 50(P/F, 15\%, 1) + 80(P/F, 15\%, 1)(P/A, 15\%, 9)$
$= 88.5（万元）$

$NPV_B = -250 + 20(P/F, 15\%, 1) + 45(P/F, 15\%, 1)(P/A, 15\%, 9)$
$= -45.9（万元）$

由于 $NPV_A > 0$、$NPV_B < 0$，说明 B 方案本身不可行，故选择 A 方案。

其次，考察净年值指标。

$NAV_A = NPV_A(A/P, 15\%, 10) = 17.6（万元）$

$NAV_B = NPV_B(A/P, 15\%, 10) = -9.2（万元）$

由于 $NAV_A > 0$、$NAV_B < 0$，说明 B 方案本身不可行，故选择 A 方案。

再次，考察内部收益率指标。

依据式（4-50），可得方程如下。

$-200 - 50(P/F, IRR_A, 1) + 80(P/F, IRR_A, 1)(P/A, IRR_A, 9) = 0$

$-250 + 20(P/F, IRR_B, 1) + 45(P/F, IRR_B, 1)(P/A, IRR_B, 9) = 0$

解以上方程，可计算得：$IRR_A = 22.98\%$，$IRR_B = 10.38\%$。

由于 $i_c = 15\%$，而 $IRR_A > i_c$、$IRR_B < i_c$，故 A 方案可行，B 方案不可行。

最后，考察净现值率指标。

$$NPVR_A = \frac{88.5}{200 + 50 \times (P/F, 15\%, 1)} \times 100\% = 36.34\% > 0$$

$$NPVR_B = \frac{-45.9}{250} \times 100\% = -18.36\% < 0$$

故 A 方案可行，B 方案不可行。

由例 4.20 可见，对于独立型方案的评价，无论应用哪种评价方法，其结论都是相同的。

任务实施

利用独立型方案的比较与选择的知识来解决例 4.19 中的问题（1）。

【解】

1）净现值法

$NPV_A = -65\,000 + 18\,000(P/A, 10\%, 5) + 12\,000(P/F, 10\%, 5)$
$= 10\,685（元）> 0$

$$NPV_B = -58\,000 + 15\,000(P/A,10\%,5) + 10\,000(P/F,10\%,5)$$
$$= 5\,071（元）> 0$$
$$NPV_C = -93\,000 + 23\,000(P/A,10\%,5) + 15\,000(P/F,10\%,5)$$
$$= 3\,502（元）> 0$$

利用净现值指标判断三个方案在经济上均可行,所以方案 A、B、C 均可。

2）净年值法

$$NAV_A = NPV_A(A/P,10\%,5) = 2\,819（元）> 0$$
$$NAV_B = NPV_B(A/P,10\%,5) = 1\,338（元）> 0$$
$$NAV_C = NPV_C(A/P,10\%,5) = 924（元）> 0$$

利用净年值指标判断三个方案在经济上均可行,所以方案 A、B、C 均可。

3）内部收益率法

$$NPV_A = -65\,000 + 18\,000(P/A, IRR_A, 5) + 12\,000(P/F, IRR_A, 5) = 0$$
$$NPV_B = -58\,000 + 15\,000(P/A, IRR_B, 5) + 10\,000(P/F, IRR_B, 5) = 0$$
$$NPV_C = -93\,000 + 23\,000(P/A, IRR_C, 5) + 15\,000(P/F, IRR_C, 5) = 0$$

根据内部收益率的计算方法可求得:$IRR_A = 15.85\%$, $IRR_B = 13.24\%$, $IRR_C = 11.38\%$。

利用内部收益率指标判断三个方案在经济上均可行,所以方案 A、B、C 均可。

> **特别提示**
>
> 本案例还可用净现值率法,如果投资回收期已知,还可以利用投资回收期法进行比较与选择。

4.3.3 互斥型方案的比较与选择

■ 任务引入

在面临对多个互斥型方案进行比较选优时,必须用互斥型方案的比较与选择的方法。

■ 任务分析

例 4.19 中问题（3）的解决需要用到互斥型方案的比较与选择的方法。

■ 相关知识

1. 互斥型方案的选择标准

所谓互斥型方案,是指方案间存在着互不相容、互相排斥的关系,接受了其中的一个方案便不能再接受其他的方案。在对互斥型方案进行考察时,最终只能选择一个在经济上的最优方案,即按照以下步骤及标准选择。

首先进行绝对效果评价,即检验各个方案自身的经济性能否通过评价标准。

其次进行相对效果评价,即从候选方案中通过经济性的比较,选出最优者为可接受方案。这两个步骤缺一不可，只有当在互斥型方案中必须选择其一时才可只进行相对效果评价。

2. 互斥型方案的类型及对应的选择方法

互斥型方案可分为寿命周期相同、寿命周期不同、寿命周期无限长三种类型。

1）寿命周期相同的互斥型方案

对于寿命周期相同的互斥型方案，由于其计算周期相同，故进行经济效果评价时，在时间上已具备可比性。常用的评价方法有增量投资回收期法、净现值法、增量投资内部收益率法、净年值法等。

（1）增量投资回收期法。运用增量投资回收期法进行寿命周期相同的互斥型方案评价时的步骤及判别准则如下。

① 将考察方案按投资额从小到大的顺序排列。

② 进行绝对效果评价，计算各方案的动态投资回收期，淘汰动态投资回收期大于基准投资回收期的方案。

③ 进行相对效果评价，依次计算各对比方案间的增量投资回收期，凡增量投资回收期大于基准投资回收期者应舍弃投资较大的方案，反之则舍弃投资较小的方案，直到最后一个被保留的方案即为最优方案。

所谓增量投资回收期，又称差额投资回收期，以 $\Delta T_p'$ 表示，是指两对比方案间由于投资额不等，其差额可视为在较小投资额的基础上追加一笔增量投资，计算该增量投资的投资回收期，对其经济性的评价与正常投资一样。计算公式为

$$\sum_{t=0}^{\Delta T_p'} (\Delta CI - \Delta CO)_t (1+i)^{-t} = 0 \tag{4-57}$$

式中：ΔCO——增量现金流出；

ΔCI——增量现金流入。

【例 4.21】现有某项目的两个备选方案，A 方案的总投资额为 1 500 万元，预计每年净收益为 310 万元；B 方案的总投资额为 2 000 万元，预计每年净收益为 400 万元。基准收益率为 6%，基准投资回收期为 8 年。试确定最优方案。

【解】首先计算两个方案的动态投资回收期。

$$P_{t(A)}' = \frac{-\ln\left(1 - \frac{1\,500 \times 6\%}{310}\right)}{\ln(1+6\%)} = 5.9 \text{（年）}$$

$$P_{t(B)}' = \frac{-\ln\left(1 - \frac{2\,000 \times 6\%}{400}\right)}{\ln(1+6\%)} = 6.1 \text{（年）}$$

由于 $P_{t(A)}' < 8$、$P_{t(B)}' < 8$，故两个方案均可行。

其次计算两个方案的增量投资回收期，则

$$\Delta P_{t(B-A)}' = \frac{-\ln\left[1 - \frac{(2\,000 - 1\,500) \times 6\%}{400 - 310}\right]}{\ln(1+6\%)} = 7.0 \text{（年）}$$

由于 $\Delta P'_{t(B-A)} < 8$，故应选择投资额较大的 B 方案，即 B 方案为本项目的最优方案。

如果两个方案均通过了绝对效果评价，那么投资回收期较短的方案不一定就是最优方案，必须进一步作相对效果评价才能得出正确结论。

（2）净现值法。运用净现值法进行寿命周期相同的互斥型方案评价时的步骤及判别准则如下：

① 进行绝对效果评价，计算各方案的净现值，淘汰净现值小于零的方案。

② 进行相对效果评价，将各方案按净现值从大到小的顺序排列，净现值最大的方案为最优方案。

【例 4.22】某项目有 A、B、C 三个互斥型方案，A 方案的总投资为 1 000 万元，预计每年净收益为 280 万元；B 方案的总投资为 1 600 万元，预计每年净收益为 310 万元；C 方案的总投资为 2 000 万元，预计每年净收益为 500 万元。寿命周期均为 10 年，基准收益率为 15%。试确定最优方案。

【解】首先计算各方案的净现值，根据式（4-47）有

$$NPV_A = -1\,000 + 280\,(P/A,\ 15\%,\ 10) = 405.3\ （万元）$$
$$NPV_B = -1\,600 + 310\,(P/A,\ 15\%,\ 10) = -44.2\ （万元）$$
$$NPV_C = -2\,000 + 500\,(P/A,\ 15\%,\ 10) = 509.5\ （万元）$$

由于 $NPV_A > 0$、$NPV_B < 0$、$NPV_C > 0$，故 A、C 方案可行，而 B 方案不可行。

其次比较各方案净现值的大小，由于 $NPV_C > NPV_A$，故 C 方案为最优方案。

（3）增量投资内部收益率法。运用增量投资内部收益率法进行寿命周期相同的互斥型方案评价时的步骤及判别准则如下：

① 将考察方案按投资额从小到大的顺序排列。

② 进行绝对效果评价，计算各方案的内部收益率，淘汰内部收益率小于基准收益率的方案。

③ 进行相对效果评价，依次计算各对比方案间的增量投资内部收益率，凡增量投资内部收益率大于基准收益率者应舍弃投资较小的方案，反之则舍弃投资较大的方案，直到最后一个被保留的方案即为最优方案。

所谓增量投资内部收益率，又称差额投资内部收益率，以 ΔIRR 表示，是指以两个对比方案间投资额的差额作为一笔追加的增量投资，计算该增量投资的内部收益率，对其经济性的评价与正常投资一样。计算公式为

$$\sum_{t=0}^{n}(\Delta CI - \Delta CO)_t(1+\Delta IRR)^{-t} = 0 \qquad (4\text{-}58)$$

该计算公式也可以写为

$$\sum_{t=0}^{n}(\Delta CI_A - \Delta CO_A)_t(1+\Delta IRR)^{-t} - \sum_{t=0}^{n}(\Delta CI_B - \Delta CO_B)_t(1+\Delta IRR)^{-t} = 0 \qquad (4\text{-}59)$$

【例 4.23】仍以例 4.22 中的项目为考察对象，试用增量投资内部收益率法确定最优方案。

【解】首先计算各方案的内部收益率，根据式（4-50）有

$$-1\,000 + 280\,(P/A,\ IRR_A,\ 10) = 0,\ 得\ IRR_A = 25.0\%$$
$$-1\,600 + 310\,(P/A,\ IRR_B,\ 10) = 0,\ 得\ IRR_B = 14.4\%$$
$$-2\,000 + 500\,(P/A,\ IRR_C,\ 10) = 0,\ 得\ IRR_C = 21.5\%$$

由于 $i_c=15\%$，$IRR_A>i_c$、$IRR_B<i_c$、$IRR_C>i_c$，故应淘汰 B 方案。

其次计算 A、C 两个方案的增量投资内部收益率，则

$$-2\,000-(-1\,000)+500-280(P/A, \Delta IRR_{C-A}, 10)=0$$

可得 $\Delta IRR_{C-A}=17.71\%$。

由于 $\Delta IRR_{C-A}>i_c$，故应选择投资额较大的 C 方案。

从例 4.23 中可见，如果备选方案均通过了绝对效果评价，那么内部收益率大的方案不一定是最佳，还须进一步作相对效果评价才能得出正确结论。

（4）净年值法。应用净年值指标进行寿命周期相同的互斥型方案评价时与净现值法是等效的，即判别准则是净年值大于或等于零且净年值最大的方案为最优方案。

 教学提示

单方案、多方案评价内容中在判定方案是否可行或为最佳（组合）时，仅从微观投资主体的经济效益角度出发，但我国基本建设投资项目以政府投资为主，更多地考虑生态环境的保护（可持续发展）、民生、社会效益和间接的经济效益。

 **想一想**

以上方法均在资金不受限制且无更好的投资方案的情况下适用，若资金受限制（资金有限），从"效益优先观念（让有限的资源发挥最大的效益）、践行改革开放基本国策、可持续发展理念、习近平新时代中国特色社会主义经济思想及精益求精"的原则出发，选择的标准、结果会有变化吗？

答案是肯定的，从以上出发点来看，经济效果越好的投资方案越优。若资金有限，应选择能体现单位投资经济效果的净现值率指标进行方案选择，以发挥有限资金的最佳使用效益。若选择增量指标，也应保证增量指标在可行的基础上最佳，比如，$\Delta IRR_{B-A}=20\%$，而 $\Delta IRR_{C-A}=17.71\%$，虽然这两个增量指标在经济上均可行，但是很显然，C 方案的增量投资效益不如 B 方案，此时应该选择 B 方案。

综上所述，评价互斥型方案时，应在充分掌握各种方法的基础上，结合我国经济发展的指导思想、基本国策，科学、合理地做出评价、选择。

2）寿命周期不同的互斥型方案

对于寿命周期不同的互斥型方案，同样也应首先进行绝对效果评价，通过后再进行方案间比较的相对效果评价。常用的评价方法有净年值法、净现值法和增量投资内部收益率法等。

（1）净年值法。在对寿命周期不同的互斥型方案进行评价时，净年值法是最简便的方法。当备选方案数目众多时，尤其如此。

应用净年值法的判别准则是，净年值大于或等于零且净年值最大的方案为最优方案。

互斥型方案的比选

【例 4.24】现有三个互斥型方案 A、B、C，寿命周期分别为 5 年、7 年、8 年。互斥型方案 A、B、C 净现金流量情况如表 4-15 所示，基准收益率 $i_c=12\%$，试确定最优方案。

表 4-15　互斥型方案 A、B、C 净现金流量情况（一）　　　单位：万元

寿命周期	0	1	2	3	4	5	6	7	8
A	−150	45	45	45	45	45			
B	−200	50	50	50	50	50	50	50	
C	−300	55	55	55	55	55	55	55	55

【解】计算各个方案的净年值。

$$NAV_A = -150(A/P, 12\%, 5) + 45 = 3.4（万元）$$
$$NAV_B = -200(A/P, 12\%, 7) + 50 = 6.2（万元）$$
$$NAV_C = -300(A/P, 12\%, 8) + 55 = -5.4（万元）$$

由于 $NAV_A > 0$、$NAV_B > 0$、$NAV_C < 0$，故 C 方案应被淘汰；而 $NAV_B > NAV_A$，故 B 方案为最优方案。

（2）净现值法。运用净现值法进行寿命周期不同的互斥型方案评价时，必须注意由于各方案在各自寿命周期内的净现值在时间上不具有可比性，因此需要设定一个共同的分析期。分析期的设定可根据方案的技术经济特征来决定，常用方法有以下几种。

① 最小公倍数法。取各备选方案寿命周期的最小公倍数作为共同的分析期，其前提是假定备选方案在寿命周期结束后按原方案重复实施若干次。此方法适用于各个方案的寿命周期都不长的情况。

② 研究（分析）期法。根据对未来市场状况和技术发展前景的预测直接选取一个合适的分析期，假定寿命周期短于此方案的重复实施，并对各方案在分析期期末的资产余值进行估价，到分析期结束时回收资产余值。

设备选方案 j（$j = 1, 2, \cdots, m$）的寿命周期为 n_j，共同分析期为 N，则 j 方案的净现值计算公式为

$$NPV_j = \sum_{t=0}^{n_j}(CI-CO)_t(P/F, i_c, n)(A/P, i_c, n)(P/A, i_c, N) \qquad (4-60)$$

> **特别提示**
>
> 在备选方案寿命周期比较接近的情况下，其中共同分析期 N 取值的大小不会影响方案比选结论，但通常 N 应不大于最长的方案寿命周期，不小于最短的方案寿命周期。
>
> 应用寿命周期最小公倍数法、研究（分析）期法的判别准则是，净现值大于或等于零且净现值最大的方案为最优方案。

【例 4.25】仍以例 4.24 中的项目为考察对象，试用净现值法中的研究期法确定最优方案。

【解】取最短的方案寿命周期 5 年（也可以取 6 年、7 年或 8 年）为共同分析期，再根据式（4-60）计算各个方案的净现值。

$$NPV_A = -150 + 45(P/A, 12\%, 5) = 12.2 \text{（万元）}$$
$$NPV_B = [-200 + 50(P/A, 12\%, 7)](A/P, 12\%, 7) \times (P/A, 12\%, 5) = 22.3 \text{（万元）}$$
$$NPV_C = [-300 + 55(P/A, 12\%, 8)](A/P, 12\%, 8) \times (P/A, 12\%, 5) = -19.5 \text{（万元）}$$

由于 $NPV_A > 0$、$NPV_B > 0$、$NPV_C < 0$，故 C 方案应被淘汰；而 $NPV_B > NPV_A$，故 B 方案为最优方案。

【例 4.26】现有某项目的三个互斥型方案 A、B、C，其净现金流量情况如表 4-16 所示，基准收益率 $i_c = 15\%$，试用净现值法确定最优方案。

表 4-16 互斥型方案 A、B、C 净现金流量情况（二）　　　　　　　单位：万元

方案	寿命周期	初始投资	每年收入	每年支出	资产残值
A	3	6 000	3 000	1 000	0
B	4	7 000	4 000	1 000	200
C	6	9 000	4 500	1 500	300

【解】三个方案的寿命周期分别为 3 年、4 年、6 年，则取其最小公倍数 12 为共同分析期。它意味着 A 方案重复 4 次，B 方案重复 3 次，C 方案重复 2 次。各方案的现金流量图如图 4.20 所示。

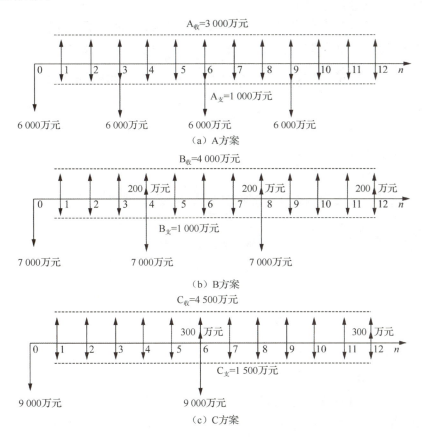

图 4.20　各方案的现金流量图

根据现金流量图可计算各方案的净现值为

$NPV_A = -6\,000 - 6\,000(P/F, 15\%, 3) - 6\,000(P/F, 15\%, 6) -$
$\qquad 6\,000(P/F, 15\%, 9) + (3\,000 - 1\,000)(P/A, 15\%, 12)$
$\qquad = -3\,402.6（万元）$

$NPV_B = -7\,000 - 7\,000(P/F, 15\%, 4) - 7\,000(P/F, 15\%, 8) + (4\,000 - 1\,000)$
$\qquad (P/A, 15\%, 12) + 200(P/F, 15\%, 4) + 200(P/F, 15\%, 8) +$
$\qquad 200(P/F, 15\%, 12)$
$\qquad = 3\,189.2（万元）$

$NPV_C = -9\,000 - 9\,000(P/F, 15\%, 6) + (4\,500 - 1\,500)(P/A, 15\%, 12) +$
$\qquad 300(P/F, 15\%, 6) + 300(P/F, 15\%, 12)$
$\qquad = 3\,558.1（万元）$

由于 $NPV_A < 0$、$NPV_B > 0$、$NPV_C > 0$，故淘汰 A 方案；而 $NPV_C > NPV_B$，故 C 方案为最优方案。

(3) 增量投资内部收益率法。运用增量投资内部收益率法进行寿命周期不同的互斥型方案评价时，需先对各方案进行绝对效果评价，然后对通过绝对效果评价的方案用计算增量投资内部收益率的方法进行比选。

求解寿命周期不同的互斥型方案间增量投资内部收益率的方程，可用令两个方案的净年值相等的方式建立，其中隐含了方案可重复实施的假定。计算公式为

$$\sum_{t=0}^{n_A}(CI_A - CO_A)(P/F, \Delta IRR, t)(A/P, \Delta IRR, n_A)$$
$$-\sum_{t=0}^{n_B}(CI_B - CO_B)(P/F, \Delta IRR, t)(A/P, \Delta IRR, n_B) = 0 \qquad (4\text{-}61)$$

式中：n_A——A 方案寿命周期；

$\qquad n_B$——B 方案寿命周期。

必须注意的是，运用增量投资内部收益率法进行寿命周期不同的互斥型方案比选，应满足下列条件之一。

① 初始投资额大的方案若年均净现金流大，则寿命周期亦长。

② 初始投资额大的方案若年均净现金流小，则寿命周期亦短。

年均净现金流的计算公式为

$$M_j = \sum_{t=0}^{n_j}(CI_j - CO_j)_t / n_j \qquad (4\text{-}62)$$

式中：M_j——j 方案的年均净现金流；

$\qquad n_j$——j 方案的寿命周期。

增量投资内部收益率法的判别准则是，在 ΔIRR 存在的情况下：若 $\Delta IRR \geqslant i_c$，则年均净现金流大的方案为优；若 $0 < \Delta IRR < i_c$，则年均净现金流小的方案为优。

【例4.27】仍以例4.24中项目为例，i_c 为12%，试用增量投资内部收益率法确定最优方案。

【解】首先进行绝对效果评价，计算各方案的增量投资内部收益率。

$$-150+45(P/A, IRR_A, 5)=0，得 IRR_A=15.3\%$$
$$-200+50(P/A, IRR_B, 7)=0，得 IRR_B=16.4\%$$
$$-300+55(P/A, IRR_C, 8)=0，得 IRR_C=9.5\%$$

由于 $IRR_A > i_c$、$IRR_B > i_c$、$IRR_C < i_c$，故淘汰C方案。

然后计算A、B两个方案的年均净现金流。

$$M_A = -150/5 + 45 = 15（万元）$$
$$M_B = -200/7 + 50 = 21.4（万元）$$

可见，初始投资额大的B方案年均净现金流较大，且寿命周期亦较长，故可以运用增量投资内部收益率法。根据式（4-61）有

$$[-150+45(P/A, \Delta IRR, 5)](A/P, \Delta IRR, 5) - [-200+50(P/A, \Delta IRR, 7)](A/P, \Delta IRR, 7) = 0$$

得 $\Delta IRR = 19.2\%$

由于 $\Delta IRR > i_c$，故应选择年均净现金流大的B方案为最优方案。

3）寿命周期无限长的互斥型方案

如果评价方案的最小公倍数计算期很大（通常在40年以上），则可取无穷大计算期计算净现值的近似值，净现值最大者为最优方案。即

$$NPV = NAV(P/A, i_c, n) = NAV \frac{(1+i)^n - 1}{i(1+i)^n} = \frac{NAV}{i}\left[1 - \frac{1}{(1+i)^n}\right]$$

当 $n \to \infty$ 时，$\frac{1}{(1+i)^n} \to 0$，即评价方案的计算期无限大时，有

$$NPV = \frac{NAV}{i}$$

其中，i 为基准收益率或银行同期贷款利率。

例如，某座桥梁每年的维护费用为500万元，使用寿命在40年以上，银行同期贷款利率为8%，则我们可以利用上述公式计算出该桥梁的费用现值大约为 $\frac{500}{8\%} = 6\,250$（万元）。

■ **任务实施**

利用寿命周期相同的互斥型方案的比较与选择的方法解决例4.19中的问题（3）。

【解】

1）净现值法

由4.3.2中任务实施的解答部分可知：

$NPV_A = 10\,685$（元）>0

$NPV_B = 5\,071$（元）>0

$NPV_C = 3\,502$（元）>0

$NPV_A > NPV_B > NPV_C$

虽然利用净现值指标判断三个方案在经济上均可行，但是只能选择NPV最大的A方案。

2）净年值法

$NAV_A = NPV_A(A/P, 10\%, 5) = 2\,819$（元）$> 0$

$NAV_B = NPV_B(A/P, 10\%, 5) = 1\,338$（元）$> 0$

$NAV_C = NPV_C(A/P, 10\%, 5) = 924$（元）$> 0$

$NAV_A > NAV_B > NAV_C$

所以选择NAV最大的A方案。

3）增量投资内部收益率法

（1）将三个方案按投资规模排序，即B、A、C。

（2）比较B、A，求ΔIRR_{A-B}。

$NPV_{A-B} = -7\,000 + 3\,000(P/A, \Delta IRR_{A-B}, 5) + 2\,000(P/F, \Delta IRR_{A-B}, 5) = 0$

由线性插值法可求：$\Delta IRR_{A-B} = 35.85\% > 10\%$

说明增量投资部分在经济上是可行的，所以选择投资规模大的A方案。

（3）比较C、A，求ΔIRR_{C-A}。

$NPV_{C-A} = -28\,000 + 5\,000(P/A, \Delta IRR_{C-A}, 5) + 3\,000(P/F, \Delta IRR_{C-A}, 5) = 0$

由线性插值法可求：$\Delta IRR_{C-A} = 0.034\% < 10\%$

说明增量投资部分在经济上是不可行的，所以选择投资规模小的A方案。

所以最后选择投资经济效果最佳的A方案。

> **特别提示**
>
> 如果本案例的投资回收期是已知的，还可以利用投资回收期法进行判断与选择。

4.3.4 相关型方案的比较与选择

任务引入

在面临对多个相关型方案进行比较选优时，必须用相关型方案的比较与选择的方法。

任务分析

例4.19中问题（2）的解决需要用到相关型方案的比较与选择的方法。

相关知识

1. 相关型方案的评价标准

根据相关型方案的特点，即方案之间不是独立和互斥关系，选择经济效果最佳的方案组合。

教学提示

相关型方案的评价标准告诉我们,应该用联系的观点看待问题。

2. 相关型方案比较与选择的步骤

1)现金流量相关型方案:用组合互斥方法

(1)对方案进行组合,组合的各方案的总投资额不能超过投资限额。

(2)计算出各组合方案的经济指标值(通常选择净现值)。

(3)选择经济指标值最大的方案组合。

2)组合-互斥型方案:用净现值率排序法

(1)评价单个项目的绝对经济指标,淘汰不能满足绝对经济指标评价标准要求(在经济上不可行)的项目。

(2)计算被保留下来的各方案的净现值率,并将方案按照净现值率从大到小的顺序排列。

(3)按照"项目的有限资金产生的净现值最大"选择目标,选择净现值之和最大的方案组合。

(4)综合权衡最终保留的方案是否满足净现值率排在前面、净现值之和最大,以及各方案的总投资额不超过投资限额的要求。

任务实施

利用相关型方案的比较与选择的知识来解决例 4.19 中的问题(2)。

【解】

(1)计算各方案的净现值。

$NPV_A = -65\,000 + 18\,000\,(P/A,\,10\%,\,5) + 12\,000\,(P/F,\,10\%,\,5) = 10\,685$(元)

$NPV_B = -58\,000 + 15\,000\,(P/A,\,10\%,\,5) + 10\,000\,(P/F,\,10\%,\,5) = 5\,071$(元)

$NPV_C = -93\,000 + 23\,000\,(P/A,\,10\%,\,5) + 15\,000\,(P/F,\,10\%,\,5) = 3\,502$(元)

(2)计算各方案的净现值率。

$$NPVR_A = \frac{10\,685}{65\,000} \times 100\% = 16.44\%$$

$$NPVR_B = \frac{5\,071}{58\,000} \times 100\% = 8.74\%$$

$$NPVR_C = \frac{3\,502}{93\,000} \times 100\% = 3.77\%$$

(3)编制相关方案比选表(如表 4-17 所示)。

表 4-17 相关方案比选表

项目方案	A	B	C
初始投资	65 000	58 000	93 000
NPV	10 685	5 071	3 502
NPVR	16.44%	8.74%	3.77%
按照 NPVR 从高到低排序	1	2	3
累计投资	65 000	123 000	216 000
方案选择	√	√	×

（4）选出最优方案组合。

选择净现值率排序在前、净现值组合最大且被选方案总投资额不超过 160 000 元的 A、B 两个方案的组合。

思考与练习

一、选择题

1. 假设银行的年利率为 5%，今后要想可以无限期（40 年以上）的每年得到 500 元收益，而不动用本金，则资金成本为（　　）元。

    A．6 250　　　　B．5 000　　　　C．10 000　　　　D．8 887

2. 在下述指标中，可用作互斥型方案比较的指标是（　　）。

    A．内部收益率　　B．资本金利润率　　C．净现值　　　　D．净年值

3. 方案之间有排他性，选择了一个方案之后，就不能再选择其他方案，此类方案称为（　　）。

    A．互补型方案　　B．独立型方案　　C．互斥型方案　　D．替代方案

4. 三个投资方案 A、B、C，按投资额由小到大的顺序为 A、B、C，其增量投资回收期分别为 $\Delta P_{t(B-A)}$=3.4 年、$\Delta P_{t(C-B)}$=2 年、$\Delta P_{t(C-A)}$=2 年。若基准投资回收期为 5 年，则方案从优到劣的顺序为（　　）。

    A．A—B—C　　B．B—C—A　　C．C—B—A　　D．无法确定

5. 三个投资方案 A、B、C，按投资额由小到大的顺序为 A、B、C，其增量投资内部收益率分别为 ΔIRR_{B-A}=15%、ΔIRR_{C-B}=18%、ΔIRR_{C-A}=20%。若基准投资收益率为 12%，则方案从优到劣的顺序为（　　）。

    A．A—B—C　　　　　　　　　　B．B—C—A
    C．C—B—A　　　　　　　　　　D．无法确定

二、判断题

1. 独立型方案在评价时只需要考虑单方案本身是否满足经济指标的要求即可。

    （　　）

2. 能直接运用内部收益率对互斥型方案进行评价与选优。（　　）

3. 混合相关型方案可利用独立型、互斥型、相关型方案评价与选优的方法进行分析与评价。（　　）
4. 净年值法是多方案评价中应用范围最广的一种方法。（　　）
5. 内部收益率最高的方案净现值也一定是最大的。（　　）

三、案例分析题

1. 有三个投资方案，其净现金流量情况如表 4-18 所示。

表 4-18　三个投资方案净现金流量情况　　　　　　　　　　单位：万元

方案	年份数		
	0	1	2
A	－50		90
B	－50	40	40
C	－50	70	

计算：
（1）年利率分别为 5%、10% 和 15% 时的投资净现值。
（2）各项投资的内部收益率。
（3）使用增量投资内部收益率法对哪项投资有利？使用净现值法、年利率为 10% 时对哪项投资有利？

2. 某企业现有若干投资方案，有关数据如表 4-19 所示。

表 4-19　各方案初始投资及年净收益表　　　　　　　　　　单位：万元

方　案	初始投资	年净收益
A	2 000	500
B	3 000	900
C	4 000	1 100
D	5 000	1 380

以上各方案寿命周期均为 7 年，试问：
（1）当折现率为 10% 时，哪个方案最佳？
（2）若投资限制在 12 000 万元以内，试选出最佳的投资方案。

4.3 思考与练习在线答题

4.3 思考与练习讲解

4.4 建设项目财务评价

引言

财务评价是建设项目可行性研究的核心内容之一，与可行性研究的其他组成部分有密不可分的联系，即它几乎所有的基础数据都来自前期的各项调查和研究，如投资估算与项目建设规模有关，成本和收益与资源条件和价格有关等。对于投资决策而言，财务评价结果是做出决策的最重要依据之一。

4.4.1 财务评价概述

■ 任务引入

在对某个方案进行决策时，需要采用财务评价的方法和技巧进行分析，并以分析的结论作为决策的重要依据，才能科学地选出正确的投资方案，在财务评价之前需要熟悉财务评价的基础知识。

■ 任务分析

【例 4.28】试对以下案例进行财务评价，要求如下。

（1）根据案例给出的已知条件完成基础财务数据预测，并编制相关财务评价基本报表（项目投入总资金估算表、投资使用计划与资金筹措表、销售收入和税金及附加估算表、总成本费用估算表、固定资产折旧估算表、无形及递延资产摊销估算表、借款计划表、损益表、全部投资现金流量表、资本金现金流量表、资金来源与运用表）。

（2）计算各财务评价指标，并判断项目的财务可行性，即进行确定性分析。

（3）对投资项目进行不确定性分析（盈亏平衡分析与敏感性分析）。

（4）做出财务评价结论。

（5）有详细的推理或计算过程，所有计算结果（按四舍五入）保留整数，折现系数保留三位小数，百分数保留两位小数。

 教学提示

从以上财务评价的任务可以看出，财务评价涉及工作环节多、基础资料与数据调查收集难、计算量大等问题，在实际工作中，一个人不可能完成，需要财务、机械工程、土木工程、企业管理、市场分析等人员及专家组成一个团队，齐心协力、共同完成。

案例背景

1. 项目概况

某地区经济发展很快,但目前只有年产量 4 万吨的水泥生产能力,远不能满足市场需求。该地区内又有生产水泥的主要原材料石灰石的大型矿床可以开采,通过市场分析及生产条件和厂址选择论证,拟定了在该区建设年产量 5 万吨水泥的水泥厂项目方案。

2. 基础数据

1)评价参数及基础数据

评价参数及基础数据如表 4-20 所示。

表 4-20 评价参数及基础数据

评价参数					
行业基准收益率	8%	行业基准投资回收期	13 年	行业平均投资利润率	10%
基础数据					
项目建设期	2 年	生产期	10 年	长期借款利率	6.6%
短期借款利率	5.85%	基本预备费率	10%	建设期内年平均涨价率	6%
固定资产残值率	6.5%	折旧年限	10 年		
相关税费(增值税税率 17%,教育费附加税率 3%,城市维护建设税税率 7%,投资方向调节税税率 0%)					

2)项目实施计划

该项目建设期为两年,工程费用、其他费用的投入比例为第一年完成投资的 40%,第二年完成 60%。流动资金从投产第一年起按实际需要投入,生产期第一年生产负荷为 70%,第二年起开始正常生产。

3. 投资、成本、税费估算

1)总投资估算及资金来源

(1)建设投资估算。本项目工程费用 2 550 万元,其他费用 400 万元,其中土地费用 100 万元。其他费用中,土地费用计入固定资产,其余计入无形及递延资产(摊销年限分别为 10 年、5 年),其中递延资产 100 万元。

(2)流动资金估算。按详细估算法估算,估算总额为 300 万元,如表 4-21 所示。

表 4-21 流动资金估算表 单位:万元

序 号	项 目	投产期 3 年	达产期 4~12 年
1	应收账款	34	45
2	存货	157	243
3	现金	45	50
4	应付账款	26	38

(3)建设资金来源。本项目建设资金来源为自有资金和借款。自有资金为 1 000 万元,

其中用于流动资金 150 万元。自有资金在建设期中均衡投入,生产期中先考虑自有资金,不足部分借款解决。建设投资借款在生产期 10 年中按等额本金法偿还。

2)年销售收入和税金及附加估算

项目的设计生产能力为年产量 5 万吨,每吨单价估算为 500 元(含税)。

税金及附加有增值税、城市维护建设税、教育费附加。

3)总成本费用估算

(1)单位产品生产成本估算表如表 4-22 所示。

表 4-22 单位产品生产成本估算表   单位:元

序 号	项 目	单价(含税)
1	原材料	50
2	燃料动力	60
3	工资及福利	24

(2)修理费用每年计提 10 万元。

(3)其他费用每年 10 万元(制造费 10 万元)。

(4)财务费用仅考虑利息支出。

(5)工资及福利费用中 70%计入可变成本,其余计入固定成本。

4. 利润及利润分配

(1)所得税税率为 25%。

(2)税后利润分配顺序为,首先作为未分配利润偿还借款本金,然后按税后利润弥补完前年度亏损后的 10%计提法定盈余公积金,最后将剩余部分作为应付利润分配给投资者。

例 4.28 中问题的解决需要用到建设项目财务评价的基础知识,下面介绍解决此案例中的问题涉及的基础知识点。

相关知识

1. 财务评价的概念

财务评价是根据国家现行的财税制度和价格体系,通过分析、计算项目直接发生的财务收益和费用,编制财务报表,计算评价指标,考察项目的盈利能力、清偿能力及外汇平衡等财务状况,以此判别项目的财务可行性。

2. 财务评价的特点

评价目标:追求建设项目投资为企业带来的收益最大化。

评价角度:站在建设项目投资主体或项目系统自身角度进行的经济评价。

评价费用与效益的识别:财务评价中的费用是指由于建设项目的实施给投资主体带来的直接费用支出;财务评价中的效益是指由于建设项目的实施给投资主体带来的直接收益。

价格:财务评价中,费用与收益的计算均采用市场价格。

主要参数:财务评价中,利率、汇率、税收及折旧等均按国家现行的财税制度规定执行。

3．财务评价的作用

财务评价的作用是多方面的，其目的主要有以下几点。

1）反映竞争性项目的盈利能力

企业投资的竞争性项目由企业承担决策风险，因此项目的财务盈利能力、债务清偿能力等就成为决策的基本依据，也是金融机构向企业提供建设贷款必须关注的前提条件。

2）权衡基础性项目和公益性项目的经济优惠措施

这两类项目或者微利保本，或者没有盈利，单纯靠企业自身难以投资建设和维持运营，须由政府采取多方面的经济优惠措施，以鼓励和支持其建设行为，而优惠的力度及内容则要视项目具体的财务状况来定。

3）进行项目资金规划的重要依据

项目所需投资的规模、来源，用款计划与筹款方案等都是财务评价的重要内容，也是进行项目资金规划时必须考虑的重要依据。

4）合营合作项目谈判签约的重要依据

如果项目采取合营合作的方式进行建设和运营，则必须在合同中明确规定各方的责、权、利关系，尤其是在经济上的责任分担与利益分享，更要靠财务评价的结果来拟定和划分。

4．财务评价的内容

财务评价的内容包括以下三大部分。

1）财务预测

财务预测是在对投资项目总体了解和市场、环境、技术方案充分调查与掌握的基础上，收集和测算进行财务分析的各项基础数据。这些数据主要包括以下方面。

（1）投资估算，包括固定资产投资和流动资金投资。

（2）预计的产品产量与销售量。

（3）预计的产品价格，包括近期价格和未来价格变动幅度。

（4）预计的经营收入。

（5）预计的成本支出，包括经营成本与税金。

2）资金规划

资金规划即对可能的资金来源、去向与数量进行调查和估算。

3）财务效果分析

财务效果分析即根据财务预测和资金规划，编制各项财务报表，计算财务评价指标，得出项目的财务效果。此项内容有时要和资金规划交叉进行，即利用财务效果可进一步调整和优化资金规划。

5．财务评价的步骤

财务评价工作大致可分为以下几个步骤。

1）基础数据的准备

根据项目市场研究和技术研究的结果、现行价格体系及财税制度进行财务预测，获得项目投资、销售（营业）收入、生产成本、利润、税金及项目计算期等一系列财务基础数据，并将所得数据编制成辅助财务报表。

2）编制基本财务报表

由上述财务预测数据及辅助财务报表，分别编制反映项目财务盈利能力、清偿能力及外汇平衡情况的基本财务报表。

3）计算财务评价指标

根据基本财务报表计算各财务评价指标，并分别与对应的评价标准或基准值进行对比，对项目的各项财务状况做出评价。

4）进行不确定性分析

通过盈亏平衡分析、敏感性分析、概率分析等不确定性分析方法，分析项目可能面临的风险及项目在不确定情况下的抗风险能力，得出项目在不确定情况下的财务评价结论或建议。

由上述确定性分析和不确定性分析的结果，对项目的财务可行性做出最终判断。

4.4.2 确定性分析

■ 任务引入

在对方案进行财务评价时，确定性分析是财务评价不可缺少的内容、方法和技巧，其经济指标计算的结果是财务评价的核心组成部分，是决策的关键依据。

■ 任务分析

例 4.28 中问题的解决需要用到建设项目财务评价确定性分析的基础知识，下面介绍解决此案例中的问题涉及的基础知识点。

■ 相关知识

1. 财务评价基础数据的测算

1）生产规模与产品品种方案

生产规模与产品品种方案必须通过市场调查（国内和国外），对各种产品的供求情况进行分析，以及对未来发展趋势做出有根据的预测才能确定。

2）销售收入

计算销售收入时，假设生产出来的产品全部售出，销售量等于生产量。销售价格采用经市场预测的出厂价格，也可以根据需要采用送达用户的价格或离岸价。

3）总投资估算及资金筹措资料

总投资估算包括固定资产投资估算和流动资金估算，按资金来源的分项构成及总投资的分年度使用计划测算。资金筹措方案及贷款条件，包括贷款利率及偿还条件（偿还方式及偿还时间）。

4）产品成本费用

产品成本费用包括总成本和单位生产成本、固定资产折旧、维简费、借款利息等费用。维简费就是维持简单再生产的费用。与一般固定资产（如设备、厂房等）不同，矿山、油井、天然气和森林等自然资源是一种特殊资产，其资产的价值是随着已完成的挖掘与采伐量而减少的。我国自 20 世纪 60 年代以来，对于这类资产不提折旧，而是按照生产产品数量（采矿按每吨原矿产量，林区按每立方米原木产量）计提维简费。

5）职工人数、工资及福利费

职工人数可以根据工位和出勤时间及出勤效率来计算，首先对整个生产线的工位和生产能力进行盘查，然后根据年产量算出生产时间，得到每条生产线乃至每个工位的出勤时间，最后将工位及时间核算到人，从而计算职工人数。工资包括计时工资、计件工资、奖金、津贴和补贴、加班加点工资及特殊情况下支付的工资。现行财税制度规定，企业职工福利费的计提基数为职工工资总额的 14%。

6）项目实施进度

项目实施进度包括项目建设时间及投产、达到设计生产能力的时间。

7）财税、金融、税收及其他相关规定

按照现行税法规定，税金及附加主要包括以下内容。

① 增值税。增值税＝销项税－进项税。

② 城市维护建设税。城市维护建设税＝增值税×适应税率，城市维护建设税税率按所在地实行 7%、5%、1%的差别税率。

③ 教育费附加。教育费附加＝增值税×税率，教育费附加税率为 3%。

④ 企业所得税。企业所得税＝应纳税所得额×所得税税率，企业所得税税率一般为 25%。

现行的税后利润分配程序如下。

① 纳税年度所得不足弥补亏损，可用税后利润弥补。

② 提取盈余公积金和公益金，先按可供分配利润的 10%提取盈余公积金，随后按可供分配利润的 5%提取公益金，然后由董事会决定按可供分配利润的一定比例提取任意公积金。

③ 应付利润，是向投资者分配的利润，由董事会决定如何分配。

④ 未分配利润，是向投资者分配完利润后剩余的利润，可用来归还建设投资借款本金。

2. 编制财务评价报表

1）现金流量表

现金流量表是反映项目在计算期内各年的现金流入和现金流出的表格，用以计算各种动态和静态评价指标，进行项目盈利能力分析。从投资的角度出发，现金流量表分为全部投资现金流量表和自有资金现金流量表。

（1）全部投资现金流量表。全部投资现金流量表如表 4-23 所示，表 4-23 不分投资资金来源，以全部投资作为计算基础，用以计算全部投资所得税前及所得税后财务内部收益率、财务净现值及投资回收期等评价指标，考察项目全部投资的盈利能力，为各个方案（无论其资金来源及利息多少）进行比较建立共同基础。

表 4-23　全部投资现金流量表　　　　　　　　　　　　单位：万元

序号	项目	建设期			投产期		达到设计生产能力期				
		1	2	3	4	5	6	7	8	9	…
	生产负荷/（%）										
1	现金流入										
1.1	产品销售收入										
1.2	回收固定资产余值										
1.3	回收流动资金										
2	现金流出										
2.1	固定资产投资（含投资方向调节税）										
2.2	流动资金										
2.3	经营成本										
2.4	税金及附加										
2.5	所得税										
2.6	特种基金										
3	净现金流量										
4	累计净现金流量										
5	折现系数（$i=$　%）										
6	折现净现金流量（3×5）										
7	累计折现净现金流量										

计算指标：（1）净现值（NPV），主要计算所得税后净现值。

（2）财务内部收益率（IRR），主要计算所得税后财务内部收益率。

（3）投资回收期（从建设期算起），包括所得税后动态投资回收期和静态投资回收期。

（2）自有资金现金流量表。自有资金现金流量表如表 4-24 所示。从投资者的角度出发，以投资者的出资额作为计算基础，把贷款时得到的资金作为现金流入，把还本付息作为现金流出，用以计算自有资金财务内部收益率、财务净现值及投资回收期等评价指标，考察项目自有资金的盈利能力。

表 4-24　自有资金现金流量表　　　　　　　　　　　　　　　　　　　单位：万元

序号	项目	建设期			投产期		达到设计生产能力期				
		1	2	3	4	5	6	7	8	9	…
	生产负荷/（%）										
1	现金流入										
1.1	产品销售收入										
1.2	回收固定资产余值										
1.3	回收流动资金										
2	现金流出										
2.1	固定资产投资（自有资金）										
2.2	流动资金（自有资金）										
2.3	借款本金偿还										
2.4	借款利息支付										
2.5	经营成本										
2.6	税金及附加										
2.7	所得税										
2.8	特种基金										
3	净现金流量										
4	累计净现金流量										
5	折现系数（$i=$　%）										
6	折现净现金流量（3×5）										
7	累计折现净现金流量										

计算指标：（1）净现值（NPV），主要计算自有资金所得税后净现值。

（2）财务内部收益率（IRR），主要计算自有资金所得税后财务内部收益率。

（3）投资回收期（从建设期算起），包括自有资金所得税后动态投资回收期和静态投资回收期。

2）损益表

损益表如表 4-25 所示，该表反映项目在计算期内各年的利润总额、所得税、税后利润及其分配情况，用以计算投资利润率、投资利税率、资本金利润率等财务盈利能力指标。

表 4-25　损益表　　　　　　　　　　　　　　　　　　　　　　　　单位：万元

序号	项目	建设期			投产期		达到设计生产能力期				
		1	2	3	4	5	6	7	8	9	…
	生产负荷/（%）										
1	产品销售收入										
2	总成本费用										
3	税金及附加										

单位：万元 续表

序号	项目	建设期			投产期		达到设计生产能力期			
		1	2	3	4	5	6	7	8	9	…
4	利润总额（1－2－3）										
5	所得税（25%）										
6	税后利润（4－5）										
7	特种基金										
8	盈余公积金										
9	可供分配利润（6－7－8）										
10	应付利润										
11	未分配利润										
12	累计未分配利润										

计算指标：全部投资利润率、全部投资利税率、自有资金利润率、自有资金利税率、资本金利润率等财务盈利能力指标。

3）资金来源与运用表

资金来源与运用表如表 4-26 所示，通过累计盈余资金项反映项目在计算期内各年的资金是否充裕，是否有足够的能力清偿债务。若累计盈余资金大于零，表明当年有资金盈余；若累计盈余资金小于零，表明当年出现资金短缺，需要筹措资金或调整借款及还款计划。因此，表 4-26 用于选择资金的筹措方案，制订适宜的借款及还款计划，并为编制资产负债表提供依据。

表 4-26　资金来源与运用表　　　　　　　　　　　　　　单位：万元

序号	项目	建设期			投产期		达到设计生产能力期			
		1	2	3	4	5	6	7	8	9	…
	生产负荷/（%）										
1	资金来源										
1.1	利润总额										
1.2	折旧费										
1.3	摊销费										
1.4	长期借款										
1.5	流动资金借款										
1.6	其他短期借款										
1.7	自有资金										
1.8	其他										
1.9	回收固定资产余值										
2	资金运用										

单位：万元　续表

序号	项目	建设期			投产期		达到设计生产能力期				
		1	2	3	4	5	6	7	8	9	…
2.1	固定资产投资（含投资方向调节税）										
2.2	建设期借款利息										
2.3	流动资金										
2.4	所得税										
2.5	特种基金										
2.6	应付利润										
2.7	长期借款本金偿还										
2.8	流动资金借款本金偿还										
3	盈余资金										
4	累计盈余资金										

4）资产负债表

资产负债表如表4-27所示，该表综合反映项目在计算期内各年年末资产、负债和所有者权益的增、减变化及对应关系，以考察项目资产、负债和所有者权益的结构是否合理，用以计算资产负债率、流动比率、速动比率，进行清偿能力的分析。

表4-27　资产负债表　　　　　　　　　　　　　　　　　　　　　　　　单位：万元

序号	项目	建设期			投产期		达到设计生产能力期				
		1	2	3	4	5	6	7	8	9	…
	生产负荷/（%）										
1	资产										
1.1	流动资产总额										
1.1.1	应收账款										
1.1.2	存货										
1.1.3	现金										
1.1.4	累计盈余资金										
1.2	在建工程										
1.3	固定资产净值										
1.4	无形及递延资产净值										
2	负债及所有者权益										
2.1	流动负债总额										
2.1.1	应付账款										
2.1.2	流动资金借款										
2.1.3	其他短期借款										

单位：万元 续表

序号	项目	建设期			投产期		达到设计生产能力期				
		1	2	3	4	5	6	7	8	9	…
2.2	长期借款										
	负债小计（2.1+2.2）										
2.3	所有者权益										
2.3.1	资本金										
2.3.2	资本公积金										
2.3.3	累计盈余公积金										
2.3.4	累计未分配利润										

计算指标：资产负债率（%）、流动比率（%）、速动比率（%）、偿债备付率（%）、利息备付率（%）、借款偿还期。

5) 外汇平衡表

当项目涉及产品出口创汇及替代进口节汇时，要进行外汇效果分析，此时应填报外汇平衡表，其他项目将不涉及该表。该表用以反映项目在计算期内各年外汇余缺程度，进行外汇平衡分析。

3. 财务评价指标的计算及分析

1) 财务盈利性分析评价指标

财务盈利能力分析主要是考察项目的盈利水平，其主要评价指标为财务内部收益率、全部投资回收期。根据项目的特点及实际需要，也可以计算财务净现值、投资利润率、投资利税率、资本金利润率等指标。

(1) 财务内部收益率（IRR）。财务内部收益率是指项目在计算期内各年净现金流量现值累计等于零时的折现率，是主要动态评价指标。财务内部收益率可以通过现金流量表中的净现金流量用试算法计算。财务内部收益率的计算方法参见本书 4.2 节中的相关内容。

(2) 全部投资回收期（P_t 或 P_t'）。全部投资回收期是以项目的净收益来回收项目总投资（固定资产投资、投资方向调节税和流动资金）所需要的时间，是反映项目财务上投资回收能力的主要静态评价指标。投资回收期自建设开始年算起，也可注明自投产年开始算起的投资回收期。净收益是税后利润、折旧、摊销及利息。

将投资回收期 P_t 或 P_t' 和行业基准投资回收期 P_c 比较，当 P_t 或 $P_t' \leqslant P_c$ 时，应认为项目在财务上是可以考虑接受的。

(3) 财务净现值（NPV）。财务净现值是反映项目在计算期内获利能力的动态评价指标，该指标是指按基准收益率 i_c 或设定的收益率（当未制定基准收益率时），将各年的净现金流量折现到建设起点（建设期初）的现值之和。财务净现值可以通过现金流量表计算求得。

当 NPV≥0 时，表明项目获利能力达到或超过基准收益率（或设定的收益率）要求的获利水平，应认为项目是可以考虑接受的。

(4) 投资利润率。投资利润率是指项目达到设计生产能力后一个正常生产年份的年利润总额与项目总投资的比率。该比率是考察项目单位投资盈利能力的静态评价指标。对生产期内各年的利润总额变化幅度较大的项目，应计算生产期内年平均利润总额与项目总投资的比率。

（5）投资利税率。投资利税率是指项目达到设计生产能力后一个正常生产年份的年利税总额或项目生产期内年平均利税总额与项目总投资的比率。投资利润率和投资利税率要通过损益表计算求得。

（6）资本金利润率。资本金利润率是指项目达到设计生产能力后一个正常生产年份的年利润总额或项目生产期内年平均利润总额与资本金的比率，该比率既反映了投入项目的资本金的盈利能力，又衡量了项目负债资金成本的高低。一般来说，项目资本金利润率越高越好，如果高于同期银行利率，则适度负债对投资者来说是有利的；反之，如果资本金利润率低于同期银行利率，则高的负债率将损害投资者的利益。资本金利润率可以用损益表计算。

2）项目清偿能力分析评价指标

项目清偿能力分析主要考察计算期内各年度财务状况及偿债能力。反映项目清偿能力的评价指标包括资产负债率、固定资产投资国内借款偿还期、流动比率、速动比率、利息备付率和偿债备付率等。下面重点介绍前两项指标，其他指标详见前述内容。

（1）资产负债率。资产负债率对债权人来说，越低越好，但对企业而言则可能希望高些，但过高又影响企业的筹资能力。资产负债率用资产负债表计算。

（2）固定资产投资国内借款偿还期。固定资产投资国内借款偿还期是指在国家财政规定及项目具体财务条件下，以项目投产后可用于还款的资金偿还固定资产投资国内借款本金和建设期利息（不包括已用自有资金支付的建设期利息和生产期利息，生产期利息列于总成本费用中的财务费用）所需要的时间。

借款偿还期可以由资金来源与运用表及国内借款还本付息表直接计算。

当借款偿还期达到贷款机构的要求期限时，即认为项目具有清偿能力。借款还本付息计算方法主要有两种。

① 固定资产投资（建设期）借款利息的计算。对国内外借款，无论实际上是按年、季、月计息，均应简化为按年计息，即年名义利率折算成年实际利率（年有效利率）。每笔借款均假定是在年中支用，当年的借款按半年计息，其后年份按全年计息。还款年的借款偿还期均认为在年末，因此，还款当年的年初借款本息累计均按全年计息。每年应计利息的近似计算公式为

$$每年应计利息＝（年初借款本息累计＋本年借款额/2）\times i \qquad (4\text{-}63)$$

建设期利息逐年滚入第二年年初借款本息累计，到生产期偿还。生产期利息计入各年总成本费用中的财务费用，但不计入借款偿还额，即生产期只偿还借款本金。

② 流动资金借款利息的计算。流动资金的借款部分按全年计算利息，即假设为年初支用。流动资金利息计入财务费用，项目计算期期末回收全部流动资金，偿还流动资金借款本金。流动资金借款利息的计算公式为

$$流动资金借款利息＝流动资金借款累计金额\times年利率 \qquad (4\text{-}64)$$

■ **任务实施**

用财务评价概述、确定性分析知识解决例 4.28 中的问题（1）、（2）。

1. 财务基础数据的计算

为了和表格中的数据对应,将财务基础数据的计算公式、计算过程、计算结果附在每个表格的后面。

2. 编制辅助、基本财务报表

1)总投资估算表

项目投入总资金估算表如表 4-28 所示。

表 4-28 项目投入总资金估算表

序号	费用名称	投资额/万元	占项目总投资的比例	备注
1	建设投资	3 646	92.40%	(1)÷(3)
1.1	建设投资静态部分	3 245	82.24%	(1.1)÷(3)
1.1.1	工程费用	2 550		
1.1.2	其他费用	400		
1.1.3	基本预备费	295		
1.2	建设投资动态部分	401	10.16%	(1.2)÷(3)
1.2.1	涨价预备费	250		
1.2.2	建设期利息	151		
2	流动资金	300	7.60%	(2)÷(3)
3	项目投入总资金	3 946	100%	

说明:1. 建设(固定资产)投资的构成为,动态投资加静态投资。

(1) 工程费用=建筑工程费+设备及工器具购置费+安装工程费=2 550(万元)

(2) 建设投资静态部分=工程费用+工程建设其他费用+基本预备费
   =2 550+400+295=3 245(万元)

(3) 建设投资动态部分=涨价预备费+固定资产投资方向调节税+建设期利息

2. 预备费计算。

(1) 基本预备费=(工程费用+工程建设其他费用)×基本预备费费率
   =(2 550+400)×10%=295(万元)

(2) 涨价预备费按照投资计划比照复利法计算利息的方式计算。

$$F = \sum K_t [(1+f)^t - 1]$$

其中,F——涨价预备费总额;K_t——第 t 年计划投入的资金;f——涨价预备费费率。

第一年的涨价预备费为 2 550×40%×[(1+6%)^1−1]=61(万元)

第二年的涨价预备费为 2 550×60%×[(1+6%)^2−1]=189(万元)

建设期涨价预备费=61+189=250(万元)

3. 建设期利息的计算。

每年应计利息=(年初借款本息累计+本年借款额/2)×年利率

第一年应计利息=$\left[0+\dfrac{(2\,550+400+295)\times 40\%+61-425}{2}\right]\times 6.6\%=31$(万元)

第二年应计利息=$\left[934+31+\dfrac{(2\,550+400+295)\times 60\%+189-425}{2}\right]\times 6.6\%=120$(万元)

建设期利息=31+120=151(万元)

4. 项目投入总资金=建设投资+流动资金

流动资金估算表如表 4-29 所示。

表 4-29 流动资金估算表　　　　　　　　　　　　　　　　　　单位：万元

序号	项目	合计	投产期	达产期	
			3	4	5～12
1	流动资产	338	236	338	338
1.1	应收账款	45	34	45	45
1.2	存货	243	157	243	243
1.3	现金	50	45	50	50
2	流动负债	38	26	38	38
2.1	应付账款	38	26	38	38
3	流动资金	300	210	300	300

说明：流动资金＝流动资产－流动负债
　　　流动资产＝应收账款＋存货＋现金
　　　流动负债＝应付账款

2）投资使用计划与资金筹措表

投资使用计划与资金筹措表如表 4-30 所示。

表 4-30 投资使用计划与资金筹措表　　　　　　　　　　　　单位：万元

序号	项目	合计	建设期		投产期	达产期
			1	2	3	4
1	项目投入总资金	3 946	1 390	2 256	210	90
1.1	建设投资（不含建设期利息）	3 495	1 359	2 136		
1.2	建设期利息	151	31	120		
1.3	流动资金	300			210	90
2	资金筹措	3 946	1 390	2 256	210	90
2.1	自有资金	1 000	425	425	150	
2.1.1	用于建设投资	850	425	425		
2.1.2	用于流动资金	150			150	
2.2	借款	2 946	965	1 831	60	90
2.2.1	建设投资借款	2 645	934	1 711		
2.2.2	流动资金借款	150			60	90
2.2.3	建设期利息	151	31	120		

3）销售收入和税金及附加估算表

销售收入和税金及附加估算表如表 4-31 所示。

147

表 4-31 销售收入和税金及附加估算表 单位：万元

序号	项目	合计	投产期	达产期							
			3	4	5	6	7	8	9	10	11	12
	生产负荷/(%)	970	70	100	100	100	100	100	100	100	100	100
1	销售收入	24 250	1 750	2 500	2 500	2 500	2 500	2 500	2 500	2 500	2 500	2 500
	单价（含税）		500	500	500	500	500	500	500	500	500	500
	销售量/万吨	48.5	3.5	5	5	5	5	5	5	5	5	5
2	税金及附加	3 023	218	312	312	312	312	312	312	312	312	312
2.1	增值税	2 748	198	283	283	283	283	283	283	283	283	283
2.1.1	销项税（14.53%）	3 524	254	363	363	363	363	363	363	363	363	363
2.1.2	进项税（14.53%）	775	56	80	80	80	80	80	80	80	80	80
2.2	城市维护建设税（7%）	192	14	20	20	20	20	20	20	20	20	20
2.3	教育费附加（3%）	82	6	9	9	9	9	9	9	9	9	9

说明：销售收入＝单价×销售量

税金及附加＝增值税＋城市维护建设税＋教育费附加

增值税＝销项税－进项税

销项税＝$\dfrac{增值税税率}{1+增值税税率}$×销售收入

进项税＝$\dfrac{增值税税率}{1+增值税税率}$×原材料、燃料动力费

销项税、进项税税率＝$\dfrac{增值税税率}{1+增值税税率}$＝14.53%

4）固定资产折旧估算表、无形及递延资产摊销估算表、总成本费用估算表

固定资产折旧估算表如表 4-32 所示。

表 4-32 固定资产折旧估算表 单位：万元

序号	项目	合计	生产期								
			3	4	5	6	7	8	9	10	11	12
1	固定资产原值	3 646										
2	折旧率	93.5%	9.35%	9.35%	9.35%	9.35%	9.35%	9.35%	9.35%	9.35%	9.35%	9.35%
3	年折旧费		341	341	341	341	341	341	341	341	341	341
4	固定资产净值		3 305	2 964	2 623	2 282	1 941	1 600	1 259	918	577	236

说明：1. 固定资产原值＝建设（固定资产）投资－无形资产－递延资产
　　　　　　　　＝3 946－200－100＝3 646（万元）

2. 固定资产折旧按平均年限法折旧，固定资产年折旧费＝$\dfrac{固定资产原值\times(1-残值率)}{折旧年限}$

　＝$\dfrac{3\ 646\times(1-6.5\%)}{10}$＝341（万元）

3. 固定资产净值＝固定资产原值－累计折旧额

例如，第六年固定资产净值＝3 646－4×341＝2 282（万元）

无形及递延资产摊销估算表如表 4-33 所示。

表 4-33　无形及递延资产摊销估算表　　　　　　　　　　　　　单位：万元

序号	项目	合计	生产期								
			3	4	5	6	7	8	9	10	11	12
1	无形资产原值	200										
	本年摊销费		20	20	20	20	20	20	20	20	20	20
	无形资产净值	200	180	160	140	120	100	80	60	40	20	0
2	递延资产原值	100										
	本年摊销费		20	20	20	20	20					
	递延资产净值	100	80	60	40	20	0					
3	本年摊销费合计		40	40	40	40	40	20	20	20	20	20
	无形及递延资产净值	300	260	220	180	140	100	80	60	40	20	0

说明：1. 无形资产本年摊销费 $=\dfrac{\text{无形资产原值}}{\text{无形资产摊销年限}}=\dfrac{200}{10}=20$（万元）

2. 递延资产本年摊销费 $=\dfrac{\text{递延资产原值}}{\text{递延资产摊销年限}}=\dfrac{100}{5}=20$（万元）

3. 无形资产净值＝无形资产原值－无形资产累计摊销费

例如，第六年无形资产净值＝200－4×20＝120（万元）

4. 递延资产净值＝递延资产原值－递延资产累计摊销费

例如，第六年递延资产净值＝100－4×20＝20（万元）

5. 本年摊销费合计＝无形资产本年摊销费＋递延资产本年摊销费

例如，第六年摊销费合计＝20＋20＝40（万元）

总成本费用估算表如表 4-34 所示。

表 4-34　总成本费用估算表　　　　　　　　　　　　　　　　　单位：万元

序号	项目	合计	投产期	达产期								
			3	4	5	6	7	8	9	10	11	12
	生产负荷/(%)	970	70	100	100	100	100	100	100	100	100	100
1	外购原材料、燃料动力费	5 335	385	550	550	550	550	550	550	550	550	550
2	工资福利费	1 164	84	120	120	120	120	120	120	120	120	120
3	修理费	100	10	10	10	10	10	10	10	10	10	10
4	折旧费	3 410	341	341	341	341	341	341	341	341	341	341

单位：万元 续表

序号	项目	合计	投产期 3	达产期 4	5	6	7	8	9	10	11	12
5	摊销费	300	40	40	40	40	40	20	20	20	20	20
6	财务费用	1 099	189	174	157	138	120	101	83	64	46	27
6.1	长期借款利息	1 014	185	165	148	129	111	92	74	55	37	18
6.2	流动资金借款利息	85	4	9	9	9	9	9	9	9	9	9
7	其他费用	100	10	10	10	10	10	10	10	10	10	10
8	总成本费用	11508	1 059	1 245	1 228	1 209	1 191	1 152	1 134	1 115	1 097	1 078
	其中：可变成本	6 150	444	634	634	634	634	634	634	634	634	634
	固定成本	5 358	615	611	594	575	557	518	500	481	463	444
9	经营成本	6 699	489	690	690	690	690	690	690	690	690	690

说明：1. 可变成本＝外购原材料、燃料动力费＋工资及福利费×70%

2. 流动资金借款利息＝流动资金借款金额×年利率

3. 固定成本＝总成本费用－可变成本

4. 经营成本＝（8）－［（4）＋（5）＋（6）］＝总成本费用－（折旧费＋摊销费＋财务费用）

5）长期借款还本付息表、长期借款偿还计划表

长期借款还本付息表如表 4-35 所示。

表 4-35　长期借款还本付息表　　　　　　　　　　　　　　　　　单位：万元

项目	合计	建设期 1	2	投产期 3	达产期 4	5	6	7	8	9	10	11	12
年初借款本息累计				965	2 796	2 516	2 236	1 956	1 676	1 396	1 116	836	556	276
本年新增借款		934	1 711										
本年应计利息		31	120	185	166	148	129	111	92	74	55	37	18
本年还本付息				475	446	428	409	391	372	354	335	317	294
其中：还本				280	280	280	280	280	280	280	280	280	276
付息				185	166	148	129	111	92	74	55	37	18

说明：1. 从第四年起每年年初借款本息累计＝上一年年初借款本息累计－上一年还本。

2. 第一、二年的借款本金、利息未还，均累计到第三年年初的本金。

3. 每年还本＝$\dfrac{2\,534}{10}$＝253（万元）

长期借款偿还计划表如表 4-36 所示。

表 4-36　长期借款偿还计划表　　　　　　　　　　　　　　单位：万元

序号	项目	合计	建设期		投产期	达产期							
			1	2	3	4	5	6	7	8	9	10	11	12
1	借款													
1.1	年初本息余额			965	2 796	2 516	2 236	1 956	1 676	1 396	1 116	836	556	276
1.2	本年借款		934	1711										
1.3	本年应计利息		31	120	185	166	148	129	111	92	74	55	37	18
1.4	本年还本付息				465	446	428	409	391	372	354	335	317	294
	其中：还本				280	280	280	280	280	280	280	280	280	276
	付息				185	166	148	129	111	92	74	55	37	18
1.5	年末本息余额		965	2 796	2 516	2 236	1 956	1 676	1 396	1 116	836	556	276	0
2	还本资金来源				280	280	280	280	280	280	280	280	280	276
2.1	未分配利润				0	0	0	0	0	0	0	0	0	0
2.2	折旧				280	280	280	280	280	280	280	280	280	276
2.3	摊销													
2.4	其他资金													

说明：1. 还本资金来源＝折旧＋摊销＋未分配利润
　　　2. 此表中未分配利润＝0，因为折旧加摊销金额已足够还本。

6）损益表

损益表如表 4-37 所示。

表 4-37　损益表　　　　　　　　　　　　　　　　　　　　　单位：万元

序号	项目	合计	投产期	达产期							
			3	4	5	6	7	8	9	10	11	12
1	销售（营业）收入	24 250	1 750	2 500	2 500	2 500	2 500	2 500	2 500	2 500	2 500	2 500
2	税金及附加	3 023	218	312	312	312	312	312	312	312	312	312
3	总成本费用	11 508	1 059	1 245	1 228	1 209	1 191	1 152	1 134	1 115	1 097	1 078

单位：万元 续表

序号	项目	合计	投产期	达产期							
			3	4	5	6	7	8	9	10	11	12
4	利润总额	9 719	473	943	960	979	997	1 036	1 054	1 073	1 091	1 110
5	弥补以前年度亏损	0	0	0	0	0	0	0	0	0	0	0
6	应纳税所得额	9 719	473	943	960	979	997	1 036	1 054	1 073	1 091	1 110
7	所得税（6）×25%	2 430	118	236	240	245	249	259	264	268	273	278
8	税后利润	7 289	355	707	720	734	748	777	791	805	818	833
9	提取法定盈余	729	35	71	72	73	75	78	79	80	82	83
10	可供分配利润	6 560	319	637	648	661	673	700	712	724	737	749
11	应付利润	6 560	319	637	648	661	673	700	712	724	737	749
12	未分配利润	0	0	0	0	0	0	0	0	0	0	0
13	累计未分配利润	0	0	0	0	0	0	0	0	0	0	0
	投资利润率	（9 719－473）÷9÷3 946×100%＝26.03%										
	投资利税率	（9 719＋3 023－473－218）÷9÷3 946×100%＝33.93%										
	资本金利润率	（9 719－473）÷9÷1 000×100%＝102.73%										

说明：1. 盈余公积金＝税后利润×10%

2. 公益金＝税后利润×（5%～10%）

3. 等额本金法中，未分配利润＝该年应偿还本金－折旧－摊销，即折旧和摊销总额不足以还贷款本金时用未分配利润偿还。

4. 以最大偿还能力还本时，按以下方法计算。

（1）还清贷款前，未分配利润＝税后利润，应付利润＝0，盈余公积金＝0。

（2）还清贷款的当年，未分配利润＝该年应偿还本金额－折旧－摊销，则该年应付利润＝该年税后利润－该年未分配利润－该年盈余公积金。

（3）还清贷款后，应付利润＝税后利润－盈余公积金，未分配利润＝0。

7）现金流量表

全部投资现金流量表如表 4-38 所示。

资本金现金流量表如表 4-39 所示。

表 4-38 全部投资现金流量表

单位：万元

序号	项目	合计	建设期		投产期		达产期							
			1	2	3	4	5	6	7	8	9	10	11	12
1	现金流入	24 787			1 750	2 500	2 500	2 500	2 500	2 500	2 500	2 500	2 500	3 037
1.1	销售（营业）收入	24 250			1 750	2 500	2 500	2 500	2 500	2 500	2 500	2 500	2 500	2 500
1.2	回收固定资产余值	237												237
1.3	回收流动资金	300												300
1.4	其他现金流入													
2	现金流出		1 359	2 136	916	785	695	695	695	695	695	695	695	695
2.1	建设投资（不含建设期利息）		1 359	2 136										
2.2	流动资金	300			210	90								
2.3	经营成本	6 699			489	690	690	690	690	690	690	690	690	690
2.4	税金及附加	48.5			217	5	5	5	5	5	5	5	5	5
2.5	其他现金流出													
3	净现金流量		−1 359	−2 136	834	1 715	1 805	1 805	1 805	1 805	1 805	1 805	1 805	2 342
4	累计净现金流量		−1 359	−3 495	−2 661	−946	859	2 664	4 469	6 274	8 079	9 884	11 689	14 031
5	折现系数（$i=10\%$）		0.909	0.826	0.751	0.683	0.621	0.565	0.503	0.467	0.424	0.386	0.351	0.319
6	折现净现金流量	−1 235.331	−1 235.331	−1 764.336	626	1 171	1 121	1020	908	843	765	697	634	747

续表

序号	项目	合计	建设期		投产期			达产期						
			1	2	3	4	5	6	7	8	9	10	11	12
7	累计折现净现金流量		-1 235	-2 999	-2 373	-1 201	-80	939	1 847	2 690	3 455	4 152	4 786	5 533
	财务内部收益率	31.53%												
	财务净现值/万元	4 208												
	静态投资回收期/年	4.86												
	动态投资回收期/年	5.60												
	净现值率	130.75%												
	净年值/万元	618												

说明：1. 净现金流量＝现金流入－现金流出

2. 净现值（NPV）＝$\sum_{t=0}^{n}(CI-CO)_t(1+i_c)^{-t}$＝累计折现净现金流量＝4 208（万元）

3. 静态投资回收期＝$5-1+\frac{|-1\,270|}{1\,481}$＝4.86（年）

4. 动态投资回收期＝$6-1+\frac{|-504|}{837}$＝5.60（年）

5. 净现值率（NPVR）＝NPV÷（建设投资现值＋流动资金现值）×100%
   ＝4 208÷[3 000+210÷(1+10%)³+90÷(1+10%)⁴]
   ＝130.75%

6. 净年值（NAV）＝NPV·(A/P, 10%, 12)＝4 208×0.146 8＝618（万元）

7. 内部收益率计算如下。

当 i＝20%时，NPV＝1 338 万元

当 i＝31%时，NPV＝40 万元＞0 且接近 0。

当 i＝32%时，NPV＝-35 万元＜0 且接近 0。

所以，内部收益率＝31%+（32%-31%）×$\frac{40}{40+|-35|}$＝31.53%＞10%。

表 4-39　资本金现金流量表

单位：万元

序号	项目	合计	建设期 1	建设期 2	投产期 3	4	5	达产期 6	7	8	9	10	11	12
1	现金流入	24 787			1 750	2 500	2 500	2 500	2 500	2 500	2 500	2 500	2 500	3 037
1.1	销售（营业）收入	24 250			1 750	2 500	2 500	2 500	2 500	2 500	2 500	2 500	2 500	2 500
1.2	回收固定资产余值	237												237
1.3	回收流动资金	300												300
2	现金流出	17 320	425	425	1 588	2 093	2 092	2 092	2 092	2 112	2 112	2 112	2 112	2 258
2.1	项目资本金	1 000	425	425	150									
2.2	借款本金偿还	2 946			280	280	280	280	280	280	280	280	280	426
2.2.1	长期借款本金偿还	2 796			280	280	280	280	280	280	280	280	280	276
2.2.2	短期借款本金偿还	150												150
2.3	借款利息支付	1 104			193	175	157	138	120	101	83	64	46	27
2.3.1	长期借款利息支付	1 015			185	166	148	129	111	92	74	55	37	18
2.3.2	短期借款利息支付	85			4	9	9	9	9	9	9	9	9	9
2.4	经营成本	6 699			489	690	690	690	690	690	690	690	690	690
2.5	税金及附加	49			4	5	5	5	5	5	5	5	5	5
2.6	所得税	9 719			473	943	960	979	997	1 036	1 054	1 073	1 091	1 110
3	净现金流量	3 271	−425	−425	162	407	408	408	408	388	388	388	388	779

续表

序号	项目	合计	建设期		投产期				达产期					
			1	2	3	4	5	6	7	8	9	10	11	12
4	累计净现金流量		−425	−850	−688	282	126	534	941	1 329	1 717	2 104	2 492	3 271
5	折现系数（$i=10\%$）		0.909	0.826	0.751	0.683	0.621	0.565	0.503	0.467	0.424	0.386	0.351	0.319
6	折现净现金流量	1 230	−386	−351	121	278	253	230	205	181	164	150	136	248
7	累计折现净现金流量		−386	−737	−616	338	85	146	351	532	696	846	982	1 230
	财务内部收益率	57.54%												
	财务净现值/万元	3 294												
	静态投资回收期/年	3.67												
	动态投资回收期/年	3.92												
	净现值率	$3\,294 \div [386+351+150 \div (1+10\%)^3] = 387.66\%$												
	净年值/万元	483												

说明：计算过程同全部投资现金流量表。

8）资金来源与运用表

资金来源与运用表如表 4-40 所示。

表 4-40 资金来源与运用表　　　　　　　　　　　　　　　　　　　单位：万元

序号	项目	合计	建设期		投产期	达产期								
			1	2	3	4	5	6	7	8	9	10	11	12
1	资金来源	17 666	1 359	2 136	1 065	1 457	1 324	1 343	1 361	1 380	1 398	1 417	1 435	1 991
1.1	利润总额	9 564			474	926	943	962	980	1 019	1 037	1 056	1 074	1 093
1.2	长期借款	2 645	934	1 711										
1.3	短期借款	210			60	150								
1.4	发行债券													
1.5	项目资本金	1 000	425	425	150									
1.6	回收固定资产余值	237												237
1.7	回收流动资金	300												300
1.8	折旧	3 410			341	341	341	341	341	341	341	341	341	341
1.9	摊销	300			40	40	40	40	40	20	20	20	20	20
1.10	其他													
2	资金运用	15 595	1 359	2 136	790	1 298	1 161	1 180	1 197	1 232	1 249	1 266	1 282	1 445
2.1	建设投资（不含建设期利息）	3 495	1 359	2 136										
2.2	流动资金	210			60	150								
2.3	所得税	2 487			130	243	244	251	255	264	269	273	277	281
2.4	应付利润	6 457			320	625	637	649	662	688	700	713	725	738
2.5	长期借款本金偿还	2 796			280	280	280	280	280	280	280	280	280	276
2.6	流动资金借款本金偿还	150												150
2.7	其他													
3	资金盈余	2 071	0	0	275	159	163	163	164	148	149	151	153	546
4	累计资金盈余		0	0	275	434	597	760	924	1 072	1 221	1 372	1 525	2 071

财务评价确定性分析结论：从全部投资现金流量表、资本金现金流量表、损益表中财务评价指标的计算结果来看，均满足该项目所在行业的评价参数的标准要求，所以该项目在经济上是可行的。

4.4.3 不确定性分析

▌任务引入

在对方案进行财务评价时，在确定性分析的基础上，进行不确定性分析同样是财务评价不可缺少的内容、方法和技巧，其分析的结论是判断建设项目投资风险高低的重要依据，进而为投资决策奠定基础。

▌任务分析

例 4.28 中问题（3）的解决需要用到建设项目财务评价不确定性分析的基础知识，下面介绍解决此案例中的问题涉及的基础知识点。

▌相关知识

在建设项目的经济评价中，所研究的问题都发生在未来，所引用的数据（如投资规模、建设工期、产品产量、生产成本和销售收入等）都是来源于预测或估计。由于缺乏足够的信息，对相关因素和未来情况无法做出精确的预测，或因为没有全面考虑所有可能的情况，因此项目实施后的实际情况难免与预测或估计的情况有所差异，从而给经济评价带来不可避免的不确定性。为了尽量避免投资决策失误，有必要进行不确定性分析，以估计投资项目可能承担的风险，确定其经济上的可靠性。

教学提示

综上所述，即便是非诈骗项目，任何合法、正常的投资项目，从投资机会的辨别与选择开始，便存在投资风险，并伴随各个环节。因此，必须树立风险意识，学会识别风险，懂得风险防范措施，尽量减少或避免风险。

所谓不确定性分析，就是分析投资规模、建设工期、产品产量、生产成本、销售收入等因素变化时，对项目经济效果评价结果所带来的影响。这些影响越强烈，表明所评价的项目及其方案对某个或某些因素越敏感。对于这些敏感因素，要求项目决策者与投资者予以充分的重视和考虑。

盈亏平衡分析

不确定性分析主要包括盈亏平衡分析、敏感性分析及概率分析（又称风险分析）等方法和内容。盈亏平衡分析只适用于财务评价，敏感性分析和概率分析可以同时用于财务评价和国民经济评价。

1. 盈亏平衡分析

盈亏平衡分析是通过盈亏平衡点（BEP）分析项目成本与收益平衡关系的一种方法。它主要是通过确定项目的产量盈亏平衡点，分析、预测产品产量（或生产能力利用率）对项目盈亏的影响。

盈亏平衡点是指项目的盈利和亏损的临界点，即当项目达到一定产量（销售量）时，项目收入等于总成本，项目处于不盈不亏状态，利润为零的一点。

企业通过盈亏平衡分析，往往希望达到以下目的：求出企业不亏损的最低年产量，即平衡点产量；确定企业的最佳年产量；控制企业的盈亏平衡形势，以便针对企业出现的不同情况采取相应的对策，从而保证企业获得较好的经济效益。

盈亏平衡分析一般可以分为线性盈亏平衡分析与非线性盈亏平衡分析，均可通过损益表和盈亏平衡图进行。我们主要研究线性盈亏平衡分析方法。

1）单方案线性盈亏平衡分析方法

（1）单方案线性盈亏平衡点的数解法。

首先假定如下条件。

① 单位产品的价格稳定，且与产品的销售量无关。

② 产品的年销售量与年生产量相等。

③ 年生产总成本中，可变成本与产量成正比，而固定成本与产量无关。

根据上述概念可建立如下基本公式。

销售收入为

$$F = RQ \tag{4-65}$$

成本费用为

$$C = VQ + C_0 \tag{4-66}$$

企业年总利润为

$$L = F - C = RQ - VQ - C_0 \tag{4-67}$$

式中：R——单位产品的销售价（或出厂价格）；

Q——年销售量或年生产量（假定两者相等）；

V——单位产品的可变成本；

C_0——总成本中的固定成本。

假设年利润为零（盈亏平衡），则可以得到如下重要结论。

盈亏平衡点年产量为

$$Q_0 = \frac{C_0}{R-V} \tag{4-68}$$

盈亏平衡点销售收入为

$$F_0 = R \frac{C_0}{R-V} \tag{4-69}$$

盈亏平衡点生产能力利用率为

$$E_0 = \frac{Q_0}{Q_{\max}} \times 100\% \tag{4-70}$$

其中 $Q_{\max}$ 为企业最大年产量。

当企业达到最大年产量时，若使企业盈亏平衡，则产品最低销售价为

$$R_{\min}=V+\frac{C_0}{Q_{\max}} \tag{4-71}$$

（2）单方案线性盈亏平衡点的图解法。

用纵坐标表示生产成本与销售收入，横坐标表示产量，根据销售费用与成本费用方程，按比例在直角坐标图上绘出固定成本线、总成本线和销售收入线。总成本线与销售收入线之交点，就是盈亏平衡点，其对应的横坐标即为盈亏平衡点产量 Q_0，对应的纵坐标则为盈亏平衡点销售收入 F_0，如图 4.21 所示。

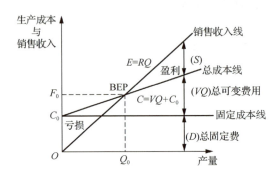

图 4.21 盈亏平衡图

从图 4.21 中可得出，当产量小于 Q_0 时，总成本线高于销售收入线，两者之差表现为亏损；当产量大于 Q_0 时，销售收入线高于总成本线，两者之差表现为盈利，而且盈亏平衡点的数值越小越好。这样，企业能获利的生产量幅度就越大。从式（4-68）中可看出，要使盈亏平衡点的数值减小，必须降低固定成本费和增大单位产品的价格与可变成本费的差额。

【例 4.29】某建筑构件厂生产某种产品，设计生产量为 6 500 件。每件产品的出厂价格为 55 元，每件产品的可变成本为 30 元，企业每年固定成本为 75 000 元，试求以下问题。

① 企业盈亏平衡时的最低年产量（保本产量）。

② 企业最大可能的年盈利。

③ 企业达到最大年产量时，产品的最低出厂价格。

④ 企业年利润为 55 000 元时的年产量。

⑤ 若产品价格由 55 元降至 50 元，年产量为多少才能保持 55 000 元的年利润。

【解】① 企业盈亏平衡时的最低年产量为

$$Q_0=\frac{C_0}{R-V}=\frac{75\,000}{55-30}=3\,000（件/年）$$

② 企业达到最大生产能力（设计生产量）时，最大年盈利额为

$$S=Q(R-V)-C=6\,500\times(55-30)-75\,000=162\,500-75\,000=87\,500（元）$$

③ 企业达到最大生产能力（设计生产量）时，其产品最低出厂价格为

$$R_{\min} = V + \frac{C_0}{Q} = 30 + \frac{75\,000}{6\,500} = 41.54 \text{（元）}$$

④ 企业年利润为 55 000 元时的年产量为

$$Q = \frac{S + C_0}{R - V} = \frac{55\,000 + 75\,000}{55 - 30} = 5\,200 \text{（件/年）}$$

⑤ 产品的价格降为 50 元，仍保持年利润 55 000 元时的产品年产量为

$$Q = \frac{S + C_0}{R - V} = \frac{55\,000 + 75\,000}{50 - 30} = 6\,500 \text{（件/年）}$$

2）多方案线性盈亏平衡分析方法

技术经济所研究的问题常常是多方案的分析、比较和选择。若某些互斥型方案的费用是一个单变量函数，则线性盈亏平衡分析可以有助于做出正确的决策。

设多个方案的总成本受一个变量 x 的影响，且每个方案的成本都能表示为该变量的函数，如

$$C_1 = f_1(x); \quad C_2 = f_2(x); \quad C_3 = f_3(x); \quad \cdots$$

在求解平衡点时，应先将方案两两进行分析，分别求出每两个方案的平衡点，然后进行比较，从而选择其中最经济的方案。

【例 4.30】某建筑公司中标了一标段高速公路，为满足施工工期的要求，拟引进一套现代化的开挖设备，现有三种设备可供选择，其资料表如表 4-41 所示。设基本收益率为 10%，使用年限为 10 年，试分析应选购哪种设备。

表 4-41 开挖设备资料表

设备	初始投资/万元	开挖单价/（元·m^{-3}）
甲	20	12
乙	40	8
丙	60	6

【解】设年开挖量为 $x\,m^3$，则三种设备的年成本（AC）为

$$AC_甲 = 20(A/P, 10\%, 10) + 12x$$
$$AC_乙 = 40(A/P, 10\%, 10) + 8x$$
$$AC_丙 = 60(A/P, 10\%, 10) + 6x$$

解得：

$$AC_甲 = 3.255 + 12x$$
$$AC_乙 = 6.510 + 8x$$
$$AC_丙 = 9.765 + 6x$$

甲、乙、丙三种设备的年成本与开挖量的关系如图 4.22 所示。

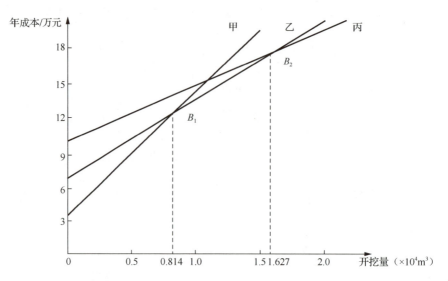

图 4.22 甲、乙、丙三种设备的年成本与开挖量的关系

由图 4.22 可见,交点 B_1 和 B_2 把对应的开挖量划分为三个范围。
① 当 $0<x<x_1$ 时,以甲设备的年成本最低。
② 当 $x_1 \leqslant x<x_2$ 时,以乙设备的年成本最低。

$$3.255+12x_1=6.510+8x_1$$

得 $x_1=0.814$（$\times 10^4 \text{m}^3$）

③ 当 $x \geqslant x_2$ 时,以丙设备的年成本最低,在 B_2 点,$AC_乙=AC_丙$,有

$$6.510+8x_2=9.765+6x_2$$

得 $x_2=1.627$（$\times 10^4 \text{m}^3$）

因此,年开挖量 $0<x<0.814$,应选择开挖成本低的甲设备;年开挖量 $0.814 \leqslant x<1.627$,应选择开挖成本低的乙设备;年开挖量 $x \geqslant 1.627$,应选择开挖成本低的丙设备。

2. 敏感性分析

1）敏感性分析的概念

投资项目评价中的敏感性分析,是在确定性分析的基础上,通过进一步分析、预测项目主要不确定性因素的变化对项目评价指标（如内部收益率、净现值等）的影响,从中找出敏感因素,确定评价指标对该因素的敏感程度和项目对其变化的承受能力。

一个项目在其建设与生产经营的过程中,由于项目内外部环境的变化,许多因素都会发生变化。一般将产品价格、产品成本、产品产量（生产负荷）、主要原材料价格、建设投资、工期、汇率等作为考察的不确定性因素。敏感性分析不仅可以使决策者了解不确定性因素对项目评价指标的影响,从而提高决策的准确性,还可以启发评价者对那些较为敏感的因素重新进行分析研究,以提高预测的可靠性。

敏感性分析有单因素敏感性分析和多因素敏感性分析两种。

单因素敏感性分析是对单一不确定性因素变化的影响进行分析,即假设各不确定性因素之间相互独立,每次只考察一个因素,其他因素保持不变,以分析这个可变因素对经济

评价指标的影响程度和敏感程度。单因素敏感性分析是敏感性分析的基本方法。

多因素敏感性分析是当两个或两个以上互相独立的不确定性因素同时变化时，分析这些变化的因素对经济评价指标的影响程度和敏感程度。通常只要求进行单因素敏感性分析。

2）敏感性分析的步骤

单因素敏感性分析一般按以下步骤进行。

（1）确定分析指标。分析指标的确定，一般是根据项目的特点、不同的研究阶段、实际需求情况和指标的重要程度进行选择，与进行分析的目标和任务有关。

如果主要分析方案状态和参数变化对方案投资回收快慢的影响，则可选用投资回收期作为分析指标；如果主要分析产品价格波动对方案净收益的影响，则可选用净现值作为分析指标；如果主要分析投资大小对方案资金回收能力的影响，则可选用内部收益率等作为分析指标。

如果在机会研究阶段，主要是对项目的设想和鉴别，确定投资方向和投资机会，此时，各种经济数据不完整，可信程度低，深度要求不高，可选用静态评价指标，常采用的指标是投资收益率和投资回收期。如果在可行性研究的实质性阶段，经济评价指标则需选用动态评价指标，常用净现值、内部收益率，通常还辅之以投资回收期。

由于敏感性分析是在确定性分析的基础上进行的，一般而言，敏感性分析的指标应与确定性经济评价指标一致，不应超出确定性经济评价指标范围而另立新的分析指标。当确定性经济评价指标比较多时，敏感性分析可以围绕其中一个或若干个最重要的指标进行。

（2）选择需要分析的不确定性因素。影响项目经济评价指标的不确定性因素很多。严格来说，影响方案经济效果的因素都在某种程度上带有不确定性，如投资额的变化、施工周期的变化、销售价格的变化、成本的变化等。但事实上没有必要对所有的不确定性因素都进行敏感性分析，而往往是选择一些主要的影响因素。选择需要分析的不确定性因素时主要考虑以下原则：①预计这些因素在其可能变动的范围内对经济评价指标的影响较大；②对在确定性分析中采用该因素数据的准确性把握不大。

对于一般投资项目来说，通常从以下几方面选择项目敏感性分析中的影响因素：①项目投资；②项目寿命年限；③经营成本，特别是变动成本；④产品价格；⑤产销量；⑥项目建设年限、投产期限和产出水平及达产期限；⑦基准收益率；⑧项目寿命周期末的资产残值。

（3）分析每个不确定性因素的波动程度及其对分析指标可能带来的增减变化情况。

首先，对所选定的不确定性因素，应根据实际情况设定这些因素的变化幅度，其他因素固定不变。因素的变化可以按照一定的变化幅度（如±5%、±10%、±20%等）改变其数值。

其次，计算不确定性因素每次变动对经济评价指标的影响。对每一因素的每一变动，均重复以上计算，然后将因素变动及相应指标变动结果用单因素敏感性分析表或单因素敏感性分析图的形式表示出来，以便于测定敏感因素。

（4）根据计算的结果编制敏感性分析表、绘制敏感性分析图。

（5）确定敏感因素。虽然各因素的变化都会引起经济评价指标的变化，但其影响程度却各不相同。有些因素可能仅发生较小幅度的变化就能引起经济评价指标发生大的变动，而另一些因素即使发生了较大幅度的变化，对经济评价指标的影响也不是太大。前一类因素称为敏感因素，后一类因素称为非敏感因素。敏感性分析的目的在于寻求敏感因素，可以通过计算敏感度系数和临界点来确定。

① 敏感度系数。敏感度系数又称灵敏度，表示项目评价指标对不确定性因素的敏感程度。利用敏感度系数确定敏感因素的方法是一种相对测定的方法。即设定要分析的因素均从确定性分析中所采用的数值开始变动，且各因素每次变化的幅度（增或减的百分数）相同，比较在同一变化幅度下各因素的变动对经济评价指标的影响，据此判断方案经济评价指标对各因素变动的敏感程度。计算公式为

$$\beta_{ji} = \frac{\Delta Y_j}{\Delta F_i} \tag{4-72}$$

$$\Delta Y_j = \frac{Y_{ji} - Y_{j0}}{Y_{j0}} \tag{4-73}$$

式中：β_{ji}——第 j 个指标对第 i 个不确定性因素的敏感度系数；

ΔF_i——第 i 个不确定性因素的变化幅度（%）；

ΔY_j——第 j 个指标受变量因素变化影响的差额幅度（变化率）；

Y_{ji}——第 j 个指标受变量因素变化影响后所达到的指标值；

Y_{j0}——第 j 个指标未受变量因素变化影响时的指标值。

根据不同因素相对变化对经济评价指标影响的大小，可以得到各个因素的敏感性程度排序，据此可以找出哪些因素是最敏感的因素。

② 临界点。临界点是指项目允许不确定性因素向不利方向变化的极限值。超过极限，项目的效益指标将不可行。例如，当产品价格下降到某一值时，财务内部收益率将刚好等于基准收益率，此点称为产品价格下降的临界点，如果产品价格因素变化超过该临界点，则项目由可行变成不可行。该临界点表明方案经济效果评价指标达到最低要求所允许的最大变化幅度。把临界点与未来实际可能发生的变化幅度相比较，就可大致分析该项目的风险情况。利用临界点确定敏感因素的方法是一种绝对测定法。

由敏感性分析图可知，每一条斜线的斜率都反映经济评价指标对该不确定性因素的敏感程度，斜率越大敏感度越高。一张图可以同时反映多个因素的敏感性分析结果。每条斜线与横轴的相交点所对应的不确定性因素变化率即为该因素的临界点。

在实践中，可以将确定敏感因素的两种方法结合起来使用。首先，设定有关经济评价指标为其临界值，如令净现值等于零、内部收益率等于基准收益率；然后，分析因素的最大允许变化幅度，并与其可能出现的最大变化幅度相比较。如果某因素可能出现的变化幅度超过最大允许变化幅度，则表明该因素是方案的敏感因素。

（6）方案选择。如果进行敏感性分析的目的是对不同的投资项目（或某一项目的不同方案）进行选择，一般应选择敏感程度小、承受风险能力强、可靠性高的项目或方案。

【例 4.31】某投资方案设计年生产能力为 10 万台，计划项目投产时总投资为 1 200 万元，其中建设投资为 1 150 万元，流动资金为 50 万元。预计产品价格为 39 元/台，销售税金及

附加为销售收入的 10%。年经营成本为 140 万元。方案寿命周期为 10 年。到期时预计固定资产余值为 30 万元，基准折现率为 10%，试就投资额、单位产品价格、经营成本等影响因素对该投资方案进行敏感性分析。

【解】（1）绘制本案例的现金流量图如图 4.23 所示。

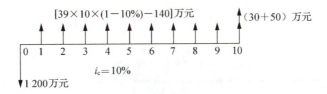

图 4.23　例 4.31 的现金流量图

（2）选择净现值为敏感性分析的经济评价指标，根据净现值的计算公式，可计算出项目在初始条件下的净现值。

$$NPV_0 = -1\,200 + [39 \times 10 \times (1-10\%) - 140](P/A, 10\%, 10) + 80(P/F, 10\%, 10)$$
$$= 127.4（万元）$$

由于 $NPV_0 > 0$，故该项目是可行的。

（3）计算每个不确定性因素发生变化时经济评价指标的值。

① 令投资额的变动率为 k_1，且在 ±20% 以内发生变动，则净现值与 k_1 的计算式为

$$NPV_1 = -1\,200(1+k_1) + [39 \times 10 \times (1-10\%) - 140](P/A, 10\%, 10) + [30 + 50(1+k_1)](P/F, 10\%, 10)$$

令 $k_1 = 20\%$、10%、-10%、-20%，并代入 NPV_1 的计算式，分别计算出对应的 NPV_1，依次为 -108.8、9.3、245.5、363.6。

② 令产品价格的变动率为 k_2，且在 ±20% 以内发生变动，则净现值与 k_2 的计算式为

$$NPV_2 = -1\,200 + [39(1+k_2) \times 10 \times (1-10\%) - 140](P/A, 10\%, 10) + 80(P/F, 10\%, 10)$$

令 $k_2 = 20\%$、10%、-10%、-20%，并代入 NPV_2 的计算式，分别计算出对应的 NPV_2，依次为 558.7、343.0、-88.2、-303.9。

③ 令经营成本的变动率为 k_3，且在 ±20% 以内发生变动，则净现值与 k_3 的计算式为

$$NPV_3 = -1\,200 + [39 \times 10 \times (1-10\%) - 140(1+k_3)](P/A, 10\%, 10) + 80(P/F, 10\%, 10)$$

令 $k_3 = 20\%$、10%、-10%、-20%，并代入 NPV_3 的计算式，分别计算出对应的 NPV_3，依次为 -44.7、41.3、213.5、299.5。

（4）编制敏感性分析表和绘制敏感性分析图。

根据取定的三个因素（投资额、产品价格和经营成本），分别计算相对应的净现值，得出结果如表 4-42 和图 4.24 所示。

（5）对项目进行敏感性分析。

从表 4-42 和图 4.24 中可以看出，在各个变量因素变化率相同的情况下，产品价格每下降 1%，净现值下降 16.93%，且产品价格下降的幅度超过 -5.91% 时，净现值将由正变负，

项目变为不可行;投资额每增加 1%,净现值将下降 9.27%,当投资额增加的幅度超过 10.62% 时,净现值由正变负,项目变为不可行;经营成本每上升 1%,净现值下降 6.75%,当经营成本上升的幅度超过 14.82%时,净现值由正变负,项目变为不可行。由此可见,按净现值对各个因素的敏感程度来排序,依次是产品价格、投资额、经营成本,最敏感的因素是产品价格。因此,从方案决策的角度来讲,应该对产品价格进行进一步更准确地测算。因为从项目风险的角度来讲,如果未来产品价格发生变化的可能性较大,则意味着这一投资项目的风险性亦较大。

表 4-42　例 4.31 敏感性分析表　　　　　　　　　　　　　　　　单位：万元

项目	变化幅度					平均|±1%|	敏感程度排序
	－20%	－10%	0	10%	20%		
投资额	363.6	245.5	127.4	9.3	－108.8	9.27%	2
产品价格	－303.9	－88.2	127.4	343.0	558.7	16.93%	1
经营成本	299.5	213.5	127.4	41.3	－44.7	6.75%	3

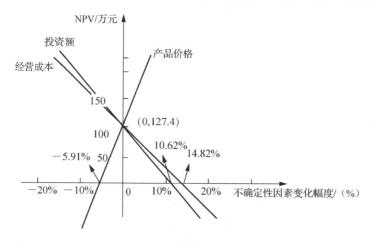

图 4.24　例 4.31 敏感性分析图

综上所述,敏感性分析有利于明确项目对不确定性因素的不利变动所能允许的风险程度,有助于鉴别敏感因素,从而能够及早排除无足轻重的变动因素,把进一步深入调查研究的重点集中在敏感因素上,或者针对敏感因素制定出管理和应变对策,以达到尽量减少风险、增强决策可靠性的目的。但敏感性分析也有其局限性,它不能说明不确定性因素发生变动情况的可能性是大还是小。比如,某些因素虽然可能是敏感因素,但在未来发生不利变动的可能性很小,实际上给项目带来的风险并不大;而另外有一些因素,虽然它们不太敏感、不是敏感因素,但由于它们在未来发生不利变动的可能性很大,因而实际上给项目带来的风险可能比敏感因素还要大。对于此类问题,敏感性分析是无法解决的,要借助概率分析来解决。

3. 概率分析

1）概率分析及其步骤

概率分析又称风险分析，是利用概率来研究和预测不确定性因素对项目经济评价指标影响的一种定量分析方法。

概率分析一般按下列步骤进行。

（1）选定一个或几个评价指标。通常是将内部收益率、净现值等作为评价指标。

（2）选定需要进行概率分析的不确定性因素。通常有产品价格、销售量、主要原材料价格、投资额及外汇汇率等。针对项目的不同情况，通过敏感性分析，选择最为敏感的因素作为概率分析的不确定性因素。

（3）预测不确定性因素变化的取值范围及概率分布。单因素概率分析，设定一个因素变化，其他因素均不变化，即只有一个自变量；多因素概率分析，设定多个因素同时变化，对多个自变量进行概率分析。

（4）根据测定的风险因素取值和概率分布，计算评价指标的相应取值和概率分布。

（5）计算评价指标的期望值和项目可接受的概率。

（6）分析计算结果，判断其可接受性，研究减轻和控制不利影响的措施。

2）概率分析的方法

概率分析的方法有很多，这些方法大多是以项目经济评价指标（主要是 NPV）的期望值的计算过程和计算结果为基础的。这里仅介绍项目净现值的期望值法，通过计算项目净现值的期望值及净现值大于或等于零时的累计概率，来判断项目承担风险的能力。

期望值是用来描述随机变量的一个主要参数。

所谓随机变量，就是能够知道其所有可能的取值范围，也知道它取各种值的可能性，却不能肯定其最后确切取值的变量。在投资项目经济评价中所遇到的大多数变量因素，如投资额、成本、销售量、产品价格、项目寿命周期等，都是随机变量。我们可以预测其未来可能的取值范围，估计各种取值或值域发生的概率，但不可能肯定地预知它们取什么值。投资方案的现金流量序列是由这些因素的取值所决定的，所以方案的现金流量序列实际上也是随机变量，而以此计算出来的经济评价指标也是随机变量。由此可见，项目净现值也是一个随机变量。

从理论上讲，要完整地描述一个随机变量，需要知道其概率分布的类型和主要参数，但在实际应用中，这样做不仅非常困难，而且也没有太大的必要。因为在许多情况下，我们只需要知道随机变量的某些主要特征就可以了，在这些随机变量的主要特征中，最重要也是最常用的就是期望值。

期望值是在大量重复事件中随机变量取值的平均值，换句话说，是随机变量所有可能取值的加权平均值，权重为各种可能取值出现的概率。

一般来讲，期望值的计算公式可表示为

$$E(x)=\sum_{i=1}^{n} x_i p_i \tag{4-74}$$

式中：$E(x)$——随机变量 x 的期望值；

x_i——随机变量 x 的各种取值；

p_i——x 取值 x_i 时所对应的概率值。

根据期望值的计算公式（4-74），可以很容易地推导出项目净现值的期望值计算公式为

$$E(\text{NPV}) = \sum_{i=1}^{n} \text{NPV}_i P_i \tag{4-75}$$

式中：$E(\text{NPV})$——NPV 的期望值；

NPV_i——各种现金流量情况下的净现值；

P_i——对应于各种现金流量情况的概率值。

【例 4.32】某投资方案各种因素可能出现的数值及其对应的概率如表 4-43 所示。假设投资发生在期初，年净现金流量均发生在各年的年末。已知基准折现率为 10%，试求其净现值的期望值。

表 4-43　某投资方案各种因素可能出现的数值及其对应的概率

投资额/万元		年净收益/万元		寿命周期/年	
数值	概率	数值	概率	数值	概率
120	0.30	20	0.25	10	100
150	0.50	28	0.40		
175	0.20	33	0.35		

【解】根据各因素的取值范围，共有九种不同的组合状态，根据净现值的计算公式，可求出各种状态的净现值及其对应的概率，如表 4-44 所示。

表 4-44　各种状态的净现值及其对应的概率

投资额/万元	120			150			175		
年净收益/万元	20	28	33	20	28	33	20	28	33
组合概率	0.075	0.12	0.105	0.125	0.2	0.175	0.05	0.08	0.07
净现值/万元	2.89	52.05	82.77	−27.11	22.05	52.77	−52.11	−2.95	27.77

根据净现值的期望值计算公式，可求出：

$$E(\text{NPV}) = 2.89 \times 0.075 + 52.05 \times 0.12 + 82.77 \times 0.105 - 27.11 \times 0.125 + 22.05 \times 0.2 + 52.77 \times 0.175 - 52.11 \times 0.05 - 2.95 \times 0.08 + 27.77 \times 0.07$$
$$= 24.51 \text{（万元）}$$

投资方案净现值的期望值为 24.51 万元。

净现值的期望值在概率分析中是一个非常重要的指标，在对项目进行概率分析时，一般都要计算项目净现值的期望值及净现值大于或等于零时的累计概率。累计概率越大，表明项目的风险越小。

根据表 4-44 的计算结果，将 NPV 数据由小到大排列成表 4-45，可求出净现值的累计概率，利用线性插值法可求出净现值小于 0 的概率为

$$P(\text{NPV}<0) = 0.255 + (0.33 - 0.255) \times \frac{2.95}{2.95 + 2.89} = 0.293$$

故最终有净现值不小于 0 的概率为

$$P(\text{NPV} \geqslant 0) = 1 - P(\text{NPV}<0) = 1 - 0.293 = 0.707$$

根据计算结果,这个项目的净现值为 24.51 万元,且 NPV≥0 的概率达到 70%以上,投资风险较小,值得投资者做出投资该项目的选择。

表 4-45 净现值的期望值计算表

组合概率	累计概率	NPV/万元	加权净现值
0.05	0.05	−52.11	−2.606
0.125	0.175	−27.11	−3.389
0.08	0.255	−2.95	−0.236
0.075	0.33	2.89	0.217
0.2	0.53	22.05	4.41
0.07	0.6	27.77	1.944
0.12	0.72	52.05	6.246
0.175	0.895	52.77	9.235
0.105	1.0	82.77	8.691

任务实施

利用财务评价不确定性分析知识解决例 4.28 中的问题(3)。

1. 敏感性分析

(1)选择 NPV 作为本项目敏感性分析的经济评价指标,并计算出基本方案的 NPV_0。

$NPV_0 = -1\,359 \times (P/F, 10\%, 1) - 2\,136 \times (P/F, 10\%, 2) + 834 \times (P/F, 10\%, 3) + 1\,391 \times (P/F, 10\%, 4) + 1\,481 \times (P/A, 10\%, 7)(P/F, 10\%, 4) + 2\,018 (P/F, 10\%, 12)$

$= 4\,133$(万元)

(2)选择产品的销售收入、投资额、经营成本三个对 NPV 影响较大的因素作为敏感性分析的不确定性因素。

(3)计算三个不确定性因素分别在±20%以内发生变动之后 NPV 的数值。

① 令产品的销售收入发生变动时的变动率为 k_1,对应的净现值为 NPV_1,则 NPV_1 与 k_1 的函数关系式为

$NPV_1 = NPV_0 + 1\,750\, k_1 (1-15.98\%)(P/F, 10\%, 3) + 2\,500\, k_1 (1-15.98\%)(P/A, 10\%, 9)(P/F, 10\%, 3)$

$= 4\,133 + 10\,193\, k_1$

15.98%为销售税金及附加与销售收入之间的百分比关系,即 $14.53\% \times (1+7\%+3\%) = 15.98\%$。

令 $k_1 = 20\%$,$NPV_1 = 6\,172$ 万元;$k_1 = 10\%$,$NPV_1 = 5\,152$ 万元;$k_1 = -10\%$,$NPV_1 = 3\,114$ 万元;$k_1 = -20\%$,$NPV_1 = 2\,094$ 万元。

② 令投资额发生变动时的变动率为 k_2，对应的净现值为 NPV_2，则 NPV_2 与 k_2 的函数关系式为

$$NPV_2 = NPV_0 - 1\,359\,k_2\,(P/F,\,10\%,\,1) - 2\,136\,k_2\,(P/F,\,10\%,\,2) - 210\,k_2\,(P/F,\,10\%,\,3) - 90\,k_2\,(P/F,\,10\%,\,4) + 300\,k_2\,(P/F,\,10\%,\,12)$$
$$= 4\,133 - 3\,124\,k_2$$

令 $k_2 = 20\%$，$NPV_2 = 3\,508$ 万元；$k_2 = 10\%$，$NPV_2 = 3\,821$ 万元；$k_2 = -10\%$，$NPV_2 = 4\,445$ 万元；$k_2 = -20\%$，$NPV_2 = 4\,758$ 万元。

③ 令经营成本发生变动时的变动率为 k_3，对应的净现值为 NPV_3，则 NPV_3 与 k_3 的函数关系式为

$$NPV_3 = NPV_0 - 489\,k_3\,(P/F,\,10\%,\,3) - 690\,k_3\,(P/A,\,10\%,\,9)\,(P/F,\,10\%,\,3)$$
$$= 4\,133 - 3\,353\,k_3$$

令 $k_3 = 20\%$，$NPV_3 = 3\,462$ 万元；$k_3 = 10\%$，$NPV_3 = 3\,798$ 万元；$k_3 = -10\%$，$NPV_3 = 4\,468$ 万元；$k_3 = -20\%$，$NPV_3 = 4\,804$ 万元。

（4）编制本案例敏感性分析表、绘制本案例敏感性分析图，如表 4-46、图 4.25 所示。

表 4-46　例 4.28 敏感性分析表

项目	变化幅度					平均 |±1%|	敏感程度排序
	−20%	−10%	0	10%	20%		
产品的销售收入	2 094	3 114	4 133	5 152	6 172	2.47%	1
投资额	4 758	4 445	4 133	3 821	3 508	0.75%	3
经营成本	4 804	4 468	4 133	3 798	3 462	0.81%	2

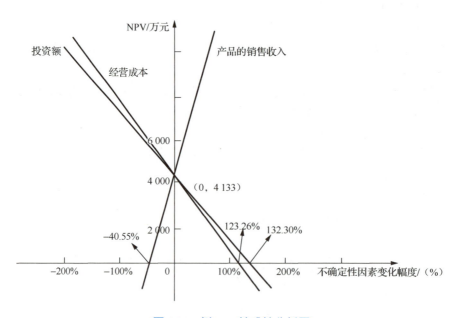

图 4.25　例 4.28 敏感性分析图

(5）对项目进行敏感性分析。

令 $NPV_1=0$，可以计算出项目允许销售收入减少的幅度，即 k_1 的极限值＝－40.55％；令 $NPV_2=0$，可以计算出项目允许投资额增加的幅度，即 k_2 的极限值＝132.30％；令 $NPV_3=0$，可以计算出项目允许经营成本增加的幅度，即 k_3 的极限值＝123.26％。

从表 4-46 和图 4.25 中可以看出，在各个变量因素变化率相同的情况下，产品的销售收入每下降 1％，净现值下降 2.47％，且产品价格下降幅度超过－40.55％时，净现值将由正变负，项目变为不可行；投资额每增加 1％，净现值将下降 0.75％，当投资额增加的幅度超过 132.30％时，净现值由正变负，项目变为不可行；经营成本每上升 1％，净现值下降 0.81％，当经营成本上升的幅度超过 123.26％时，净现值由正变负，项目变为不可行。由此可见，按净现值对各个因素的敏感程度来排序，依次是产品的销售收入、经营成本、投资额，最敏感的因素是产品的销售收入。因此，从方案决策的角度来讲，应该对产品的销售收入进行进一步更准确地测算。因为从项目风险的角度来讲，如果未来产品的销售收入发生变化的可能性较大，则意味着这一投资项目的风险性亦较大。

2．线性盈亏平衡分析

（1）盈亏平衡点年产量为

$$Q_0 = \frac{C_0}{R-V}$$

$$= \frac{\sum_{i=4}^{12} C_{0i}/9}{500-\text{单位产品的税金及附加}-\text{单位产品的可变成本}}$$

$$= \frac{\frac{611+594+575+\cdots+444}{9}}{500-\frac{329}{5}-\frac{634}{5}} = 1.714（万吨）$$

（2）盈亏平衡点销售收入为

$$F_0 = R\frac{C_0}{R-V} = 500 \times 1.714 = 857（万元）$$

（3）盈亏平衡点生产能力利用率为

$$E_0 = \frac{Q_0}{Q_{\max}} \times 100\% = \frac{1.714}{5} \times 100\% = 34.28\%$$

（4）$Q_{\max}$ 为企业最大年产量，当企业达到最大年产量时，若使企业盈亏平衡，则产品最低销售价为

$$R_{\min} = V + \frac{C_0}{Q_{\max}} = \frac{634}{5} + \frac{\frac{611+594+575+\cdots+444}{9}}{5}$$

$$= 232（元/吨）$$

本项目产量盈亏平衡点为 1.714 万吨，而项目的设计生产能力为 5 万吨，远大于盈亏平衡点产量，可见，盈亏平衡点较低，盈利能力和抗风险能力就较强。本项目盈亏平衡点单价为 232 元/吨，而项目的预测单价为 500 元/吨，高于盈亏平衡点的单价。若出现市场销

售不良，为了促销，产品单价降低幅度在（500－232）÷500＝53.6%以内，仍可保本，在保本点产量达到设计生产能力时，销售收入为 857 万元。

综上所述，可以判断该项目盈利能力和抗风险能力均较强，值得投资。

思考与练习

4.4 思考与练习在线答题

一、选择题

1．某建设项目，生产单一的某产品，年固定成本为 100 万元，每件产品的变动成本为 40 元，销售价格为 60 元，设计生产能力为年产量 80 000 件。当该建设项目的产量为 56 400 件时，其生产负荷率为（　　），该建设项目达到盈亏平衡点时的生产能力利用率为（　　）。

　　A．70.5%　　　　B．64.5%　　　　C．68.5%　　　　D．62.5%

2．盈亏平衡点（BEP）是衡量建设项目生产负荷状况的重要指标，该值与建设项目风险承受能力的关系是（　　）。

　　A．该值的大小与风险无关　　　　B．该值越大，风险越小

　　C．该值越大，风险越大　　　　　D．该值越小，风险越大

　　E．该值越小，风险越小

3．在效益费用分析的基础上，反复分析各种经济因素发生变化时对技术方案与经济效益评价值影响程度的方法称为（　　）。

　　A．敏感性分析　　　　　　　　　B．盈亏平衡分析

　　C．概率分析　　　　　　　　　　D．社会效益分析

4．经营成本与总成本的关系是（　　）。

　　A．总成本＝经营成本＋折旧＋摊销＋利息

　　B．总成本＝经营成本＋折旧＋摊销

　　C．经营成本＝总成本＋折旧＋摊销

　　D．经营成本＝总成本＋折旧＋摊销＋利息

5．利润与总成本的关系是（　　）。

　　A．利润＝销售收入－总成本费用－税金及附加

　　B．利润＝销售收入－总成本费用－所得税

　　C．利润＝销售收入－经营成本－增值税

　　D．利润＝销售收入－固定成本－税金及附加

6．税后利润可用于：①弥补以前年度亏损；②向投资者分配利润；③提取法定盈余公积金；④未分配利润。依照《中华人民共和国公司法》，以下分配顺序正确的是（　　）。

　　A．①→②→③→④　　　　　　　B．①→③→②→④

　　C．①→④→②→③　　　　　　　D．①→④→③→②

7．下面关于敏感性分析说法错误的是（　　）。

　　A．敏感性分析在分析某因素变动时，还能说明不确定性因素发生变动的可能性大小

B．技术方案评价中的敏感性分析是在确定性分析的基础上做的

C．敏感性分析有单因素敏感性分析和多因素敏感性分析两种

D．单因素敏感性分析是敏感性分析的基本方法

8．净现值≥0 的累计概率可以反映投资项目（　　）。

A．盈亏平衡点　　　B．敏感性程度　　　C．风险大小　　　D．是否可行

二、判断题

1．在财务评价中通常用社会折现率计算净现值。（　）

2．财务评价中的销售收入＝市场销售单价×销售量。（　）

3．盈亏平衡分析只适用于财务评价，不适用于国民经济评价。（　）

4．盈亏平衡点生产能力利用率越高，投资方案面临的风险越低。（　）

5．速动比率、流动比率、资产负债率是通过编制全部投资现金流量表来计算的。

（　）

三、案例分析题

某项目的背景资料如下，请按要求完成该项目的财务评价。

（1）某项目建设期为 2 年，运营期为 6 年。

（2）项目固定资产投资估算总额为 3 600 万元，其中，预计形成固定资产 3 060 万元（含建设期贷款利息 60 万元），无形资产 540 万元。固定资产使用年限为 10 年，残值率为 4%，固定资产余值在项目运营期期末收回。

（3）无形资产在运营期 6 年中均匀摊入成本。

（4）流动资金为 800 万元，在项目的寿命周期期末收回。

（5）项目的设计生产能力为年产量 120 万件，产品售价为 45 元/件，销售税金及附加税率为 6%，所得税税率为 25%，行业基准收益率为 8%。

（6）该项目的资金投入、收益、成本等基础数据，如表 4-47 所示。

表 4-47　该项目的资金投入、收益、成本等基础数据　　　　　　单位：万元

序号	项目	年份数				
		1	2	3	4	5～8
1	建设投资： 自有资金部分 贷款（不含贷款利息）	1 200	340 2 000			
2	流动资金： 自有资金部分 贷款部分			300 100	400	
3	年销售量/万件			60	90	120
4	年经营成本			1 682	2 360	3 230

（7）还款方式为在运营期 6 年之中，按照每年等额本金法进行偿还（即从第三年至第八年）。长期贷款利率为 6%（按年计息），流动资金贷款利率为 4%（按年计息）。

（8）行业的投资利润率为 20%，投资利税率为 25%。

回答以下问题。

（1）编制项目的还本付息表、总成本费用估算表。

(2) 编制项目的损益表，并计算项目的投资利润率、投资利税率、资本金利润率。
(3) 编制项目的自有资金现金流量表，并计算项目的净现值、静态和动态投资回收期。
(4) 从财务评价的角度，分析判断该项目的可行性。
(5) 对该项目就总投资、经营成本、销售收入对净现值的影响进行单因素敏感性分析。
(6) 计算该项目的盈亏平衡单价、年产量、生产能力利用率，并进行简单的盈亏平衡分析。

4.4 选择题和判断题讲解

4.4 案例分析题讲解

4.5 建设项目国民经济评价

引言

一个建设项目的经济评价应包括财务评价与国民经济评价两大部分，其检验标准是：对于财务评价与国民经济评价的结论均可行的项目，应予通过；对于财务评价的结论可行、而国民经济评价的结论不可行的项目，一般应予否定；对于财务评价的结论不可行、而国民经济评价的结论可行的项目，主要是基础性项目和公益性项目，一般应予通过，或重新考虑方案（如采取某些财务优惠措施），使之具有财务上的生存能力。由此可见，国民经济评价具有特别重要的意义。

4.5.1 建设项目国民经济评价概述

■ 任务引入

在对某个方案进行决策时，需要在采用财务评价的方法和技巧进行微观分析的基础上，进行国民经济宏观分析与评价，评价结论作为决策的宏观重要依据，这样才能科学地选出正确的投资方案，在掌握财务评价基础知识的基础上需要熟悉国民经济评价的基础知识。

■ 任务分析

国民经济宏观分析与评价中的问题的解决需要用到建设项目国民经济评价的基础知识，下面介绍国民经济评价的基础知识点。

相关知识

1. 国民经济评价的概念

建设项目的国民经济评价又称项目的经济分析，它是从国家整体利益出发，考察项目的效益与费用，分析和计算项目为国民经济带来的净效益，从而评价投资项目在经济上的合理性，为投资决策提供宏观上的决策依据。实际上，项目的国民经济评价问题就是研究资源利用的整体优化性问题。

严格按照《关于建设项目经济评价工作的若干规定》对建设项目进行国民经济评价，就是重视宏观经济效益的体现，也是践行可持续发展理念、习近平新时代中国特色社会主义经济思想的要求。

2. 国民经济评价的范围

国民经济评价的范围分为狭义的理解和广义的理解。

狭义的理解，即认为国民经济评价应与社会评价分开，国民经济评价仅仅分析项目对国民经济产生的影响，而将项目对生态环境和社会生活等其他方面产生的影响放到社会评价之中去。

广义的理解，即认为可以将费用效益分析方法应用于经济社会的各个方面，将上述各种影响的费用和效益化为统一的可计算量，用统一的货币计量单位表示，并进行比较分析。

从目前的发展趋势看，社会评价已逐渐从原来的国民经济评价中分离出来，而成为一种新的项目评价类型，尤其在大型公共工程投资项目中应用得越来越广泛，其理论和方法也渐趋成熟。因此，将国民经济评价的考察范围定义在经济领域本身是比较恰当的，这样有助于三种评价类型（财务评价、国民经济评价和社会评价）的分工和专精，以免重复或遗漏。故本书对国民经济评价的介绍基本上属于狭义的范围。

3. 国民经济评价的作用

项目评价从传统的企业财务评价发展到国民经济评价，是一大飞跃，因为国民经济评价在投资实践中发挥着财务评价所不可替代的重大作用，主要体现在以下几个方面。

1）从宏观上合理配置国家有限资源

对于不断增长的人口及消费需求来说，国家资源总是有限的，有些甚至是稀缺的。仅仅从企业财务角度评判项目得失，无法正确反映资源的利用是否合理，而国民经济评价则在宏观上对资源流动进行跟踪，引导资源配置合理化，结合产业政策和地区政策，鼓励和促进某些有前途的产业和某类项目的发展，相应抑制和淘汰某些不适宜的产业和某类项目的存在。

2）真实反映项目对国民经济的净贡献

任何投资项目在建成后都是国民经济大系统中的一个小系统，它从国民经济大系统中吸取一定的投入，又向其释放一定的产出。在这个过程中，它和其他小系统之间发生着千丝万缕的联系、互相施加着错综复杂的影响。有些影响是积极的，能为国民经济增长提供贡献；有些影响则可能是消极的。这些联系与影响由于是发生在项目外部的，因此无法在财务评价中得到体现，而国民经济评价则可对此进行科学、全面的考察，不仅反映项目的直接效益和直接费用，也反映它的间接效益和间接费用，从而在整体上衡量出项目对国民经济的净贡献。

3）实现投资决策科学化

（1）由于财务评价只关心企业自身的得失，不涉及项目以外的问题，因此结论可能是片面的，如有的项目也许自身盈利丰厚，但对环境污染严重，从长远看为环境治理须付出沉重代价，最终得不偿失，这样的项目不能靠财务评价来把关，而只能通过国民经济评价去剔除。相反，有的项目公益性强，为社会所必需，但直接效益很低、甚至亏损，这样的项目若只做财务评价必定通不过，也只能用国民经济评价的结果做决策。

（2）由于市场发育的不完善及市场本身的局限性，财务评价采用的市场价格往往不能反映项目投入物与产出物的真实价值，其效益计算也就不完全可靠，而国民经济评价则以影子价格有效地解决了这个问题。

（3）财务评价中包含了税收、补贴和贷款条件，使不同项目或方案的财务盈利效果失去了公正比较的基础，而国民经济评价则消除了这些外在不平等性，令决策更趋于科学。

4．国民经济评价与财务评价的异同点

国民经济评价与财务评价两者是互相联系的，它们之间既有共同之处，又有差异。

1）国民经济评价与财务评价的共同之处

首先，它们都是经济效果评价，使用基本的经济评价理论和方法，寻求以最小的投入获取最大的产出，都要考虑资金时间价值，采用内部收益率、净现值等经济盈利性指标进行经济效果分析。

其次，两种分析都要在完成产品需求预测、工艺技术选择、投资估算、资金筹措方案选择的基础上进行。

2）国民经济评价与财务评价的区别

（1）评价的角度和基本出发点不同。企业财务评价是站在企业自身的角度上，从项目的经营者、投资者和未来的债权人的角度，分析项目在财务上能够生存的可能性，分析各方的实际收益或损失，分析投资或贷款的风险及收益。国民经济评价是在国家整体的角度上，分析和计算投资项目为国民经济所创造的效益和所做出的贡献。财务评价主要为企业的投资决策提供依据，国民经济评价则是为政府宏观上做出的投资决策提供依据。

（2）计算费用和效益的范围不同。企业财务评价是根据项目直接发生的财务收支，计算项目的费用和效益。国民经济评价则是从全社会的角度考察项目的费用和效益，项目的有些收入和支出属于国民经济内部的转移支付，因此不作为社会费用或效益。

（3）评价中使用的价格不同。在企业财务评价中，由于要求评价结果反映投资项目实际发生情况，其计算使用的价格应是对市场进行调查和预测后，确定出未来市场上可能发生的价格，而国民经济评价采用根据机会成本和供求关系确定的影子价格。

(4) 评价中使用的参数不同。评价参数是指汇率、贸易费用率、工资额及现值计算的贴现率，各参数在进行财务评价时必须根据不同行业的不同企业，以及企业条件、企业环境自行选定，而进行国民经济评价时，同样为了达到横向投资项目可比的目的，上述各项均采用统一的通用参数，如影子工资等。

(5) 评价中核心指标不同。企业财务评价的核心指标是利润与折旧，这两项收益也是回收投资的主要内容，如在财务评价中，投资回收期、净现值、内部收益率都是以上述两项内容进行计算的。在国民经济评价中，国民收入，即净产值是主要的考核指标，而国民收入包括利润与工资，但不包括折旧。对于企业而言，尽管工资部分的大小与职工的切身利益相关，但却是当年消耗掉的费用，企业无权对其进行支配，无法用来进行再投资或投资回收。而从国家宏观角度上分析，工资是新创造价值部分，关系到社会总产品价值的增加和社会就业水平，因此是十分重要的。

国民经济评价与财务评价的主要区别如表 4-48 所示。

表 4-48　国民经济评价与财务评价的主要区别

区别内容	评价方法	
	财务评价	国民经济评价
目的	提高企业的收益水平	提高全社会投资经济效果
出发点	经营项目的企业	国家
价格	市场价格	影子价格
折现率	设定的基准折现率	社会折现率
汇率	实际汇率或官方汇率	影子汇率
税收	考虑	不考虑
补贴	考虑	不考虑
贷款和归还	考虑	不考虑

■ 任务实施

需要用国民经济评价基本知识为国民经济评价实施奠定基础。

4.5.2 建设项目国民经济评价实施

■ 任务引入

在对某个方案进行国民经济评价时，需要掌握国民经济评价的内容和步骤。

■ 任务分析

经济宏观分析与评价中的问题的解决需要将建设项目国民经济评价的基础知识运用到具体的建设项目国民经济评价中，下面介绍如何进行国民经济评价。

相关知识

1. 国民经济评价的内容

国民经济评价的内容包括以下三个部分。

1）国民经济效益和费用的识别与处理

如前所述，国民经济评价中的效益和费用与财务评价相比，从含义到范围都有显著区别，不仅包括在项目建设和运营过程中直接发生的、在财务账面上直接显现的效益和费用，还包括因项目建设和运营对外部造成的、不在财务账面上直接显现的间接效益和费用。这就需要对这些效益和费用一一加以识别、归类，并尽量予以量化处理，实在无法定量的，也可定性描述。

2）影子价格的确定与基础数据的调整

正确拟定项目投入物和产出物的影子价格，是保障国民经济评价科学性的关键。应选择既能够反映资源的真实经济价值，又能够反映市场供求关系，并且符合国家经济政策的影子价格，在此前提下，将项目的各项经济基础数据按照影子价格进行调整，计算各项国民经济效益和费用。

3）国民经济效果分析

根据以上各项效益和费用，结合社会折现率等经济参数，计算项目的国民经济评价指标，编制国民经济评价报表，最终对项目的经济合理性得出结论。

2. 国民经济评价的程序

1）基础数据的收集与整理

基础数据的收集与整理包括效益、费用、影子价格、投资、利息等基础资料的收集与整理。

2）效益和费用的识别

国民经济效益和费用的识别，是进行国民经济评价工作的重要前提。比之反映项目直接效果的财务效益和费用而言，国民经济效益和费用的识别工作要更复杂、更困难，可称得上是整个项目评价成功的关键。

（1）效益和费用识别的原则。建设项目国民经济效益和费用的划分，随项目的性质、类型、评价目标的不同而有所不同，不能一概而论。这就要求从总体上把握住一些原则，以指导对这些纷纭繁复的经济现象和经济活动的识别与划分。

① 目标决定原则。项目的经济评价可在两个层次上进行：企业层次和国家层次。企业追求的基本目标是利润最大化，而国家追求的基本目标是在资源最优配置的基础上增大对国民经济的净贡献（提高国民收入）。因此，凡是减少项目货币收入的都是企业利润目标意义上的财务费用，而增加项目货币收入的则是财务效益；同理，凡是减少全社会国民收入的都是国民经济目标意义上的经济费用，而增加全社会国民收入的则是经济效益。

② 系统边界原则。财务评价是从项目自身的利益出发，其系统分析的边界就是项目本身。凡是流入项目的资金就是财务效益，凡是流出项目的资金就是财务费用。而国民经济评价是从国家的利益出发，其系统分析的边界是整个国家。因此，经济效益和经济费用不

仅要包括项目自身的直接效果，也要包括项目对国家其他部门和实体产生的间接效果（即外部效果）。

③ 资源变动原则。在财务评价中，追踪的是货币流向。而国民经济评价是以资源最优配置为目标，由于经济资源的稀缺性，资源在本项目的投入会减少在其他项目的投入，从而减少其他项目的国民收入。从这个意义上说，本项目对资源的使用产生了经济费用。同理，本项目的产出增加了社会可用资源，产生了经济效益。需要指出的是，这里的经济资源是指稀缺资源，不包括那些闲置不用或不付出代价就可自由使用的资源（如空气）。

④ 考察外部效果原则。外部效果是依据"事物是普遍联系的"这一哲学命题而提出的。越是重大投资项目，牵涉越广、联系越多，要识别也越艰难，极易遗漏或重复。

（2）经济效益。项目的经济效益是指项目对国民经济所做的贡献，分为直接效益和间接效益。

① 直接效益是指由项目产出物产生并在项目范围内计算的经济效益，一般表现为以下几种。

a．增加该产出物数量，以满足国内需求的效益。

b．替代其他相同或类似企业的产出物，使被替代企业减产以减少国家有用资源耗费（或损失）的效益。

c．增加出口（或减少进口）所增收（或节支）国家外汇的效益。

② 间接效益是指由项目引起的、但在直接效益中未得到反映的那部分效益，如技术扩散和示范效果等。

（3）经济费用。项目的经济费用是指国民经济为项目付出的代价，分为直接费用和间接费用。

① 直接费用是指项目使用投入物所产生的并在项目范围内计算的经济费用，一般表现为以下几种。

a．其他部门为供应本项目投入物而扩大生产规模所耗用的资源费用。

b．减少对其他项目（或最终消费）投入物的供应而放弃的效益。

c．增加进口（或减少出口）所耗用（或减收）国家外汇的费用。

此外，项目范围内主要为本项目服务的商业、教育、卫生、文化、住宅等生活福利设施投资，应计为项目的费用（这些生活福利设施所产生的效益，可视为已经体现在项目的产出效益中，一般不必单独核算）。

② 间接费用是指由项目引起的、但在直接费用中未得到反映的那部分费用，如生态破坏和环境污染等。

项目的间接效益和间接费用统称为外部效果。项目的外部效果一般只计算一次相关效果，不计算连续扩展的乘数效果。

3）确定国民经济评价的主要参数

（1）影子价格。在财务评价中采用的市场价格，常常由于种种原因而不能反映商品的真实价值，通常不能直接用来进行国民经济评价。进行国民经济评价时应采用对市场价格进行修正的理论价格，即所谓的影子价格。

影子价格通常是指一种资源的影子价格,因此影子价格可以定义为某种资源处于最佳分配状态时的边际产出价值。

① 外贸货物的影子价格。外贸货物是指项目使用或生产某种货物将直接或间接影响国家对其进口或出口的货物,包括以下几种。

a. 项目产出物中直接出口、间接出口和替代进口的。

b. 项目投入物中直接进口、间接进口和减少出口的。

原则上,对于影响进出口的不同,应当区别不同情况采取不同的影子价格定价方法。但在实践中,为了简化工作,可以只对项目投入物中直接进口的和产出物中直接出口的,采取进出口价格测定影子价格。对于间接进出口的仍按国内市场价格定价。

$$直接进口投入物的影子价格(到厂价)=到岸价(CIF)×影子汇率+贸易费用+国内运杂费 \quad (4-76)$$

$$直接出口产出物的影子价格(出厂价)=离岸价(FOB)×影子汇率-贸易费用-国内运杂费 \quad (4-77)$$

到岸价是指进口货物运抵我国进口口岸交货的价格,包括货物进口的货价、运抵我国口岸之前所发生的国外的运费和保险费。

离岸价是指出口货物运抵我国出口口岸交货的价格,包括货物的出厂价和国内运费,以及国内出口商的经销费用。

贸易费用是指物资系统、外贸公司和各级商业批发零售等部门经销物资货物的用影子价格计算的流通费用,包括货物的经手、储运、再包装、短距离倒运、装卸、保险、检验等商业流通环节上的费用支出,同时也包括流通中的损失、损耗及资金占用的机会成本,但不包括长途运输费用。外贸货物的贸易费用一般可以通过货物的口岸价乘以贸易费用率计算得到。贸易费用率需要依照贸易货物的品种、贸易额、交易条件确定。

② 非外贸货物的影子价格。

国内市场没有价格管制的产品或服务,项目投入物和产出物不直接进出口的,按照非外贸货物定价,以国内市场价格为基础测定影子价格。

$$投入物影子价格(到厂价)=市场价格+国内运杂费 \quad (4-78)$$

$$产出物影子价格(出厂价)=市场价格-国内运杂费 \quad (4-79)$$

(2)影子汇率。影子汇率是一个单位外汇折合成国内价格的实际经济价值,也称外汇的影子价格。它在国民经济评价中,用来进行外汇与人民币之间的换算。它不同于官方汇率,官方汇率是由中国人民银行定期公布的人民币对外汇的比价,是在币种兑换中实际发生的比价,而影子汇率仅用于国民经济评价,并不发生实际交换。

影子汇率的确定主要依据一个国家或地区一段时间内进出口结构和水平、外汇的机会成本及发展趋势、外汇供需情况等因素。一旦上述因素发生较大变化后,影子汇率值需进行相应的调整。例如,20世纪80年代末确定的影子汇率为1美元=4.0元人民币,而到20世纪90年代初,我国进出口的结构和外汇需求发生较大变化,曾将影子汇率调整到1美元=5.2元人民币。

4）编制相关报表与计算国民经济评价指标

国民经济评价和财务评价相似，也是通过计算评价指标、编制相关报表来反映项目的国民经济效果。

（1）国民经济评价的指标体系。国民经济评价的应用指标中，由于不计清偿能力，故无时间性指标，其余价值性指标、比率性指标与财务评价类似，并新增了一些反映外汇效果的指标，如图 4.26 所示。

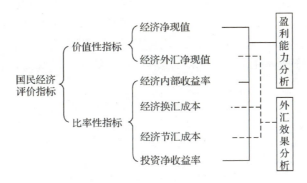

图 4.26　国民经济评价的指标体系

（2）国民经济评价指标。国民经济评价包括国民经济盈利能力分析和外汇效果分析，以经济内部收益率作为主要评价指标。根据项目的特点和实际需要，也可以计算经济净现值等指标。产品出口创汇及替代进口节汇的项目，要计算经济外汇净现值、经济换汇成本和经济节汇成本等指标。此外，还可以对难以量化的外部效果进行定性分析。

① 国民经济盈利能力分析评价指标。国民经济盈利能力分析评价指标分为经济内部收益率和经济净现值等。

a．经济内部收益率（EIRR）。经济内部收益率是反映项目对国民经济净贡献的相对指标。该指标是使项目计算期内的经济净现值累计等于零时的折现率。其计算公式为

$$\sum_{t=0}^{n}(B-C)_t(1+\text{EIRR})^{-t}=0 \tag{4-80}$$

式中：B——现金流入量；

C——现金流出量；

$(B-C)_t$——第 t 年的净现金流量；

n——项目计算期或经济寿命。

经济内部收益率可以通过经济现金流量表用试差法进行计算。求出的 EIRR 和社会折现率 i_s 进行比较，如果 EIRR$\geqslant i_s$，项目应考虑可以接受。

b．经济净现值（ENPV）。经济净现值是反映项目对国民经济净贡献的绝对指标。该指标是用社会折现率将项目计算期内各年的净效益流量折算到建设期初的现值之和。当经济净现值大于零时，表明国家为项目付出代价后，除得到符合社会折现率的社会盈余外，还可以得到以现值计算的超额社会盈余。其计算公式为

$$\text{ENPV} = \sum_{t=0}^{n} (B-C)_t (1+i_s)^{-t} \qquad (4\text{-}81)$$

其中 i_s 为社会折现率。

一般情况下，经济净现值 ENPV≥0 的项目是可以考虑接受的。经济净现值通过经济现金流量表计算。

② 外汇效果分析评价指标。涉及产品出口创汇及替代进口节汇的项目，应进行外汇效果分析，计算经济外汇净现值、经济换汇成本、经济节汇成本等指标。

a. 经济外汇净现值（ENPV_F）。经济外汇净现值是反映项目实施后对国家外汇收支造成直接或间接影响的重要指标，用以衡量项目对国家外汇的真正净贡献（创汇）或净消耗（用汇）。经济外汇净现值可以通过经济外汇流量表计算求得，其计算公式为

$$\text{ENPV}_F = \sum_{t=0}^{n} (\text{FI} - \text{FO})_t (1+i_s)^{-t} \qquad (4\text{-}82)$$

式中：FI——外汇流入量；

FO——外汇流出量；

$(\text{FI} - \text{FO})_t$——第 t 年的净外汇流量；

n——项目计算期或经济寿命。

当有产品替代进口产品时，可以按净外汇效果计算经济外汇净现值。

b. 经济换汇成本。当有产品直接出口时，应计算经济换汇成本。该指标是用影子价格、影子工资和社会折现率计算出口产品投入的国内资源（包括投资、原材料、工资、其他投入和贸易费用）现值（用人民币表示）与出口产品的经济外汇净现值（用美元表示）之比，即换取 1 美元外汇所需要的人民币金额，是分析评价项目实施后在国际上的竞争力，进而判断该产品是否应出口的重要指标，其计算公式为

$$\text{经济换汇成本} = \frac{\sum_{t=0}^{n} \text{DR}_t (1+i_s)^{-t}}{\sum_{t=0}^{n} (\text{FI}' - \text{FO}')_t (1+i_s)^{-t}} \qquad (4\text{-}83)$$

式中：DR_t——项目在第 t 年生产出口产品投入的国内资源，用人民币表示；

FI'——出口产品的外汇流入量，用美元表示；

FO'——出口产品的外汇流出量，用美元表示。

经济换汇成本（元/美元）小于或等于影子汇率，表明该项目产品的国际竞争力强，出口或替代进口是有利的。

c. 经济节汇成本。当有产品替代进口产品时，应计算经济节汇成本。该指标等于项目计算期内生产替代进口产品所投入的国内资源（包括资源、原材料、工资、其他投入和贸易费用）现值与生产替代进口产品的经济外汇净现值之比，即节约 1 美元外汇所需要的人民币金额，其计算公式为

$$\text{经济节汇成本} = \frac{\sum_{t=0}^{n} \text{DR}''_t (1+i_s)^{-t}}{\sum_{t=0}^{n} (\text{FI}'' - \text{FO}'')_t (1+i_s)^{-t}} \qquad (4\text{-}84)$$

式中：DR''_t——项目在第 t 年为生产替代进口产品投入的国内资源，用人民币表示；

FI''——生产替代进口产品所节约的外汇，用美元表示；

FO''——生产替代进口产品的外汇流出，用美元表示。

经济节汇成本（元/美元）小于或等于影子汇率，表明该项目产品的国际竞争力强，出口或替代进口是有利的。

（3）国民经济评价的基本报表。国民经济评价的基本报表分为国民经济效益费用流量表（全部投资）和国民经济效益费用流量表（国内投资）。前者以全部投资作为计算的基础，用以计算全部投资的经济内部收益率、经济净现值、经济净现值率等评价指标。后者以国内投资作为计算的基础，将国外借款利息和本金的偿还作为现金流出，用以计算国内投资的经济内部收益率、经济净现值、经济净现值率等评价指标。这两种表的格式如表 4-49、表 4-50 所示，表中内容可以根据实际情况增减。

表 4-49　国民经济效益费用流量表（全部投资）

序号	项　目	合计	建设期			投产期		达　产　期				
			1	2	3	4	5	6	7	8	9	…
	生产负荷/（%）											
1	效益流量											
1.1	产品销售收入											
1.2	回收固定资产余值											
1.3	回收流动资金											
1.4	项目间接效益											
2	费用流量											
2.1	固定资产投资											
2.2	流动资金											
2.3	经营费用											
2.4	项目间接费用											
3	净效益流量（1－2）											

计算指标：① 经济内部收益率（EIRR）；
② 经济净现值（ENPV）。

表 4-50　国民经济效益费用流量表（国内投资）

序号	项　目	合计	建设期			投产期		达　产　期				
			1	2	3	4	5	6	7	8	9	…
	生产负荷/（%）											
1	效益流量											
1.1	产品销售收入											
1.2	回收固定资产余值											
1.3	回收流动资金											

续表

序号	项 目	合计	建设期			投产期		达 产 期			
			1	2	3	4	5	6	7	8	9 …
1.4	项目间接效益										
2	费用流量										
2.1	固定资产投资中国内资金										
2.2	流动资金中国内资金										
2.3	经营费用										
2.4	流至国外的资金										
2.4.1	国外借款本金偿还										
2.4.2	国外借款利息支付										
2.4.3	其他										
2.5	项目间接费用										
3	净效益流量（1—2）										

计算指标：① 经济内部收益率（EIRR）；
② 经济净现值（ENPV）。

涉及产品出口创汇及替代进口节汇的项目，还应编制经济外汇流量表，如表4-51所示。

表 4-51 经济外汇流量表

序号	项 目	合计	建设期			投产期		达 产 期			
			1	2	3	4	5	6	7	8	9 …
	生产负荷/（%）										
1	外汇流入										
1.1	产品销售外汇收入										
1.2	外汇借款										
1.3	其他外汇收入										
2	外汇流出										
2.1	固定资产投资中外汇支出										
2.2	进口原材料										
2.3	进口零部件										
2.4	技术转让费										
2.5	偿付外汇借款本息										
2.6	其他外汇支出										
3	净外汇流量（1—2）										
4	产品替代进口收入										
5	净外汇效果										

计算指标：① 经济外汇净现值；
② 经济换汇成本或经济节汇成本。

上述报表中所列流入和流出项均按影子价格、影子工资和影子汇率计算，并应剔除属于国民经济内部的转移支付部分，如税金、补贴、国内借款利息等。

5）总结国民经济评价结论

根据国民经济评价指标的计算结果对建设项目的经济盈利能力、创汇能力、节汇能力、外汇平衡能力做出分析与判断。

 教学提示

严格按照相关法律法规和《关于建设项目经济评价工作的若干规定》、参照《建设项目经济评价方法与参数》对建设项目进行国民经济评价，准确地计算效益与费用、正确编制国民经济评价报表，具体真实地体会到企业（项目）对国家的经济贡献就是体现在经济盈利能力、创汇能力、节汇能力、外汇平衡能力等方面，从而认识到践行习近平新时代中国特色社会主义经济思想的重要性。

任务实施

用国民经济评价基础知识解决投资项目经济评价问题，具体情况见模块 7 建设项目经济评价案例中国民经济评价部分。

思考与练习

一、选择题

1. 财务评价与国民经济评价的主要区别是（　　）。
   A．评价的角度不同
   B．效益和费用的含义及划分范围不同
   C．项目的运营期限不同
   D．评价的价格不同
   E．主要参数不同

2. 在社会最优的生产组织情况下，供应与需求达到均衡时的产品和资源的价格被定名为（　　）。
   A．现行价格　　B．到岸价格　　C．离岸价格　　D．影子价格

3. 在国民经济评价中，不计入项目的费用流量是（　　）。
   A．投资　　　　B．利息　　　　C．经营成本　　D．税金

4. 下列（　　）属于国民经济评价指标。
   A．财务内部收益率　　　　　　B．经济内部收益率
   C．财务净现值　　　　　　　　D．经济净现值
   E．经济换汇成本

5. 国民经济评价中通常需编制（　　）。
   A. 国民经济效益费用流量表（全部投资）
   B. 国民经济效益费用流量表（国内投资）
   C. 经济外汇流量表
   D. 资金来源与运用表
   E. 资产负债表

二、判断题

1. 国民经济评价中采用的价格是市场价格，折现率为社会折现率。（　　）
2. 国民经济评价中的效益和费用只涉及直接效益和费用。（　　）
3. 经济内部收益率、经济净现值与财务内部收益率、财务净现值在计算过程与方法上是相同的。（　　）
4. 税收与政府补贴是国民经济内部的转移支付部分，不计入效益流量。（　　）
5. 国内还本付息计入国民经济效益费用流量表（国内投资）中的费用流量。（　　）

4.5 思考与练习在线答题

4.5 思考与练习讲解

4.6　可行性研究及报告编制

引言

在建设项目投资决策前，最重要的一项工作就是进行项目可行性研究。可行性研究工作从20世纪30年代美国开发田纳西河流域开始试行到现在，得以不断充实、完善和迅速发展，逐步形成一套完整系统的科学研究方法，其应用范围逐渐扩大。我国从1979年开始引进可行性研究以来，在全国范围内得到了广泛的应用，不仅成为各类规划设计单位、工程咨询公司进行投资项目经济评价和评估的指导性文件，而且也是各级计划部门审批项目建议书、各级金融机构审批贷款项目的重要依据。

4.6.1 可行性研究概述

■ 任务引入

拟建设项目,欲进行投资建设。在投资建设之前,应该做哪些准备工作?

港珠澳大桥

■ 任务分析

可行性研究如何进行?它的程序如何?研究的内容有哪些?报告如何编制?以上内容都需要由相关的专业人士来完成。下面就来学习这部分知识。

可行性研究报告

■ 相关知识

1. 可行性研究概述

1)可行性研究的概念

建设项目的可行性研究是在投资决策前,对与拟建项目有关的社会、经济、技术等各方面进行深入细致的调查研究,对各种可能采用的技术方案和建设方案进行认真的技术经济分析和比较论证,对项目建成后的经济效益进行科学的预测和评价。在此基础上,对拟建项目的技术先进性和适用性、经济合理性和有效性,以及建设必要性和可行性进行全面分析、系统论证、多方案比较和综合评价,由此得出该项目是否应投资建设和如何投资等结论性意见,为项目投资决策提供可靠的科学依据。

2)可行性研究的作用

(1)作为建设项目投资决策的依据。可行性研究是项目投资建设的首要环节,项目投资决策者主要根据可行性研究的评价结果,决定一个建设项目是否应该投资和如何投资。

(2)作为编制设计文件的依据。项目主管部门根据可行性研究报告编制项目的规划设计书、项目的施工图纸、项目的进度计划、项目贷款申请书等。

(3)作为向银行贷款的依据。世界银行集团等国际金融组织都把可行性研究作为申请工程项目贷款的先决条件。国内的商业银行在项目建设申请贷款时,也首先对贷款项目进行全面、细致的分析评估后,确认项目偿债能力,才同意发放贷款。

(4)作为建设单位与各协作单位签订合同和有关协议的依据。根据可行性研究报告和设计任务书,项目主管部门还可以同有关部门签订项目原材料、资源和基础设施等方面的协议和合同,以及同国外厂商就引进技术和设备正式签约。

(5)作为环保部门、地方政府和规划部门审批项目的依据。项目可行性研究报告在审批后,还需地方规划部门、环保部门审查,审查合格后,才发放建设执照。

(6)作为施工组织、工程进度安排及竣工验收的依据。

(7)作为项目后评估的依据。

项目后评估的内容包括对项目可行性研究进行回顾,以此为基础进行分析,得出后评估的结论和建议。

3）可行性研究的阶段与内容

（1）可行性研究的工作阶段。工程项目建设的全过程一般分为三个主要时期：投资前时期、投资时期和生产时期。可行性研究工作主要在投资前时期进行。投资前时期的可行性研究工作主要包括四个阶段：机会研究阶段、初步可行性研究阶段、详细可行性研究阶段、评价和决策阶段。

① 机会研究阶段。投资机会研究又称投资机会论证。这一阶段的主要任务是提出建设项目投资方向建议，即在一个确定的地区和部门内，根据自然资源、市场需求、国家产业政策和国际贸易情况，通过调查、预测和分析研究，选择建设项目，寻找投资的有利机会。机会研究要解决两个方面的问题：一是社会是否需要；二是有没有可以开展项目的基本条件。

机会研究一般从以下几个方面着手开展工作。

a．以开发利用本地区的某一丰富资源为基础，谋求投资机会。

b．以现有工业的拓展和产品深加工为基础，通过增加现有企业的生产能力与生产工序等途径创造投资机会。

c．以优越的地理位置、便利的交通运输条件为基础分析各种投资机会。

这个阶段所估算的投资额和生产成本的精确程度控制在±30%左右，大中型项目的机会研究所需时间为1～3个月，所需费用占投资总额的0.2%～1%。

② 初步可行性研究阶段。在项目建议书被国家计划部门批准后，对于投资规模大、技术工艺又比较复杂的大中型骨干项目，需要先进行初步可行性研究。初步可行性研究又称预可行性研究，是正式的详细可行性研究前的预备性研究阶段。主要目的包括，确定是否进行详细可行性研究，确定哪些关键问题需要进行辅助性专题研究。

初步可行性研究内容和结构与详细可行性研究基本相同，主要区别是所获资料的详尽程度不同、研究深度不同。对建设投资和生产成本的估算精度一般要求控制在±20%左右，研究时间为4～6个月，所需费用占投资总额的0.25%～1.25%。

③ 详细可行性研究阶段。详细可行性研究又称技术经济可行性研究，是可行性研究的主要阶段，是建设项目投资决策的基础。它为项目决策提供技术、经济、社会、商业方面的评价依据，为项目的具体实施提供科学依据。这一阶段的主要目标包括，提出项目建设方案，效益分析和最终方案选择，确定项目投资的最终可行性和选择依据标准。

这一阶段的内容比较详尽，所花费的时间和精力都比较大。建设投资和生产成本的估算精度控制在±10%以内。大型项目研究工作所花费的时间为8～12个月，所需费用占投资总额的0.2%～1%。中小型项目研究工作所花费的时间为4～6个月，所需费用占投资总额的1%～3%。

④ 评价和决策阶段。评价和决策是由投资决策部门组织和授权有关咨询公司或有关专家，代表项目业主和出资人对建设项目可行性研究报告进行全面的审核和再评价。其主要任务是对拟建项目的可行性研究报告提出评价意见，最终决策该项目投资是否可行，确定最佳投资方案。项目评价和决策是在可行性研究报告基础上进行的，其包括下述内容。

a．全面审核可行性研究报告中反映的各项情况是否属实。

b. 分析项目可行性研究报告中各项指标计算是否正确，包括各种参数、基础数据、定额费率的选择。

c. 从企业、国家和社会等方面综合分析和判断工程项目的经济效益和社会效益。

d. 分析和判断项目可行性研究报告的可靠性、真实性和客观性，对项目做出最终的投资决策。

e. 最后写出项目评估报告。

2. 编制可行性研究报告

1）可行性研究报告的编制

（1）编制程序。可行性研究的工作程序如下。

① 建设单位提出项目建议书和初步可行性研究报告。

② 项目业主、承办单位委托有资格的单位进行可行性研究。

③ 设计或咨询单位进行可行性研究工作，编制完整的可行性研究报告。

设计单位与委托单位签订合同后，即可开展可行性研究工作。一般按以下五个步骤开展工作。

a. 了解有关部门与委托单位对建设项目的意图，并组建工作小组，制订工作计划。

b. 调查研究与收集资料。

c. 方案设计和优选。

d. 经济分析和评价。

e. 编写可行性研究报告。

绿色环保建筑

（2）编制依据。

① 项目建议书（初步可行性研究报告）及其批复文件。

② 国家和地方的经济和社会发展规划，行业部门发展规划。

③ 国家有关法律法规和政策。

④ 对于大中型骨干项目，必须具有国家批准的资源报告、国土开发整治规划、区域规划、江河流域规划、工业基地规划等有关文件。

⑤ 有关机构发布的工程建设方面的标准、规范和定额。

⑥ 合资、合作项目各方签订的协议书或意向书。

⑦ 委托单位的委托合同。

⑧ 经国家统一颁布的有关项目评价的基本参数和指标。

⑨ 有关的基础数据。

（3）编制要求。

① 编制单位必须具备承担可行性研究的条件。

② 确保可行性研究报告的真实性和科学性。

③ 可行性研究的深度要规范化和标准化。

④ 可行性研究报告必须经签证和审批。

2）可行性研究报告的审批

根据《中央预算内直接投资项目管理办法》（中华人民共和国国家发展和改革委员会令第 7 号）规定，申请安排中央预算内投资 3 000 万元及以上的项目，以及需要跨地区、跨部门、跨领域统筹的项目,由国家发展改革委审批或者由国家发展改革委委托中央有关部门审批,其中特别重大项目由国家发展改革委核报国务院批准;其余项目按照隶属关系,由中央有关部门审批后抄送国家发展改革委。

项目可行性研究报告编制完成后,由项目单位按照申报程序和事权向项目审批部门申报可行性研究报告。

3) 可行性研究报告的编写内容

一般建设项目的可行性研究报告应包含以下几个方面内容。

(1) 总论。
(2) 产品的市场需求和拟建规模。
(3) 资源、原材料、燃料及公用设施情况。
(4) 建厂条件和厂址选择。
(5) 项目设计方案。
(6) 环境保护与劳动安全。
(7) 企业组织、劳动定员和人员培训。
(8) 项目施工计划和进度要求。
(9) 投资估算和资金筹措。
(10) 项目的经济评价。
(11) 综合评价与结论、建议。

可以看出,建设项目可行性研究报告的内容可概括为三大部分:①市场研究,包括产品的市场调查和预测研究,这是项目可行性研究的前提和基础,其主要任务是解决项目的"必要性"问题;②技术研究,即技术方案和建设条件研究,这是项目可行性研究的技术基础,它要解决项目在技术上的"可行性"问题;③效益研究,即经济效益的分析和评价,这是项目可行性研究的核心部分,主要解决项目在经济上的"合理性"问题。市场研究、技术研究和效益研究共同构成项目可行性研究的三大支柱。

■ 任务实施

利用本任务基础知识编制建设项目可行性研究报告。

4.6.2 可行性研究报告编制

■ 任务引入

某建设公司获取了一块土地,欲进行开发建设。在开发建设之前,应该进行可行性研究,并编制可行性研究报告。

■ 任务分析

可行性研究报告的编制需要由相关的专业人士来完成。下面学习可行性研究报告实例。

> **相关知识**

下文可行性研究报告实例中为避免涉及或泄露公司机密,故将公司名称和项目名称隐去,用 AAA 表示公司名称,BBB 表示项目名称。

BBB 项目二期可行性研究报告

第一章 总论

1.1 项目背景

1.1.1 项目名称

项目名称:成都 BBB 项目二期可行性研究报告。

项目定义为由成都 AAA 公司拟投资运作的位于成都市×××区产业园项目。

1.1.2 项目报告编制单位

编制单位:湖北×××房地产估价咨询有限公司。

1.1.3 建设单位

建设单位:成都 AAA 公司。

本项目由成都 AAA 公司投资运作,该公司成立于 2016 年,主要经营范围为产业园区规划、开发、运营、销售及管理服务(不含房地产开发);城市基础设施及配套设施建设;工程咨询;科技企业孵化;科技信息推广咨询;企业管理服务;电子信息软件、材料、元器件、整机和系统集成及相关共性技术的科研、开发、销售;商务信息服务;电子高科技产品的开发及应用;电子科技成果转化及技术服务、技术转让;广告业(不含气球广告);零售通信设备(不含无线发射设备和卫星电视广播地面接收设备)、数码产品。(涉及国家规定实施准入特别管理措施的除外;依法须经批准的项目,经相关部门批准后方可开展经营活动。)

1.1.4 可行性研究报告编制依据(节略)

(1)中华人民共和国住房和城乡建设部和四川省、成都市颁布的相关法规与政策;

(2)《中共中央关于制定国民经济和社会发展第十四个五年规划和二〇三五年远景目标的建议》;

……

(8)《建设项目经济评价方法与参数》;

(9)《投资项目可行性研究指南(试用版)》(计办投资〔2002〕15 号);

(10)《房地产开发项目经济评价方法》(建标〔2000〕205 号);

(11)《关于发布成都市房屋建筑工程建安造价最低控制指标的通知》(成建价〔2015〕12 号);

……

1.1.5 项目建设必要性及项目提出的理由和过程

1)项目建设必要性(略)

2)项目提出的理由和过程(节略)

《国务院关于加快构建大众创业万众创新支撑平台的指导意见》(国发〔2015〕53 号)指出:把握发展机遇,汇聚经济社会发展新动能;创新发展理念,着力打造创业创新新格局;全面推进众创,释放创业创新能量;积极推广众包,激发创业创新活力;立体实施众扶,集聚创业创新合力;稳健发展众筹,拓展创业创新融资;推进放管结合,营造宽松发展空间;完善市场环境,夯实健康发展基础;强化内部治理,塑造自律发展机制;优化政策扶持,构建持续发展环境。

1.2 项目概况

1.2.1 项目区位

本项目位于成都市×××区,属于成都芯谷产业,东邻纵一路、双流体育中心、东升中学,西邻双楠大道(五环路),北邻花园路。本项目距离×××国际机场6公里,距离×××西站4公里。本项目距离成都市中心19公里,立足自身临空优势,积极融入成都"双核",构建具有临空服务特色的综合副中心。×××区受到成都主城、天府新区双核辐射的区位优势,以及自身城市能级提升的发展诉求,助推基地构建成都综合副中心。

1.2.2 主要开发建设条件

AAA公司于2019年10月17日取得了《建设用地规划许可证》,11#、12#地块的《建设工程规划许可证》,11#地块的《建筑工程施工许可证》等相关证件后,进行项目的开发,当前项目规划建设方案已经确定,项目已经开工建设。

1.2.3 项目规划建设方案

项目规划建设方案根据总平面图、地块综合技术经济指标表等相关资料确定,主要经济技术指标如表4-52所示。

表4-52 主要经济技术指标

项目	11#	12#	13#	14#	单位
一、规划建设净用地面积	39 091.21	43 974.52	49 648.88	60 133.64	m²
二、规划总建筑面积	86 985.19	89 386.65	98 584.50	159 494.70	m²
(一)总计容建筑面积	58 602.17	65 324.11	73 938.36	120 267.00	m²
(1)科研办公	58 241.32	64 834.74	73 938.36	120 267.00	m²
(2)物管用房	360.85	396.54	0.00	0.00	m²
(3)消防控制室	0.00	92.83			m²
(二)地下室建筑面积(不计容)	26 345.11	23 456.83	23 838.23	39 227.70	m²
建设项目配套设施(不计容)	26 345.11	23 456.83	23 838.23	39 227.70	m²
(1)地下机动车库	22 810.65	23 034.31	23 527.50	37 228.10	m²
(2)能源中心建筑面积	3 051.58				m²
(3)消防水池	287.45	301.20			m²
(4)蓄水池	107.96	121.32			m²
(5)消防控制室	87.47				m²
(6)地下非机动车库				1 999.60	m²
(7)变(配)电站			310.73		m²
(三)地上不计容建筑面积	2 037.91	605.71	807.91		m²
(1)架空层	1 958.14	558.23			m²

续表

项目	11#	12#	13#	14#	单位
（2）楼梯间	79.77	47.48			m²
三、容积率	1.50	1.50	1.49	2.00	
四、建筑密度	30.80%	29.40%	29.20%	27.60%	
五、绿地率		30.00%	30.00%	30.10%	
六、机动车停车位	470	640	598	963	个
（1）地上	0	42	75	96	个
（2）地下	470	598	523	867	个

整理后的主要经济技术指标如表 4-53 所示。

表 4-53 整理后的主要经济技术指标

项目		面积	单位
总用地面积		192 848.25	m²
总建筑面积		434 451.04	m²
计容建筑面积		318 131.64	m²
其中	科研办公建筑面积	317 281.42	m²
	其他配套设施建筑面积	850.22	m²
不计容建筑面积		116 319.40	m²
地下机动车停车位		2 458	个

1.3 项目主要研究结论和技术经济指标

1.3.1 项目主要研究结论

（1）项目建设规模较大、功能定位准确，总体规划符合城市区域发展规划的要求，具有较好的社会效益。

（2）项目顺利的开发建设，可以充分扩大就业领域，全面提高市场运营总量，有效增加政府税收，为地方经济和社会发展做出贡献。同时又改变了当地未来成长发展的模式，集约化地利用了宝贵的土地资源，释放了巨大的投资牵引作用，其社会效益是明显且巨大的。运用市场化的手段，有效地推进地区环境的优化变迁，从而更乐业、更符合科学发展观，使资源环境与未来的发展目标更和谐一体，其环境效益是十分显著的。

（3）项目建设符合国家产业政策、地方规划的要求，能够推动地方经济的发展，项目总体符合市场的发展和需要。

（4）本项目融资前和融资后的财务净现值都大于零，而且内部收益率高于财务基准收益率，具有一定的财务盈利能力。利息备付率、偿债备付率均高于评价标准，项目资产负债率不高，项目的债务偿还是安全的。项目计算期内各年份的累计盈余资金均大于零，并保持有较大数额的盈余，说明项目的资金运用是平衡的，项目具有一定的财务生存能力。通过盈亏平衡分析及敏感性分析表明，本项目具有一定的抗风险性。基于以上所述项目在财务上是可行的。

（5）项目没有什么灾难性的风险，严重风险很少，且可以控制，或发生的概率低。项目存在的较大风险，只要重视并采取有效的防范措施，其造成的损失项目是可以承受的。

综上所述，该项目的建设在财务上是可行的。因此，项目的建设是十分必要的，但是需要科学决策、精心组织、审慎运作，有效地规避风险。

1.3.2 项目总投资和主要技术经济指标

根据对投资和收入的估算进行财务分析，项目开发净收益为 31 628.31 万元，项目的开发收益率为 12.75%，项目盈利能力较强。主要经济评价指标汇总表如表 4-54 所示。

表 4-54 主要经济评价指标汇总表

序号	项目	单位	数量	备注
主要经济结果和数据				
一	项目总投资	万元	248 000	
1	建设投资	万元	181 073.29	
2	建设期利息	万元	66 927.01	
3	单位面积造价	元/m²	7 795.52	按计容建筑面积平摊
二	项目收益	万元	31 628.31	
1	销售及出租收入	万元	356 490.96	
2	成本	万元	37 800.70	
2.1	税金及附加	万元	27 674.55	
2.2	营销推广费	万元	7 129.81	
2.3	租售代理费	万元	2 996.34	
3	土地增值税	万元	28 519.28	
4	所得税	万元	10 542.67	
5	净利润	万元	279 628.31	1-2-3-4
6	部分总投资	万元	248 000	销售部分分摊总投资
7	净收益	万元	31 628.31	5-6
经济评价指标				
一	项目投资财务内部收益率（税前）		8.86%	基准收益率 $i_c=8\%$
	项目投资财务内部收益率（税后）		8.41%	
	项目投资财务净现值（税前）	万元	6 694.28	
	项目投资财务净现值（税后）	万元	3 040.37	
	项目投资回收期（税前）	年	8.44	
二	项目开发收益率		12.75%	
三	最低的利息备付率		3.57%	长期债务存续期间
	最低的偿债备付率		2.07%	长期债务存续期间
四	最高的资产负债率		57.12%	长期债务存续期间

1.4 问题与建议

1.4.1 项目开发建设存在的主要问题

本项目开发建设存在的主要问题为，项目建设投资总额控制有赖于项目实施过程中承办方的具体执行情况，一旦投资失控，会对项目的投资、筹资平衡方案产生严重影响，进而影响到项目未来的良性运行。

1.4.2 实施建议

对本项目的实施建议主要有以下几点。

（1）按照园区建设的有关政策，高起点、高标准搞好项目规划设计。根据市场需求进行项目规划设计和市场定位，强化成竞争优势。通过精心谋划，以期提高市场占有率，并降低运行成本。

（2）及时掌握市场信息，调整公司营销策略，建立完善的营销渠道，同时大力在市场上推广自己的企业形象及物业形象，形成稳定的营销网络。

（3）制定稳妥积极的施工方案，保证施工安全和现场文明施工水平，加快工程施工进度，尽可能减少因施工对周边居民和商贸活动产生影响的持续时间。

（4）严格控制项目建设投资成本，项目建设投资总额控制有赖于项目实施过程中承办方的具体执行情况，项目开发的各个阶段要注意邀请既有实力又能切实认真地投入的合作伙伴，以增强承办方自身在项目开发上的综合业务能力。

（5）本项目建设工期较长，存在较多不确定性因素，如政策风险、工程风险、投资风险、环境风险等因素，建设单位应做好事前风险评估，提高抗风险能力。

（6）对有关物价和利率等风险在投资估算中留有充分余地，同时在项目执行过程中实施有效监控。

第二章 市场研究和市场战略

2.1 全国经济情况分析（节略）

受新冠肺炎疫情影响，2020年上半年我国经济先降后升，二季度经济增长由负转正，主要指标恢复性增长，经济运行稳步复苏，基本民生保障有力，市场预期总体向好，社会发展大局稳定。当前全球新冠肺炎疫情依然在蔓延扩散，新冠肺炎疫情对世界经济的巨大冲击将继续发展演变，外部风险挑战明显增多，国内经济恢复仍面临压力。初步核算，上半年国内生产总值456 614亿元，按可比价格计算，同比下降1.6%。分季度看，一季度同比下降6.8%，二季度增长3.2%。分产业看，第一产业增加值26 053亿元，同比增长0.9%；第二产业增加值172 759亿元，下降1.9%；第三产业增加值257 802亿元，下降1.6%。从环比看，二季度国内生产总值增长11.5%。

（1）农业生产形势较好，夏粮再获丰收。

（2）工业生产恢复较快，高技术制造业和装备制造业实现增长。

（3）服务业降幅缩小，现代服务业增势良好。

……

（8）全国城镇调查失业率有所下降，就业形势总体稳定。

（9）居民实际收入降幅收窄，城乡居民人均可支配收入比值缩小。

2.2 成都市经济情况分析（节略）

新冠肺炎疫情对全市经济社会发展冲击逐步减弱，疫情防控向好形势持续巩固，生产生活秩序有序恢复，经济稳中向好的发展基础不断夯实。根据市（州）地区生产总值统一核算结果，上半年全市实现地区生产总值 8 298.63 亿元，同比增长 0.6%。分产业看，第一产业实现增加值 214.50 亿元，同比增长 0.1%；第二产业实现增加值 2 565.10 亿元，同比增长 2.0%；第三产业实现增加值 5 519.03 亿元，同比下降 0.2%。

2.3 周边典型项目市场调查（节略）

根据企业提供的相关资料，本项目由科研办公用房组成，均采用楼盘均价进行对比，通过运用比较法，将对本项目的预期与周边同类项目进行比较，得出本项目的合理价格。选取比较样板的标准：①地理位置相近；②与项目有较为相似的特点，如产品档次相近、物业类型相似等；③销售状况良好，已得到了市场的一定认同。

根据实地考察加上网上收集的资料，将周边项目进行整理，其情况如表 4-55 所示。

表 4-55 周边项目情况

项目名称	毛坯均价/（元/m²）	项目地址	备注
电子科大科技园	9 800~10 000	双流区	2021 年年底交房，之前 9 800 元/m²
紫光·天府芯城	11 500~12 500	天府新区兴隆湖	有配套住宅 17 000~18 000元/m²，仅对企业内部员工，办公 50 年产权
和泓芯寓	10 000~11 000	双流区东升街道三里坝街 42 号	2 号楼 LOFT，面积段 40~58m²
景茂誉景国际	9 000	双楠大道三段（地铁3 号线龙桥路站旁）	景茂誉景国际 9、10#楼在售，建筑面积 78~84m²
三里花城新蕊公馆	7 259	双流区三里坝站 A 口旁	灵动小户建筑面积 59~110m²，办公房源
成都芯谷研创城	9 500~9 800	双流区	独栋、高层

受新冠肺炎疫情影响，各地扶持中小企业共渡难关的主要举措集中在金融信贷支持、房租减免、税费支持、稳岗就业等几个领域，为企业助力纾困。根据项目战略发展定位，结合后工业时代的发展趋势，此时为响应国家号召，同时也为了园区能够引进优质企业，我们将采用先孵化、再转售的方式。结合目前的销售、经营情况，本项目拟定自持比例为 50%。

根据项目区域条件、交通条件、商务聚集度等综合因素，选取了本项目周边常规性同类用房进行比较分析，调查结果如表 4-56 所示。

表 4-56 与同类用房对比情况

对比物业名称	方式	单价	年增长率
电子科大科技园	出租	55~65 元/（m²·月）；停车位租金 200 元/（辆·月）	5%

续表

对比物业名称	方式	单价	年增长率
东航中心	出租	60~65元/（m²·月）；停车位租金200元/（辆·月）	5%
皇庭国际中心	出租	60元/（m²·月）	5%
美行中心	出租	60元/（m²·月）	5%
成都芯谷研创城	出租	60元/（m²·月）；停车位租金200元/（辆·月）	5%

因此，本项目科研办公用房以60元/（m²·月）的出租定价较为合理。

本项目建成后各类物业的销售、租赁定价及年增长率明细如表4-57所示。

表4-57 本项目建成后各类物业的销售、租赁定价及年增长率明细

序号	项目名称	经营方式	单价	年增长率
1	科研办公用房	出租	60元/（m²·月）	5%
2		出售	9 800元/m²	5%
3	停车位	出租	200元/（辆·月）	5%
4		出售	80 000元/辆	5%

2.4 项目区位分析及市场定位（节略）

2.4.1 项目区位分析及市场定位（节略）

（1）项目区位分析（略）

（2）项目市场定位（略）

（3）项目产品定位（略）

（4）项目产业服务分析（略）

（5）项目客户群体分析（略）

本项目是集孵化、办公、研发、商务、生活等多功能为一体的新兴产业园区，为入驻企业提供独栋办公楼及各种生产、商务配套设施，助力民营中小企业高速发展，旨在承接沿海电子产业的转移。项目旨在发挥×××集团的龙头引领和资源带动作用。

2.4.2 项目经营模式

根据项目发展商的意愿，本项目开发产品部分面向市场销售，部分用来出租经营，停车位供业主使用。

2.4.3 项目销售价格定位

考虑区位因素和项目入市时间，参照市场行情，依据稳健原则确定项目科研办公用房均价为9 800元/m²，年增长率为5%。

出租部分均价为60元/（m²·月），年增长率为5%。

地下停车位销售均价为80 000元/辆，年增长率为5%。

停车位出租均价为200元/（辆·月），年增长率为5%。

2.5 项目销售策略及前景分析

2.5.1 项目销售总思路(略)

2.5.2 项目营销推广策略(略)

2.5.3 项目营销推广渠道(略)

2.5.4 项目展示策略(略)

2.5.5 项目销售前景分析

项目建成后,可通过出租方式,吸引一部分大的企业入驻,再通过连带效应,推动项目出售。本项目销售前景为,在详细的营销策划下,凭借项目自身的优势,以及专业的营销团队,在当前成都市宏观房地产市场背景下,必将呈现热销势头,科研办公用房、停车位基本可以保障在项目完工后销售率达50%,另外50%企业自持出租经营。

第三章　项目规划建设方案

3.1 项目用地和规划

3.1.1 项目用地

项目用地位于成都市×××区,项目总用地面积约289亩(1亩≈666.67m^2),规划总建筑面积约43.45万 m^2,项目分期滚动开发,已开工建设。

3.1.2 项目规划

(1)规划建设方案主要经济技术指标(略)。

(2)周边用地情况(略)。

(3)项目规划建设方案总平面图(略)。

3.1.3 项目建设内容

本项目围绕着"海纳百川"的概念设计,这个概念代表了连接、沟通和交汇,这也正是当今智能创新园区和高科技办公楼设计和实现功能的基础。本项目有八大规划体系:产业基础设施规划、展示中心规划、核心建筑产品、生活商业配套设施规划、生态停车规划、景观艺术规划、基石企业导入规划、智慧园区规划。

项目所开发的物业主要分为多层科研办公、高层科研办公、地下停车位。

3.2 项目规划建设方案

3.2.1 项目开发建设导则(略)

3.2.2 基本要求(略)

3.2.3 规划设计(略)

3.2.4 环境景观设计(略)

3.2.5 建造标准(略)

3.2.6 结构设计标准(略)

3.2.7 配套设施(略)

3.2.8 供水(略)

3.2.9 排水(略)

3.2.10 供配电(略)

3.2.11 燃气(略)

3.2.12 设施设备（略）

3.2.13 消防（略）

3.2.14 环境及其保障（略）

第四章　项目规划建设方案实施（略）

第五章　建设投资估算及资金筹措

5.1 建设投资估算

5.1.1 投资估算范围

本项目建设投资估算范围包括整个项目范围内的工程费用、工程建设其他费用、预备费、管理费等。

5.1.2 投资估算说明

1）工程费用

（1）建筑工程费。

建筑工程费估算分为土建工程、建筑外装工程、室内装饰工程、地下室工程、室外工程等子项，主要采用单位面积建筑工程投资估算法，以单位面积建筑工程量投资乘以总面积计算。

（2）设备购置费。

设备购置费估算主要包括供水、排水、供配电、照明与防雷接地、弱电系统、消防、电梯等的投资估算。

（3）安装工程费。

安装工程费按照需要安装的设备原价乘以安装费率计算。

2）工程建设其他费用

（1）土地取得费。

根据成都 AAA 公司提供的资料确定，本项目土地出让金及税金为 578 265 827.11 元（明细详见表 4-58），该费用包含契税、印花税等相关费用，则本报告土地取得费合计为 57 826.58 万元。

表 4-58　土地取得费估算表

项目	11#	12#	13#	14#
土地取得费/元	91 666 923.69	103 119 469.59	116 423 621.89	267 055 811.94

（2）与项目建设运营有关的工程建设其他费用（前期工程费用）。

与项目建设运营有关的工程建设其他费用按各项费用科目的费率或者取费标准估算。本项目按建设总投资的 5.88% 取值。

3）预备费

（1）基本预备费。

本项目的基本预备费为 3 488.11 万元。费率按工程费用和工程建设其他费用的 3% 计算。

（2）涨价预备费。

为简化计算，本项目投资估算不计列涨价预备费。

4）管理费

本项目的管理费为 3 488.11 万元。费率按工程费用和工程建设其他费用的 3%计算。

5.2 建设期利息估算

本项目融资方案为，计划在银行申请贷款 173 600 万元，贷款期限为 15 年，利率按 4.65%计算。

建设期利息估算详见借款还本付息计划表（略）。

5.3 项目总投资和总投资使用计划

5.3.1 项目开发建设时序安排

设定整体计算期 15 年，项目开发建设时序安排表略。

5.3.2 项目总投资和总投资使用计划

经测算，项目总投资合计为 248 000 万元。建设投资为 181 073.20 万元，其中，工程费用为 101 688.00 万元，土地取得费为 57 826.58 万元，与项目建设运营有关的工程建设其他费用为 14 582.40 万元，预备费为 3 488.11 万元，管理费为 3 488.11 万元。建设期利息为 66 927.01 万元。按计容建筑面积计算，单位面积投资造价为 7 795.51 元/m^2。

根据项目建设投资分年使用计划和融资方案，项目总投资使用表（略）。

第六章　融资方案

6.1 项目资金来源和筹措计划

6.1.1 项目资本金筹措

1）项目资本金测算

根据投资估算和资金使用计划，按照国家资本金制度的规定要求，本项目的资本金额度不应低于项目总投资的 30%。按照 30%计算，在不考虑总资金结构的情况下，本项目资本金总额至少应为 74 400 万元。

2）项目资本金来源

项目资本金来源主要有两个方面，一是项目法人的自筹资金，包括自有资金及其他自筹资金，二是项目以预售方式取得的售楼款。

3）项目资本金筹措计划

项目资本金筹措计划详见项目总投资使用计划与资金筹措表（略）。

本项目计划资本金总额为 74 400 万元，来源于项目法人自有资金、预售款转建设资金、政策性的返还等。

6.1.2 项目债务性资金筹措

1）项目债务性资金测算

根据投资估算和资金使用计划，按照国家资本金制度的规定要求，本项目的债务性资金额度不应高于项目总投资的 70%。按照 70%计算，在不考虑总资金结构的情况下，本项目债务性资金总额至多为 173 600 万元。

2）项目债务性资金来源

项目债务性资金主要通过向融资机构申请中长期贷款的形式解决。

鉴于国内普遍采用的做法，暂按抵押方式考虑。

3）项目债务性资金筹措计划

根据对债务性资金的需求测算，并考虑一定建设期内的贷款利息，项目债务性资金筹措计划详见项目总投资使用计划与资金筹措表（略）。

申请银行长期贷款总额为 173 600 万元。建设期利息采取当期利息当期支付的方式，建设期利息为 66 927.01 万元。

项目开始预售和出租后，销售收入、出租收入除转用于项目资本金投资外，优先用于偿还贷款本金。

6.2 融资方案分析

6.2.1 资金来源可靠性分析

1）资本金来源可靠性分析

（1）自筹资金。

持有的本项目土地使用权价值已经占当年所需要的资本金投资额度的相当大一部分，凭借项目法人深厚的企业背景，使自筹资金的能力得以充分保证。

（2）项目预售款。

根据本项目对销售收入的估算，远高于作为项目资本金和项目建设资金的来源部分，该项预测偏向于保守和稳妥，使资金来源的可靠性进一步提高。

2）债务性资金来源可靠性分析

项目债务性资金主要通过以项目土地使用权和产权抵押，以及集团担保抵押向银行申请中长期贷款的形式解决。

项目法人持有的本项目土地使用权正常市场价值较高，加上企业已有资产，能够满足银行设定抵押权的需要。

6.2.2 融资结构分析

按照项目总投资计算，资本金部分占 30%、长期债务性资金占 70%。项目资本金占比满足国家规定的资本金比例要求，融资结构基本合理。

6.2.3 融资成本分析

和利用债券、招股等相比，本项目使用银行资金因当前的利率水平不高，需承担的利息总额比较低，资金成本率要明显低于项目的收益率水平。因银行利率较低，资本金的融资成本也大为降低。

6.2.4 融资风险分析

1）项目融资风险评估

项目可能面临的融资风险主要有以下一些方面。

（1）本项目存在一定的资金供应风险。主要表现为各项资金来源不能按建设进度足额及时到位，项目应在资金完全落实之后进行。

（2）在开发周期内若房地产市场发生较大波动，在房地产市场不容乐观的情况下，市场预售可能不顺畅，资金回笼较慢。

（3）银行的信贷计划产生变动，如终止、计划变更、数额减少、要求提前还贷等。

（4）融资成本发生变动，如利率、汇率的变化，还款期的变化等。

2）项目融资风险的防范方案

面对前述融资风险的各种表现，可以考虑制定如下的风险防范预案。

（1）自有资金紧急调用预案（融资主体各方来源的可能和可以的资金调动）。

（2）在建项目低价转让预案。

第七章　财务评价

7.1 财务评价基础数据与参数选取

7.1.1 财务价格

项目财务评价对未来的效益和费用进行分析时所采用的价格是预测价格。由于项目未来的运营收入和成本费用支出等会受到政策的调控，故在整个计算期内都使用预测的固定价格。

7.1.2 利率

根据本项目的融资方案和融资特点，考虑商业银行长期贷款利率和融资成本费率的水平，项目长期债务性资金的借款利率确定为 4.65%。

7.1.3 项目计算期选取

项目整体计算期设定为 15 年。

7.1.4 财务基准收益率（i_c）设定

根据国家此类项目建设标准和同类项目的情况，财务基准收益率（i_c）设定为 8%。

7.2 收入与成本费用估算

7.2.1 收入估算

该项目为产业园项目，所开发的物业产品形态主要为研发基地、企业独栋、总部办公。本次所涉及物业有多层建筑、高层建筑、地上地下停车位。

根据项目战略发展定位，结合后工业时代的发展趋势，为了园区能够引进优质企业，我们将采用先孵化、再转售的方式。

物业建成后，50%部分面向市场销售，50%部分用来出租；非人防机动车停车位50%用来出售，剩下的50%用来出租收益。

根据本报告第二章所进行的项目市场评价和市场定位研究结论，结合已掌握的可比实例销售均价、出租均价及去化速度，考虑项目规划设计方案，对收入进行预测。

列入收入估算的是科研办公用房和停车位可销售及出租部分，项目收入如表4-59所示。

表 4-59　项目收入

序号	项目	可售面积/m²；可售数量/辆	平均单价/（元/m²；元/辆）	合计/万元	备注
1	科研办公用房销售收入	158 640.71	9 800	185 417.68	年平均增长率5%
2	科研办公用房租金收入	158 640.71	60	152 776.65	
3	停车位销售收入	1 229	80 000	14 338.27	
4	停车位租金收入	1 229	200	3 958.36	
	合计			356 490.96	

有关内容详见收入估算表（略）。

7.2.2 成本费用估算

销售成本费用主要包括两项内容：一是销售代理费，按销售收入的1.5%计算；二是营销推广费，按销售收入的2%计算。销售管理费统一纳入建设单位管理费，列为项目投资。

7.2.3 税金及附加估算

销售部分主要是增值税及附加、契税等，税率及计算方式详见表4-60。

表4-60 税率及计算方式

序号	项目名称	文件依据	收费标准
1	增值税	《关于全面推开营业税改征增值税试点的通知》（财税〔2016〕36号）、《国家税务总局关于深化增值税改革有关事项的公告》（国家税务总局公告2019年第14号）	（销售收入－土地取得价款）/1.09×9%
2	城市维护建设税	《国务院关于废止和修改部分行政法规的决定》（中华人民共和国国务院令第638号）	市区：增值税的7% 县城、镇：增值税的5% 其他：增值税的1%
3	教育费附加	《国务院关于修改〈征收教育费附加的暂行规定〉的决定》（中华人民共和国国务院令第448号）	增值税的3%
4	地方教育费附加		增值税的1.5%
5	印花税		销售收入的0.5‰
	合计		市区：（销售收入－土地取得价款）/1.09×9%×1.115＋销售收入×0.5‰

有关内容详见利润与利润分配表（略）。

7.2.4 土地增值税估算

根据《中华人民共和国税收征收管理法》及其实施细则、《中华人民共和国土地增值税暂行条例》及其实施细则、《国家税务总局关于加强土地增值税征管工作的通知》（国税发〔2010〕53号）、《四川省地方税务局 四川省财政厅关于土地增值税征管问题的公告》（四川省地方税务局 四川省财政厅公告2010年第1号，国家税务总局四川省税务局公告2018年第2号修改）的规定：其他类型房地产核定征收率为8%。

7.2.5 所得税估算

按照现行所得税征收政策，在销售收入取得的过程中，按照应纳税所得额的25%征收。有关内容详见利润与利润分配表（略）。

7.3 财务评价报表

本项目财务评价所编制的财务评价报表主要有，项目投资现金流量表、项目资本金现金流量表、利润与利润分配表、财务计划现金流量表、资产负债表、借款还本付息表等。附表部分略。

7.4 融资前分析

7.4.1 财务内部收益率

项目投资财务内部收益率税前为 8.86%。

项目投资财务内部收益率税后为 8.41%。

有关内容详见现金流量表（全部投资）（略）。

7.4.2 财务净现值

项目投资财务净现值（税前）为 6 694.28 万元。

项目投资财务净现值（税后）为 3 040.37 万元。

有关内容详见项目投资现金流量表（略）。

7.4.3 项目投资回收期

项目投资回收期为 8.44 年。

有关内容详见项目投资现金流量表（略）。

7.5 融资后分析

7.5.1 盈利能力分析

1）资本金财务内部收益率

项目资本金财务内部收益率（税前）为 20.99%。

项目资本金财务内部收益率（税后）为 20.40%。

有关内容详见项目资本金现金流量表（略）。

2）项目收益率

项目开发收益率为 12.75%。

有关内容详见主要经济评价指标汇总表。

7.5.2 偿债能力分析

项目偿债能力分析采用利息备付率、偿债备付率和资产负债率三项指标。

1）利息备付率

在项目利息偿付期间，最低的利息备付率为 3.57%。有关内容详见借款还本付息表（略）。

2）偿债备付率

在项目债务偿还年份，最低的偿债备付率为 2.07%。有关内容详见借款还本付息表（略）。

3）资产负债率

在项目长期债务存续期间，最高的资产负债率为 57.12%。有关内容详见资产负债表（略）。

7.5.3 财务生存能力分析

通过观察财务计划现金流量表可以看出，项目计算期内各生产年份的累计盈余资金均大于零，并保持有较大数额的盈余，说明项目的资金运用是平衡的，项目具有一定的财务生存能力。

7.6 不确定性分析

本项目不确定性分析主要进行盈亏平衡分析及敏感性分析。

7.6.1 盈亏平衡分析

销售利润＝销售收入－销售税金及附加－营销推广费－销售代理费－土地增值税

盈亏平衡点（投资）＝销售利润/项目总投资

盈亏平衡点（收入）＝项目总投资/销售利润

根据盈亏平衡分析，该项目投资加大到总投资的 117.00%时依然可以盈亏平衡，项目销售率达到 85.47%时即可盈亏平衡，项目保本问题不大，关键在于能否有足够的收益流用于到期债务性资金的还本付息。因此，本项目单纯的市场方面风险较低，详见销售部分盈亏平衡点计算表（略）。

7.6.2 敏感性分析

本项目分别就项目建设投资、销售收入两个主要因素，对项目投资现金流量进行单因素敏感性分析，分别取变化率为±5%和±10%。通过敏感性分析可以知道，项目影响因素的敏感性从大到小依次为，销售收入、建设投资。项目敏感系数、临界点和临界值等，详见敏感性分析表（略）。

7.7 财务评价结论

本项目融资前和融资后的财务净现值均大于零，而且内部收益率高于财务基准收益率，具有一定的财务盈利能力。利息备付率、偿债备付率均高于评价标准，项目资产负债率不高，项目的债务偿还是安全的。项目计算期内各生产年份的累计盈余资金均大于零，并保持有较大数额的盈余，说明项目的资金运用是平衡的，项目具有一定的财务生存能力。通过盈亏平衡分析及敏感性分析表明，本项目具有一定的抗风险性。基于以上所述，项目在财务上是可行的。

财务分析的主要指标和数据见主要经济评价指标汇总表。

第八章 社会评价（略）

第九章 风险分析（略）

第十章 研究结论和建议

10.1 结论

……（具体结论见前文）综上所述，该项目的建设在财务上是可行的，项目的建设是十分必要的，但是需要科学决策、精心组织、审慎运作，有效地规避风险。

10.2 建议

同本报告中 1.4.2 内容。

第十一章 附件（略）

■ 任务实施

从上述学习中知道项目可行性研究的概念、作用、研究的阶段及编写的内容。尤其通过项目可行性研究报告实例的学习，熟悉可行性研究报告主要包含三大块内容，市场研究、技术研究、效益研究，它们是项目可行性研究报告的核心内容，也是我们之前所学内容的总括。

思考与练习

一、选择题

1. 建设项目可行性研究工作的起点是（   ）。
   A．资金筹集   B．厂址选择
   C．生产规模的确定   D．市场调查
2. 可行性研究需要回答的问题包括市场及资源情况如何、建设规模、建设工期、总投资额为多少，以及（   ）如何等方面。
   A．工程造价   B．建设单位   C．经济效益   D．施工技术
3. 建设项目的可行性研究中，生产规模一般是指（   ）。
   A．项目的总投资   B．项目的总价值
   C．项目的总效益   D．项目的设计能力
4. 可行性研究的内容涉及技术、经济和社会等方面，下列各项中，属于技术方面的是（   ）。
   A．市场分析与评价   B．原材料燃料供应
   C．风险分析   D．融资方案
5. 下列（   ）不属于物料供应的原则。
   A．客观实在性   B．实用性   C．可靠性   D．经济性
6. 项目计算期包括建设期和（   ）。
   A．运营期   B．投产期   C．维修期   D．停产期
7. 项目可行性研究要为项目的（   ）就是否建设该项目的最终决策提供科学依据。
   A．金融机构   B．决策部门   C．审查部门   D．施工单位
8. 可行性研究的内容涉及技术、经济和社会等方面，下列各项中，属于经济方面的是（   ）。
   A．资源条件评价   B．原材料燃料供应
   C．总图运输   D．融资方案
9. 可行性研究是工程建设项目决策前运用多种科学成果进行（   ）论证的综合性科学。
   A．技术经济   B．技术评价   C．社会评价   D．财务评价
10. 可行性研究在投资项目的管理方面具有（   ）作用。
    A．是项目成立和进行投资决策的基本依据
    B．是编制投资项目规划设计的依据
    C．是项目组织实施的依据
    D．作为签订有关投资合同或协议、订货的依据
    E．是编制可行性研究报告的依据

11. 我国建设项目可行性研究的主要内容有（　　）。
    A．项目协议书 B．效益研究
    C．项目评估 D．经济研究
    E．技术研究
12. 建设项目可行性研究可分为（　　）阶段。
    A．机会研究 B．初步可行性研究
    C．项目建议书 D．最终可行性研究
    E．项目的评估和决策
13. 建设项目决策阶段的费用是一种工作费用，属于投资者自身费用的是（　　）。
    A．投资机会分析费 B．初步可行性研究费
    C．可行性研究费 D．决策费用
    E．项目决策论证工作的补偿费

二、简答题

1．什么是可行性研究？其作用有哪些？
2．可行性研究包括哪几个阶段？各阶段的任务是什么？
3．可行性研究报告的编写包括哪些内容？

4.6 思考与练习在线答题

4.6 思考与练习讲解

模块 5　价 值 工 程

　　价值工程是第二次世界大战以后发展起来的一种现代化的科学管理技术，是一种新的技术经济分析方法。它是通过对产品的功能进行分析以节约资源和降低成本的有效方法，在建筑工程领域内也被广泛采用。

　　价值工程开始于对材料的采购和代用品的研究，继而扩展到产品的研究和设计，零部件的生产和改进，工具、装备的改进等方面，后来又发展到改进工作方法、作业程序、管理体系等领域。总之，凡是有功能要求和需要付出代价的地方都可以用这种方法进行分析。在产品方面，应用价值分析的重点是在开发和设计阶段，但新产品的设计并不是经常进行的，因此大量的工作是对现有产品进行分析和改进。

认识价值工程

> **教学目标**
>
> 知识目标：
> （1）熟悉价值工程的定义、价值分析程序；
> （2）理解功能定义、功能整理、方案创造与实施；
> （3）掌握价值分析对象的选择方法、功能评价的方法。
>
> 能力目标：
> （1）能认识价值工程；
> （2）能熟练地把握价值工程的基本原理，尤其是功能评价的基本方法——功能成本法与功能指数法；
> （3）能灵活运用价值工程原理对建筑设计方案与建筑施工方案评价选优。

思维导图

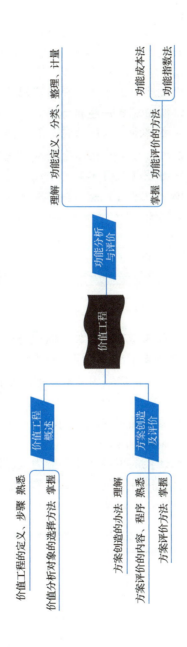

5.1 价值工程理论与研究

引言

价值工程（Value Engineering，VE）又称价值分析（Value Analysis，VA），是一门新兴的管理技术，是降低成本提高经济效益的有效方法。它20世纪40年代起源于美国，创始人是麦尔斯。在第二次世界大战之后，由于原材料供应短缺，采购工作常常碰到难题。经过实际工作中的不断探索，麦尔斯发现有一些相对不太短缺的材料可以很好地替代短缺材料。后来，麦尔斯逐渐总结出一套解决采购问题行之有效的方法，并且把这种方法的思想及应用推广到其他领域，如将技术与经济价值结合起来研究生产和管理的其他问题，这就是早期的价值工程。1955年这一方法传入日本后与全面质量管理相结合，得到进一步发扬光大，成为一套更加成熟的价值分析方法。麦尔斯发表的专著《价值分析的方法》使价值工程很快在世界范围内产生巨大影响。

5.1.1 认识价值工程

任务引入

【例 5.1】某高新技术开发区有两幢科研楼和一幢综合楼，其设计方案对比如下。

A 楼结构方案为大柱网框架轻墙体系，采用预应力大跨度叠合楼板，墙体材料采用多孔砖及移动式、可拆装式分室隔墙，窗户采用单框双玻璃塑钢窗，面积利用系数为93%，单方造价为 1 438 元/m²。

B 楼结构方案同 A 楼方案，墙体采用内浇外砌，窗户采用单框双玻璃空腹钢窗，面积利用系数为87%，单方造价为 1 108 元/m²。

C 楼结构方案采用砖混结构体系，采用多孔预应力板，墙体材料采用标准黏土砖，窗户采用单框双玻璃空腹钢窗，面积利用系数为79%，单方造价为 1 082 元/m²。

各方案功能权重与功能得分如表 5-1 所示。

表 5-1 各方案功能权重与功能得分

功能	功能权重	方案 A	方案 B	方案 C
结构体系	0.25	10	10	8
模板类型	0.05	10	10	9
墙体材料	0.25	8	9	7
面积利用系数	0.35	9	8	7
窗户类型	0.10	9	7	8

根据方案内容解决以下问题。

（1）试用价值工程方法选择最优设计方案。

（2）为控制工程造价和进一步降低费用，拟针对所选的最优设计方案的土建工程部分，以工程材料费为对象开展价值工程分析，将土建工程部分划分为四个功能项目，各功能项目评分值及其目前成本如表 5-2 所示。按限额设计要求，目标成本额应控制为 12 170 万元。试分析各功能项目的目标成本及其可能降低的额度，并确定功能改进的顺序。

表 5-2 各功能项目评分值及其目前成本

功 能 项 目	功 能 评 分	目 前 成 本/万元
A．桩基及基坑围护工程	10	1 520
B．地下室工程	11	1 482
C．主体结构工程	35	4 705
D．装饰工程	38	5 105
合　　计	94	12 812

任务分析

例 5.1 中问题的解决需要具备价值工程原理的基本知识，下面介绍价值工程理论相关知识。

相关知识

1. 价值工程概述

1）价值工程的基本原理

（1）价值的概念。价值工程中价值的概念不同于政治经济学中有关价值的概念。在这里价值是作为"评价事物（产品或作业）的有益程度的尺度"提出来的。价值高，说明有益程度高；价值低，则说明益处不大。例如，两种功能完全相同而价格不同的产品，从价值工程的观点看，价格低的物品价值就高，价格高的物品价值就低。价值的计算公式为

$$V = \frac{F}{C} \tag{5-1}$$

式中：V ——产品或服务的价值；

　　　F ——产品或服务的功能；

　　　C ——产品或服务的成本。

根据以上公式，提高价值有以下几种途径。

① 功能不变、成本降低。

② 功能提高、成本不变。

③ 功能提高、成本降低。

④ 功能大大提高、成本略有提高。

⑤ 功能略有降低、成本大大降低。

前四种情况是常采用的，第五种情况适用于性能档次不高的产品。例如，为了使产

品适应广大购买能力较低的对象，可以生产一些廉价的产品，往往也能取得很好的经济效果。

（2）价值工程的定义。价值工程是提高产品价值的科学方法。价值工程中"工程"的含义是指为实现提高价值的目标所进行的一系列分析研究活动。因此，价值工程可定义为，以最低的寿命周期费用，可靠地实现产品的必要功能，对产品的功能、成本所进行的有组织的分析研究活动。这个定义主要强调价值工程的三个主要特点。

① 寿命周期费用最低。任何事物都有其产生、发展和消亡的过程。事物从产生到其结束为止即为其寿命周期。就建筑产品而言，其寿命周期是指从规划、勘察、设计、施工建设、使用维修，直到报废为止的整个时期。

建筑产品在整个寿命周期过程中所发生的全部费用，称为寿命周期费用。它包括建设费用和使用费用两部分。建设费用是指建筑产品从筹建直到竣工验收为止的全部费用，包括勘察设计费、施工建造等费用。使用费用是指用户在使用中所发生的各种费用，包括维修费用、能源消耗费用、管理费用等。对于用户来说，建筑产品寿命周期费用 C 是建设费用 C_1 和使用费用 C_2 之和，即

$$C = C_1 + C_2$$

建筑产品寿命周期费用与建筑产品功能水平有关，两者关系如图 5.1 所示。从图 5.1 可以看出，随着建筑产品功能水平的提高，建筑产品的使用费用降低，但是建设费用增高；反之，使用费用增高，建设费用降低。建设费用、使用费用与功能水平的变化规律决定了寿命周期费用如图 5.1 所示的马鞍形变化，决定了寿命周期费用存在最低值。建设费用 C_1 的曲线和使用费用 C_2 的曲线的交点所对应的寿命周期费用才是最低的，最低寿命周期费用 $C_{\min}$ 所对应的功能水平 F_0 是从费用方面考虑的最为适宜的功能水平。

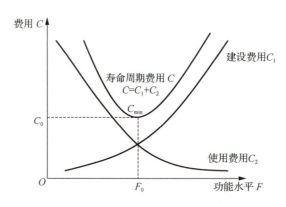

图 5.1　寿命周期费用与功能水平关系

② 功能分析。功能分析是价值工程的核心。功能是产品最本质的东西，人们购买产品实际上是购买这个产品所具有的功能。例如，人们需求住宅，实质是需求住宅所提供的生活空间功能及辅助功能。但由于设计制造等原因，产品除具备满足用户需求的功能外，还可能存在一些多余的功能，这必将造成产品不必要的成本。

通过功能分析，可发现哪些功能是必要的或过剩的，从而在改进方案中，去掉不必要的功能，减少过剩的功能，补充不足的功能，使产品功能结构更加合理。

③ 有组织的活动。价值工程是有组织的创造性活动，需要进行系统的研究、分析。产品的价值工程，涉及设计、工艺、采购、加工、管理、销售、用户、财务等各个方面，需要调动各方面共同协作。

2）价值工程的基本工作程序

价值工程的基本工作程序一般划分为准备阶段、分析阶段、创新阶段、实施阶段四个阶段，以及对象选择、收集信息资料、功能定义、功能整理、功能成本分析、功能评价、确定改进范围、方案创造、初步评价、调整完善、详细评价和提出方案等 15 个具体操作步骤，如表 5-3 所示。

表 5-3　价值工程的基本工作程序

工作阶段	设计程序	工作步骤		对应问题
		基本步骤	详细步骤	
准备阶段	制订工作计划	确定目标	对象选择	价值工程的研究对象是什么
			收集信息资料	
分析阶段	功能评价	功能分析	功能定义	这是干什么用的
			功能整理	
		功能评价	功能成本分析	成本是多少
			功能评价	价值是多少
			确定改进范围	
创新阶段	初步设计	确定创新方案	方案创造	有无其他方案实现同样功能
	评价各设计方案，改进、优化方案		初步评价	新方案的成本是多少
			调整完善	
			详细评价	
	方案书面化		提出方案	新方案能满足功能的要求吗
实施阶段	检查实施情况并评价活动成果	方案实施与成果评价	方案审批	偏离目标了吗
			方案实施与检查	
			成果评价	

开展价值工程的过程实际上是一个发现问题、分析问题、解决问题的过程，一般习惯于采用提问法，即针对价值工程的对象，逐步深入地提出合乎逻辑的一些问题，并通过回答问题寻找答案，使问题得以解决。其中分析问题是将研究对象进行分析，弄清是否有问题，是什么问题。价值工程以功能为中心来分析问题，采用的功能分析方法包括功能定义、功能整理、功能评价等，对价值工程对象的功能、成本、价值进行定量、定性分析，为价值工程对象的改进提供科学依据。

这仅仅是价值工程的一般工作程序。由于价值工程应用范围广泛，其活动形式也不尽相同，因此在实际应用中，可以参照这个工作程序，根据对象的具体情况，应用价值工程的基本原理和方法，确定具体的实施措施和方法步骤。但作为这个工作程序的核心和关键，功能分析与评价、方案创造是不可缺少的。

2. 对象选择及收集信息资料

降低使用成本

选择价值工程对象，就是要具体确定功能成本分析的产品或零部件。这是决定价值工程活动收效大小的第一个步骤。

价值工程对象一般是指价值低的、改善期望值高的和十分重要的产品（系统）。能否正确选择价值工程对象是价值工程活动收效大小甚至成败的关键。例如，就建筑产品而言，其种类繁多，质量、成本、施工工艺和方法不尽相同，不可能把所有建筑产品作为价值工程对象。即使是在一座建筑物的建设过程中，也不可能把所有环节作为价值工程对象。究竟选择哪个作为价值工程对象，这就需要根据一定的原则和采用一定的方法加以选定。

1）对象选择

（1）对象选择的一般原则。价值工程的目的在于提高产品价值，研究对象的选择要从市场需要出发，结合本企业实力，系统考虑。一般来说，选择价值工程的对象须遵循以下原则。

① 从设计方面看，对产品结构复杂、性能和技术指标差距大、体积大、质量大的产品进行价值工程活动，可使产品结构、性能、技术水平得到优化，从而提高产品价值。

② 从生产方面看，量多面广、关键部件、工艺复杂、原材料和能源消耗高、废品率高的产品或零部件，特别是量多、产值比重大的产品，只要成本下降，所取得的经济效果就会变大。

③ 从市场销售方面看，选择用户意见多、系统配套差、维修能力低、竞争力差、利润率低、寿命周期较长、市场上畅销但竞争激烈的产品或零部件，如选择新产品、新工艺等。

④ 从成本方面看，选择成本高于同类产品、成本比重大的，如材料费、管理费、人工费等。

根据以上原则，对生产企业，有以下情况之一者，应优先选择为价值工程对象：①结构复杂或落后的产品；②制造工序多或制造方法落后及手工劳动较多的产品；③原材料种类繁多和互换材料较多的产品；④在总成本中所占比重大的产品。

对由多个组成部分组成的产品，应优先选择以下部分作为价值工程对象：①造价高的组成部分；②占产品成本比重大的组成部分；③数量多的组成部分；④体积或质量大的组成部分；⑤加工工序多的组成部分；⑥废品率高和关键性的组成部分。

（2）对象选择的方法。价值工程对象的选择往往要兼顾定性分析和定量分析，因此，对象选择的方法有多种，不同方法适用于不同的价值工程对象。应根据具体情况选用适当的方法，以取得较好的效果。以下介绍几种常用的方法。

① 因素分析法，又称经验分析法，是指根据价值工程对象选择应考虑的各种因素，凭借分析人员的经验集体研究确定选择对象的一种方法。

因素分析法是一种定性分析方法，依据分析人员经验做出选择，简便易行，特别是在研究对象彼此相差比较大，以及时间紧迫的情况下才比较适用。在对象选择中还可以将这种方法与其他方法相结合，往往能取得更好效果。因素分析法的缺点是缺乏定量依据、准确性较差，对象选择的正确与否，主要取决于价值工程活动分析人员的经验及工作态度，有时难以保证分析质量。为了提高分析的准确程度，可以选择技术水平高、经验丰富、熟悉业务的人员参加，并且要发挥集体智慧，共同确定对象。

② ABC 分析法，又称重点选择法或不均匀分布定律法，是应用数理统计分析的方法来选择对象。

这种方法由意大利经济学家帕累托提出，其基本原理为"关键的少数和次要的多数"，抓住关键的少数可以解决问题的大部分。在价值工程中，这种方法的基本思路是，首先把一个产品的各种部件（或企业各种产品）按成本的大小由高到低排列起来，然后绘成费用累计分配图（见图 5.2）。最后将占总成本 70%～80%而占零部件总数 10%～20%的零部件划分为 A 类；将占总成本 5%～10%而占零部件总数 60%～80%的零部件划分为 C 类；其余为 B 类。其中 A 类零部件是价值工程的主要研究对象。

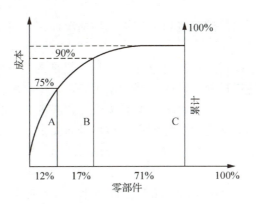

图 5.2　费用累计分配图

有些产品不是由各个部件组成，如工程项目投资等，对这类产品可按费用构成进行项目分类，如分为管理费、动力费、人工费等，将其中所占比重最大的作为价值工程的重点研究对象。这种分析方法也可从产品成本利润率、利润比重角度分析，其中利润额占总利润比重最低，而且成本利润率也最低的，应当考虑作为价值工程的研究对象。

ABC 分析法抓住成本比重大的零部件或工序作为研究对象，有利于集中精力重点突破，取得较大效果，同时简便易行，因此广泛为人们所采用。但在实际工作中，有时由于成本分配不合理，造成成本比重不大但用户认为功能重要的对象可能被漏选或排序推后。ABC 分析法的这一缺点可以通过因素分析法、强制确定法等方法补充修正。

③ 强制确定法是以功能重要程度作为选择价值工程对象的一种分析方法。具体做法是，先求出分析对象的成本系数、功能系数，然后得出价值系数，从而判断分析对象的功能与成本之间是否相符。如果不相符，价值低的则被选为价值工程的研究对象。这种方法在功能评价和方案评价中也有应用。

强制确定法从功能和成本两个方面综合考虑，比较适用、简便，不仅能明确揭示出价值工程的研究对象，而且具有数量概念。但这种方法是人为打分，不能准确反映功能差距的大小，只适用于零部件间功能差别不太大且比较均匀的对象，而且一次分析的零部件数量也不能太多，以不超过 10 个为宜。在零部件很多时，可以先用 ABC 分析法、因素分析法选用重点部件，然后用强制确定法细选；也可以用逐层分析法，从部件选起，然后在重点部件中选出重点零件。

④ 百分比分析法，这是一种通过分析某种费用或资源对企业的某个技术经济指标影响程度的大小（百分比），来选择价值工程对象的方法。

⑤ 价值指数法，这是通过比较各个对象（或零部件）之间的功能水平位次和成本位次，寻找价值较低对象（或零部件），将其作为价值工程对象的一种方法。

2) 收集信息资料

当价值工程活动的对象选定以后，就要进一步开展收集信息资料工作，这是价值工程不可缺少的重要环节。通过信息资料的收集，可以得到价值工程活动的依据、标准和对比的对象；通过对比又可以受到启发，打开思路，发现问题，找到差距，以明确解决问题的方向、方针和方法。

开展价值工程活动所需的信息资料，应视具体情况而定。对于产品分析来说，一般应收集以下几个方面的资料。

（1）用户方面的信息资料。收集这方面的信息资料是为了充分了解用户对对象产品的期待、要求，包括用户使用目的、使用环境和使用条件，用户对产品性能方面的要求，操作、维护和保养条件，以及用户对价格、配套零部件和服务方面的要求。

（2）市场销售方面的信息资料，包括产品市场销售量变化情况，市场容量，同行业竞争对手的规模、经营特点、管理水平，产品的产量、质量、售价、市场占有率、技术服务和用户反应等。

（3）技术方面的信息资料，包括产品的各种功能、水平高低，实现功能的方式和方法。本企业产品设计、工艺、制造等技术档案，国内外同类产品的技术资料，如同类产品的设计方案、设计特点、产品结构、加工工艺、设备、材料、标准、新技术、新工艺、新材料、能源及"三废"处理等情况都为技术方面的信息资料。

（4）经济方面的信息资料。成本是计算价值的必要依据，是功能成本分析的主要内容。应了解同类产品的价格、成本及构成（包括生产费、销售费、运输费、零部件成本、外协件、"三废"处理等）。

（5）本企业的基本资料，包括企业的经营方针、内部供应情况、组织和生产能力及限制条件、销售情况、产品成本等方面的信息资料。

（6）环境保护方面的信息资料，包括环境保护的现状，"三废"状况，处理方法和国家法规标准。

（7）外协方面的信息资料，包括外协单位状况，外协件的品种、数量、质量、价格、交货期等。

（8）政府和社会有关部门的法规、条例等方面的信息资料，如国家有关法规、条例、政策等影响产品的资料。

收集的信息资料一般需加以分析、整理，剔除无效资料，使用有效资料，以利于价值工程活动的研究、分析。

■ 任务实施

可以运用价值工程理论基本知识解决例 5.1 中的两个问题。

5.1.2 功能分析与评价

■ 任务引入

例 5.1 中问题的解决在掌握价值工程理论基本概念的基础上同时需要具备功能定义、整理、分类、评价等基本知识,下面介绍功能分析相关知识。

■ 任务分析

功能分析与评价是价值工程分析的重要环节,只有进行功能分析与评价,才能发现产品在功能方面存在的问题。

■ 相关知识

1. 功能的系统分析

功能分析是价值工程活动的核心和基本内容。它通过分析信息资料,用动词和名词的组合方式简明正确地表达各对象的功能,明确功能特性要求,并绘制功能系统图,从而明确产品各功能之间的关系,以便于去掉不合理的功能,调整功能间的比重,使产品的功能结构更合理。功能分析包括功能定义、功能分类、功能整理和功能计量等内容。通过功能分析,回答"对象是干什么用的"这一提问,从而准确地掌握用户的功能要求。

1)功能定义

任何产品都具有使用价值,即功能。功能定义就是以简洁的语言对产品的功能加以描述。这里要求描述的是"功能",而不是对象的结构、外形或材质。因此,功能定义的过程就是解剖分析的过程,如图 5.3 所示。

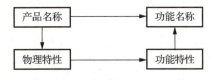

图 5.3 功能定义的过程

通过对功能下定义,可以加深对产品功能的理解,并为以后提出功能代用方案提供依据。功能定义一定要抓住问题的本质,头脑里要问几个"为什么",如这是做什么用的,为什么它是必不可少的,没有它行不行等。功能定义通常用一个动词和一个名词来描述,不宜太长,以简洁为好。动词是功能承担体发生的动作,而动作的对象就是作为宾语的名词。例如,基础的功能是"承受荷载",这里基础是功能承担体,"承受"是表示功能承担体(基础)发生动作的动词,"荷载"则是作为宾语的名词。但是,并不是只要动词加名词就是功能定义。对功能所下的定义是否准确,对下一步工作影响很大。因此,对功能进行定义需要反复推敲,既要简明准确,便于测定,又要系统全面,一一对应。

2)功能分类

根据功能的不同特性,可将功能从不同的角度进行分类。

(1)按功能的重要程度分类。产品的功能一般可分为基本功能和辅助功能两类。基本功能就是要达到这种产品的目的所必不可少的功能，是产品的主要功能，如果不具备这种功能，这种产品就失去其存在的价值。例如，建设工程承重外墙的基本功能是承受荷载，室内间壁墙的基本功能是分隔空间。辅助功能是为了更有效地实现基本功能而附加的功能，是次要功能，如墙体的隔声、隔热就是墙体的辅助功能。

（2）按功能的性质分类。产品的功能可分为使用功能和美学功能。使用功能是从功能的内涵反映其使用属性，是一种动态功能。美学功能是从产品的外观反映功能的艺术属性，是一种静态的外观功能。建筑产品的使用功能一般包括可靠性、安全性和可维修性等，其美学功能一般包括造型、色彩、图案等。无论是使用功能还是美学功能，都是通过基本功能和辅助功能来实现的。建筑产品构配件的使用功能和美学功能要根据产品的特点而有所侧重。有的产品应突出其使用功能，如地下电缆、地下管道等；有的应突出其美学功能，如塑料墙纸、陶瓷壁画等。当然，有的产品两个功能兼而有之。

（3）按用户的需求分类。产品的功能可分为必要功能和不必要功能。必要功能是指用户所要求的功能，以及与实现用户所要求的功能有关的功能，使用功能、美学功能、基本功能、辅助功能等均为必要功能。不必要功能是指不符合用户要求的功能，又包括三类：一是多余功能；二是重复功能；三是过剩功能。不必要的功能，必然产生不必要的费用，这不仅增加了用户的经济负担，而且还浪费了资源。因此，功能分析是为了可靠地实现必要功能。对这部分功能，无论是使用功能，还是美学功能，都应当充分而可靠地实现，即充分满足用户必不可少的功能要求。

（4）按功能的量化标准分类。产品的功能可分为过剩功能与不足功能。这是相对于功能的标准而言，从定量角度对功能采用的分类。过剩功能是指某些功能虽属必要，但满足需要有余，在数量上超过了用户要求或标准功能水平。不足功能是相对于过剩功能而言的，表现为产品整体功能或零部件功能水平在数量上低于标准功能水平，不能完全满足用户需要。

总之，用户购买一项产品，其目的不是获得产品本身，而是通过购买该项产品来获得其所需要的功能。因此，价值工程中的功能，一般是指必要功能。价值工程对产品的分析，首先是对其功能的分析，通过功能分析，弄清哪些功能是必要的，哪些功能是不必要的，从而在创新方案中去掉不必要功能，补充不足功能，使产品的功能结构更加合理，达到可靠地实现使用者所需功能的目的。

3）功能整理

在进行功能定义时，只是把认识到的功能用动词加名词列出来，但因实际情况很复杂，这种表述不一定都很准确，也不一定都很有条理，因此需要进一步加以整理。

（1）功能整理的目的。功能整理是用系统的观点将已经定义了的功能加以系统化，找出各局部功能相互之间的逻辑关系，并用图表形式表达，以明确产品的功能系统，从而为功能评价和方案构思提供依据。通过功能整理，应满足以下要求。

① 明确功能范围。弄清楚几个基本功能，这些基本功能又是通过什么实现的。

② 检查功能之间的准确程度。定义下得正确的就肯定下来，不正确的加以修改，遗漏的加以补充，不必要的就取消。

③ 明确功能之间上下位关系和并列关系，即功能之间的目的和手段关系。按逻辑关系，把产品的各个功能相互联系起来，对局部功能和整体功能的相互关系进行研究，达到掌握必要功能的目的。

（2）功能整理的一般程序。功能整理的主要任务就是建立功能系统图。因此，功能整理的过程也就是绘制功能系统图的过程，其工作程序如下所述。

① 编制功能卡片。把功能定义写在卡片上，每条写一张卡片，这样便于排列、调整和修改。

② 选出最基本的功能。从基本功能中挑选出一个最基本的功能，也就是最上位的功能（产品的目的），排列在左边。其他卡片按功能的性质，以树状结构的形式向右排列，并分别列出上位功能和下位功能。

③ 明确各功能之间的关系。逐个研究功能之间的关系，也就是找出功能之间的上下位关系。

④ 对功能定义作必要的修改、补充和取消。

⑤ 把经过调整、修改和补充的功能，按上下位关系，排列成功能系统图。

功能系统图是按照一定的原则和方式，将定义的功能连接起来，从单个到局部，再从局部到整体而形成的一个完整的功能体系。其一般形式如图 5.4 所示。

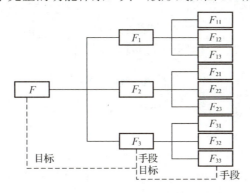

图 5.4　功能系统图一般形式

图 5.4 中，从整体功能 F 开始，由左向右逐级展开，在位于不同级的相邻两个功能之间，左边功能（上级）是右边功能（下级）的目标，而右边功能（下级）是左边功能（上级）的手段。

4）功能计量

功能计量是以功能系统图为基础，依据各个功能之间的逻辑关系，以对象整体功能的定量指标为出发点，从左向右逐级测算、分析，确定出各级功能程度的数量指标，揭示出各级功能领域中有无功能不足或功能过剩，从而为保证必要功能、剔除过剩功能、补足不足功能的后续活动（功能评价、方案创新等）提供定性与定量相结合的依据。

功能计量又分对整体功能的量化和对各级子功能的量化。

（1）对整体功能的量化。整体功能的计量应以使用者的合理要求为出发点，以一定的手段、方法确定其必要功能的数量标准，它应能在质和量两个方面充分满足使用者的功能要求而无过剩或不足。整体功能的计量是对各级子功能进行计量的主要依据。

（2）对各级子功能的量化。产品整体功能的数量标准确定之后，就可依据"手段功能必须满足目的功能要求"的原则，运用目的-手段的逻辑判断，由上而下逐级推算、测定各级手段功能的数量标准。各级子功能的量化方法有很多，如理论计算法、技术测定法、统计分析法、类比类推法、德尔菲法等，可根据具体情况灵活选用。

2. 功能评价

通过功能分析明确必要功能后，价值工程的下一步工作就是功能评价。

功能评价，即评定功能的价值，是指把找出实现功能的最低费用作为功能的目标成本（又称功能评价值），以功能的目标成本为基准，通过与功能的现实成本的比较，求出两者的比值（功能价值）和两者的差异值（改善期望值），然后选择功能价值低、改善期望值大的功能作为价值工程活动的重点对象。功能评价工作可以更准确地选择价值工程对象，同时制定目标成本，有利于提高价值工程的工作效率，并增加工作人员的信心。

功能评价的程序如图 5.5 所示。

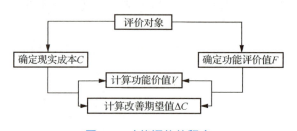

图 5.5　功能评价的程序

功能评价的方法包括功能成本法和功能指数法。

1）功能成本法

功能成本法又称绝对值法，是通过一定的测算方法，测定实现应有功能所必须消耗的最低成本，根据功能评价的程序，首先要同时计算为实现应有功能所消耗的目标成本，经过分析、对比，求得对象的价值系数、确定价值工程活动的改进对象。其步骤如下所述。

（1）计算功能现实成本。以前所涉及的成本都是以产品或构配件为对象进行计算的，而功能的现实成本则不然，它是按产品或构配件的功能来计算的。在建筑产品中，一个构配件往往具有多种功能，而一种功能也往往通过几种构配件来实现。因此，计算功能的现实成本，实际上就是把构配件的成本转移分配到功能成本上去。

【例 5.2】已知某产品由 5 个构配件组成，有 6 种功能 $F_1 \sim F_6$，现已知各构配件的现实成本，试确定功能的现实成本。

【解】$F_1 \sim F_6$ 功能的现实成本，由 5 种构配件来实现，第一步把与功能相对应的构配件名称及其现实成本填入表中。第二步把功能（或功能领域）$F_1 \sim F_6$ 填入表中，把各构配件的现实成本逐一分摊到有关的功能上。例如，C 构件具备 F_1、F_3、F_6 3 种功能，则将 C 构件的 250 元成本根据实际情况及所起作用的重要程度分配到这 3 种功能上去。第三步把每项功能所分摊的成本加以汇总，便得出功能 $F_1 \sim F_6$ 的现实成本 $C_1 \sim C_6$，如表 5-4 所示。

表 5-4 功能 $F_1 \sim F_6$ 的现实成本 $C_1 \sim C_6$

序号	构配件名称	成本/元	功能（或功能领域）					
			F_1	F_2	F_3	F_4	F_5	F_6
1	A	300	100		100		100	
2	B	200		50		150		
3	C	250	50		50			150
4	D	150		100		50		
5	E	100			40		60	
合计		C 1 000	C_1 150	C_2 150	C_3 190	C_4 200	C_5 160	C_6 150

（2）功能评价值的推算。所谓功能评价实际上就是评定功能的价值，把功能的现实成本与实现这种功能的最低费用进行比较，根据两者的比值判定功能价值的高低。功能评价值就是实现这种功能的最低费用，它是衡量功能价值的标准。如果它小于功能的现实成本，则功能价值低；如果它与功能的现实成本相等，则功能价值高。功能评价值不像功能的现实成本那么容易确定，计算方法也不相同，其常用的方法有方案估算法、实际价值推算法、实际统计值评价法、功能系数评价法，下面着重介绍功能系数评价法。

功能系数评价法是一种按功能系数分配产品目标成本，确定功能评价值的方法，它先确定产品目标成本，然后按功能系数分配产品目标成本，从而求出功能领域或相应构配件的目标成本。功能系数评价法有如下两类，现分别加以介绍。

① 按功能重要程度进行评价。这种方法是根据功能重要程度确定出功能系数，再根据该系数分配产品目标成本，求出各项功能的目标成本。在实际工作中，它又分为老产品改进设计和新产品设计两种情况。

a. 老产品改进设计。老产品在改进设计之前功能的现实成本就已存在，因此可以利用功能系数和现实成本来确定功能评价值。

【例 5.3】某产品由于某种原因需要进行改进，现已知该产品的功能领域 $F_1 \sim F_6$ 的现实成本共 500 元。试按功能重要程度确定功能评价值。

【解】（1）将功能领域 $F_1 \sim F_6$ 的现实成本及功能系数分别填入表 5-5 中的①、②两栏。产品的现实成本为 500 元，将其按功能系数重新分配给各功能领域，其结果如表 5-5③栏所示。

表 5-5 例 5.3 功能评价值

功能领域	现实成本/元 ①	功能系数 ②	重新分配成本/元 ③=②×500	功能评价值/元 ④	成本降低目标/元 ⑤
F_1	100	0.23	115	100	—
F_2	60	0.18	90	60	—
F_3	130	0.20	100	100	30
F_4	60	0.14	70	60	—
F_5	50	0.15	75	50	—
F_6	100	0.10	50	50	50
合计	500	1.00	500	420	80

(2) 将各功能领域新分配的成本与现实成本进行比较,其结果可能出现如下三种情况。

① 各功能领域新分配的成本等于现实成本,则该成本就作为功能评价值。

② 新分配的成本小于功能的现实成本,如 F_3、F_6,则应以新分配的成本作为功能评价值。

③ 新分配的成本大于功能的现实成本,如 F_1、F_4 等,此时要根据实际情况做出判断。首先,要分析功能系数确定得是否合理,若不合理,则应先调整功能系数,然后确定功能评价值;其次,应注意现实成本的投入是否过少,是否保证必要功能的实现。如果确实是用较少的成本实现了必要功能,则应以现实成本作为功能评价值;否则,功能评价值就应取新分配的成本。

(3) 将④栏各功能领域的功能评价值汇总得 420 元,即可将之作为产品目标成本,而各功能领域的成本降低目标也随之计算出来,如表 5-5 中⑤栏所示。

b. 新产品设计。在这种情况下,产品目标成本基本上已被确定。但由于新产品设计不像老产品改进设计那样可利用原始成本资料,因此只能将新产品目标成本按功能系数进行分配,求出各功能(或功能领域)的功能评价值作为功能的目标成本。

【例 5.4】已知某产品功能领域为 $F_1 \sim F_6$。现已知该产品目标成本为 500 元,试确定 $F_1 \sim F_6$ 的各功能评价值。

【解】计算结果如表 5-6 所示。

表 5-6　例 5.4 功能评价值

功能领域①	功能系数②	功能评价值/元③=②×500
F_1	0.23	115
F_2	0.18	90
F_3	0.20	100
F_4	0.14	70
F_5	0.15	75
F_6	0.10	50
合计	1.00	500

② 按实现功能的困难程度进行评价。该种方法与按功能重要程度进行评价的方法基本相同,所不同的是功能系数的确定不是以功能的重要性,而是以实现功能的困难程度为依据的。评价的具体步骤也与上述方法相同。

【例 5.5】已知某产品目标成本为 1 000 元,现由产品的实现功能的困难程度确定该产品的功能评价值。

【解】(1) 求功能系数(表 5-7 中的④栏)。

表 5-7 目标成本

功能（或功能领域）①	实现困难程度对比②	暂定功能系数③	功能系数④=③/16	按功能系数分配目标成本/元⑤=④×1 000
F_1	$F_1=F_2+\Delta F$	4.8	0.30	300
F_2	$F_2=F_3+F_4$	4.6	0.29	290
F_3	$F_3=F_4+\Delta F$	2.4	0.15	150
F_4	$F_4=F_5+F_6+\Delta F$	2.2	0.14	140
F_5	$F_5=F_6$	1.0	0.06	60
F_6	—	1.0	0.06	60
合计	—	16.0	1.00	1 000

① 首先将功能（或功能领域）按实现功能的困难程度或按成本的大小排队（成本大者排在前面）。

② 然后按自上而下的顺序，将相邻功能的实现困难程度进行对比，其结果填入表中②栏。对比时可能出现等于、稍大于后几项功能之和等情况，如 $F_5=F_6$、$F_3=F_4+\Delta F$ 等，此时 ΔF 具体定值由评判者给出。

③ 暂定最后一项功能（或功能领域）的功能系数为 1.00，自下而上按②栏的逻辑关系求出暂定功能系数填入③栏，如 $F_3=F_4+\Delta F=2.2+0.2=2.4$ 等。求出暂定功能系数之和为 16.0。

④ 最后将各暂定功能系数分别除以暂定功能系数之和 16.0 得出功能系数，填入表中④栏，如 F_1 的功能系数为 $4.8\div 16.0=0.30$。

（2）求目标成本。例如，F_1 的功能系数为 0.30，则其目标成本为 1 000×0.30=300（元），其他如表 5-7 中⑤栏所示。

（3）功能价值的计算与功能改善对象的选择。

求出功能的现实成本的功能评价值后，根据价值公式 $V=F/C$ 便可求出功能价值，根据功能价值的高低选择功能改善对象及其先后优先顺序。功能价值 V 可能出现如下三种情况。

① $V=1$，功能价值理想，不作为功能改善对象。

② $V<1$，功能价值低，表明评价对象的目前成本偏高，一种可能是由于存在过剩功能，另一种可能是功能虽无过剩，但实现功能的条件与方法不佳，以致实现功能的成本大于功能的实际需要。这两种情况都应列入功能改进的范围，并且以剔除过剩功能及降低目前成本为改进方向。

③ $V>1$，目前成本低于功能评价值，表明评价对象的目前成本低于实现该功能所应投入的最低成本，从而评价对象功能水平不足，没有达到用户的功能要求，应适当增加成本，提高功能水平。

在优先选择功能改善对象时，应注意不仅要以 V 这个相对数为依据，还应参考功能的现实成本 C 和功能评价值 F 的绝对数（表 5-8）。

表 5-8　功能的现实成本 C 和功能评价值 F 的绝对数

功能（或功能领域）	功能的现实成本 C/元	功能评价值 F/元	功能价值 $V=F/C$	成本降低目标（$C-F$）/元	功能改善优先顺序
F_1	100	100	1.00	—	—
F_2	60	60	1.00	—	—
F_3	130	100	0.77	30	2
F_4	60	60	1.00	—	—
F_5	50	50	1.00	—	—
F_6	100	50	0.50	50	1
合计	500	420	—	80	—

2）功能指数法

功能指数法又称相对值法，是通过评定各对象功能的重要程度，用功能指数表示其功能程度的大小，然后将评价对象的功能指数与相对应的成本指数进行比较，得出该评价对象的价值指数，从而确定改进对象，并求出该对象的成本改进期望值。其计算公式为

$$价值指数（VI）= \frac{功能指数（FI）}{成本指数（CI）} \tag{5-2}$$

其中功能指数是指评价对象（如零部件）功能在整体功能中所占的比率，又称功能评价系数、功能重要度系数等，成本指数是指评价对象的目前成本在全部成本中所占的比率。

功能指数法的特点是用分值来表达功能程度的大小，以便使系统内部的功能与成本具有可比性，由于评价对象的功能水平和成本水平都用它们在总体中所占的比率来表示，这样就可以采用上面的公式方便地、定量地表达评价对象价值的大小。因此，在功能指数法中，运用价值指数来作为评定对象功能价值的指标。

功能指数法的工作程序如下所述。

（1）成本指数的计算。成本指数可按下式计算：

$$第 i 个评价对象的成本指数 CI_i = \frac{第 i 个评价对象的目前成本 C_i}{全部成本 \sum C_i} \tag{5-3}$$

（2）功能指数的推算。功能指数的推算是一个定性与定量结合的过程，其主要步骤是评价功能分值。功能分值的评定是在科学的评分原则的指导下，按用户要求应该达到的功能程度，采用适当的评分方法，评定各功能应有的分值。常用的方法有以下几种。

① 强制确定法又称 FD 法，包括 01 法和 04 法两种方法。它是采用一定的评分规则，采用强制对比打分评定评价对象的功能指数。下面以 01 法为例来加以说明。

01 法是将各功能一一对比，重要的得 1 分，不重要的得 0 分。然后，为防止功能指数中出现零的情况，用各加 1 分的方法进行修正，最后用修正得分除以总得分即为功能指数。其具体过程如表 5-9 所示。

表 5-9　01 法具体过程

功能	F_1	F_2	F_3	F_4	F_5	得分	修正得分	FI_i
F_1	×	0	0	1	1	2	3	0.20
F_2	1	×	1	1	1	4	5	0.33
F_3	1	0	×	1	1	3	4	0.27
F_4	0	0	0	×	0	0	1	0.07
F_5	0	0	0	1	×	1	2	0.13
合　　计						10	15	1.00

强制确定法适用于评价对象在功能重要程度上的差异不太大，且评价对象子功能数目不太多的情况。

② 多比例评分法是强制确定法的延伸，它在对比评分时按（0，10）、（1，9）、（2，8）、（3，7）、（4，6）、（5，5）这六种比例来评定功能指数，其具体过程如表 5-10 所示。

表 5-10　多比例评分法具体过程

功能	F_1	F_2	F_3	F_4	F_5	得分	FI_i
F_1	×	4	2	6	7	19	0.19
F_2	6	×	4	8	7	25	0.25
F_3	8	6	×	9	9	32	0.32
F_4	4	2	1	×	4	11	0.11
F_5	3	3	1	6	×	13	0.13
合　　计						100	1.00

③ 环比评分法又称 DARE 法。这种方法是先从上至下依次比较相邻两个功能的重要程度，给出功能重要度比值，然后令最后一个被比较的功能重要度值为 1（作为基数），依次修正重要度比值。其修正的方法是用排列在下面的功能修正重要度比值乘以与其相邻的上一个功能重要度比值，就得出上一个功能修正重要度比值。求出所有的功能修正重要度比值后，用其去除以总数，得出各个功能的功能指数，其具体过程如表 5-11 所示。

表 5-11　环比评分法具体过程

功能	功能重要度比值	功能修正重要度比值	FI_i
F_1	1.50 →	2.25	0.29
F_2	0.50 →	1.50	0.19
F_3	3.00 →	3.00	0.39
F_4		1.00	0.13
合　　计		7.75	1.00

环比评分法适用于各评价对象之间有明显的可比关系，能直接对比，并能准确地评定功能重要度比值。

④ 逻辑流程评分法。该方法是按照逻辑思维，判断各评价对象在功能重要度方面的关系，评定分数，从而推算出评价对象的功能指数。其基本做法是，先将各评价对象按功能重要度的顺序排列在表中，然后选定基准评价对象，适当规定其评分值，最后根据逻辑判断，自上而下地找出各评价对象功能重要度之间的数量关系，根据这种数量关系，推算出评价对象的功能指数，如表 5-12 所示。

表 5-12 逻辑流程评分法

功 能	逻辑关系（功能关系）	评 分 值	FI_i
F_1	$F_1 > 3F_2$	500	0.64
F_2	$F_2 > F_3 + F_4 + F_5 + F_6 + F_7$	150	0.19
F_3	$F_3 > F_5 + F_6 + F_7$	50	0.06
F_4	$F_4 > F_5 + F_6$	40	0.05
F_5	$F_5 > F_6$	20	0.03
F_6	$F_6 > F_7$	15	0.02
F_7	F_7	10	0.01
合 计		785	1.00

逻辑流程评分法是一种相对评分法，适用于功能逻辑关系明显可比的情况。

（3）功能价值的分析。

① $VI=1$，评价对象的功能比重与成本比重大致平衡，合理匹配，可以认为功能的目前成本是比较合理的。

② $VI<1$，评价对象的成本比重大于功能比重，表明相对于系统内的其他对象而言，目前所占的成本偏高，从而会导致该对象的功能过剩，应将评价对象列为改进对象，改进方向主要是降低成本。

③ $VI>1$，评价对象的成本比重小于功能比重，出现这种结果的原因可能有三个。

一是由于目前成本偏低，不能满足评价对象实现其应具有的功能的要求，致使对象功能偏低，这种情况应列为改进对象，改进方向是增加成本。

二是对象目前具有的功能已经超过了其应有的水平，存在过剩功能，应列为改进对象，改进方向是降低功能水平。

三是对象在技术、经济等方面具有某些特殊性，在客观上存在着功能很重要而需要耗费的成本却很少的情况，一般不列为改进对象。

> **特别提示**
>
> VI 如果用于多方案评价选优，通常选择 VI 最大的且不超过 3 的方案作为最优方案。

任务实施

可用价值工程理论中的功能分析内容解决例 5.1 中的两个问题。

【问题一】

【解】 运用价值工程的方法、过程和原理进行设计方案评价选优。

分别计算各方案的功能指数、成本指数和价值指数,并根据价值指数选择最优方案。

(1) 计算各方案的功能指数,如表 5-13 所示。

表 5-13　各方案功能指数表

功　能	合　计	功能权重	方案 A	方案 B	方案 C
结构体系		0.25	10	10	8
模板类型		0.05	10	10	9
墙体材料		0.25	8	9	7
面积利用系数		0.35	9	8	7
窗户类型		0.10	9	7	8
功能加权得分	25.25		9.05	8.75	7.45
功能指数	1.00		0.358	0.347	0.295

(2) 计算各方案的成本指数,如表 5-14 所示。

表 5-14　各方案成本指数表

方　案	A	B	C	合　计
单方造价/(元/m^2)	1 438	1 108	1 082	3 628
成本指数	0.396	0.305	0.298	0.999

(3) 计算各方案的价值指数,如表 5-15 所示。

表 5-15　各方案价值指数表

方　案	A	B	C
功能指数	0.358	0.347	0.295
成本指数	0.396	0.305	0.298
价值指数	0.904	1.138	0.990

由表 5-15 的计算结果可知,B 方案的价值指数最大,为最优方案。

【问题二】

【解】 根据表 5-2 所列数据,分别计算桩基及基坑围护工程、地下室工程、主体结构工程和装饰工程的功能指数、成本指数和价值指数。再根据给定的总目标成本额，计算各工程内容的目标成本额，从而确定其成本降低额。具体计算结果汇总如表 5-16 所示。

表 5-16　各工程功能指数、成本指数和价值指数计算表

功能项目	功能评分	目前成本/万元	功能指数	目标成本/万元	成本指数	价值指数	成本降低额
A．桩基及基坑围护工程	10	1 520	0.106 4	1 295	0.118 6	0.897 1	225
B．地下室工程	11	1 482	0.117 0	1 424	0.115 7	1.011 2	58
C．主体结构工程	35	4 705	0.372 3	4 531	0.367 2	1.013 9	174
D．装饰工程	38	5 105	0.404 3	4 920	0.398 5	1.014 6	185
合　计	94	12 812	1.000 0	12 170	1.000 0		642

由表 5-16 的计算结果可知，桩基及基坑围护工程、地下室工程、主体结构工程和装饰工程均应通过适当方式降低成本。根据成本降低额的大小及价值指数偏离"1"的远近程度，功能改进顺序依次为桩基及基坑围护工程、装饰工程、主体结构工程、地下室工程。

特别提示

以上案例均采用功能指数法，问题一是利用价值指数对多方案选优，最后选择价值指数最大的 B 方案。问题二是利用价值指数对同一方案的多项功能（即各项工程）进行分析，最后价值指数不为"1"的均需改进，且偏离"1"越远的越需要改进。问题二也可以用功能成本法解答，解答过程如表 5-17 所示。

表 5-17　各工程目前成本、目标成本和价值系数计算表

功能项目	功能评分	目前成本/万元	功能系数	目标成本/万元	成本系数	价值系数	成本降低额
A．桩基及基坑围护工程	10	1 520	0.106 4	1 295	0.118 6	0.852 0	225
B．地下室工程	11	1 482	0.117 0	1 424	0.115 6	0.960 9	58
C．主体结构工程	35	4 705	0.372 3	4 531	0.367 2	0.963 0	174
D．装饰工程	38	5 105	0.404 3	4 920	0.398 5	0.963 8	185
合　计	94	12 812	1.000 0	12 170	1.000 0		642

由表 5-17 的计算结果可知，桩基及基坑围护工程、地下室工程、主体结构工程和装饰工程均应通过适当方式降低成本。根据成本降低额的大小及功能成本法中价值系数偏离"1"的远近程度，功能改进顺序依次为桩基及基坑围护工程、装饰工程、主体结构工程、地下室工程。

5.1.3 方案创造及评价

任务引入

经过功能评价、确定目标成本后就进入改进方案的创造和评价阶段。

任务分析

方案创造及评价也是价值工程分析的重要环节，只有创造出好的方案才能最终达到价值分析的目的，下面介绍方案创造及评价相关知识。

相关知识

1. 方案创造

方案创造是从提高对象的功能价值出发，在正确的功能分析与评价的基础上，针对应改进的具体目标，通过创造性的思维活动，提出能够可靠地实现必要功能的新方案。从某种意义上讲，价值工程可以说是创新工程，方案创造是价值工程取得成功的关键一步。因为前面所论述的一些问题，如选择对象、收集信息资料、功能成本分析、功能评价等，虽然都很重要，但都是为方案创造服务的。前面的工作做得再好，如果不能创造出高价值的创新方案，也就不会产生好的效果。所以，从价值工程技术实践来看，方案创造是决定价值工程成败的关键阶段。

方案创造的理论依据是功能载体具有替代性。这种功能载体替代的重点应放在以功能创新的新产品替代原有产品和以功能创新的结构替代原有结构方案上。方案创造的过程是个思想高度活跃、进行创造性开发的过程。为了引导和启发创造性的思考，可以采取各种方法，比较常用的方法有以下几种。

1）头脑风暴法

头脑风暴法是指自由奔放地思考问题。具体地说，就是由对改进对象有较深了解的人员组成的小集体在非常融洽和不受任何限制的气氛中进行讨论、座谈，打破常规、积极思考、互相启发、集思广益，提出创新方案。这种方法可使获得的方案新颖、全面、富于创造性，并可以防止片面和遗漏。

这种方法以 5~10 人小型会议的方式为宜，会议主持人应熟悉研究对象，思想活跃，知识面广，善于启发引导，使会议气氛融洽，使与会者广开思路，畅所欲言。会议应按以下原则进行。

（1）欢迎畅所欲言，自由地发表意见。
（2）希望提出的方案越多越好。
（3）对所有提出的方案不加任何评价。
（4）要求结合别人的意见提设想。
（5）会议应有记录，以便于整理研究。

2）哥顿法

哥顿法又译作"戈登法"。这个方法也是在会议上提方案，但究竟研究什么问题，目的是什么，只有会议主持人知道，以免其他人受约束。例如，想要研究试制一种新型剪板机，会议主持人请大家就如何进行切断和分离提出方案。当会议进行到一定时机，再宣布会议的具体要求，在此联想的基础上研究和提出各种新的具体方案。

这种方法的指导思想是把要研究的问题适当抽象，以利于开拓思路。在研究新方案时，会议主持人开始并不全部摊开要解决的问题，而是只对大家做一番抽象笼统的介绍，要求大家提出各种设想，以激发出有价值的创新方案。这种方法要求会议主持人机智灵活、提问得当。提问太具体，容易限制思路；提问太抽象，则方案可能离题太远。

3）专家意见法

专家意见法又称德尔菲法，是由组织者将研究对象的问题和要求，函寄给若干有关专家，使他们在互不商量的情况下提出各种建议和设想，专家返回设想意见，经整理分析后，归纳出若干较合理的方案和建议，再函寄给有关专家征求意见，再回收整理，如此经过几次反复后专家意见趋向一致，从而最后确定出新的功能实现方案。这种方法的特点是专家们彼此不见面，研究问题时间充裕，可以无顾虑、不受约束地从各种角度提出意见和方案；缺点是花费时间较长，缺乏面对面的交谈和商议。

4）专家检查法

专家检查法不是靠大家想办法，而是由主管设计的工程师做出设计，提出完成所需功能的办法和生产工艺，然后按顺序请各方面的专家（如材料方面的、生产工艺的、工艺装备的、成本管理的、采购方面的）审查。这种方法先由熟悉的人进行审查，以提高效率。

2．方案评价

在方案创造阶段提出的设想和方案是多种多样的，能否付诸实施，就必须对各个方案的优缺点和可行性进行分析、比较、论证和评价，并在评价过程中进一步完善有希望的方案。方案评价包括概略评价和详细评价两个阶段。其评价内容都包括技术评价、经济评价、社会评价及综合评价，如图5.6所示。

图5.6　方案评价

在对方案进行评价时，无论是概略评价还是详细评价，一般可先做技术评价，再分别进行经济评价和社会评价，最后进行综合评价。

1）概略评价

概略评价是对方案创造阶段提出的各个设想和方案进行初步评价，目的是淘汰那些明显不可行的方案，筛选出少数几个价值较高的方案，以供详细评价做进一步的分析。概略评价的内容包括以下几个方面。

（1）技术可行性方面，应分析和研究创新方案能否满足所要求的功能及其本身在技术上能否实现。

（2）经济可行性方面，应分析和研究产品成本能否降低和降低的幅度，以及实现目标成本的可能性。

（3）社会评价方面，应分析和研究创新方案对社会利害影响的大小。

(4) 综合评价方面,应分析和研究创新方案能否使价值工程活动对象的功能和价值有所提高。

2) 详细评价

详细评价是在掌握大量数据资料的基础上,对通过概略评价的少数方案,从技术、经济、社会三个方面进行详尽的评价分析,为提案的编写和审批提供依据。详细评价的内容包括以下几个方面。

(1) 技术可行性方面,主要以用户需要的功能为依据,对创新方案的必要功能条件实现的程度做出分析评价。特别是产品或零部件,一般要对其功能的实现程度(包括性能、质量、寿命等)、可靠性、维修性、操作性、安全性及系统的协调性等进行评价。

(2) 经济可行性方面,主要考虑成本、利润、企业经营的要求,创新方案的适用期限与数量,实施方案所需费用、节约额与投资回收期,以及实现方案所需的生产条件等。

(3) 社会评价方面,主要分析和研究创新方案给国家和社会带来的影响(如环境污染、生态平衡、国民经济效益等)。

综合评价是在上述三种评价的基础上,对整个创新方案的诸多因素做出全面系统的评价。为此,首先要明确规定评价项目,即确定评价所需的各种指标和因素。然后分析各个方案对每个评价项目的满足程度。最后根据方案对各评价项目的满足程度来权衡利弊,判断各方案的总体价值,从而选出总体价值最大的方案,即技术上先进、经济上合理和社会上有利的最优方案。

航天人员

能够思考的机器人

3) 方案综合评价方法

用于方案综合评价的方法有很多,常用的定性方法有德尔菲法、优缺点列举法等;常用的定量方法有直接评分法、加权评分法、比较价值评分法、环比评分法、强制评分法、几何平均值评分法等。下面简要介绍几种方法。

(1) 优缺点列举法。把每个方案在技术上、经济上的优缺点详细列出,进行综合分析,并对优缺点做进一步调查,用淘汰法逐步缩小考虑范围,从范围不断缩小的过程中找出最后的结论。

(2) 直接评分法。根据各种方案能够达到各项功能要求的程度,按 10 分制(或 100 分制)评分,然后算出每个方案达到功能要求的总分,比较各方案总分,做出采纳、保留、舍弃的决定,再对采纳、保留的方案进行成本比较,最后确定最优方案。

(3) 加权评分法又称矩阵评分法。这种方法是将功能、成本等各种因素,根据要求的不同进行加权计算,权数大小应根据它在产品中所处的地位而定,算出综合分数,最后与各方案寿命周期成本进行综合分析,选择最优方案。加权评分法主要包括以下四个步骤:①确定评价项目及其权重系数;②根据各方案对各评价项目的满足程度进行评分;③计算各方案的评分权数;④计算各方案的价值系数,以较大的为优。

方案经过评价,不能满足要求的就淘汰,有价值的就保留。

3. 价值活动成果的总结

整个价值工程活动结束后,要以经济效果对其成果进行总结和评价,这种总结和评价是产品改进后正式投产的前提条件,评价的指标主要有下列几项。

成本降低率=(改进前单位成本-改进后单位成本)÷改进前单位成本×100% (5-4)

全年净节约额＝（改进前成本－改进后成本）×年产量－价值工程活动经费　　（5-5）

$$节约倍数 = \frac{全年净节约额}{价值工程活动经费}$$ （5-6）

■ 任务实施

用方案创造及评价基本知识解决问题的内容见本模块 5.2。

思考与练习

一、选择题

1. 在价值工程分析中，某评价对象的功能系数为 6.624 5，成本系数为 3.356 7，根据价值系数，该评价对象的评价结果是（　　）。
   A. 功能的现实成本比较客观
   B. 功能偏低，现实成本偏低
   C. 现实成本偏高，功能过剩
   D. 功能比较重要，但分配的成本较少

2. 价值工程分析阶段的工作步骤是（　　）。
   A. 功能整理—功能定义—功能评价—功能成本分析—确定改进范围
   B. 功能定义—功能整理—功能成本分析—功能评价—确定改进范围
   C. 功能定义—功能评价—功能整理—功能成本分析—确定改进范围
   D. 功能整理—功能定义—功能成本分析—功能评价—确定改进范围

3. 提高产品价值的最有效途径是（　　）。
   A. 提高功能的同时降低成本
   B. 功能保持不变，提高成本
   C. 大幅度提高功能，小幅度提高成本
   D. 稍微降低功能，大幅度降低成本

4. 价值工程对象选择的定量分析方法有（　　）。
   A. ABC 分析法　　　　　　　　　　B. 因素分析法
   C. 价值指数法　　　　　　　　　　D. 百分比分析法

5. 价值工程 $V=F/C$ 中，V 表示（　　）。
   A. 交换价值　　　　　　　　　　　B. 使用价值
   C. 性价比　　　　　　　　　　　　D. 功能与成本的对比系数

6. 在对工程或产品进行价值分析时，下列说法正确的是（　　）。
   A. $V=1$，功能与成本匹配最理想，无须改进
   B. $V>1$，功能与成本匹配最理想，无须改进

C．$V<1$，功能与成本匹配最理想，无须改进

D．$V<1$，应该增加成本的投入

7．价值工程中功能分析不包括（　　）。

　　A．功能定义　　B．功能分类　　C．成本分析　　D．功能整理

8．根据价值工程的原理，提高产品价值的途径有（　　）。

　　A．在产品成本不变的条件下，提高产品功能

　　B．在保持产品功能不变的前提下，降低产品成本

　　C．在提高产品功能的同时，降低产品成本

　　D．产品功能有较大幅度提高，产品成本有较少提高

　　E．产品功能有较小幅度提高，产品成本有较大提高

9．下列选项中不能确定为改进对象的是（　　）。

　　A．F/C值小的功能　　　　　　B．$\Delta C=C-F$值小的功能

　　C．复杂的功能　　　　　　　　D．问题多的功能

10．下列（　　）应作为价值工程重点对象的功能。

　　A．价值系数高　　　　　　　　B．功能价值低

　　C．可靠性差　　　　　　　　　D．改善期望值大

　　E．复杂程度高

11．在价值工程活动中，计算功能评价值前应完成的工作有（　　）。

　　A．功能的现实成本计算　　　　B．方案创造

　　C．功能整理　　　　　　　　　D．功能定义

　　E．方案评价

12．在价值工程分析中，某评价对象的功能 A、B、C、D 得分分别为 3、2、3、1，功能 A 的功能系数是（　　）。

　　A．0.3　　B．0.2　　C．0.1　　D．0.5

13．在价值工程分析中，某评价对象的功能 A、B、C、D 的成本分别为 3 元、7 元、6 元、4 元，评价对象的功能 A 的成本系数是（　　）。

　　A．0.15　　B．0.35　　C．0.20　　D．0.25

14．在价值评价中，功能系数最常用以下（　　）评分法来确定。

　　A．（0，1）　　B．（0，4）　　C．（0，10）　　D．逻辑流程

15．按照价值工程原理，"成本"是指（　　）。

　　A．产品消耗的社会必要劳动时间　　B．生产成本

　　C．使用成本　　　　　　　　　　　D．寿命周期成本

二、判断题

1．价值工程分析的核心是功能整理。（　　）

2．价值工程中的成本是生产成本与使用成本之和。（　　）

3．价值工程是一种现代化的科学管理技术，一种新的技术经济分析方法。（　　）

4．在功能评价中，价值系数等于 1，功能评价值理想，不作为功能改善对象。（　　）

5．价值工程中所述的"价值"也是一个相对的概念，是指作为某种产品所具有的功能与获得该功能的全部费用的比值，它是研究对象的交换价值。（   ）

6．价值工程中的功能是指产品的必要功能。（   ）

7．价值工程中的价值是指功能与成本的对比系数。（   ）

8．“关键的少数和次要的多数”是 ABC 分析法的基本原理。（   ）

9．改善产品的价值，一般采用降低功能的方式进行。（   ）

10．产品的功能按性质可分为基本功能与辅助功能。（   ）

5.2　价值工程应用案例分析

引言

价值工程虽然起源于材料和代用品的研究，但这一原理已经扩散到各个领域，有广泛的应用范围，在工程设计和施工、产品研究开发、工业生产、企业管理等方面取得了长远的发展，产生了巨大的经济效益和社会效益。

价值工程可以为建设节约型社会及企业持续创新提供新的思路和科学方法，可广泛应用在国民经济建设的很多方面。以下就是价值工程原理在建筑领域中的应用。

5.2.1　价值工程在建筑施工方案中的应用

案例背景

某企业生产的多用途活动房屋，采用屋面板、外墙板、内墙板、楼板等大型板材装配而成，具有结构牢固、安装快、质量轻、占地少、隔热保温性能好等优点，但也存在造价高、运输不便的缺点。为扩大销路，该企业决定对产品进行改进，为此确定的目标是在保证必要功能的基础上降低生产成本。

1. 价值工程对象的选择

根据多用途活动房屋造价的构成特点，价值工程人员运用 ABC 分析法对各项费用进行分析，如表 5-18 所示，最后将 A 类的材料费作为价值工程活动的对象。

表 5-18 某企业生产成本 ABC 分析表

序号	ABC 分类	内容	项目数		成本	
			项数	占总数	金额/元	占总费用
1	A 类	材料费	1	14.285%	87 574.28	70.39%
2	B 类	人工费	1	14.285%	20 613.55	16.57%
3	C 类	其他费用	5	71.430%	16 228.17	13.04%
合计			7	100.000%	124 416.00	100.00%

2. 功能分析

价值工程人员首先对多用途活动房屋的 12 个主要构配件的功能进行分析，通过回答"该构配件是干什么用的"的问题来定义各个构配件的功能。各主要构配件的功能定义如表 5-19 所示。通过回答"怎样实现这个功能"的问题进一步确定各个构配件的下位功能。

表 5-19 各主要构配件的功能定义

序 号	构配件名称	功 能 定 义
1	屋面板	遮蔽顶部
2	外墙板	围护室内空间
3	内墙板	分隔内部
4	楼板	分隔上、下空间
5	楼梯	联系上、下
6	窗	采光通风
7	门	方便进、出
8	连接件	方便拆、装
9	电器	方便用电
10	走廊	联系交通
11	地框	承受荷载
12	包装箱	安全运输

价值工程人员对多功能的材料采用专家多人评分的办法进行功能费用分摊，从而取得了各功能的功能成本及相应的成本系数，并且在功能评分的基础上确定了各功能的功能系数，进而计算得到各功能的价值系数，如表 5-20 所示。目标成本的制定采用实际调查法与经验分析相结合的办法，最终确定的总目标成本为 74 439.96 元，将其按功能系数分配可以得到各功能的目标成本。价值工程人员在深入研究的基础上经过多次论证确定的改善对象及其先后顺序为 F_2、F_1、F_4、F_3。

表 5-20 功能评价计算表

序号	构配件名称	功能	功能系数	功能成本/元	成本系数	价值系数	目标成本/元	成本降低额/元
1	屋面板	F_1	0.16	18 878.90	0.216	0.74	11 910.39	6 968.51
2	外墙板	F_2	0.15	29 183.75	0.333	0.45	11 165.99	18 017.76
3	内墙板	F_3	0.10	11 650.85	0.133	0.75	7 444.00	4 206.85
4	楼板	F_4	0.13	16 136.08	0.184	0.71	9 677.19	6 458.89
5	楼梯	F_5	0.09	1 339.47	0.015	6.00	6 699.60	−5 360.13
6	窗	F_6	0.06	2 044.00	0.023	2.61	4 466.40	−2 422.40
7	门	F_7	0.08	2 176.00	0.025	3.20	5 955.20	−3 779.20
8	连接件	F_8	0.05	62.73	0.001	50.00	3 722.00	−3 659.27
9	电器	F_9	0.06	1 320.00	0.015	4.00	4 466.40	−3 146.40
10	走廊	F_{10}	0.04	3 125.43	0.036	1.11	2 977.60	147.83
11	地框	F_{11}	0.05	1 129.07	0.013	3.85	3 722.00	−2 592.93
12	包装箱	F_{12}	0.03	528.00	0.006	5.00	2 233.20	−1 705.20
合计			1.00	87 574.28	1.000		74 439.96	13 134.32

3. 确定改进方案及其评价

对作为价值工程分析对象的 F_2、F_1、F_4、F_3 4 项功能，对其各自的子功能分别进行功能成本及目标成本计算，找出价值系数小于 1 的子功能，作为改进价值、降低成本的对象。活动房屋价值改善目标可以归纳为承受荷载、保护壁板、保温隔热、美观及形成壁板等功能。通过在生产单位组织运用"头脑风暴法"，共获得改进方案 31 个。对这 31 个改进方案，邀请专家做出初步评价，排除了目前不具备条件的 16 个方案。通过对全国同类生产厂家的调查，落实了所提出的功能改进方案的可行性，在对各种可行方案进行组合并考虑其经济上的合理性后，最终得到 4 个技术、经济上均可行的组合方案，通过加权评分法对这 4 个组合方案进行评价，其评价过程如表 5-21 所示，组合方案 Ⅱ 的加权得分值最高，为最优方案。在对采用组合方案 Ⅱ 的材料的节约效果进行估算后，价值工程人员认为在多用途活动房屋的改进设计中应用价值工程可以收到显著降低成本的效果。

表 5-21 组合方案评价过程

指标	适用	美观	安全可靠	维修性	造价	方案的加权评分和
权重系数	0.4	0.1	0.2	0.1	0.2	
方案	满意程度分析（100 分制）					
Ⅰ	72	81	90	78	75	77.7
Ⅱ	85	90	80	80	90	85.0
Ⅲ	65	70	88	75	72	72.5
Ⅳ	82	90	80	80	85	82.8

5.2.2　价值工程在工程设计方案选优中的应用

案例背景

同一建设项目，同一单项、单位工程可以有不同的设计方案，方案不同，造价也就会有差异，这时，设计人员可通过价值工程活动进行方案的选优。根据对功能系统图的分析，对上位功能进行分析和改善比对下位功能进行分析和改善的效果好；对功能领域进行分析和改善比对单个功能进行分析和改善的效果好。因此，价值工程既可用于工程项目设计方案的分析选择，也可用于单位工程设计方案的分析选择。我们以某建筑设计院在建筑设计中应用价值工程，进行住宅设计方案选优为例，说明价值工程在工程设计方案选优中的应用。

1．对象选择

对建筑设计单位来说，承担的工程设计种类繁多，必须运用一定方法选择价值工程的重点研究对象。到底选择哪些项目作为价值工程的分析对象呢？该建筑设计院以近几年承担的设计项目的建筑面积构成统计数据，运用百分比分析法来选择价值工程的研究对象。通过分析，价值工程人员决定把占总体设计面积比重最大的住宅工程作为价值工程的研究对象。该建筑设计院近几年各类设计项目的建筑面积统计数据及其比重，如表 5-22 所示。

表 5-22　该建筑设计院近几年各类设计项目的建筑面积统计数据及其比重

工 程 类 别	比重/（%）	工 程 类 别	比重/（%）
住宅	38	图书馆	1
综合楼	10	商业建筑	2
办公楼	9	体育建筑	2
教学楼	5	影剧院	3
车间	5	医院	5
宾馆	3	其他	17

在选好价值工程分析对象之后，价值工程人员围绕以下几个方面重点进行资料收集。

（1）通过工程回访，收集广大用户对住宅的使用意见。

（2）通过对不同地质情况和基础形式的住宅进行定期的沉降观测，获取地基方面的第一手资料。

（3）了解有关住宅施工方面的情况。

（4）收集大量有关住宅建设的新工艺及新材料的性能、价格和使用效果等方面的资料。

（5）分地区按不同地质、基础形式和类型标准，统计分析近年来住宅建筑的各种技术经济指标。

2．功能分析

组织设计、施工及建设单位的有关人员共同讨论，对住宅的各种功能进行定义、整理和评价分析。在功能分析中，参与分析人员一致认为住宅功能有如下几方面。从大的方面讲，有适用、安全、美观和其他功能。就适用功能而言，可以具体分为平面布置、采光通风和层高、层数等功能。就安全功能而言，可以具体分为牢固耐用、"三防"设施等功能。就美观功能而言，可以具体分为建筑造型、室外装修、室内装修等功能。就其他功能而言，可以分为环境设计、技术参数、便于施工、容易设计等功能。在功能分析中价值工程人员坚持把用户的意见放在第一位，结合设计、施工单位的意见进行综合评分，把用户、设计及施工单位三者意见的权数分别定为70%、20%和10%。住宅功能重要系统如表5-23所示。

表5-23 住宅功能重要系统

功能		用户评分		设计人员评分		施工人员评分		功能系数 $(0.7F_\mathrm{I}+0.2F_\mathrm{II}+0.1F_\mathrm{III})/100$
		得分 F_I	$0.7F_\mathrm{I}$	得分 F_II	$0.2F_\mathrm{II}$	得分 F_III	$0.1F_\mathrm{III}$	
适用	平面布置 F_1	41	28.7	38	7.6	43	4.3	0.406
	采光通风 F_2	16	11.2	17	3.4	15	1.5	0.161
	层高、层数 F_3	4	2.8	5	1	4	0.4	0.042
安全	牢固耐用 F_4	20	14	21	4.2	19	1.9	0.201
	"三防"设施 F_5	4	2.8	3	0.6	3	0.3	0.037
美观	建筑造型 F_6	3	2.1	5	1	3	0.3	0.034
	室外装修 F_7	2	1.4	3	0.6	2	0.2	0.022
	室内装修 F_8	7	4.9	6	1.2	5	0.5	0.066
其他	环境设计、便于施工等 F_9	3	2.1	2	0.4	6	0.6	0.031
总计		100	70	100	20	100	10	1.0

3. 方案设计与评价

以某单位一小区住宅为例，说明价值工程人员如何进行方案设计与评价。

根据收集的信息资料及上述功能重要程度的分析结果，设计人员集思广益，大胆创新，设计了十几个不同的方案。价值工程人员对创新设计的十几个方案，采用优缺点列举法进行分析筛选，从而保留下5个较优方案供进一步选优。5个备选方案的主要特征及单位平方米造价，如表5-24所示。

表5-24 5个备选方案的主要特征及单位平方米造价

方案名称	主要特征	单位平方米造价/元
A方案	七层混合，层高3m，240mm内外砖墙，钢筋混凝土预制桩基础，半地下室作储藏间，外装修一般，室内设备较好	1 484
B方案	七层混合，层高2.9m，240mm内外砖墙（120mm砖非承重墙），钢筋混凝土条形基础（地基经过真空预压处理），装修一般，室内设备中等标准	1 096
C方案	七层混合，层高3m，240mm内外砖墙，沉管灌注桩基础，外装修一般，内装修较好，半地下室作杂物间，室内设备中等水平	1 410
D方案	五层混合，层高3m，空心砖内外墙，钢筋混凝土满堂基础，装修及室内设备一般，屋顶无水箱	1 156
E方案	层高3m，其他特征同B方案	1 174

为了从 5 个备选方案中选出最优方案，价值工程人员从技术与经济两者综合的角度来确定最合理的方案。为此，价值工程人员按照下述步骤进行综合评价。

第一步，计算各方案的功能系数，其结果如表 5-25 所示。

表 5-25　各方案的功能系数结果

评价因素		方案满足分数 S	方案名称				
功能因素	重要系数 φ		A	B	C	D	E
F_1	0.406		10	10	9	9	10
F_2	0.161		10	9	10	10	9
F_3	0.042		9	8	9	10	9
F_4	0.201		9	9	9	8	9
F_5	0.037		7	6	7	6	6
F_6	0.034		9	7	8	6	7
F_7	0.022		7	7	7	7	7
F_8	0.066		9	6	8	7	7
F_9	0.031		9	7	8	7	7
方案总分		$\sum \varphi S$	9.449	8.881	8.912	8.553	8.990
功能系数			0.211	0.198	0.199	0.191	0.201

第二步，计算各方案的成本系数，其结果如表 5-26 所示。

表 5-26　各方案的成本系数结果

方案名称	A	B	C	D	E
单位平方米造价/元	1 484	1 096	1 410	1 156	1 174
成本系数	0.234 8	0.173 4	0.223 1	0.182 9	0.185 8

第三步，计算各方案的价值系数，其结果如表 5-27 所示。

表 5-27　各方案的价值系数结果

方案名称	A	B	C	D	E
功能系数	0.211	0.198	0.199	0.191	0.201
成本系数	0.234 8	0.173 4	0.223 1	0.182 9	0.185 8
价值系数	0.899	1.142	0.892	1.044	1.082

最后，根据价值系数大小选择最优方案。B 方案价值系数最高为 1.142，故 B 方案最优。

思考与练习

承包商 B 在某高层住宅楼的现浇楼板施工中，拟采用钢木组合模板体系或者小钢模板体系施工。经有关专家讨论，决定从模板总摊销费用（F_1）、楼板浇筑质量（F_2）、模板人工费（F_3）、模板周转时间（F_4）、模板装卸便利性（F_5）等 5 个技术经济指标对这两个方案进行评价，并采用 01 法对各技术经济指标的重要程度进行评分，其部分结果如表 5-28 所示，两个方案各技术经济指标的得分如表 5-29 所示。

表 5-28　评分部分结果

功能	F_1	F_2	F_3	F_4	F_5
F_1	×	0	1	1	1
F_2		×	1	1	1
F_3			×	0	1
F_4				×	1
F_5					×

表 5-29　两个方案各技术经济指标的得分

指　　标	方　案	
	钢木组合模板	小 钢 模 板
模板总摊销费用	10	8
楼板浇筑质量	8	10
模板人工费	8	10
模板周转时间	10	7
模板装卸便利性	10	9

经造价工程师估算，钢木组合模板在该工程中的总摊销费用为 40 万元，每平方米楼板的模板人工费为 8.5 元；小钢模板在该工程中的总摊销费用为 50 万元，每平方米楼板的模板人工费为 5.5 元。该住宅楼的楼板工程量为 2.5 万平方米。试回答以下问题。

（1）试用价值工程原理（功能指数法）对案例中的方案进行评价选优。

（2）当该楼板工程量达到多少平方米时选择小钢模板体系方案？

5.2 思考与
练习答案

5.2 思考与
练习讲解

模块 6　建筑工程经济在建设工程项目中的应用

工程建设方案的技术经济分析与评价，是指对建设工程在实施过程中所采用的各种技术方案、技术措施和施工组织管理措施的经济效果及社会效果进行计算、比较、分析与评价，以便为选用最优的工程建设方案提供科学合理的依据。

教学目标

知识目标：

（1）熟悉建筑设计方案技术经济分析与评价的目的、原则、指标体系、方法，理解影响住宅建筑设计的经济因素；

（2）熟悉施工方案技术经济分析与评价的原则、指标体系、方法；

（3）熟悉设备更新的概念、原则，掌握新增设备的经济分析、设备经济寿命的确定。

能力目标：

（1）会对建筑设计方案、施工方案进行技术经济分析与评价；

（2）会对住宅建筑设计的经济影响因素进行分析；

（3）能对设备更新方案进行经济分析、比较、选择；

（4）能计算设备的经济寿命、确定设备的更新时间。

思维导图

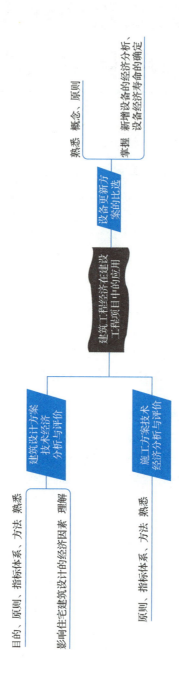

6.1 建筑工程经济在建筑设计、施工方案技术经济分析与评价中的应用

引言

现代社会的建筑工程设计、施工总是在一定的经济条件约束下进行的,只有技术上先进可靠、经济上合理可行的建筑产品才能被社会所接受。对于特定的建筑产品来说,可以通过不同的设计、施工方案来实现。建筑工程设计方案不仅决定了建筑产品的投资成本,而且在相当程度上决定了建筑产品的使用成本和使用寿命,因而必然对其技术经济效果产生直接、重大的影响。而不同的设计、施工方案,其技术经济效果往往有不同程度的差异。因此必须科学合理地处理好技术与经济的关系,需要将方案的技术成果和它的经济效果进行考察和分析,这就是通常所说的技术经济分析。由于在进行技术经济分析时,往往有一个比较对象,如新技术和原技术相比,或者两个以上的不同设计方案相比,通过分析、计算、比较,对不同的方案做出客观评价,这就是所谓的技术经济评价。

6.1.1 建筑设计方案技术经济分析与评价

从装配式建筑的逐步推广中得到什么启发?

投资人为了完成拟定的建设工程项目,能够采用的技术方案可能不止一个,如可以采用不同的设计方案。采用不同的方案,往往会收到截然不同的经济效果和社会效果。因此,为了最大限度地达到投资人预期的投资效果,就很有必要采用科学的方法对各种设计方案的技术经济效果进行比较、分析与评价,从而选择最优的建筑设计方案作为实施方案。这就是工程建设方案的技术经济分析与评价首要研究和解决的主要问题。

装配式建筑的优点

装配式建筑 PK 浇建筑

任务分析

要解决建筑设计方案技术经济分析与评价、选优的问题,需要具备建筑设计方案技术经济分析与评价的基本知识,下面介绍相关知识。

相关知识

1. 设计方案的技术经济分析概述

1）建筑设计方案技术经济分析与评价的目的

对建筑设计方案进行技术经济分析与评价主要有以下几个目的。

（1）鉴别设计方案在功能上的适应性、技术上的先进性和可行性及经济上的合理性。为了满足人们生产和生活的需要，任何建筑产品总是具有某种使用功能。因此其设计方案必须首先满足预先确定的使用功能要求，否则就不具有实施价值，技术经济分析就无从谈起。而任何建筑设计方案，都是多种技术综合的结果，都表现出与其他设计方案不同的经济效果。因此，只有在经济上合理的方案才是可行的。

（2）通过分析与评价，选择技术经济效果最优的设计方案。建筑设计方案的优劣，总是相比较而存在的。这里所说的"最优"，只是相对意义上的最优，而不是绝对意义上的最优。这是因为完成的建筑设计方案的数量是有限的，而不是无穷的，不可能将实现工程项目所有可能的设计方案都罗列出来，只能在有限的设计方案中选择"最优"。另外，通过技术经济分析所得到的结论，是在技术和经济多方面的约束条件下取得的，也在很大程度上受到人为确定的评价指标和方法的影响，因而，只可能做到尽可能地经济、合理和适用，得到的是比较满意的方案，而不可能达到绝对最优。但是，这种相对最优的设计方案要求较好地实现技术和经济的统一，较好地或最大限度地考虑建筑产品本身的经济效益和产品以外的社会效益，也必须适当处理当前经济效益和长远经济效益的关系，反映设计人员认识自然和改造自然的能力。

（3）促进建筑设计水平和质量的不断提高。建筑设计方案的质量，一方面体现在它的有形表现形式即设计文件的质量，如建筑模型造型别致、色调和谐、图纸齐全配套、绘图清晰、计算准确无误等；另一方面则体现在它的无形表现形式即技术经济效果的优劣。而后者是反映设计水平和质量的主要方面。

通过技术经济分析所选择的设计方案，虽然一般具有较好的技术经济效果，但是由于受到当时技术经济条件的限制，加之人们的认识和经验的历史局限性，因而不一定完全符合客观的技术经济规律，最多只能反映确定该方案时的技术经济规律。而建筑产品的生产周期长，少则一两年，多则三五年，甚至长达十年以上，在漫长的生产过程中，原设计方案就有可能暴露出原来未预计到的缺点和错误，或者由于技术进步，原设计方案显得落后过时。在建筑产品生产过程中或者在建筑产品建成以后，对这些缺点和错误及时地从技术和经济两方面进行分析，就能及时修改设计方案，减少经济损失或提高技术经济效果，更重要的是，能够为同期的和今后的同类建筑产品提供可靠的技术经济数据，从而促进建筑设计水平和质量的不断提高，也有可能为完善设计方案技术经济分析与评价的方法提供依据。

（4）总结技术经济的客观规律，为正确制定建筑技术政策提供科学依据。建筑技术政策是以提高建筑业全行业经济效益为目标，指导建筑生产技术进步与发展方向的纲领性文件，它是在总结建筑生产各个领域的技术经济规律的基础上制定的。建筑工程设计方案的技术经济效果，往往是多种建筑技术在同一或同类建筑产品上的综合体现。分析各种建筑技术在不同建筑产品上的技术经济效果，从而总结出各种建筑技术的适用条件，对于正确制定建筑技术政策具有相当重要的意义。

在分析某种建筑技术的技术经济效果时，必须考虑建筑产品建设地点的自然条件、社会条件和经济条件。大多数建筑技术的应用都有一定的地区局限性，即使某种基本上普遍适用的建筑技术，在不同的地区所产生的技术经济效果也会有一定程度的差异。也就是说，技术经济的客观规律，总是与一定的客观环境相联系的。因此，绝不能将在某一或某类建筑产品上取得较好的技术经济效果的建筑技术草率地推广使用。否则，很可能在其他建筑产品上带来经济损失，这是在制定建筑技术政策时要十分谨慎对待的问题。

2）建筑设计方案技术经济分析与评价的原则

为了达到技术经济分析与评价的目的，在对建筑设计方案进行技术经济分析与评价时，必须遵循以下原则。

（1）适用性和经济性统一的原则。"适用、经济、美观"是我国对非生产性项目建筑设计的指导方针，也是评价一个建筑物技术经济效果的根本尺度。评价一个建筑物在经济上是否合理，首先看其是否适用。因此"适用"在评价建筑物的诸多因素中是首要的、占主导地位的。一个不适用的建筑工程，可能会因影响生产而增加产品成本，或者是因妨碍使用而减少效益，或者是因不坚固耐用而增加维修费用、减少使用寿命。因此，适用是讲求经济的前提，离开了这个前提，经济合理性就根本无从谈起。当然，要满足"适用"的要求，可以通过不同的设计方案得以实现，要消耗一定的人力、物力和财力，也就是要付出一定的经济代价。当"适用"的标准一定时，无疑是经济代价较小的设计方案较优。但实际问题往往不是这样简单，这是因为"适用"的程度不会完全相同，因此，所要付出的经济代价也就会截然不同。这时，就必须把适用和经济统一起来进行研究分析，以便尽可能做到既经济又适用。

（2）美观性和经济性统一的原则。建筑物建成以后，除了本身所具有的使用价值，还会对周围的环境产生影响。任何建筑物，不仅是一定技术经济条件下的产物，同时也是历史、文化和艺术的综合反映。因此，建筑物的艺术效果和艺术价值也是进行技术经济分析与评价的重要方面。随着物质文化水平的逐步提高，人类对建筑物的美观要求也不断提高。片面追求美观而不惜经济代价，甚至华而不实、挥霍浪费，固然要坚决反对，而只图一时的"节约"，建造简陋的建筑物也是不宜提倡的。

（3）具有相对可比性原则。对不同的建筑设计方案进行比较时，如果使用功能不同，或者建筑标准不同，它们之间不存在相互替代的可能，就不具备对比的条件，就只能分别进行技术经济分析。没有比较就没有鉴别，就不知道其优劣，自然就无法进行选优。因此，不同设计方案之间要具有可比性，这是进行技术经济分析与评价必不可少的条件。

一般来说，可比条件包括相同或基本相同的使用功能、相同的费用计算范围和方法、相同的建设年限、相同的使用方法等。这些条件不一定全部采用，有时则选择其中一部分条件作为判断设计方案优劣的标准。但是相互比较的各个设计方案的各项技术和经济构成因素不可能都是相同的，有时差别很大，不具备或不完全具备直接对比的条件。为了使不同设计方案之间具有可比性，需要分析它们之间可比与不可比的内在联系，在不改变设计方案的条件下，通过适当的方式，将不可比条件转化成可比条件后再进行比较，从而做出适当的评价。这时，究竟如何将不可比条件转化成可比条件就成为非常关键的一个环节。通常是先确定评价指标和评价标准，然后进行比较和评价。

(4) 尽可能采用定量分析的原则。技术经济分析方法可概括为定性分析和定量分析两大类。定性分析方法比较简单，结果也比较粗糙，难以实现技术经济分析所要达到的目的，因而单纯的定性分析方法在技术经济分析中已很少采用。实践中经常遇到的问题是对于某些定性指标如何用定量方法来分析。例如，建筑物是否美观、使用上是否方便舒适等，都是难以用数量来表达的。如果将其作为评价指标，就需要采取相应的方法将其转化为可用数量表达的指标，或者将定性评价的结果用数量表达。在做技术经济分析时，应力求少用或不用定性指标。这也正是工程技术经济所要研究的重要课题。

(5) 突出主要评价指标的原则。分析与评价建筑设计方案的指标很多，但是各种评价指标的重要程度是有较大差别的，有些评价指标是主要指标，有些是次要指标，有些则可能是辅助指标。有些指标不分工程对象、建设地点和时间，总是属于主要指标，如工程造价、工程质量、工期等，这类指标可以集中地反映设计方案的经济性。而有些指标是否属于主要指标，则要根据具体的建筑产品而定。例如，建筑物是否美观可以作为一个评价指标，对于闹市区的建筑物"是否美观"可以作为一种主要指标，然而对于穷乡僻壤的建筑物"是否美观"就只能作为辅助指标了。在进行技术经济分析时，要选取那些最能反映设计方案技术经济特征的指标作为主要指标。这样做既可以简化分析与评价工作，提高工作效率，又能保证分析与评价结果的可靠性。对于大型复杂的建筑设计方案，在确定评价指标时，对某些综合性主要指标也可设置若干分指标，以使评价结果更为准确。

2. 建筑设计方案技术经济评价指标

1) 建筑设计方案技术经济评价指标的分类

建筑设计方案技术经济的评价指标，根据不同的要求可以分为以下几大类。

(1) 按指标范围可以分为综合指标和局部指标。综合指标是概括一个建筑设计方案经济性的指标，如工程的总造价、总面积、用地等。局部指标是只表明某个方面经济性的指标，如单方材料用量、层高等。

(2) 按指标表现形态可以分为实物指标和货币指标。实物指标能直接地、较准确地反映经济效益，但其形态千差万别，使用性质不同的资料在数量上难以相互比较，故在评价中有局限性。货币指标又称价值指标，该指标可以综合地反映工程在建设和使用过程中所消耗的社会劳动，在数量上有对比性。

(3) 按指标应用可以分为建设指标和使用指标。建设指标是应用在工程建设阶段，表示工程在建造过程中的一次性消耗指标，如工程造价、各种材料的用量等。使用指标是工程交付使用后，直到其经济寿命终止之前，全部使用过程中经常性消耗指标，如维修费、能源耗用量等。

(4) 按指标性质可以分为定量指标和定性指标。建筑设计方案技术经济评价指标以定量为主，但定性的评价也是不可缺少的。前者如造价、用工、材料等的耗用量，后者如平面布置的合理性等。

2）民用建筑设计方案技术经济评价指标及其计算方法

为了使技术经济评价做到全面而明确，可以根据评价方法和不同建筑工程（或建筑体系）的实际需要来确定其指标体系。

民用建筑设计方案技术经济评价指标一般包括以下方面。

（1）建筑面积。建筑面积按建筑物外墙（底层勒脚以上）的外围水平面积计算。

（2）有效面积也就是使用面积，是建筑面积扣除结构面积所余部分。有效面积与建筑面积的换算关系为

$$有效面积 = 建筑面积 - 结构面积 \tag{6-1}$$

$$有效面积 = \frac{建筑面积}{有效面积折算系数} \tag{6-2}$$

其中有效面积折算系数为

$$有效面积折算系数 = \frac{建筑面积}{建筑面积 - 结构面积} = \frac{1}{1 - 结构面积系数} \tag{6-3}$$

（3）居住面积。居住面积即卧室和居室的净面积，凡利用走廊加宽后作为前室或小方厅的，若能放下一张单人床，而又不影响正常交通的条件下，可以算为 $2m^2$ 居住面积，否则均作为交通面积算入辅助面积。壁柜不论大小，按门开启方向分别计算，如门开向居室，则算作居住面积，否则算作辅助面积。

平面系数计算式为

$$K = \frac{居住面积}{建筑面积} \times 100\% \tag{6-4}$$

$$K_1 = \frac{居住面积}{有效面积} \times 100\% \tag{6-5}$$

（4）辅助面积。辅助面积即建筑面积扣除居住面积、结构面积后所余面积。辅助面积包括厨房、浴室、厕所、壁柜、走道、阳台及公共辅助面积（如楼梯间、通道等）。

辅助面积系数计算式为

$$K_2 = \frac{辅助面积}{建筑面积} \times 100\% \tag{6-6}$$

（5）结构面积。结构面积即房屋结构构件（如墙、柱等）在平面位置上所占的面积。

结构面积系数计算式为

$$K_3 = \frac{结构面积}{建筑面积} \times 100\% \tag{6-7}$$

（6）面积定额指标。面积定额指标用于控制设计面积。其中每户建筑面积一般由主管部门根据国民经济水平制定指标，设计时参照执行。面积定额指标包括以下两项。

$$平均每户建筑面积 = \frac{建筑总面积}{总户数} \ (m^2/户) \tag{6-8}$$

$$平均每户居住面积 = \frac{居住总面积}{总户数} \ (m^2/户) \tag{6-9}$$

$$= \sum (各户型平均居住面积 \times 各户型\%) \tag{6-10}$$

其中各户型平均居住面积，即住宅单元内各户型不同居住面积数相加后，除以该户型总数的平均值。

$$平均每人居住面积 = \frac{居住总面积}{总人数} \quad (m^2/人) \quad (6-11)$$

$$每户面宽指标 = \frac{建筑物总长度}{总户数} \quad (m/户) \quad (6-12)$$

最后一个指标用来控制每户面宽，以利于节约用地。

（7）工程总造价和每平方米建筑造价。工程总造价是指居住建筑物本身的全部造价，而不包括室外附属工程和设施的造价。每平方米建筑造价，即建筑总造价与建筑面积之比（元/m^2），比较时还应细分为每平方米建筑面积土建工程造价和其他专业工程造价。土建工程造价中还以±0.000（室内地坪标高）为界，分别计算包括基础工程在内的全部土建工程造价和不包括基础工程在内±0.000以上的土建工程造价。此外，有时土建工程造价指标还可以按基础、墙体、楼地面、屋面、装修等部分项目分别计算。

（8）平均每户、每人造价。计算平均每户造价，是为了合理地确定平面系数、控制居住面积和户室比，使投资得到更好地使用。

$$平均每户造价 = \frac{建筑总造价}{总户数} \quad (元/户) \quad (6-13)$$

平均每人造价，是反映住宅设计中每人需要的居住建设的投资数，可以用这一指标进一步分析设计居住人数与投资之间的关系。

$$平均每人造价 = \frac{建筑总造价}{居住总人数} \quad (元/人) \quad (6-14)$$

其中，居住总人数 = $\sum$（各种户型户数×各户型居住定额人数），也可以用下式计算。

$$居住总人数 = \frac{居住总面积}{地区平均每人居住面积} \quad (6-15)$$

（9）主要材料耗用指标。主要材料耗用指标是指用于建筑物本身土建工程的几项主要材料，如钢材、水泥、木材、砖等的每平方米建筑面积耗用量，可以按预算确定，但应包括设计变更增减量在内，以实物形式表示（如 kg/m^2，m^3/m^2，块/m^2）。

（10）劳动耗用指标。劳动耗用指标是指住宅建造过程中直接耗用的全部劳动量，但不包括由机械费、运输费和管理费开支的用工，用每平方米建筑面积的用工量表示。劳动耗用量可以分为现场用工和预制场用工两部分。

（11）施工工期指标，以定额工期或计划工期为准。在评价时，计算缩短工期的经济效果，包括提前生产所获得的经济收益和施工单位由于缩短工期而缩减的间接费。

（12）能源耗用指标。该指标反映某些住宅建筑对能源的需求程度。计算范围应包括建造阶段主要墙体材料生产、混凝土预制构件生产及施工时的能源耗用量，以及建筑物在使用阶段的能源耗用量。

（13）房屋经常使用费。该指标是反映住宅建筑使用过程的经济指标，经常使用费应包括折旧、维修、管理、税金、保险、利息等项。一般计算折旧费与维修费两项。

3）工业建筑设计方案技术经济评价指标及其计算方法

评价一个工业建筑设计方案的优劣，常常不是根据一个或几个经济指标就可以解决问题的，有时还要一些技术指标作为参考。对于一个工业建筑项目而言，评价用的主要经济效果指标有基建投资效果系数、单位生产能力投资额、建设成本、建设工期、建设质量、劳动生产率、单位产品成本、生产年限、投资回收期等。

工业建筑设计方案在具体评价中，常常用到以下一些指标。

（1）建筑面积，计算方法与民用建筑相同。

（2）建筑系数。该指标是综合说明建筑设计的经济价值指标，一般用百分数形式表达。总平面设计的建筑系数，一般指建筑密度，用该指标说明土地的使用率。

$$建筑系数 = \frac{（建筑物+构筑物+堆置场地）的占地面积}{总平面占地面积} \times 100\% \quad (6-16)$$

（3）厂区占地面积。厂区占地面积一般指各生产车间、各种仓库和生产动力的建筑物、堆场及供运输成品和材料的道路、铁路和美化厂区的绿化用地等所占面积。

（4）总产值。总产值是以货币表现的工业企业生产的产品总量，该指标是各种产品的产量与价格相乘的总和，其单位为元/年。

（5）总产量。总产量是工业产品以实物单位表示的产品产量（实物量），即以适合产品的特征、性能并能体现其使用价值的计量单位所表示的产品产量，其单位为产品产量/年。

（6）全员劳动生产率。全员劳动生产率是表示全厂生产产品的劳动效率的指标。以实物量指标表示的计算公式为

$$全员劳动生产率 = \frac{年产量}{全厂人数} \quad (6-17)$$

以价值指标表示的计算公式为

$$全员劳动生产率 = \frac{年产值}{全厂人数} \ [元/（人·年）] \quad (6-18)$$

（7）生产工人劳动生产率，其计算公式为

$$生产工人劳动生产率 = \frac{年产值}{生产工人数+辅助生产工人数} \ [元/（人·年）] \quad (6-19)$$

（8）全厂总投资。全厂总投资是指全厂基本建设项目费用的总概算。

（9）利润。利润指标（元/年）包括净利润、产值利润率、成本利润率、资金利润率、实际投资利润率等。实际投资利润率计算公式为

$$实际投资利润率 = 资金利润 \div 固定资金投资总额 \times 100\% \quad (6-20)$$

（10）单位产品成本。单位产品成本是指为生产产品而支出的各种费用，是综合反映经济效果的一个重要指标。其计算公式为

$$单位产品成本 = \frac{产品总成本核算}{年产量} \quad (6-21)$$

另外还有主要原材料消耗，全厂用水、用电、用气量，全年货物运输量，全厂设备数量等指标。

3. 建筑设计方案技术经济评价方法

1）单指标评价方法

单指标评价方法是用单一的指标作为确定方案优劣的标准。单一指标可以是价值指标、

实物指标或时间指标等。在进行方案比较时，如果不同方案之间的其他指标比较接近，或者其中某个指标特别重要，或者其他方面指标可以不用考虑，这时利用单一指标来评价选择设计方案是比较方便和直接的。

设计方案的单指标评价方法通常使用的是最低费用法。通常计算出各设计方案的静态或动态年费用或总费用，选择年费用或总费用最低的方案为最优方案。

2）多指标综合评价方法

多指标综合评价方法就是对需要进行分析与评价的设计方案设定若干个评价指标，按其重要性程度分配权重，然后按评价标准给各指标打分，将各项指标所得分与其权重相乘并汇总，得出各设计方案的评价总分，以总分最高者为最优方案的方法。这种方法是定量分析与定性分析相结合的方法，其关键是要正确确定权重，其计算公式为

$$P = \sum_{i=1}^{n} P_i W_i \tag{6-22}$$

式中：P——设计方案的总分；

P_i——某方案在某评价指标中的得分；

W_i——某评价指标的权重；

i——评价指标数，$i = 1、2、3、\cdots$。

3）价值工程方法

价值工程方法是一种相当成熟和行之有效的管理技术与经济分析方法，一切发生费用的地方都可以用其进行技术经济分析和方案选择（见模块5）。工程设计中需要消耗大量的人力、物力和财力，因而价值工程方法在工程设计领域也得到了广泛的应用，并取得了较好的经济效益。

4）决策树法

决策树法是直观运用概率分析的一种图解法，它主要是用于对各个投资方案的状态、概率和收益进行比较选择，为决策者选择最优方案提供依据，特别适用于多阶段决策分析。

决策树一般由决策点、机会点、方案枝、概率枝、结果点组成（图6.1）。

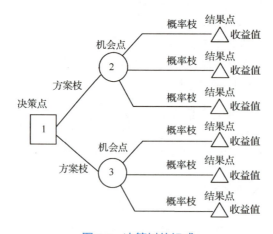

图 6.1　决策树的组成

决策树的绘制方法如下：首先确定决策点，决策点一般用"□"表示；然后从决策点引出若干条直线，代表各个备选方案，这些直线称为方案枝；方案枝后面连接一个"○"，称为机会点；从机会点画出的各条直线，称为概率枝，代表将来的不同状态；概率枝后面连接"△"，称为结果点，结果点后面的数值代表不同方案在不同状态下获得的收益值。为了计算方便，决策树中的"□"（决策点）和"○"（机会点）均进行编号。编号的顺序是从左到右，从上到下。画出决策树后，就可以很容易地计算出各个方案的期望值并进行比较。

4．影响住宅建筑设计的经济因素

1）建筑造价的构成比

建筑造价的构成比是指反映不同工程部位的造价占总造价的比值，分析建筑造价的构成比，可找出降低造价、提高经济效果的主攻方向。

五层砖混住宅形象部位分析的造价构成比，如表 6-1 所示。

表 6-1　五层砖混住宅形象部位分析的造价构成比

项目	基础	墙体	木门窗	层盖	楼盖	楼梯	地面	阳台	其他
造价构成比/（%）	10.0	40.9	10.5	6.0	14.1	5.0	1.6	4.2	7.7

表 6-2 和表 6-3 为五层砖混住宅按主体结构和按工、料、机械台班费分析的造价构成比。

表 6-2　五层砖混住宅按主体结构分析的造价构成比

项目	土方	基础	砖石	混凝土及钢筋混凝土	构件运输安装	木结构	金属结构	楼地面	抹灰	油漆	脚手架
造价构成比/（%）	0.7	11.2	25.7	23.0	3.2	15.7	0.3	5.4	9.7	1.4	3.7

表 6-3　五层砖混住宅按工、料、机械台班费分析的造价构成比

项　目	人工	材料	机械台班
造价构成比/（%）	10.2	84.1	5.7

从表 6-1 和表 6-2 可知，在砖墙承重的多层住宅造价中，墙体所占的比重最大，约占建筑造价的 41%，其次是楼盖，约占 14%，据此应把墙体作为研究多层住宅经济问题的重点，然后是楼盖，再及其他。

从表 6-3 可知，材料费用占工程造价的比重极大，其中主要材料约占 80%，可见材料节约和价格浮动对工程造价的影响很大。人工费用约占工程造价的 10%，这说明人工费用的节约对工程造价的影响较小，反映定价因素存在不合理，因而是住宅建筑体系效果不好的原因之一。

2）平面布置和空间组合的经济问题

造成多层住宅墙体比重大、造价高的原因是多方面的。就"住宅"又是"多层"这个特点来说，墙体面积系数（墙体面积/建筑面积）大是一个主要原因。因此，如何减小墙体面

积系数，是提高墙体部位经济效果的重要方面。减小墙体面积系数与进深、开间、层高、层数、单元组合等有关。

（1）进深的经济问题。合理加大建筑进深，减小外墙周长，是减小墙体面积系数、降低造价、提高经济效果的主要措施之一。以 3.3m 开间为例，当进深有 9.9m 按 0.3m 递减至 7.5m 时，每平方米建筑造价呈线性关系递增，其差值可达 9.2%，如表 6-4 所示。

表 6-4　不同进深的住宅造价关系表

进深/mm	7 500	7 800	8 100	8 400	8 700	9 000	9 300	9 600	9 900
造价百分比/（%）	105.4	104.6	103.4	102.3	101.2	100	98.7	97.4	96.2

3.3m 开间的外墙如图 6.2 所示，由图 6.2 可得外墙周长为

$$L = 2\left(d + \frac{A}{d}\right) \geq 2 \times 2 \times \sqrt{d \times \frac{A}{d}} \qquad (6\text{-}23)$$
$$= 4\sqrt{A}$$

以上等式成立的条件是 $d = \frac{A}{d}$，即 $d = \sqrt{A}$。

所以 $\frac{A}{d} = \frac{A}{\sqrt{A}} = \sqrt{A}$，即相同的建筑面积，外墙形状为正方形时周长最短，外墙的造价最为节约。

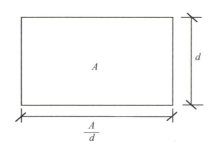

图 6.2　3.3m 开间的外墙

假设 $A = 110 \text{m}^2$，则不同进深的住宅外墙周长如表 6-5 所示，表中值说明当建筑面积不变时，进深增大、外墙周长相对减少，故其经济意义显而易见。但在设计中，居室的平面参数，既要符合一定的模数数列，又要有一定的比例尺度，而进深的改变同时使内墙长度相应改变。同时，每户建筑面积还有控制标准，因此，上述假设在建筑面积不变的基础上进行分析就不能确切说明实际问题。表 6-6 是考虑了内墙相应改变长度后，不同进深的墙体面积系数。

表 6-5　不同进深的住宅外墙周长

进深/mm	7 500	7 800	8 100	8 400	8 700	9 000
外墙周长/m	43.90	43.44	43.06	42.74	42.48	42.28
造价百分比/（%）	103.83	102.74	101.84	101.09	100.47	100.00

表6-6 不同进深的墙体面积系数

进深/mm	7 500	7 800	8 100	8 400	8 700	9 000
外墙周长系数/（m/m²）	0.426	0.395	0.387	0.376	0.368	0.361
内墙强度系数/（m/m²）	0.468	0.460	0.451	0.453	0.445	0.438
合　　计	0.894	0.855	0.838	0.829	0.813	0.799
造价百分比/（%）	111.89	107.01	104.88	103.75	101.75	100.00

（2）开间的经济问题。建筑物开间不同，相关影响因素较多，因此，对造价的影响也较大，如表6-7所示，但这是问题的一个方面。另一方面，由于开间参数的选择余地，同一单元几个开间参数都作为主要参数并用的情况不多。因此，总的来说，对造价影响不大。

表6-7 不同开间与造价的关系

开间/mm	3 000	3 300	3 600
造价百分比/（%）	103.89	100.00	96.67

表6-8和表6-9分别为3 300mm与6 600mm开间造价比较、主要材料和用工比较，6 600mm不包括轻质隔墙的经济指标。表6-8中数值说明，当轻质隔墙的造价占总造价的比重不超过3%时，采用6 600mm大开间横墙承重、大跨度多孔楼板、轻质吊挂式隔断和常用的3 300mm开间的造价指标相同，其他指标较差。但是，随着建筑材料工业的发展，这种大跨度结构方案的经济效果将会获得改善。国外采用大开间、灵活分隔的方案较普遍，有的甚至采用12m大开间。应该指出，采用大开间方案的经济意义，在于采用轻质隔墙后，一方面可以获得较多居住面积，更重要的是便于临时分隔，移动隔墙如同移动家具的位置一样，可以丰富、美化室内环境，改善微小气候，从这种角度着眼，即使目前增加造价仍是可取的。

表6-8 3 300mm与6 600mm开间造价比较　　单位：每平方米建筑面积

项　　目	3 300mm开间	6 600mm开间
基础	100%	77.7（78.7）%
墙体	100%	63.8（50.1）%
楼盖	100%	146.0%
屋面	100%	130.7%
合　　计	100%	97.3（97.3）%

注：①按五层砖混住宅相关部位进行分析；②继续按一般土质柔性基础考虑；③6 600mm开间方案包括轻质隔墙；④括号内数值系按终端开间分析所得，不带括号的按中段开间分析所得。

表6-9 3 300mm与6 600mm开间主要材料和用工比较　　单位：每平方米建筑面积

项　　目	3 300mm开间	6 600mm开间
钢筋	100%	162.5（168.5）%
水泥	100%	118.7（122.7）%
模板	100%	155.6%
合　　计	100%	180.0（177.9）%

（3）层高的经济问题。我国居住建筑的层高，无论是采暖还是非采暖地区，同国外相比一般都较高。当然，降低室内净高对室温、二氧化碳含量等有影响。但实际设计居室的净高时，一般由不影响室内微小气候的诸因素和居室、家具等的比例尺度，以及有无空调设施等因素所决定。

研究资料表明，室内空气污浊带一般在天棚底 0.8~1.0m 处。设计应保证污浊带在呼吸带以上，考虑人体平均身高为 1.70m，则 2.7m 净高已足够。实际上，人在户内活动过程中长时间站立的情况不多，所以适当降低室内净高是可以的。另据测定，当层高从 3.0m 降至 2.5m 时，室内二氧化碳、细菌含量无显著变化，室温变化不超过 0.4℃。必须指出，影响夏季室内微小气候的因素是多方面的，它同风速、风压、相对湿度等综合因素有关。因此，降低炎热地区夏季室温的有效方法，是组织"穿堂风"和利用围护结构隔热，以及采取户外遮阴、植树、绿化等综合措施，而不是靠增加室内净高。至于二氧化碳含量，实测表明，居室不进行通风换气，一般均超过容许含量 0.07% 的 1~2 倍，因此，靠提高室内净高来调节二氧化碳含量效果并不显著。从日照的卫生观点来看，只要层高不影响合理安排采光窗，能做到符合天然采光标准，那么，对人体的新陈代谢、呼吸、血液循环、维生素合成、内分泌腺和造血器官的工作，大脑皮层中枢神经系统的正常活动，就不会有影响。至于降低层高对人精神感觉的影响问题，可以运用建筑艺术手法加以消减，如房间的比例合适，色调处理得当，就不会产生压抑感。比例不当，层高过高，一是感觉像牢笼，二是人与人之间很生疏、不亲切，可以通过灯光、平面镜的巧妙布置来消除人们的压抑感。

总之，适当降低层高，对于居住者的生活条件并无大的影响，但对降低造价确有较大的作用，这可由下式证明。

$$p = K \frac{h}{H} \tag{6-24}$$

式中：H——层高；

h——层高降低值；

K——墙体造价占总造价的比重；

p——造价降低率。

以五层砖混住宅为例，当层高为 3m 时，一般墙体造价占建筑造价的 40% 左右，则层高降低值 $h=0.1m$ 时的造价降低率为

$$p = K \frac{h}{H} = 0.4 \times \frac{0.1}{3} = 0.01333$$

层高降低后，由于窗口面积变化所带来的造价影响因素和对基础的影响因素均未考虑。同时，降低层高还可以节约用地，缩短管线，降低室外工程费用，在采暖地区还可以节约采暖费用。

（4）层数的经济问题。合理确定住宅层数是降低住宅造价的重要因素。层数的经济问题，受住宅建筑水平部位构部件的制约。门、窗、墙体等垂直部位构部件的平方米建筑造价指标，对层数多少没有或者很少影响。因此，在分析时可视为常量。就建筑物地上部分而言，主要受楼盖、屋盖和地坪等综合价值的制约。层数与建筑造价的关系可概括为

$$R_n = \frac{1}{n}(Y_{地} + Y_{屋}) + \frac{n-1}{n} Y_{楼} + \sum KY \tag{6-25}$$

式中：R_n ——n 层住宅造价指标（元/m²）；

n ——住宅层数；

$Y_{地}$ ——地坪单位综合价（元/m² 地面），包括地坪土方、垫层、面层、护坡、踏步等；

$Y_{屋}$ ——屋盖单位综合价（元/m² 屋盖），包括屋面基层、防水层、隔热层或屋架支撑、几面、屋面、天棚及檐口等；

$Y_{楼}$ ——楼盖单位综合价（元/m² 楼盖），包括梁板、楼梯及阳台等；

$\sum KY$ ——门、窗、墙体等垂直部位构部件的平方米建筑造价指标的总和（元/m²）。

从上式可知，多层住宅对楼盖的造价较敏感，低层住宅影响较大的是屋盖。

以相应的综合价代入式（6-25）可得各种层数与造价的关系，如表 6-10 所示，说明一～六层的多层住宅，层数愈多，指标愈好，相邻层数间的指标差值也愈小。这就是说，当条件允许时，以多建五～六层住宅为宜。

表 6-10　各种层数与造价的关系

层 数	1	2	3	4	5	6
造价百分比/（%）	122.85 （138.05）	109.13 （116.95）	104.57 （108.38）	102.27 （103.51）	100.86 （101.68）	100.00 （100.00）

注：表中带括号者包括一般土质的基础费用。

多层住宅的经济问题还取决于基础造价。上部结构质量的改变（这里主要指层数的增减），对于同一种土质就需考虑采用不同材质和不同结构形式的基础，所以联系基础造价来看，就不能说不论采取什么地质条件建造六层住宅都是最经济的。

（5）单元组合的经济问题。当住宅单元进行组合时，组合部位的山墙数减少，同时变组合外山墙为内山墙，并影响到基础、屋面、檐口、天棚、圈梁、门、窗、护坡、脚手架费用等，从而产生价差显示其经济效果。

当超过五单元组合时，实际上经济意义不明显，单元组合与造价的关系如表 6-11 所示。同时，由于建筑物长度超过 60m 时需设置沉降缝，势必增加造价。因此，合理的单元组合应少于五单元，长度应少于 60m，至少二单元组合，切忌一单元独建。

表 6-11　单元组合与造价的关系

单元数	1	2	3	4	5	6
造价百分比/（%）	108.60	103.62	101.59	100.70	100.15	100.00

教 学 提 示

党的二十大报告指出，我们坚持可持续发展，坚持节约优先、保护优先、自然恢复为主的方针，像保护眼睛一样保护自然和生态环境，坚定不移走生产发展、生活富裕、生态良好的文明发展道路，实现中华民族永续发展。从影响住宅建筑设计的经济因素启发学生，作为建筑技术专业人员必须树立经济节约和可持续发展意识，从建筑设计开始，全环节务求经济节约和永续发展，弘扬中华民族勤俭节约的传统美德。

任务实施

下面利用建筑设计方案技术经济分析基础知识解决实际问题。

【例6.1】某六层单元式住宅共54户,建筑面积为3 949.62m²。原设计方案为砖混结构,内外墙为240mm砖墙。现拟定的新方案为内浇外砌结构,外墙做法不变,内墙采用C20混凝土浇筑。新方案内横墙厚为140mm,内纵墙厚为160mm。其他部位的做法、选材及建筑标准与原方案相同。两种设计方案各项数据如表6-12所示。

表6-12　两种设计方案各项数据

设计方案	建筑面积/m²	使用面积/m²	总投资(包括地价)/元
A. 砖混结构	3 949.62	2 797.20	8 163 789
B. 内浇外砌	3 949.62	2 881.98	8 300 342

(1)通过单位建筑面积造价和单位使用面积造价等指标对两个方案进行比较分析。

(2)住宅作为商品房出售,在按使用面积出售和按建筑面积出售的两种情况下分别进行技术经济分析与评价。

(3)按多指标综合评价方法对两个方案进行比较分析,选择最优方案(评价指标、指标的权重与指标得分值如表6-13所示)。

表6-13　评价指标、指标的权重与指标得分值

指标		平面布局	使用功能	造价	使用面积	经济效益	结构安全
权重		0.15	0.20	0.20	0.15	0.20	0.10
方案	A. 砖混结构	8	8	9	7	7	7
	B. 内浇外砌	8	8	8	8	9	8

【解】对于住宅来说,住宅的功能与日常运营费用一般不会受到房屋结构方案不同的影响,因此该案例的方案比较主要是考查期初的投资或销售收入的差距。

(1)表6-14是两个设计方案单位建筑面积和单位使用面积投资。

表6-14　两个设计方案单位建筑面积和单位使用面积投资

方　案	单位建筑面积投资/(元·m⁻²)	单位使用面积投资/(元·m⁻²)
A. 砖混结构	8 163 789÷3 949.62＝2 066.98	8 163 789÷2 797.20＝2 918.56
B. 内浇外砌	8 300 342÷3 949.62＝2 101.56	8 300 342÷2 881.98＝2 880.08

从表6-14可以看出,按单位建筑面积计算,方案B的投资高于方案A的投资;如按单位使用面积计算,方案B的投资低于方案A的投资。由于只有使用面积才会真正发挥居住的功能,如果不考虑其他因素,显然方案B优于方案A。

也可换种角度和方法来分析。每户平均增加使用面积为

$$(2\ 881.98-2\ 797.20)\div 54=1.57\ (m^2)$$

为此,每户多投资为

$$(8\ 300\ 342-8\ 163\ 789)\div 54=2\ 528.76\ (元)$$

折合单位使用面积投资为

$$2528.76 \div 1.57 = 1610.68（元/m^2）$$

即方案 B 比方案 A 每户多增加的使用面积为 1.57m²，其每平方米的投资为 1 610.68 元。与方案 A 的单位使用面积投资 2 918.56 元相比，增加面积的投资是合算的。

（2）如果作为商品房出售，假设方案 A 和方案 B 的单位面积售价是相同的，可从不同的角度来进行比较分析。

按使用面积出售的情况分析，对于购房人来说，如果不考虑其他因素，不同的结构对其选择是没有影响的，即不管是什么结构，花费同样的钱只能购买同样使用面积的房屋。而对于房产商来说，选择方案 B 是有利的，因为就该住宅分析，方案 B 比方案 A 每单位使用面积净收入增加 2 918.56－2 880.08＝38.48（元/m²）。

而全部住宅至少可增加净收入为

$$38.48 \times 2881.98 = 110898.59（元）$$

按建筑面积出售的情况分析，对于房产商来说，选用不同的方案总收入并不增加，但方案 B 比方案 A 的投资额却增加了，单位建筑面积增加额为

$$2101.56 - 2066.98 = 34.58（元/m^2）$$

投资总增加额为

$$34.58 \times 3949.62 = 136577.86（元）$$

所以选择方案 B 对房产商并不利。但对于购房人来说，购买一套房子的购房款总额不变，但其所得的使用面积，方案 B 比方案 A 每户要多 1.57m²，所以如果选择了方案 B，对于购房人来说是有利的。

（3）两个方案可按多指标综合评价方法来确定最优方案。根据指标得分情况，可计算出各方案的综合评价值。

方案 A 的综合评价值为

$$8 \times 0.15 + 8 \times 0.20 + 9 \times 0.20 + 7 \times 0.15 + 7 \times 0.20 + 7 \times 0.10 = 7.75$$

方案 B 的综合评价值为

$$8 \times 0.15 + 8 \times 0.20 + 8 \times 0.20 + 8 \times 0.15 + 9 \times 0.20 + 8 \times 0.10 = 8.20$$

方案 B 的综合评价值高于方案 A 的综合评价值，因此方案 B 为最优方案。

【例 6.2】三种设计方案产生的效益基本相同，服务寿命均为 5 年，三种设计方案的建设投资和年生产成本如表 6-15 所示，试选出最优方案。

表 6-15 三种设计方案的建设投资和年生产成本

方　案	建设投资/万元	年生产成本/万元
甲	1 000	850
乙	880	950
丙	650	1 000

【解】甲的总费用＝1 000＋850×5＝5 250（万元）

乙的总费用＝880＋950×5＝5 630（万元）

丙的总费用＝650＋1 000×5＝5 650（万元）

故总费用最低的甲方案为最优方案。

【例 6.3】 例 6.2 中的设计方案若需考虑资金的时间因素，$i_c=10\%$，试选出最优方案。

【解】 甲的费用现值 $=1\,000+850\times(P/A,i,5)=4\,222.2$（万元）

乙的费用现值 $=880+950\times(P/A,i,5)=4\,481.3$（万元）

丙的费用现值 $=650+1\,000\times(P/A,i,5)=4\,440.8$（万元）

故费用现值最低的甲方案为最优方案。

【例 6.4】 某企业生产的某种产品在市场上供不应求，因此该企业决定投资扩建新厂。据研究分析，该产品 10 年后将升级换代，目前的主要竞争对手也可能扩大生产规模，故提出以下三个建设方案。

（1）大规模扩建新厂，需投资 3 亿元。据估计，该产品销路好时每年的净收益为 9 000 万元，销路差时每年的净收益为 3 000 万元。

（2）小规模扩建新厂，需投资 1.4 亿元。据估计，该产品销路好时每年的净收益为 4 000 万元，销路差时每年的净收益为 3 000 万元。

（3）先小规模扩建新厂，3 年后，若该产品销路好再决定是否再次扩建。若再次扩建，需投资 2 亿元，其生产能力与方案一相同。

据预测，在今后 10 年内，该产品销路好的概率为 0.7，销路差的概率为 0.3。

基准收益率 $i_c=12\%$，不考虑建设期所持续的时间。

试解决以下问题。（1）画出决策树。（2）试决定采用哪个方案扩建。

【解】（1）画出的决策树如图 6.3 所示。

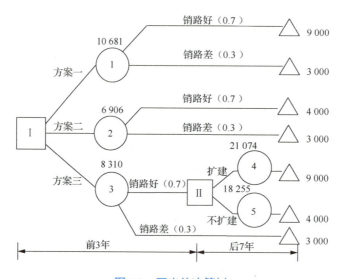

图 6.3 画出的决策树

（2）计算各机会点的期望值并标注在机会点的上方。

点①：$(9\,000\times0.7+3\,000\times0.3)\times(P/A,12\%,10)-30\,000$

$=7\,200\times5.650\,2-30\,000$

$=10\,681$（万元）

点②：$(4\,000\times0.7+3\,000\times0.3)\times(P/A,12\%,10)-14\,000$
$=3\,700\times5.650\,2-14\,000$
$=6\,906$（万元）

点④：$9\,000\times(P/A,12\%,7)-20\,000=9\,000\times4.563\,8-20\,000=21\,074$（万元）

点⑤：$4\,000\times(P/A,12\%,7)=4\,000\times4.563\,8=18\,255$（万元）

点④的期望值大于点⑤的期望值，因此应采用方案三。

点③：$4\,000\times(P/A,12\%,3)\times0.7+21\,074\times0.7\times(P/F,12\%,3)+$
$3\,000\times0.3\times(P/A,12\%,10)-14\,000$
$=4\,000\times2.401\,8\times0.7+21\,074\times0.7\times0.711\,8+3\,000\times0.3\times5.650\,2-14\,000$
$=8\,310$（万元）

对于决策点Ⅰ来说，应该选择机会点①、②、③中期望值最大的机会点①对应的方案，即采用大规模扩建新厂方案。

6.1.2 施工方案技术经济分析与评价

■ 任务引入

建筑工程施工方案技术经济分析与评价主要是对施工工艺方案和施工组织方案的分析、评价、比较和选择，以及在工程施工中采用新技术、新工艺、新材料的技术经济分析与评价等。对施工方案进行技术经济分析与评价是选择最优施工方案的重要环节之一。因为任何一个单位工程或者一个分部（分项）工程，都会有多种可行的施工方案，而施工方案技术经济分析与评价的目的就是对每个工程的施工方案进行优选，选出一个工期短、质量优、材料省、劳动力安排合理、能满足环保要求、工程成本低的最优施工方案。

■ 任务分析

要解决施工方案技术经济分析与评价、选优的问题，需要具备施工方案技术经济分析与评价的基本知识，下面介绍相关知识。

■ 相关知识

1. 建筑施工中的技术经济分析原则

1) 单位成本最低

这一原则主要用于施工方案的选择，包括施工方法和施工机械的选择。各种型号的施工机械都有一定的适应范围，需要一定的使用条件，如场地条件、气候条件、工程量的多少、施工的速度和节奏等。由于在施工过程中可能出现的干扰因素较多，有可能使原定的施工方案变得不经济，因此，在确定施工方案时，不仅要根据常规情况进行技术经济分析，而且要考虑对方案经济性有重要影响的干扰因素出现的概率，以及该方案对这些干扰因素的敏感程度。

例如，某土方工程，现提出了两种不同的施工方案，即人工开挖和使用机械开挖。若采用人工开挖，仅需要支付人工费而不需要支付其他费用。若采用机械开挖，不仅要支付人工费，而且要支付较高的机械使用费。两种施工方案到底哪一种较为经济，需要计算两种施工方案各自的每单位土方的总成本，以单位成本最低的施工方案为最优方案。

2）资源一定、工期最短

施工单位在一定时间内的可用资源（如劳动力、材料、机械设备等）总是有一定限制的，如果能相对缩短工程的施工工期，就意味着在资源总量不变的条件下，扩大了企业的生产能力。这一原则就是为了最大限度地挖掘企业生产能力的潜力，一般在企业施工任务较为饱满时采用。工期最短可以降低间接费用在单位建筑产品上的摊销比例，但往往会使直接费用增加。因此采用这一原则未必能取得较好的经济效益。

3）工期固定、费用最低

工期是建设单位与施工单位之间的合同所规定的，必须按计划实现。如果没有特殊原因（如有提前完工奖），施工单位没有必要付出额外的代价去缩短合同工期。这时，尽可能降低物化劳动和活劳动的消耗，提高施工生产的经济效果，就成为施工单位追求的目标。这一原则用于某一具体的建筑工程比较现实，但若企业规模较大，同时承建许多工程，要从整个企业的角度实现这一原则，就比较困难。

4）工期固定、资源均衡

在企业资源条件相对稳定的情况下，施工生产任务的类型、数量是动态变化的，因此往往不可能在多个工程项目上同时实现"工期固定、费用最低、资源最省"的原则。这时，从整个企业的角度出发，"工期固定、资源均衡"就成为技术经济分析的一个重要原则。一般来说，按照这一原则，可以保证资源条件得到充分、合理的利用，企业总体经济效果较好。但是，采用这一原则时，由于各种资源之间存在相互联系、相互制约的关系，因而在多数情况下只能保证少数主要的资源条件得到均衡利用，如关键技术工种、主要施工机械等，而不可能保证所有资源都得到均衡利用。在生产资料市场和劳动力市场发展比较充分时，这一原则就显得不是很重要，主要用于单个工程的施工，目的在于避免因工作面过小而降低劳动生产率。

5）造价最低、工期合理

这一原则与原则三有相近之处，但出发点不同。这一原则是从建设单位的角度考虑的。当建设单位建设资金有限、筹措资金也较困难时，就希望尽可能节约投资，因而在选择工程承包单位时就把造价高低放在首位。然而降低造价总有一个限度，因而在采用这一原则时，要注意确保建筑产品的使用价值能够真正实现，施工质量能够达到预定的要求，切不可把造价压到不合理的程度。否则，可能适得其反。

6）综合费用最少

综合费用包括建设投资和由于工期提前或工期延误而产生的收益或亏损，若有必要，亦可把使用阶段的费用考虑在内。显然，这一原则也是从建设单位的角度考虑的。当建筑产品提早投入使用可以取得明显的经济效益时，适当增加投资以加快施工进度、缩短工期，可能是值得的。但是，提早投入使用的收益毕竟寄希望于尚未实现的将来，因而必须对其进行客观而合理的分析，不能单凭主观推测，不能估计过高或过低，否则将会承担较大的经济风险。

7）工期最短

这一原则往往也是从建设单位的角度考虑的。当建筑产品投入使用后的经济效益和社会效益特别显著时，因加快施工进度而增加的投资可能变得不是很重要，甚至无足轻重，工期越短，效益越好。当然，即使在这种情况下，也应当尽可能减少不必要和不合理的附加费用。对于施工单位来说，缩短工期一般会增加成本，但是建设单位如果能够给予合理的补偿，也可以考虑加快进度、缩短工期。

2．施工方案技术经济评价常用指标

1）施工工艺方案的评价指标

（1）技术指标。技术指标是指用以反映方案的技术特征或适用条件的指标，可用各种技术性参数表示。如主体结构为现浇框架，施工工艺方案可用现浇混凝土总量、混凝土运送方式和运送高度等表示；如果是装配式结构，则可用安装构件的总量、构件最大尺寸、构件最大质量、构件最小尺寸、最大安装高度等表示；又如钢筋混凝土工程的模板方案，可用模板类型、模板型号、各型号模板尺寸、模板单件质量、模板的组装和运送方式等表示；又如土石方工程，可用土石方类型、数量、土石方的开挖或爆破方式方法、土石方的调配方案、地下水的排除方式、使用何种开挖机械和运输机械等表示。

（2）经济指标。经济指标主要反映完成工程任务必要的劳动消耗，是由一系列价值指标、实物指标及劳动指标所组成的。

① 工程施工成本。评价拟定施工工艺方案的成本指标，在大多数情况下，主要采用施工直接成本，其中包括直接人工费、施工设施的成本摊销费、防治施工公害设施及其费用等，可用施工总成本或单位施工成本表示。

② 主要专用机械设备需要量，包括专用机械设备的种类、台数、使用时间和总台班数等。

③ 主要材料资源需要量。这里指的是为顺利进行施工所必需的主要资源的数量。

④ 主要劳动力需要量。主要劳动力需要量可用主要工种工人需要总数、需要时间、月平均需要数量、高峰期需要数量、低谷期需要数量来表示。

⑤ 劳动消耗量。劳动消耗量可用劳动消耗总量、月平均劳动消耗量和高峰期劳动消耗量来表示。

（3）效果指标。效果指标指采用该工艺方案后预期达到的效果。

① 施工工期，可用总工期与定额工期相比的节约工期表示。

② 劳动生产率。劳动生产率是指建筑工人在一定时间内制造建筑产品的能力。例如，土方工程、混凝土工程的劳动生产率指标可用 m^3/h 或 $m^3/$班表示，钢筋工程、钢结构工程可用 t/d 或 $t/$班表示等。

③ 成本降低率或成本降低额。该指标反映采用该工艺方案后，较工程预算成本的降低率或降低额。

④ 主要材料节约率或节约额。

2）施工组织方案的评价指标

（1）技术指标。

① 反映工程特征的指标，如建筑面积、主要分部（分项）工程量等。

② 反映施工组织方案特征的指标，如与施工组织方案有关的指标和说明等。

（2）经济指标。经济指标包括工程施工成本、劳动消耗量、主要材料资源需要量和均衡性指标等。

均衡性指标反映施工是否均衡进行，对于综合经济效果有着重大影响，而施工的均衡性在很大程度上由施工组织方案所决定，所以评价施工组织方案的均衡性应计算以下指标。

$$主要工种施工不均衡系数＝高峰月工程量÷平均月工程量$$
$$劳动消耗量不均衡系数＝高峰月劳动消耗量÷平均月劳动消耗量$$

从上式可以看出，不均衡系数是大于 1 的。系数的值越大，说明施工的均衡性越差。由于建筑工程施工的诸多特点，施工的均衡性也是相对的，试图达到绝对的均衡是很困难的，因此，在实际中也只能要求适度的均衡。

（3）效果指标。

① 工程总工期，可用总工期与定额或合同工期相比的节约工期表示。

② 成本节约额，可用工程施工成本与相应的预算成本对比的节约额表示。

3. 施工方案技术经济评价的方法

一般来说，施工方案技术经济评价有定性评价和定量评价两种方法。

定性评价方法主要是结合工程施工经验，对若干施工方案的优缺点进行分析、比较，如技术上是否可行、施工复杂程度和安全可靠性如何、劳动力和机械设备能否满足施工需要、是否能发挥现有机械的作用、保证工程质量的措施是否完善可靠、给冬期施工带来多大困难、施工中是否对环境有影响或破坏等。采用定性评价方法，通常是邀请有丰富施工经验的专业技术人员，根据他们的知识和经验对所提出的各个施工方案进行分析、比较，然后将每个评价人员的评价结果再进行整理、汇总，最后选择出最优的施工方案。这种方法简单易行，对于规模不大的工程比较适用。

定量评价方法是通过计算各方案的几个技术经济指标，进行最后分析、比较，从中选择技术经济指标较佳的方案。

■ 任务实施

下面以施工方案技术经济分析与评价的基础知识解决例 6.5 中的问题。

【例 6.5】现欲开挖大模板工艺钢筋混凝土结构多层住宅的基坑，其平面尺寸为 147.50m×12.46m，坑深为 3.71m，二类土，土方量为 9 000m³。因场地狭小，挖出的土除了就地存放 1 200m³ 准备回填之用，其余土用汽车全部及时运走。根据现有劳动力和机械设备条件，可采用以下三种施工方案。

方案一：采用 W1-100 型反铲挖土机开挖，翻斗汽车运土方案。

用反铲挖土机开挖基坑不需开挖斜道，配合挖土机工作每班需要普工 2 人，基坑修整需劳动量 51 个工日，均用普工。W1-100 型反铲挖土机的台班生产量为 529m³，每台班的机械租赁费为 619.95 元（含 2 名操作工人的工资在内），拖车台班的机械租赁费为 633.60 元。

① 工期指标（一班制）：
$$T＝9\,000÷529＝17（台班）＝17（天）$$

② 劳动量指标：
$$Q=2\times17+2\times17+51=119（工日）$$
③ 成本指标：

基坑开挖所需直接工程费（挖土机进场的工时按 0.5 台班考虑、拖运费按拖车的 0.5 台班考虑、人工平价按每工日 100 元考虑）为
$$17\times619.95+0.5\times619.95+0.5\times633.60+119\times100=23\,066（元）$$
$$直接费=23\,066\times（1+6.9\%）=24\,658（元）$$

其中 6.9% 为其他直接费率，尚应考虑间接费率 22.5%，则方案一的成本指标为
$$总成本=24\,658\times（1+22.5\%）=30\,206（元）$$

方案二：采用 W-501 型正铲挖土机（斗容量为 0.5m³），该方案需要开挖一条供挖土机及汽车出入的通道，斜道土方量约为 120m³，W-501 型正铲挖土机台班生产量为 518m³，每台班的机械租赁费为 619.95 元（含 2 名操作工人的工资在内），拖车台班的机械租赁费为 633.60 元。配合挖土机工作每班需要普工 2 人，斜道回填土需 33 个工日，基坑修整需劳动量 51 个工日。

① 工期指标（考虑回填斜道用 1 个台班）：
$$T=9\,000\div518+120\div518+1=18.61（台班）\approx19（天）$$
② 劳动量指标：
$$Q=2\times19+2\times19+33+51=160（工日）$$
③ 成本指标：基坑开挖所需直接工程费（挖土机进场的工时按 0.5 台班考虑、拖运费按拖车的 0.5 台班考虑、人工平价按每工日 100 元考虑）为
$$19\times619.95+0.5\times619.95+0.5\times633.60+160\times100=28\,406（元）$$
$$直接费=28\,406\times（1+6.9\%）=30\,366（元）$$
所以方案二的成本指标为
$$总成本=30\,366\times（1+22.5\%）=37\,198（元）$$

方案三：采用人工开挖、人工装翻斗车运土的方案。此方案需人工开挖两条斜道，以使翻斗车进出。两条斜道土方量约为 400m³。人工挖土每班配普工 69 人，翻斗车运土每班需配普工 36 人，翻斗车每台班的机械租赁费为 280.50 元（含 1 名操作工人的工资在内）。斜道回填土需劳动量 150 个工日，人工开挖土方的产量定额为每工日 8m³。

① 工期指标（一班制）：
$$T=（9\,000+400）\div（8\times69）=9\,400\div552=17（天）$$
② 劳动量指标：
$$Q=69\times17+1\times17+36\times17+150=1\,952（工日）$$
③ 成本指标：
$$直接工程费=1\,952\times100+17\times280.50=199\,969（元）$$
$$直接费=199\,969\times（1+6.9\%）=213\,767（元）$$

所以方案三的成本指标为

总成本＝213 767×（1+22.5%）＝261 865（元）

将上述三种方案的有关平均指标数值计算结果汇总到表 6-16 中。

从表 6-16 的各指标数值可以看出，方案一的各指标数值均较优，故采用方案一。

表 6-16　基坑开挖不同方案的技术经济指标比较

开挖方案	工期指标 T/天	劳动量指标 Q/工日	成本指标 C/元	方案说明
方案一	17	119	30 206	反铲挖土机
方案二	19	160	37 198	正铲挖土机
方案三	17	1 952	261 865	人工开挖

思考与练习

一、选择题

1．建筑设计方案经济评价指标中的综合指标是（　　）。
　　A．总造价　　　　　　　　　　B．总面积
　　C．层高　　　　　　　　　　　D．单方材料用量
　　E．总占地面积

2．下列（　　）是影响多层住宅建筑设计的经济因素。
　　A．进深　　　　　　　　　　　B．开间
　　C．层高　　　　　　　　　　　D．层数
　　E．单元组合

3．下列（　　）是工程施工方案技术经济评价指标中的效果指标。
　　A．施工工期　　　　　　　　　B．劳动生产率
　　C．工程施工成本　　　　　　　D．劳动消耗量
　　E．成本降低率

4．下列（　　）不是建筑设计方案技术经济评价的方法。
　　A．单指标评价方法　　　　　　B．强制确定法
　　C．多指标综合评价方法　　　　D．决策树法
　　E．价值工程方法

5．施工方案技术经济评价通常采用（　　）。
　　A．单指标评价方法　　　　　　B．定量评价法
　　C．多指标综合评价方法　　　　D．定性评价法
　　E．价值工程方法

二、判断题

1．对于多层住宅来说，开间一定，合理加大进深，有利于降低造价。（　　）

2. 对建筑设计方案进行评价时，应尽量采用定性评价法。　　　　　　（　　）
3. 评价一个工业建筑项目设计方案的优劣通常根据一个指标就能得出评价结论。

　　　　　　　　　　　　　　　　　　　　　　　　　　　　　　（　　）
4. 建筑物墙体的造价与外墙的平面设计形状无关。　　　　　　　　（　　）
5. 多指标综合评价方法是建筑设计方案技术经济评价方法之一。　　（　　）

6.1 思考与练习在线答题

6.1 思考与练习讲解

6.2　设备更新方案的比选

引言

随着新工艺、新技术、新机具、新材料的不断涌现，建筑施工在更大的深度和广度上实现了机械化，施工机械设备已成为施工企业生产力不可缺少的重要组成部分。

■ 任务引入

建筑施工企业都存在着如何使企业的技术装备结构合理化，如何使企业设备利用率、机械设备效率和运营成本等指标保持在良好状态的问题，要解决好这些问题，就必须对新增设备及更新、改造设备的方式进行科学合理的技术经济论证，力求以最少的投入获取较大效益。

■ 任务分析

要解决设备更新、选优的问题，需要具备设备更新方案比选的基本知识，下面介绍相关知识。

■ 相关知识

1. 设备更新基本概述

1）基本概念

设备是企业生产的重要物质条件，企业为了进行生产，必须花费一定的投资，用以购置各种机器设备。设备在使用（或闲置）过程中将会发生磨损。设备的磨损分为两大类。

（1）有形磨损（又称物理磨损）。

① 第一种有形磨损是指设备在使用过程中，在外力的作用下实体产生的磨损、变形、损坏。

② 第二种有形磨损是指设备在闲置过程中受自然力的作用而产生的实体磨损。

（2）无形磨损（又称精神磨损或经济磨损）。

① 第一种无形磨损是指由于技术进步、设备制造工艺不断改进，社会劳动生产率水平的提高而使同类设备的再生产价值降低带来的原设备贬值。

② 第二种无形磨损是指由于科学技术的进步，不断创新出结构更先进、性能更好、效率更高、耗费原材料和能源更少的新型设备，使原有设备相对陈旧落后，使经济效益相对降低而发生的贬值。

在设备因有形或无形磨损而造成的消耗下，是继续使用原有设备，还是用新设备替代老设备（即设备更新），这是需要认真考虑的问题。

设备更新是对在用设备的整体更换，也就是用原型新设备或结构更加先进、技术更加完善、性能更好、生产效率更高、比较经济的新设备，来更换已经陈旧、在技术上不能继续使用或在经济上不宜继续使用的旧设备。就实物形态而言，设备更新是用新的设备替换陈旧落后的设备；就价值形态而言，设备更新是设备在运动中消耗掉的价值的重新补偿。设备更新是消除设备有形磨损和无形磨损的重要手段，目的是提高企业生产的现代化水平，尽快地形成新的生产能力。

设备更新决策问题，就其本质来说，可分为原型设备更新和新型设备更新两类。

原型设备更新是简单更新，就是用结构相同的新设备去更换有形磨损严重而不能继续使用的旧设备。这种更新主要是解决设备的损坏问题，不具有更新技术的性质。

新型设备更新是以结构更先进、技术更完善、效率更高、性能更好、能源和原材料消耗更少的新型设备来替换技术上陈旧、经济上不宜继续使用的旧设备。通常所说的设备更新主要是指新型设备更新，它是技术发展的基础。

设备更新决策是企业生产发展和技术进步的客观需要，对企业的经济效益有着重要的影响，这就需要企业不失时机地做好设备更新决策工作。

2）设备更新方案比选的原则

设备更新方案比选的基本原理和评价方法与互斥型投资方案比选相同。但在设备更新方案比选时，应遵循如下原则。

（1）设备更新分析应站在客观的立场上。设备更新问题的要点是站在客观的立场上，而不是站在旧设备的立场上考虑问题。若要保留旧设备，首先要付出相当于旧设备当前市场价值的投资，才能取得旧设备的使用权。

（2）不考虑沉没成本。沉没成本就是过去已支付的靠今后决策无法回收的金额。在进行方案比选时，原设备的价值应按目前实际价值计算，而不考虑其沉没成本。沉没成本一般不会影响方案的选择。例如，某设备四年前的原始成本是 80 000 元，目前的账面价值是 30 000 元，现在的净残值仅为 15 000 元。在进行设备更新分析时，四年前的原始成本

80 000 元是过去发生的,与现在的决策无关,因此是沉没成本。目前该设备的价值等于净残值 15 000 元。

（3）逐年滚动比较。在确定最佳更新时机时,应首先计算现有设备的剩余经济寿命和新设备的经济寿命,然后利用逐年滚动计算方法进行比较。

如果不遵循上述三条原则,方案比选结果或更新时机的确定可能会发生错误,现举例说明。

【例 6.6】假定某企业在四年前以原始费用 22 000 元购买了机器 A,估计还可以使用 6 年,第六年年末估计残值为 2 000 元,年度使用费为 7 000 元。现在市场上出现了机器 B,原始费用为 24 000 元,估计可以使用 10 年,第十年年末估计残值为 3 000 元,年度使用费为 4 000 元。现有两个方案:方案甲是继续使用机器 A;方案乙是将机器 A 出售,目前的售价是 8 000 元,然后购买机器 B。已知基准收益率为 15%,试比较方案甲和方案乙的优劣。

【解法一】根据上述比较原则,机器 A 的原始费用 22 000 元是四年前发生的,是沉没成本。目前机器 A 的价值是 8 000 元。方案比较可用年成本（AC）指标进行。

两个方案的直接现金流量如图 6.4 和图 6.5 所示,计算结果如下。

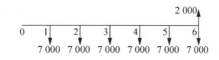

图 6.4　方案甲的直接现金流量（单位:元）

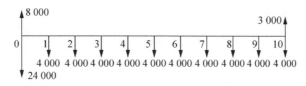

图 6.5　方案乙的直接现金流量（单位:元）

$AC_甲 = 7\,000 - 2\,000 \times (A/F, 15\%, 6) = 7\,000 - 2\,000 \times 0.114\,2 = 6\,771.6$（元）

$AC_乙 = (24\,000 - 8\,000) \times (A/P, 15\%, 10) + 4\,000 - 3\,000 \times (A/F, 15\%, 10)$
$= 16\,000 \times 0.199\,3 + 4\,000 - 3\,000 \times 0.049\,3$
$= 7\,040.9$（元）

$AC_甲 < AC_乙$,所以应选择方案甲。

【解法二】两个方案的现金流量如图 6.6 和图 6.7 所示,计算结果如下。

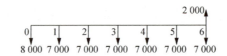

图6.6 方案甲的现金流量（单位：元）

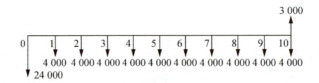

图6.7 方案乙的现金流量（单位：元）

$$AC_甲 = [8\,000 - 2\,000 \times (P/F, 15\%, 6)](A/P, 15\%, 6) + 7\,000$$
$$= 7\,315.4 \times 0.264\,2 + 7\,000$$
$$= 8\,932.7（元）$$

$$AC_乙 = [24\,000 - 3\,000 \times (P/F, 15\%, 10)](A/P, 15\%, 10) + 4\,000$$
$$= 23\,258.4 \times 0.199\,3 + 4\,000$$
$$= 8\,635.3（元）$$

$AC_甲 > AC_乙$，所以应选择方案乙。

上述两种解法的结论正好相反。这是因为解法一的方法是错误的。因为它把机器A的售价分摊在十年的期间，而实际上只应该将其分摊在六年的期间。此外，把旧机器A的售价作为新机器B的收入也不妥当，因为这笔收入不是由新机器B本身带来的，不能将两个方案的现金流量混淆。总之，解法二是正确的。

2．设备更新策略及其经济性分析程序

1）设备更新需要解决的问题

（1）大修理是否经济合理。

（2）设备使用多少年最经济合理。

（3）什么时间更新设备最经济合理。

（4）用什么方式更新设备最经济合理。

此外，还涉及是租赁还是购买新设备的比较问题。为此，将进一步涉及设备折旧方案的选择问题。但是，无论解决哪一个问题，设备更新的经济性分析都是一个对多个互斥型方案进行比较、选优的过程，一般应遵循一定的程序并采取相应的策略。

2）设备更新策略

设备更新策略应在系统全面了解企业现有设备的性能、磨损程度、服务年限、技术进步等因素的情况下，分轻、重、缓、急，有重点地区别对待。

对于陈旧落后的设备，即消耗高、性能差、使用操作条件不好、对环境污染严重的设备，应当用较先进的设备尽早取代。

对于整机性能尚可，仅有局部缺陷，或者个别技术经济指标落后的设备，应选择进行技术改造的途径。

对于较好的设备，也要适应科学技术不断发展的需要，吸收国内外的新技术和新工艺，不断进行技术改造和现代化改装。

确定设备更新必须进行经济分析。凡修复比较合理的，不应过早更新，可以修中有改，通过改进就能使设备满足生产技术要求的不要急于更新。更新个别关键零件就能达到技术要求的，不必更换整台设备。更换单机就能满足技术要求的，就不必更换整个机群或整条生产线。

3）设备更新经济性分析程序

设备更新经济性分析是对多方案进行分析、比较的过程，一般应遵循下列程序。

（1）确定目标。目标可以是一台设备、某个生产装置或一条生产线等。

（2）收集资料。主要收集设备的费用、性能、技术进步和磨损程度等方面的资料。

（3）计算经济寿命，确定最佳更新时机。

（4）拟定更新方式。

（5）选择更新方式。

（6）组织实施。

3. 新增设备的经济分析

1）设备购置与租赁的经济分析

（1）企业自有设备需要支出的费用有以下几种。

① 一次性投资，包括设备购置费、运输费、安装费，以及建造安置设备的车间、仓库的相关投资等费用。

② 年经营费用，包括燃料动力费、操作人员工资、折旧费、管理费，以及保持机械设备正常运转所消耗的保养费。

③ 年维修费用，包括大、中、小修的修理器材费、机械维修人员的工资、生活及福利设施费用。

（2）企业租赁设备的费用有以下几种。

① 年租金，它等于机械年使用台班数乘以台班费。

② 机械进出场费等。

下面举例说明企业使用自有设备和使用租赁设备的经济性分析、比较。

【例6.7】表6-17所示为某建筑公司自有设备和租赁设备两种方案的有关资料，假定设备残值为0，年利率为10%，试对两种方案进行比较，哪种方案经济？

表6-17 某建筑公司自有设备和租赁设备两种方案的有关资料

比较项目	自有设备	租赁设备
一次性投资	80万元	年租赁费20万元
年经营费用	8万元	
使用年限	10年	

【解】 用费用现值法分析。

自有设备的费用现值：
$$PC(10\%) = 80 + 8(P/A, 10\%, 10) = 129.2（万元）$$

租赁设备的费用现值：
$$PC(10\%) = 20(P/A, 10\%, 10) = 122.9（万元）$$

显然使用租赁设备较为经济。

讨论：若设备的残值为 5 万元，年租金为 22 万元，则哪种方案较为经济？

此时，自有设备的费用现值：
$$PC(10\%) = 129.2 - 5(P/F, 10\%, 10) = 127.2（万元）$$

租赁设备的费用现值：
$$PC(10\%) = 22(P/A, 10\%, 10) = 135.2（万元）$$

这时使用自有设备较为经济。

【例 6.8】 某机修厂计划引进一个价值 3 000 万元的设备。若采用租赁方式，租期 5 年，每年租金 780 万元。若采用贷款方式购买，年利率为 10%，按等额本金法偿还。试比较哪种方案对工厂有利。

【解】 用费用现值法分析。

租赁方式的费用现值：
$$PC(10\%) = 780(P/A, 10\%, 5) = 2\,956.8（万元）$$

贷款还本付息的费用现值：
$$\begin{aligned}PC(10\%) &= (600 + 3\,000 \times 10\%)(P/F, 10\%, 1) + (600 + 2\,400 \times 10\%)(P/F, 10\%, 2) \\ &\quad + (600 + 1\,800 \times 10\%)(P/F, 10\%, 3) + (600 + 1\,200 \times 10\%)(P/F, 10\%, 4) \\ &\quad + (600 + 600 \times 10\%)(P/F, 10\%, 5) \\ &= 818.2 + 694.2 + 586 + 491.8 + 409.8 \\ &= 3\,000（万元）\end{aligned}$$

显然，租赁方式比贷款引进方式节约 $3\,000 - 2\,956.8 = 43.2$（万元），因此采用租赁方式。

2）机械设备自制与外购的经济分析

（1）企业自制设备应考虑的技术经济因素。

① 需要装备的机械设备是通用定型设备还是非标准设备或专用设备。

② 需要装备的机械设备是现有机械设备的配套设备还是配合技术改造或更新设备的新设备。

③ 企业自制能否保证设备的技术性能和质量，包括使用性能、使用寿命、能量消耗等方面，达到预定的技术标准要求。

④ 企业自制设备有无多余的加工能力。

⑤ 企业自制设备需要计算的数据有：增量成本，即为自制设备净增的人工、材料、动力等物质的消耗费用；净增成本，指企业原无生产能力，为加工该设备提供需要的生产能力所支出的成本费用，包括购置加工设备、新增人工、材料费等。

⑥ 企业自制设备的数量和批量。

⑦ 有无其他供应来源和委托加工的条件等。

总之，自制设备必须既达到技术标准又能满足经济合理的要求，慎重确定机械设备的来源，切忌盲目自制。

(2) 自制与外购的经济分析。

① 若自制与外购的机械设备技术性能相同时，当增量成本或净增成本小于购买成本时，自制是比较经济的。反之，外购较经济。

② 若自制与外购的机械设备技术性能不同时（如机械效率、能耗、使用年限等方面有差异），则必须建立可比条件，然后进行经济分析，鉴别哪种方案经济合理。

【例6.9】表6-18所示为某企业改造生产设备需要配套机械的可选方案。由于自制与外购设备的技术性能不同，为满足需要，外购设备需要5台，自制设备因效率较低需要6台，假定年利率为10%，试进行自制和外购的经济分析。

表6-18 某企业改造生产设备需要配套机械的可选方案

比较项目	外购设备	自制设备
一次性投资/万元	5×3=15	6×2.0=12
年经营费用/万元	5×1.2=6	6×1.2=7.2
年维修费用/万无	5×0.8=4	6×1.0=6
使用年限/年	8	5

【解】用费用年值法分析。

自制设备的费用年值：

$$AC(10\%) = 7.2 + 6 + 12(A/P, 10\%, 5) = 16.4 (万元/年)$$

外购设备的费用年值：

$$AC(10\%) = 6 + 4 + 15(A/P, 10\%, 8) = 12.8 (万元/年)$$

显然，外购方式较为经济。

4．设备经济寿命的确定

1) 设备经济寿命的概念及确定准则

(1) 设备经济寿命的概念。经济寿命，是从经济角度看设备最合理的使用年限，它是由有形磨损和无形磨损共同决定的。具体来说，是指使一台设备的年平均使用成本最低的或等值年净收益最高的年数。例如，一辆汽车，使用时间越长越好，但是从另一方面考虑，随着使用时间的延长，旧汽车的维修费和燃料费等将不断递增。因此，前者那部分越来越低的成本，将被后者那部分越来越高的成本所抵消。在两种成本相互消长的变化过程中，必定会有某一时点使年度总成本最低，我们称这一时点为该汽车的经济寿命。在设备更新的经济分析中，我们把设备的经济寿命作为确定设备最优更新期的主要依据。

(2) 确定准则。确定设备的经济寿命，就是寻求设备在使用过程中投资的分摊成本费与年经营费的总和为最小的时刻，在这个时刻之前和这个时刻之后，其总费用都会增加。所以从设备投入使用到投资的分摊成本费与年经营费的总和为最小的时刻所经历的时间，就是设备经济寿命。

2）设备经济寿命的计算

（1）设备的静态经济寿命的计算。设备经济寿命的静态计算方法，就是在不考虑资金时间价值因素的情况下，研究如何计算某种设备的经济寿命。

① 年经营费递增的数量相同。

假设设备的原值（即投资费用）为 P，设备在第 n 年的净残值为 L_n，设备已使用的年数为 T，则每年分摊的投资成本为 P/T。用 A_1 表示第一年机械设备的经营费用，G 表示机械设备的年经营费从第二年起的增加值，即第一年为 A_1、第二年为 A_1+G、第三年为 A_1+2G，以此类推，第 T 年为 $A_1+(T-1)G$。

T 年内每年经营费用的平均值为 $A_1+\dfrac{(T-1)G}{2}$。因此，设备每年平均的投资成本和年经营费之和称为年平均使用成本，其表达式为

$$C=\frac{P-L_n}{T}+A_1+\frac{(T-1)G}{2}$$

式中：C——年平均使用成本。

为了使年平均使用成本最低，令 $\dfrac{dC}{dT}=0$，则设备的静态经济寿命为

$$T_0=\sqrt{\frac{2(P-L_n)}{G}} \tag{6-26}$$

② 年经营费递增的数量不相同。

年经营费递增的数量不相同，设备的静态经济寿命的计算通常采用逐年滚动法来推算。年平均使用成本的计算公式为

$$C=\frac{P-L_n}{T}+\frac{\sum_{t=1}^{T}A_t}{T} \tag{6-27}$$

式中：A_t——第 t 年的年经营费。

根据以上公式逐年计算出各使用期内的静态年平均使用成本，静态年平均使用成本最低值对应的时间即为设备的静态经济寿命。

（2）设备的动态经济寿命的计算。设备经济寿命的动态计算方法，就是在考虑资金时间价值因素的情况下，研究如何计算某种设备的经济寿命。

年平均使用成本的计算公式为

$$AC_1=[P-L_n(P/F,i,T)](A/P,i,T) \tag{6-28}$$

$$AC_2=\sum_{t=1}^{T}A_t(1+i)^{-t}(A/P,i,T) \tag{6-29}$$

$$\begin{aligned}C&=AC_1+AC_2\\&=[P-L_n(P/F,i,T)](A/P,i,T)+\sum_{t=1}^{T}A_t(1+i)^{-t}(A/P,i,T)\\&=[P-L_n(P/F,i,T)+\sum_{t=1}^{T}A_t(1+i)^{-t}](A/P,i,T)\end{aligned} \tag{6-30}$$

根据以上公式逐年计算出各使用期内的动态年平均使用成本，动态年平均使用成本最低值对应的时间即为设备的动态经济寿命。

任务实施

下面以施工方案技术经济评价、设备更新方案比选的基础知识解决例 6.10～例 6.12 中的问题。

【例 6.10】某一设备的原值为 8 125 元，第一年的经营费为 800 元，以后每年递增 650 元，预计残值为 0，使用静态分析法确定其经济寿命及对应的最小年平均使用成本。

【解】由式（6-26）可知：

$$T_0 = \sqrt{\frac{2 \times (8\,125 - 0)}{650}} = 5 \text{（年）}$$

即静态经济寿命为 5 年。

对应的最小年平均使用成本为

$$C_0 = \frac{8\,125 - 0}{5} + 800 + \frac{650 \times (5 - 1)}{2} = 3\,725 \text{（元/年）}$$

【例 6.11】某公司对某种型号汽车有如下的统计资料（表 6-19），求汽车的经济寿命。

表 6-19 某种型号汽车基本资料 单位：元

使用年数	1	2	3	4	5	6	7
年度经营成本	5 000	6 000	7 000	9 000	11 500	14 000	17 000
年末残值	15 000	7 500	3 750	1 875	1 000	1 000	1 000

【解】由表 6-19 可知，汽车随着使用时间的延长，年度经营成本逐渐增加，年末残值逐渐减少。设该汽车的购置费用为 30 000 元，在年利率为零的情况下，可计算出汽车在不同使用年限时的年平均总成本，如表 6-20 所示。

表 6-20 年平均总成本（一） 单位：元

使用年数	资产分摊成本	年度平均资产分摊成本	年度经营成本	经营成本累计	年度平均经营成本	年平均总成本
1	15 000	15 000	5 000	5 000	5 000	20 000
2	22 500	11 250	6 000	11 000	5 500	16 750
3	26 250	8 750	7 000	18 000	6 000	14 750
4	28 125	7 031	9 000	27 000	6 750	13 781
5	29 000	5 800	11 500	38 500	7 700	13 500
6	29 000	4 833	14 000	52 500	8 750	13 583
7	29 000	4 143	17 000	69 500	9 929	14 072

表 6-20 中数据的计算方法如下。

某年的资产分摊成本等于汽车购置费用减去汽车年末残值。例如，第四年的资产分摊成本为 30 000－1 875＝28 125（元）。

$$年度平均资产分摊成本 = 该年的资产分摊成本 \div 使用年数$$

$$年度平均经营成本 = 经营成本累计 \div 使用年数$$

$$年平均总成本 = 年度平均资产分摊成本 + 年度平均经营成本$$

从以上计算结果可以看出，该汽车使用 5 年时，其年平均总成本最低为 13 500 元，使用年数大于或小于 5 时，其年平均总成本均大于 13 500 元。因此，该汽车的经济寿命为 5 年，即这种型号的汽车以使用 5 年为最经济。

【例 6.12】按例 6.11 所给数据，在年利率为 4% 的情况下，计算汽车的经济寿命。

【解】年平均总成本如表 6-21 所示。其中第六年的年平均总成本最低（AC＝14 119 元），因此该汽车的经济寿命应为 6 年。在上例中，未考虑资金时间价值因素时，汽车的经济寿命为 5 年。本题假设的年利率为 4%，经济寿命增至 6 年。

表 6-21 年平均总成本（二）

使用年数	残值/元	现值系数	资产分摊成本/元	年度经营成本/元	经营成本现值累计/元	总成本现值/元	年平均总成本/元
1	15 000	0.961 5	15 578	5 000	4 808	20 386	21 200
2	7 500	0.924 6	23 066	6 000	10 355	33 421	17 720
3	3 750	0.889 0	26 666	7 000	16 578	43 244	15 581
4	1 875	0.854 8	28 397	9 000	24 271	52 668	14 510
5	1 000	0.821 9	29 178	11 500	33 723	62 901	14 128
6	1 000	0.790 3	29 210	14 000	44 787	73 997	14 119
7	1 000	0.759 9	29 240	17 000	57 706	86 946	14 485

表 6-21 中数据的计算方法如下。

$$资产分摊成本 = 资产初始值 - (残值 \times 现值系数)$$

例如，第四年的资产分摊成本为

$$30\,000 - (1\,875 \times 0.854\,8) = 28\,397（元）$$

$$总成本现值 = 资产分摊成本 + 经营成本现值累计$$

第四年的总成本现值为

$$28\,397 + 24\,271 = 52\,668（元）$$

$$年平均总成本 = 总成本现值 \times 资金回收系数$$

第四年的年平均总成本为

$$52\,668 \times (A/P, 4\%, 4) = 52\,668 \times 0.275\,5 = 14\,510（元）$$

思考与练习

一、选择题

1. 由于不断出现技术上更加完善、经济上更加合理的设备，使原设备产生的经济磨损称为（　　）。
   A．第一种无形磨损　　　　　　B．第一种有形磨损
   C．第二种有形磨损　　　　　　D．第二种无形磨损

2. 由于设备遭受非使用和非自然力作用所引起的机器设备价值上的一种损失，称为（　　）。
   A．有形磨损　　　　　　　　　B．无形磨损
   C．实体磨损　　　　　　　　　D．物质磨损

3. 家庭的半自动洗衣机，经过多次维修也无法使用，准备购买全自动的新洗衣机，这一措施属于对（　　）。
   A．有形磨损的局部补偿　　　　B．有形磨损的完全补偿
   C．无形磨损的局部补偿　　　　D．无形磨损的完全补偿

4. 设备的第二种有形磨损可能是（　　）的结果。
   A．技术进步　　　　　　　　　B．错误操作
   C．自然力侵蚀　　　　　　　　D．超负荷使用

5. 设备磨损的局部补偿方式是（　　）。
   A．经常性修理　　B．更新　　　C．现代化改装
   D．大修理　　　　E．日常保养

6. 以下关于设备租赁与购买方案的经济比选的说法中，错误的是（　　）。
   A．一般寿命不同时，可以采用净现值法
   B．无论用净现值法，还是净年值法，均以收益效果较大或成本较小的方案为宜
   C．在假设所得到设备的收入相同的条件下，最简单的方法是将租赁成本和购买成本进行比较
   D．根据互斥型方案比选的增量原则，只需比较它们之间的差异部分

7. （　　）不是决定设备合理更新期的依据。
   A．自然寿命　　　　　　　　　B．物质寿命
   C．技术寿命　　　　　　　　　D．经济寿命
   E．全寿命周期

8. 下列情况属于无形磨损的是（　　）。
   A．市场上出现了生产效率更高的同种设备，使现有设备贬值
   B．设备金属部件在自然力作用下锈蚀
   C．由于摩擦造成设备精度下降
   D．人为的使用不当造成的损耗

二、判断题

1. 在设备更新方案比选时，应遵循不考虑沉没成本原则和逐年滚动比较的原则。（ ）
2. 在设备更新方案比选时，通常用费用现值法或费用年值法。（ ）
3. 设备更新就其本质来说可分为原型设备更新和新型设备更新。（ ）
4. 计算设备的动态经济寿命时不考虑资金的时间因素。（ ）
5. 计算设备的静态经济寿命时不考虑资金的时间因素。（ ）

三、案例分析题

某建筑企业小型混凝土搅拌机购置价格为 20 万元，第一年的运营成本为 1.5 万元，以后每年以 1 万元定额递增，混凝土搅拌机使用一年之后的残值为 17.5 万元，以后每年以 2 万元递减，混凝土搅拌机最大的使用年限为 8 年。若基准收益率为 12%，试用静态和动态方法确定混凝土搅拌机的最佳使用时间。

6.2 思考与练习在线答题

6.2 思考与练习讲解

模块 7　建设项目经济评价案例

为了使理论与实践紧密结合，本模块引用某化学纤维厂经济评价的案例，将财务评价、国民经济评价和不确定性分析等有关内容有机地联系在一起，以便让学生对所学内容有一个全面系统的掌握。

教学目标

知识目标：
（1）熟悉基础数据的调查、收集整理、测算；
（2）掌握各种报表的编制；
（3）掌握不确定性分析方法。

能力目标：
能根据相应表格计算出对应的经济评价指标，从而提高建设项目经济分析与评价的能力。

任务引入

某化学纤维厂是华北某地区一个新建项目。该项目是在完成市场需求预测、确定生产规模、工艺技术方案、原材料、燃料动力的供应、建厂条件和厂址方案、公用工程和辅助设施、环境保护措施、工厂组织和劳动定员,以及经过项目实施规划诸方面的可行性研究论证和多方案比较后,确定最佳方案的基础上进行经济评价的。

任务分析

解决案例中的经济评价问题,需要综合利用本课程所学的财务评价、国民经济评价的知识。以下为分析评价内容及过程。

7.1 项目概述

项目生产某种化纤 N 产品。这种产品是纺织品不可缺少的原材料,国内市场供不应求,每年需要一定数量的进口。项目投产后可以替代进口。主要技术和设备拟从国外引进。

该项目厂址位于某城市近郊,占用一般农田 250 亩(1 亩≈666.67m²),靠近铁路、公路、码头,交通运输方便,就近可取得主要原料和燃料,供应有保证,水、电供应可靠。该项目主要设施包括生产主车间,与工艺生产相适应的辅助生产设施、公用工程,以及有关的生产管理、生活福利等设施。

7.2 基础数据

1. 生产规模和产品方案

生产规模为年产 2.3 万吨 N 产品。产品方案为棉型及毛型两种,以棉型为主。

2. 实施进度

项目拟 3 年建成,第四年投产,当年生产负荷达到设计能力的 70%,第五年达到 90%,第六年达到 100%。生产期按 15 年计算,计算期为 18 年。

3. 总投资估算及资金来源

1)固定资产投资估算

(1)固定资产投资估算及依据。

固定资产投资估算是依据《纺织工业工程建设概预算编制办法及规定》进行编制的,引进设备价格的计算参照网上公司的报价。国内配套投资在建设期内根据国家规定考虑了涨价因素,即将分年投资额按年递增率 6% 计算到建设期末。建设投资估算为 42 542 万元,其中外币 3 454 万美元。假定外汇牌价为 "1 美元=5.48 元人民币"。

(2)固定资产投资方向调节税估算。假定本项目投资方向调节税税率为 5%,实际为 0,投资方向调节税估算值为 42 542×5%=2 127(万元)。

（3）建设期利息估算为 4 324 万元，其中外汇为 474 万美元。

固定资产投资总额＝建设投资＋固定资产投资方向调节税＋建设期利息
　　　　　　　　＝42 542＋2 127＋4 324
　　　　　　　　＝48 993（万元）

固定资产投资估算表如表 7-1 所示。

表 7-1　固定资产投资估算表　　单位：万元（人民币）、万美元（外汇）

序号	工程费用名称	估算价值						占总值比/（5%）
		建筑工程	设备购置	安装工程	其他费用	总值	其中外汇	
1	建设投资	3 466	22 331	8 651	8 094	42 542	3 454	100
1.1	工程费用	3 466	22 331	8 651		34 448	2 899	81
1.1.1	主要生产项目 其中：外汇	1 031	17 443 2 029	7 320 870		25 794	2 899	
1.1.2	辅助生产项目	383	1 052	51		1 486		
1.1.3	公用工程	449	2 488	1 017		3 954		
1.1.4	环境保护工程	185	1 100	225		1 510		
1.1.5	总图运输	52	248			300		
1.1.6	厂区服务工程	262				262		
1.1.7	生活福利工程	1 104				1 104		
1.1.8	厂外工程			38		38		
1.2	其他费用 其中：土地费用				3 042 607	3 042 607	241	7
	第 1.1～1.2 项合计	3 466	22 331	8 651	3 042	37 490	3 140	
1.3	预备费用				5 052	5 052	314	12
1.3.1	基本预备费				3 749	3 749	314	
1.3.2	涨价预备费				1 303	1 303		
2	固定资产投资方向调节税				2 127	2 127		
3	建设期利息				4 324	4 324	474	
	第 1～3 项合计	3 466	22 331	8 651	14 545	48 993	3 928	

2）流动资金估算

流动资金估算按详细估算法进行，估算总额为 7 084 万元。流动资金估算表如表 7-2 所示。

表 7-2 流动资金估算表

单位：万元

序号	项 目	最低周转天数	周转次数	投产期/年		达到设计生产能力期/年													
				4	5	6	7	8	9	10	11	12	13	14	15	16	17	18
1	流动资产			5 997	7 711	8 567	8 567	8 567	8 567	8 567	8 567	8 567	8 567	8 567	8 567	8 567	8 567	8 567
1.1	应收账款	30	12	1 194	1 535	1 705	1 705	1 705	1 705	1 705	1 705	1 705	1 705	1 705	1 705	1 705	1 705	1 705
1.2	存货			4 769	6 132	6 813	6 813	6 813	6 813	6 813	6 813	6 813	6 813	6 813	6 813	6 813	6 813	6 813
1.2.1	原材料、燃料动力费	60	6	2 077	2 671	2 967	2 967	2 967	2 967	2 967	2 967	2 967	2 967	2 967	2 967	2 967	2 967	2 967
1.2.2	在产品	8	45	306	393	437	437	437	437	437	437	437	437	437	437	437	437	437
1.2.3	产成品	60	6	2 386	3 068	3 409	3 409	3 409	3 409	3 409	3 409	3 409	3 409	3 409	3 409	3 409	3 409	3 409
1.3	现金	15	24	34	44	49	49	49	49	49	49	49	49	49	49	49	49	49
2	流动负债（应付账款）	30	12	1 038	1 335	1 483	1 483	1 483	1 483	1 483	1 483	1 483	1 483	1 483	1 483	1 483	1 483	1 483
3	流动资金（1－2）			4 959	6 376	7 084	7 084	7 084	7 084	7 084	7 084	7 084	7 084	7 084	7 084	7 084	7 084	7 084
4	流动资金本年增加额			4 959	1 417	708													

$$总投资 = 固定资产投资 + 铺底流动资金$$
$$= 48\,993 + 7\,084 \times 30\%$$
$$= 51\,118\,（万元）$$

$$总资金 = 建设投资 + 固定资产投资方向调节税 + 建设期利息 + 全部流动资金$$
$$= 42\,542 + 2\,127 + 4\,324 + 7\,084$$
$$= 56\,077\,（万元）$$

3）资金来源

项目自有资金（资本金）为 16 000 万元，其余为借款，外汇全部通过中国银行向国外借款，年利率为 9%；人民币固定资产投资部分向中国建设银行借款，年利率为 9.72%；流动资金的 70% 向中国工商银行借款，年利率为 8.64%。

投资分年使用计划按第一年 20%，第二年 55%，第三年 25% 的比例分配。

各年资金使用及资金筹措计算如下所述。

（1）项目建设投资（含固定资产投资方向调节税）为 44 669 万元，分三年按比例投入；项目流动资金为 7 084 万元，按生产负荷逐年投入。

第一年 8 935 万元，其中人民币 5 148 万元，外币 691 万美元（折合人民币 3 787 万元）。

第二年 24 570 万元，其中人民币 14 158 万元，外币 1 900 万美元（折合人民币 10 412 万元）。

第三年 11 164 万元，其中人民币 6 435 万元，外币 863 万美元（折合人民币 4 729 万元）。

第四年投入 70% 流动资金，计 4 959 万元。

第五年新增 20% 流动资金，计 1 417 万元。

第六年再增 10% 流动资金，计 708 万元。

（2）项目自有资金 16 000 万元，除掉第四年用于铺底流动资金 2 125 万元外，剩余 13 875 万元按投资比例用于建设投资（含固定资产投资方向调节税）。

自有资金各年投入数额分别为 2 775 万元、7 631 万元、3 469 万元、2 125 万元。

（3）项目借款用于建设投资（含固定资产投资方向调节税）为 30 794 万元，用于建设期利息为 4 324 万元，用于流动资金为 4 959 万元，总借款数额为 40 077 万元。

投资使用计划与资金筹措表如表 7-3 所示。

单位：万元

表 7-3 投资使用计划与资金筹措表

序号	项目	合计 人民币	合计 外币	第一年 折人民币	第一年 人民币	第一年 外币	第二年 折人民币	第二年 人民币	第二年 外币	第三年 折人民币	第三年 人民币	第三年 外币	第四年 折人民币	第四年 人民币	第四年 外币	第五年 折人民币	第五年 人民币	第五年 外币	第六年 折人民币	第六年 人民币	第六年 外币
1	总资金	56 077	722	3 957	5 263	2 050	11 237	14 717	1 151	6 309	7 510		4 959			1 417			708		
1.1	建设投资	44 669	691	3 787	5 148	1 900	10 412	14 158	863	4 729	6 435										
1.2	建设期利息	4 324	31	170	115	150	825	559	288	1 580	1 075										
1.3	流动资金	7 084											4 959			1 417			708		
2	资金筹措	56 077	722	3 957	5 263	2 050	11 237	14 717	1 151	6 309	7 510		4 959			1 417			708		
2.1	自有资金	16 000			2 775			7 631			3 469		2 125								
	其中：用于流动资金	2 125											2 125								
2.1.1	资本金	16 000			2 775			7 631			3 469		2 125								
2.1.2	资本溢价																				
2.2	借款	40 077	722	3 957	2 488	2 050	11 237	7 086	1 151	6 309	4 041		2 834			1 417			708		
2.2.1	长期借款	35 118	722	3 957	2 488	2 050	11 237	7 086	1 151	6 309	4 041										
	其中：用于建设投资	30 794	691	3 787	2 373	1 900	10 412	6 527	863	4 729	2 966										
	用于建设期利息	4 324	31	170	115	150	825	559	288	1 580	1 075										
2.2.2	流动资金借款	4 959											2 834			1 417			708		
2.2.3	短期借款																				
2.3	其他																				

注：表中建设投资含固定资产投资方向调节税。

4. 产品成本和费用估算依据

产品成本和费用估算按 100%生产负荷计。

（1）外购原材料 15 748 万元。

（2）外购燃料动力 2 052 万元。

（3）全厂定员为 114 人，工资及福利费按每人每年 28 000 元估算，全年工资及福利费为 319 万元（其中福利费按工资总额的 14%计取）。

（4）固定资产按平均年限法折旧，折旧年限为 15 年，预计净残值率为 5.5%。

（5）修理费取折旧费的 50%。

（6）无形资产按 10 年摊销，递延资产按 5 年摊销。

（7）项目外汇借款偿还拟在投产后以 1∶6 的比价购买调剂外汇，按 7 年等额还本，故财务费用中应考虑汇兑损失。

（8）其他费用 868 万元，其中其他制造费 79 万元。

5. 产品销售价格

产品销售价格（含税）为 15 400 元/吨。

6. 税率及其他

企业所得税税率为 25%，盈余公积金和盈余公益金分别按税后利润的 10%和 5%计取。

7. 基准收益率

基准收益率为 12%。

7.3 财务评价

1. 年销售收入和年销售税金及附加估算

N 产品年产 2.3 万吨，属国内外市场较紧俏产品，在一段时间内仍呈供不应求状态。经分析论证，确定产品销售价格（含税）为每吨出厂价按 15 400 元计算。年销售收入估算值在正常生产年份为 35 420 万元。年销售税金及附加按规定计取。产品缴纳增值税，增值税税率为 17%。城市维护建设税按增值税的 7%计取。教育费附加按增值税的 3%计取。年销售税金及附加估算值在正常生产年份为 2 816 万元。

正常生产年份（100%负荷）销售税金及附加计算式为

$$增值税 = 销项税 - 进项税$$

其中，$销项税 = \dfrac{增值税税率}{1+增值税税率} \times 年销售收入 = \dfrac{17\%}{1+17\%} \times 35\,420 = 5\,147（万元）$

$$进项税 = \dfrac{增值税税率}{1+增值税税率} \times 年外购原材料、燃料动力费$$

$$= \dfrac{17\%}{1+17\%} \times (15\,748 + 2\,052)$$

$$= 2\,586（万元）$$

所以，
$$增值税=5\,147-2\,586=2\,561（万元）$$
$$城市维护建设税=2\,561\times7\%=179（万元）$$
$$教育费附加=2\,561\times3\%=76（万元）$$

年销售税金及附加为 2 816 万元。

年销售收入和年销售税金及附加估算表如表 7-4 所示。

2. 产品成本估算

根据需要，该项目分别做了单位生产成本和总成本费用估算。单位生产成本费用估算表如表 7-5 所示，总成本费用估算表如表 7-6 所示。

总成本费用估算说明如下：

总成本费用估算正常生产年份为 23 815 万元，其中经营成本正常生产年份为 20 454 万元。

1) 主要投入物的定价原则

为了与产品销售价格相对应，所有原材料、辅助材料及燃料动力价格均以近几年国内市场已实现的价格为基础，预测到生产期初的价格。特别对占比较大的原料 A 进行了分析论证。原料 A 市场上趋于供求平衡，并且在一段时期内平衡状态变化不大，所以采用的预测价格是现行市场价格，每吨到厂价按 5 100 元计算。

主要投入物和产出物的价格表如表 7-7 所示，外购原材料及燃料动力费用估算表如表 7-8 所示。

2) 固定资产折旧和无形及递延资产摊销计算

建设投资中第二部分费用除土地费用进入固定资产原值外，其余费用均作为无形及递延资产。固定资产原值为 46 558 万元，按平均年限法计算折旧，折旧年限为 15 年，年折旧额为 2 933 万元。

固定资产原值计算式为

固定资产原值＝（工程费用＋土地费用＋预备费）＋固定资产投资方向调节税＋建设期利息
　　　　　　＝（34 448＋607＋5 052）＋2 127＋4 324
　　　　　　＝46 558（万元）

固定资产折旧估算表如表 7-9 所示。

无形资产为 1 700 万元，按 10 年摊销，年摊销费为 170 万元。递延资产为 730 万元，按 5 年摊销，年摊销费为 146 万元。无形及递延资产摊销估算表如表 7-10 所示。

3) 修理费计算

修理费按年折旧额的 50% 计取，每年为 1 467 万元。

4) 借款利息计算

长期借款还本付息表如表 7-11 所示。生产期间应计利息和将汇兑损失计入财务费用。流动资金借款利息计入财务费用，正常生产年份应计利息 428 万元。

模块 7 建设项目经济评价案例

表 7-4 年销售收入和年销售税金及附加估算表

序号	项目	单价 外销(美元)	单价 内销(元)	生产负荷70%（第四年） 销售量 外销/吨	生产负荷70%（第四年） 销售量 内销/吨	生产负荷70%（第四年） 金额 外销/万美元	生产负荷70%（第四年） 金额 内销/万元	生产负荷70%（第四年） 金额 小计/万元	生产负荷90%（第五年） 销售量 外销/吨	生产负荷90%（第五年） 销售量 内销/吨	生产负荷90%（第五年） 金额 外销/万美元	生产负荷90%（第五年） 金额 内销/万元	生产负荷90%（第五年） 金额 小计/万元	生产负荷100%（第六～十八年） 销售量 外销/吨	生产负荷100%（第六～十八年） 销售量 内销/吨	生产负荷100%（第六～十八年） 金额 外销/万美元	生产负荷100%（第六～十八年） 金额 内销/万元	生产负荷100%（第六～十八年） 金额 小计/万元
1	产品销售收入		15 400		16 100		24 794	24 794		20 700		31 878	31 878		23 000		35 420	35 420
	N产品		15 400		16 100		24 794	24 794		20 700		31 878	31 878		23 000		35 420	35 420
2	销售税金及附加						1 971	1 971				2 535	2 535				2 816	2 816
2.1	产品增值税（17%）						1 793	1 793				2 305	2 305				2 561	2 561
2.2	城市维护建设税（7%）						125	125				161	161				179	179
2.3	教育费附加（3%）						53	53				69	69				76	76

表 7-5 单位生产成本费用估算表

序　号	项　目	单　位	消耗定额	单　价/元	金　额/元
1	原材料、化工料及辅助材料				5 238
1.1	A	吨	1.027	5 100	944
1.2	B	吨	0.59	1 600	181
1.3	C	吨	0.787	230	336
1.4	D	吨	0.14	2 400	15
1.5	E	吨	0.011	1 400	133
1.6	F	吨	0.864	154	
第1.1～1.6项合计					6 847
2	燃料动力				
2.1	水	吨	174	0.6	104

续表

序号	项 目	单 位	消 耗 定 额	单 价/元	金 额/元
2.2	电	kW·h	2 755	1.7	468
2.3	煤	吨	1.83	175	320
	第2.1~2.3项合计				892
3	工资及福利费				97
4	制造费用				1 043
5	副产品回收				0
6	单位生产成本(第1~6项合计)	吨			8 879

表 7-6 总成本费用估算表

单位：万元

序号	项 目	合 计	投产期/年		达到设计生产能力期/年												
			4	5	6	7	8	9	10	11	12	13	14	15	16	17	18
	生产负荷/(%)		70	90	100	100	100	100	100	100	100	100	100	100	100	100	100
1	外购原材料	229 921	11 024	14 173	15 748	15 748	15 748	15 748	15 748	15 748	15 748	15 748	15 748	15 748	15 748	15 748	15 748
2	外购燃料动力	29 958	1 436	1 846	2 052	2 052	2 052	2 052	2 052	2 052	2 052	2 052	2 052	2 052	2 052	2 052	2 052
3	工资及福利费	4 785	319	319	319	319	319	319	319	319	319	319	319	319	319	319	319
4	修理费	22 005	1 467	1 467	1 467	1 467	1 467	1 467	1 467	1 467	1 467	1 467	1 467	1 467	1 467	1 467	1 467
5	折旧费	43 995	2 933	2 933	2 933	2 933	2 933	2 933	2 933	2 933	2 933	2 933	2 933	2 933	2 933	2 933	2 933
6	摊销费	2 430	316	316	316	316	316	170	170	170	170	170					
7	财务费用	20 219	3 794	3 573	3 083	2 402	1 676	1 272	995	428	428	428	428	428	428	428	428
	其中：利息支出	18 182	3 503	3 282	2 792	2 111	1 385	981	704									
8	其他费用	13 020	868	868	868	868	868	868	868	868	868	868	868	868	868	868	868
	其中：土地使用税	1 050	70	70	70	70	70	70	70	70	70	70	70	70	70	70	70
9	总成本费用	366 333	22 157	25 495	26 786	26 105	25 379	24 829	24 552	23 985	23 985	23 985	23 815	23 815	23 815	23 815	23 815
	其中：固定成本	86 235	5 903	5 903	5 903	5 903	5 903	5 757	5 757	5 757	5 757	5 757	5 587	5 587	5 587	5 587	5 587
	可变成本	280 098	16 254	19 592	20 883	20 202	19 476	19 072	18 795	18 228	18 228	18 228	18 228	18 228	18 228	18 228	18 228
10	经营成本	301 726	15 405	18 964	20 745	20 745	20 745	20 745	20 745	20 454	20 454	20 454	20 454	20 454	20 454	20 454	20 454

模块 7 建设项目经济评价案例

表 7-7 主要投入物和产出物的价格表

项 目	单 位	单 价/元	价 格 依 据
主要投入物			
原材料			
A	吨	5 100	以近几年国内市场已实现的价格为基础,预测到生产期初的价格
B	吨	1 600	以近几年国内市场已实现的价格为基础,预测到生产期初的价格
C	吨	230	以近几年国内市场已实现的价格为基础,预测到生产期初的价格
D	吨	2 400	以近几年国内市场已实现的价格为基础,预测到生产期初的价格
E	吨	1 400	以近几年国内市场已实现的价格为基础,预测到生产期初的价格
主要产出物(N产品)	吨	15 400	以近几年国内市场已实现的价格为基础,预测到生产期初的价格

表 7-8 外购原材料及燃料动力费用估算表

序号	名 称	年消耗量	单 位	单价/元	第四年 (70%) 消耗金额/万元	第五年 (90%) 消耗金额/万元	第六年 (100%) 消耗金额/万元
1	外购原材料						
1.1	A	23 621	吨	5 100	8 431	10 840	12 045
1.2	B	13 570	吨	1 600	1 519	1 953	2 171
1.3	C	18 170	吨	230	292	375	417
1.4	D	3 220	吨	2 400	541	696	772
1.5	E	252	吨	1 400	25	32	35
1.6	F	20 000	吨	154	216	278	308
	小 计				11 024	14 173	15 748
2	外购燃料动力						
2.1	水	4 000 000	吨	0.6	168	216	240
2.2	电	6 380 000	kW·h	1.69	754	969	1 077
2.3	煤	42 000	吨	175	514	661	735
	小 计				1 436	1 846	2 052

287

表 7-9 固定资产折旧估算表

单位：万元

序号	项目	合计	折旧率/(%)	投产期/年		达到设计生产能力期/年													
				4	5	6	7	8	9	10	11	12	13	14	15	16	17	18
1	固定资产																	
1.1	原值	46 558	6.3															
1.2	折旧费			2 933	2 933	2 933	2 933	2 933	2 933	2 933	2 933	2 933	2 933	2 933	2 933	2 933	2 933	2 933
2	净值	43 625			40 692	37 759	34 826	31 893	28 960	26 027	23 094	20 161	17 228	14 295	11 362	8 429	5 496	2 563

表 7-10 无形及递延资产摊销估算表

单位：万元

序号	项目	摊销年限/年	原值	生产年限/年										
				4	5	6	7	8	9	10	11	12	13
1	无形资产	10	1 700										
1.1	摊销			170	170	170	170	170	170	170	170	170	170
1.2	净值			1 530	1 360	1 190	1 020	850	680	510	340	170	0
2	递延资产（开办费）	5	730										
2.1	摊销			146	146	146	146	146					
2.2	净值			584	438	292	146	0					
3	无形及递延资产		2 430										
3.1	摊销			316	316	316	316	316	170	170	170	170	170
3.2	净值			2 114	1 798	1 482	1 166	850	680	510	340	170	0

表 7-11　长期借款还本付息表

单位：万元

序号	项目	利率/(%)	建设期/年			投产期/年				达到设计生产能力期/年		
			1	2	3	4	5	6	7	8	9	10
1	外汇借款	9										
1.1	年初借款本息累计			3 957	15 194	21 503	18 431	15 360	12 288	9 216	6 144	3 072
1.1.1	本金			3 787	14 199	21 503	18 431	15 360	12 288	9 216	6 144	3 072
1.1.2	建设期利息		170	995	2 575							
1.2	本年借款		3 787	10 412	4 729							
1.3	本年应计利息		170	825	1 580	1 935	1 659	1 382	1 106	829	553	276
1.4	本年偿还本金					3 072	3 072	3 072	3 072	3 072	3 072	3 071
1.5	本年支付利息					1 935	1 659	1 382	1 106	829	553	276
2	人民币借款	9.72										
2.1	年初借款本息累计			2 488	9 574	13 615	12 939	9 877	5 320	224		
2.1.1	本金			2 373	8 900	11 866	12 931	10 099	5 938	1 321		
2.1.2	建设期利息		115	674	1 749							
2.2	本年借款		2 373	6 527	2 966							
2.3	本年应计利息		115	559	1 075	1 323	1 258	960	517	22		
2.4	本年偿还本金					676	3 062	4 557	5 096	224		
2.5	本年支付利息					1 323	1 258	960	517	22		
3	偿还借款本金的资金来源											
3.1	未分配利润					499	2 885	4 380	4 919	0	0	0
3.2	折旧费					2 933	2 933	2 933	2 933	2 933	2 933	2 933
3.3	摊销费					316	316	316	316	316	316	316
3.4	偿还本金来源合计					3 748	6 134	7 629	8 168	3 249	3 249	3 249
3.4.1	偿还外汇本金					3 072	3 072	3 072	3 072	3 072	3 072	3 071
3.4.2	偿还人民币本金					676	3 062	4 557	5 096	224	0	0
3.4.3	偿还本金后余额					0	0	0	0	46	177	178

以第四年为例，财务费用计算如下。

（1）第四年利息支出计算式为

$$外汇利息 = 21\,498 \times 9\% = 1\,935（万元）$$

$$人民币长期借款利息 = 13\,615 \times 9.72\% = 1\,323（万元）$$

$$流动资金利息 = 2\,834 \times 8.64\% = 245（万元）$$

第四年利息支出为 3 503 万元。

（2）汇兑损失。

由于项目没有外汇收入，偿还外汇借款是项目投产后以 1:6 的比价购买调剂外汇，按 7 年等额还本，故按建设期外币借款总额可计算出汇兑总损失。

$$7 年汇兑总损失 = 3\,923 \times (6 - 5.48) = 2\,040（万元）$$

每年汇兑损失为 291 万元。

总之，第四年财务费用 = 3 503 + 291 = 3 794（万元）。

5）其他费用计算

其他费用是在制造费用、销售费用、管理费用中扣除工资及福利费、折旧费、摊销费、修理费后的费用。为简化计算，该费用按工资及福利费的 25%计取，每年约为 798 万元。

土地使用税每年为 70 万元。

其他费用共计每年为 868 万元。

3. 利润总额及分配

损益表如表 7-12 所示。利润总额正常生产年份为 8 916 万元。所得税按利润总额的 25%计取，盈余公积金和盈余公益金分别按税后利润的 10%和 5%计取。

4. 财务盈利能力分析

（1）财务现金流量表（全部投资）如表 7-13 所示，根据表 7-13 计算以下财务评价指标。

所得税后财务内部收益率为 15.22%，财务净现值（$i_c = 12\%$时）为 8 502 万元；所得税前财务内部收益率为 17.76%，财务净现值（$i_c = 12\%$时）为 16 205 万元。财务内部收益率均大于行业基准收益率，说明盈利能力满足了行业最低要求；财务净现值均大于零，该项目在财务上是可以考虑接受的。

所得税后的投资回收期为 8.4 年（含建设期），所得税前的投资回收期为 7.8 年（含建设期），均小于行业基准投资回收期 10.3 年，这表明项目投资能按时收回。

全部投资的累计净现金流量如图 7.1 所示。

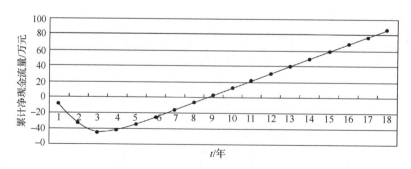

图 7.1　全部投资的累计净现金流量

表 7-12 损益表

单位：万元

序号	项目	合计	投产期/年				达到设计生产能力期/年											
			4	5	6	7	8	9	10	11	12	13	14	15	16	17	18
	生产负荷/（%）		70	90	100	100	100	100	100	100	100	100	100	100	100	100	100
1	产品销售收入	517 132	24 794	31 878	35 420	35 420	35 420	35 420	35 420	35 420	35 420	35 420	35 420	35 420	35 420	35 420	35 420
2	销售税金及附加	41 114	1 971	2 535	2 816	2 816	2 816	2 816	2 816	2 816	2 816	2 816	2 816	2 816	2 816	2 816	2 816
3	总成本费用	366 333	22 158	25 496	26 764	26 045	25 273	24 829	24 552	23 985	23 985	23 985	23 815	23 815	23 815	23 815	23 815
4	利润总额（1－2－3）	109 685	665	3 847	5 840	6 559	7 331	7 775	8 052	8 619	8 619	8 619	8 789	8 789	8 789	8 789	8 789
5	弥补前年度亏损																	
6	应纳税所得额（4－5）	109 685	665	3 847	5 840	6 559	7 331	7 775	8 052	8 619	8 619	8 619	8 789	8 789	8 789	8 789	8 789
7	所得税（6）×25%	27 421	166	962	1 460	1 640	1 833	1 944	2 013	2 155	2 155	2 155	2 197	2 197	2 197	2 197	2 197
8	税后利润（6－7）	82 264	499	2 885	4 380	4 919	5 498	5 831	6 039	6 464	6 464	6 464	6 592	6 592	6 592	6 592	6 592
9	可供分配利润	82 264	499	2 885	4 380	4 919	5 498	5 831	6 039	6 464	6 464	6 464	6 592	6 592	6 592	6 592	6 592
9.1	盈余公积金（10%）	6 972					550	-583	604	646	646	646	659	659	659	659	659
9.2	盈余公积金（5%）	3 486					275	292	302	323	323	323	330	330	330	330	330
9.3	应付利润						0	0	0	0	0	0	0	0	0	0	0
9.4	未分配利润	71 945	499	2 885	4 380	4 919	4 673	4 957	5 133	5 495	5 495	5 495	5 603	5 603	5 603	5 603	5 603
	其中：偿还借款		499	2 885	4 380	4 919												
10	累计未分配利润	71 945	499	3 384	7 764	12 683	17 356	22 313	27 446	32 940	38 435	43 930	49 533	55 136	60 739	66 342	71 945

表 7-13 财务现金流量表（全部投资）

单位：万元

序号	项目	合计	建设期/年 1	2	3	投产期/年 4	5	达到设计生产能力期/年 6	7	8	9	10	11	12	13	14	15	16	17	18
	生产负荷/(%)					70	90	100	100	100	100	100	100	100	100	100	100	100	100	100
1	现金流入	526779				24794	31878	35420	35420	35420	35420	35420	35420	35420	35420	35420	35420	35420	35420	45067
1.1	产品销售收入	517132				24794	31878	35420	35420	35420	35420	35420	35420	35420	35420	35420	35420	35420	35420	35420
1.2	回收固定资产余值	2563																		2563
1.3	回收流动资金	7084																		7084
2	现金流出	421520	8395	24570	11164	22501	23878	25729	25201	25394	25505	25574	25425	25425	25425	25467	25467	25467	25467	25467
2.1	建设投资	44129	8395	24570	11164															
2.2	流动资金	7084				4959	1417	708												
2.3	经营成本	301726				15405	18964	20745	20745	20745	20745	20745	20454	20454	20454	20454	20454	20454	20454	20454
2.4	销售税金及附加	41114				1971	2535	2816	2816	2816	2816	2816	2816	2816	2816	2816	2816	2816	2816	2816
2.5	所得税	27467				166	962	1460	1640	1833	1944	2013	2155	2155	2155	2197	2197	2197	2197	2197
3	净现金流量 (1−2)	105259	−8395	−24570	−11164	2293	8000	9691	10219	10026	9915	9846	9995	9995	9995	9953	9953	9953	9953	19600
4	累计净现金流量	254299	−8395	−32965	−44129	−41836	−33836	−24145	−13926	−3899	6016	15862	25857	35853	45848	55801	65753	75706	85659	105259
5	所得税前净现金流量	132726	−8395	−24570	−11164	2459	8962	11151	11859	11859	11859	11859	11859	12150	12150	12150	12150	12150	12150	21797
6	所得税前累计净现金流量		−8395	−32965	−44129	−41670	−32708	−21557	−9698	2161	14020	25879	38029	50179	62329	74479	86629	98779	110929	132726

计算指标：财务内部收益率（IRR）所得税后为 15.22%，所得税前为 17.76%；

财务净现值（i_c = 12%）所得税后为 8502 万元，所得税前为 16205 万元；

投资回收期（从建设期算起）所得税后为 8.4 年，所得税前为 7.8 年。

(2) 财务现金流量表（自有资金）如表 7-14 所示。根据表 7-14 计算以下指标。

自有资金财务内部收益率为 18.67%。

自有资金财务净现值（i_c＝12%）为 9 808 万元。

(3) 根据表 7-12 和表 7-1 计算以下指标。

$$投资利润率 = \frac{利润总额}{总投资} \times 100\%$$

$$= \frac{8\,619}{42\,542 + 2\,127 + 4\,324 + 7\,084} \times 100\%$$

$$= 15.37\%$$

$$投资利税率 = \frac{年利税总额}{总投资} \times 100\%$$

$$= \frac{8\,916 + 2\,816}{42\,542 + 2\,127 + 4\,324 + 7\,084} \times 100\%$$

$$= 20.39\%$$

该项目投资利润率和投资利税率均大于行业平均利润率和平均利税率，说明单位投资对国家积累的贡献水平达到了本行业的平均水平。

5. 清偿能力分析

清偿能力分析是通过对借款还本付息表、资金来源与运用表、资产负债表的计算，考察项目计算期内各年的财务状况及偿债能力，并计算资产负债率、流动比率、速动比率和固定资产投资国内借款偿还期。

资金来源与运用表如表 7-15 所示。资产负债表如表 7-16 所示。

偿还借款的资金来源，本案例为简化计算，在还款期间将未分配利润、折旧费、摊销费全部用来还款，但在进行实际项目的还款计算时，可根据项目的实际情况确定。

外汇按 7 年等额本金法计算利息。固定资产投资国内借款偿还，在投产后按最大偿还能力计算还本付息。

固定资产投资国内借款偿还期从借款年算为 7.4 年（表 7-11），能满足贷款机构要求的期限，项目具有偿债能力。

6. 不确定性分析

1) 敏感性分析

该项目做了所得税前全部投资的敏感性分析。基本方案财务内部收益率为 17.76%，投资回收期从建设期算为 7.8 年，均满足财务基准值的要求。考虑项目实施过程中一些不确定性因素的变化，分别对投资额、经营成本、销售收入做了提高 10% 和降低 10% 的单因素变化对财务内部收益率影响的敏感性分析。

表 7-14 财务现金流量表（自有资金）

单位：万元

序号	项目	合计	建设期/年			投产期/年					达到设计生产能力期/年								
			1	2	3	4	5	6	7	8	9	10	11	12	13	14	15	16	17	18
	生产负荷（%）					70	90	100	100	100	100	100	100	100	100	100	100	100	100	100
1	现金流入	526 779				24 794	31 878	35 420	35 420	35 420	35 420	35 420	35 420	35 420	35 420	35 420	35 420	35 420	35 420	45 067
1.1	产品销售收入	35 420				24 794	31 878	35 420	35 420	35 420	35 420	35 420	35 420	35 420	35 420	35 420	35 420	35 420	35 420	35 420
1.2	回收固定资产余值	2 563																		2 563
1.3	回收流动资金	7 084																		7 084
2	现金流出	444 562	2 775	7 631	3 469	26 925	31 647	35 045	35 000	31 171	29 557	29 350	25 853	25 853	25 853	25 895	25 895	25 895	25 895	30 854
2.1	建设投资（自有资金）	16 000	2 775	7 631	3 469	2 125														
2.2	借款本金偿还	40 073				3 755	5 904	7 232	7 688	4 392	3 071	3 072								4 959
2.3	借款利息支付	18 182				3 503	3 282	2 792	2 111	1 385	981	704	428	428	428	428	428	428	428	428
2.4	经营成本	301 726				15 405	18 964	20 745	20 745	20 745	20 745	20 745	20 454	20 454	20 454	20 454	20 454	20 454	20 454	20 454
2.5	销售税金及附加	41 114				1 971	2 535	2 816	2 816	2 816	2 816	2 816	2 816	2 816	2 816	2 816	2 816	2 816	2 816	2 816
2.6	所得税	27 467				166	962	1 460	1 640	1 833	1 944	2 013	2 155	2 155	2 155	2 155	2 197	2 197	2 197	2 197
3	净现金流量（1－2）	82 217	－2 775	－7 631	－3 469	－2 131	231	375	420	4 249	5 863	6 070	9 567	9 567	9 567	9 525	9 525	9 525	9 525	14 213

计算指标：财务内部收益率（IRR）为 18.67%；
财务净现值（i_c＝12%）为 9 808 万元。

表 7-15 资金来源与运用表

单位：万元

序号	项目	合计	建设期/年 1	2	3	投产期/年 4	5	6	7	8	9	10	达到设计生产能力期/年 11	12	13	14	15	16	17	18
	生产负荷/(%)					70	90	100	100	100	100	100	100	100	100	100	100	100	100	100
1	资金来源	222 012	9 220	25 951	13 817	8 873	8 513	9 797	9 808	10 580	10 878	11 155	11 722	11 722	11 722	11 722	11 722	11 722	11 722	21 367
1.1	利润总额	109 685				665	3 847	5 840	6 559	7 331	7 775	8 052	8 619	8 619	8 619	8 789	8 789	8 789	8 789	8 789
1.2	折旧费	43 995				2 933	2 933	2 933	2 933	2 933	2 933	2 933	2 933	2 933	2 933	2 933	2 933	2 933	2 933	2 933
1.3	摊销费	2 430				316	316	316	316	316										
1.4	长期借款	35 113	6 445	18 320	10 348										170					
1.5	短期借款	4 959				2 834	1 417	708												
1.6	自有资金	16 000	2 775	7 631	3 469	2 125														
1.7	其他																			
1.8	回收固定资产余值	2 561																		2 561
1.9	回收流动资金	7 084																		7 084
2	资金运用	123 576	9 221	25 954	13 819	8 874	8 513	9 792	9 793	5 101	5 016	5 084	2 155	2 155	2 155	2 197	2 197	2 197	2 197	7 156
2.1	建设投资	44 669	8 935	24 570	11 164															
2.2	建设期利息	4 325	286	1 384	2 655															
2.3	流动资金	7 084				4 959	1 417	708												
2.4	所得税	27 422				167	962	1 455	1 625	1 806	1 944	2 013	2 155	2 155	2 155	2 197	2 197	2 197	2 197	2 197
2.5	应付利润																			
2.6	长期借款本金偿还	35 117				3 748	6 134	7 629	8 168	3 295	3 072	3 071								
2.7	短期借款本金偿还	4 959																		
3	盈余资金	98 422	0	0	0	1	0	0	0	5 478	5 862	6 071	9 567	9 567	9 567	9 525	9 525	9 525	9 525	4 959
4	累计盈余资金	521 972	0	0	0	1	0	1	1	5 477	11 340	17 410	26 977	36 544	46 111	55 636	65 161	74 686	84 211	98 422

表 7-16 资产负债表

单位：万元

序号	项目	建设期/年			投产期/年					达到设计生产能力期/年									
		1	2	3	4	5	6	7	8	9	10	11	12	13	14	15	16	17	18
1	资产	9 220	35 174	48 990	51 741	50 205	47 812	44 563	46 791	49 550	52 517	58 981	65 445	71 909	78 501	85 093	91 684	98 276	109 554
1.1	流动资产总额				5 997	7 711	8 567	8 567	14 044	19 907	25 977	35 544	45 111	54 678	64 203	73 728	83 253	92 778	106 989
1.1.1	应收账款				1 194	1 535	1 705	1 705	1 705	1 705	1 705	1 705	1 705	1 705	1 705	1 705	1 705	1 705	1 705
1.1.2	存货				4 769	6 132	6 813	6 813	6 813	6 813	6 813	6 813	6 813	6 813	6 813	6 813	6 813	6 813	6 813
1.1.3	现金				34	44	49	49	49	49	49	49	49	49	49	49	49	49	49
1.1.4	累计盈余资金	0	0	0	0	0	0	0	5 477	11 340	17 410	26 977	36 544	46 111	55 636	65 161	74 686	84 211	98 422
1.2	在建工程	9 220	35 174	48 990															
1.3	固定资产净值				43 630	40 696	37 763	34 830	31 897	28 963	26 030	23 097	20 164	17 231	14 298	11 365	8 431	5 498	2 565
1.4	无形及递延资产净值				2 114	1 798	1 482	1 166	850	680	510	340	170	0					
2	负债及所有者权益	9 220	35 174	48 990	51 741	50 205	47 812	44 563	46 791	49 550	52 517	58 981	65 445	71 908.9	78 501	85 092.6	91 684	98 276	109 554
2.1	流动负债总额				3 872	5 586	6 442	6 442	6 442	6 442	6 442	6 442	6 442	6 442	6 442	6 442	6 442	6 442	6 442
2.1.1	应付账款				1 038	1 335	1 483	1 483	1 483	1 483	1 483	1 483	1 483	1 483	1 483	1 483	1 483	1 483	1 483
2.1.2	短期借款				2 834	4 251	4 959	4 959	4 959	4 959	4 959	4 959	4 959	4 959	4 959	4 959	4 959	4 959	4 959
2.2	长期借款	6 445	24 768	35 115	31 370	25 236	17 608	9 439	6 144	3 072	0								
	负债小计	6 445	24 768	35 115	35 242	30 822	24 050	15 881	12 586	9 514	6 442	6 442	6 442	6 442	6 442	6 442	6 442	6 442	6 442

续表

序号	项目	建设期/年			投产期/年				达到设计生产能力期/年											
		1	2	3	4	5	6	7	8	9	10	11	12	13	14	15	16	17	18
2.3	所有者权益	2 775	10 406	13 875	16 499	19 384	23 764	28 683	34 181	40 012	46 051	52 515	58 979	65 444	72 035	78 627	85 219	91 811	98 402
2.3.1	资本金	2 775	10 406	13 875	16 000	16 000	16 000	16 000	16 000	16 000	16 000	16 000	16 000	16 000	16 000	16 000	16 000	16 000	16 000
2.3.2	累计盈余公积金								550	1 133	1 737	2 383	3 030	3 676	4 335	4 994	5 654	6 313	6 972
2.3.3	累计盈余公益金								275	566	868	1 192	1 515	1 838	2 168	2 497	2 827	3 156	3 486
2.3.4	累计未分配利润				499	3 384	7 764	12 683	17 356	22 313	27 446	32 940	38 435	43 930	49 533	55 136	60 739	66 342	71 945
计算指标	资产负债率/(%)	69.9	70.4	71.7	68.1	61.4	50.3	35.6	26.9	19.2	12.3	10.9	9.8	9.0	8.2	7.6	7.0	6.6	5.9
	流动比率/(%)				154.9	138.0	133.0	133.0	218.0	309.0	403.2	551.8	700.3	848.8	996.6	1 144.5	1 292.3	1 440.2	1 660.8
	速动比率/(%)				31.7	28.3	27.2	27.2	112.3	203.3	297.5	446.0	594.5	743.0	890.9	1 038.7	1 186.6	1 334.4	1 555.0

财务敏感性分析表如表 7-17 所示。

表 7-17 财务敏感性分析表

项目	变化幅度			敏感性程度排序
	−10%	0	+10%	
投资额	19.03	17.76	15.85	
较基本方案增减	1.80%		−1.38%	3
销售收入	11.3	17.76	22.97	
较基本方案增减	−5.91%		5.74%	1
经营成本	20.3	17.76	13.99	
较基本方案增减	3.07%		−3.24%	2

从表 7-17 可以看出，各因素的变化都不同程度地影响财务内部收益率，其中销售收入的提高或降低对财务内部收益率的影响最为敏感，经营成本次之，投资额对财务内部收益率的影响最小。财务敏感性分析图如图 7.2 所示。

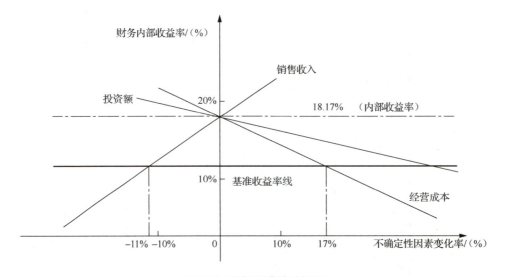

图 7.2 财务敏感性分析图

从图 7.2 中可以看出，销售收入和经营成本对基本方案财务内部收益率的影响曲线与基准收益率线的交点（临界点）分别为销售收入降低约 11% 和经营成本提高约 17% 时，项目的财务内部收益率才低于基准收益率的水平，方案变得不可行。

2）盈亏平衡分析

以生产能力利用率表示的盈亏平衡点（BEP）进行分析，其计算式为

$$\text{盈亏平衡点（BEP）} = \frac{\text{固定年总成本}}{\text{年产品销售收入} - \text{年可变成本} - \text{年销售税金及附加}} \times 100\%$$

$$= \frac{5\,587}{35\,420 - 18\,228 - 2\,816} \times 100\% = 8.52\%$$

计算结果表明，该项目只要达到设计能力的 38.52%，也就是年产量达到 0.89 万吨，企业就可以保本。由此可见，该项目风险较小。盈亏平衡图如图 7.3 所示。

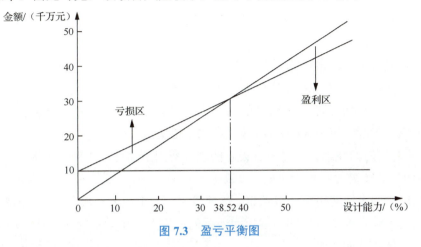

图 7.3 盈亏平衡图

从上述财务评价看，财务内部收益率高于行业基准收益率，投资回收期低于行业基准投资回收期，借款偿还期能满足贷款机构的要求。从敏感性分析看，项目具有一定的抗风险能力，因此，项目从财务上讲是可行的。

7.4 国民经济评价

国民经济评价是在财务评价的基础上，采用国家发布的参数进行。主要投入物和产出物的影子价格按定价原则自行测算。

1. 效益和费用的调整

1）效益和费用范围的调整

（1）转移支付的处理。以下三项费用均属国民经济内部转移支付，不作为项目的费用。

① 该项目引进的设备、材料按国家规定缴纳的关税及增值税。

② 该项目固定资产投资方向调节税对国民经济来说无实质性的费用支出。

③ 该项目销售税金及附加和土地使用税。

（2）间接效益和间接费用的计算。该项目引进先进的技术设备，通过技术培训、人才流动、技术推广和扩散，整个社会都将受益。这种效果在影子价格中没有得到反映，理应计为项目的间接效益，但由于计量困难，只作定性描述。

2）效益和费用数值的调整

涉及外汇与人民币换算时以影子汇率替代官方汇率及对主要投入物和产出物用影子价格替代财务价格等，将导致效益和费用数值的变化。因此，在财务评价的基础上，对效益和费用调整的项目有如下分述。

（1）投资调整。建设投资由 42 542 万元调到 36 309 万元。

① 建筑工程费用的调整。按影子价格换算系数 1.1 对财务评价的建筑工程费用进行调整，由 3 466 万元调整为 3 813 万元。

② 设备购置费用的调整。从引进的设备购置费中剔除关税及增值税，用影子汇率替代官方汇率（影子汇率换算系数为1.08），即用5.48×1.08＝5.92元/美元进行调整。用贸易汇率6%替代财务评价设备购置中的贸易费用率进行调整。引进设备国内运费所占比重小，这里不做调整。

国内配套设备影子价格换算系数为1，运费所占比重小，这里不做调整。

设备购置费用由22 331万元调整为18 848万元。

③ 安装工程费用的调整。从引进的材料费中剔除关税及增值税，用影子汇率替代官方汇率等，使安装工程费用由8 651万元调整为7 440万元。

④ 其他费用的调整。该项目引进设备的软件费用所需外汇用影子汇率换算为人民币，致使该费用由1 321万元调整为1 427万元。

其他费用中的土地费用应予以调整。该项目占用的土地为一般农田，土地费用的计算，采用项目占用土地在整个占用期间逐年净效益的现值之和作为土地费用计入项目建设投资中的方式。具体计算如下所述。

项目建设期3年，生产期15年，共占用农田250亩，该建设用地位于华北某地区。经分析，在一年期间，小麦和花生可以兼种，查表得每亩小麦的净收益为139元/（亩·茬），花生每亩地的净收益为602元/（亩·茬）。这样最大经济效益$NB_0=139+602=741$元/（亩·茬）。在计算期内，年净收益增长率$g=3\%$，社会折现率为12%，项目寿命期$n=18$，由于NB_0根据××年年初统计数据计算，项目开工期为××年，假定$t=2$。

a．每亩土地的机会成本为

$$OC=NB_0(1+g)^{t+1}\frac{1-(1+g)^n(1+i)^{-n}}{i-g}$$

$$=741\times(1+0.03)^3\times\frac{1-(1+0.03)^{18}(1+0.12)^{-18}}{0.12-0.03}$$

$$=7\ 005（元/亩）$$

土地机会成本总额＝7 005×250＝175（万元）

b．新增资源消耗的计算。

在新增资源费用中，没有拆迁费用，经测算，其他新增资源费用与土地机会成本相当。新增资源费用也按175万元计算。

土地费用总额＝175×2＝350（万元）

将350万元作为土地费用，替代财务评价其他费用中的土地征购费607万元。

其他费用由3 042万元调整为2 907万元。

⑤ 由于采用了影子价格，需扣除设备材料涨价预备费。

调整后的分年投资计划如表7-18所示。

表 7-18　调整后的分年投资计划

项　目	第一年	第二年	第三年	合计
分年投资比例/（%）	20	55	25	100
建设投资/万元	7 262	19 970	9 077	36 309

⑥ 流动资金的调整。流动资金由 7 084 万元调整为 6 263 万元。

国民经济评价投资调整计算如表 7-19 所示。

（2）经营费用的调整。

根据投入物影子价格的定价原则，对表 7-5 投入物中占比重较大的物品进行了调整，调整项目如下。

① 外购原料 A 为非外贸货物，该种货物只要发挥原有项目生产能力就能满足供应，所以按其可变成本进行分解，以确定原料 A 的影子价格。原料、燃料动力的单位可变成本和调整后的耗用金额如表 7-20 所示。

调整说明和分解步骤如下。

a. 外购原料 A 为非外贸货物，在国内用途很广，属短线产品。经测算，其影子价格换算系数为 1.2，调整费用为 4 036 元。

b. 原料 B 为外贸货物，到岸价为 470 美元/吨，影子汇率为 5.92 元/美元，贸易费用率为 6%，用影子价格重新计算的该项费用为

$$470 \times 5.92 \times 1.06 \times 0.19 = 560 （元）$$

c. 原料 C 所占比重较小，不予调整，取其财务价格。

d. 外购电力，该地区电的影子价格查表得 0.218 1 元/（kW·h），用影子价格计算的电费用为

$$0.218\ 1 \times 665 = 145 （元）$$

e. 外购的燃料煤，该项目所在城市煤的影子价格（包含贸易费用）为 133.05 元/吨，用影子价格计算的燃料煤费用为

$$133.05 \times 2.2 = 293 （元）$$

f. 水和其他项目不予调整。

以上各项单价中包含了运输费用，难以单列，故不单做调整。

通过上述各步计算，得到原料、燃料动力的影子价格为 5 285 元/吨，由于原料 A 直接供货，不经商贸部门，因此不考虑运费及贸易费用。列入表 7-20 中的影子价格就是 5 285 元/吨。

表 7-19 国民经济评价投资调整计算

单位：万元

序号	项目	财务评价 合计	财务评价 其中 外币	财务评价 其中 外币折人民币	财务评价 其中 人民币	国民经济评价 合计	国民经济评价 其中 外币	国民经济评价 其中 外币折人民币	国民经济评价 其中 人民币	国民经济评价比财务评价增减（±）（人民币）
1	建设投资	42 542	3 454	18 929	23 613	36 309	3 454	20 448	15 861	−6 233
1.1	建筑工程	3 466			3 466	3 813			3 813	347
1.2	设备	22 331	2 029	11 119	11 212	18 848	2 029	12 012	6 836	−3 483
1.2.1	进口设备	16 497	2 029	11 119	5 378	13 014	2 029	12 012	1 002	−3 483
1.2.2	国产设备	5 834			5 834	5 834			5 834	0
1.3	安装工程	8 651	870	4 768	3 883	7 440	870	5 150	2 290	−1 211
1.3.1	进口材料及费用	6 833	870	4 768	2 065	5 622	870	5 150	472	−1 211
1.3.2	国产部分材料及费用	1 818			1 818	1 818			1 818	
1.4	其他费用	3 042	241	1 321	1 721	2 907	241	1 427	1 480	−135
其中：土地费用		607			607	350			350	−262
1.5	基本预备费	3 749	314	1 721	2 028	3 301	314	1 859	1 442	−448
1.6	涨价预备费	1 303			1 303					−1 303
2	投资方向调节税	2 127			2 127					−2 127
3	建设期利息	4 324	474	2 570	1 749					−4 324
4	流动资金	7 084			7 084	6 263			6 263	−821
	合计	56 072	3 923	21 499	34 573	42 572	3 454	20 448	22 124	−13 500

表 7-20　原料、燃料动力的单位可变成本和调整后的耗用金额

项　目	单　位	耗用量	财务成本/元	分解成本/元
原料 A	吨	1.283	3 363	4 036
原料 B	吨	0.19	304	560
原料 C	吨	0.21	53	53
其他			135	135
燃料动力				
水	吨	157	63	63
电	kW·h	665	121	145
煤	吨	2.2	308	293
可变成本合计				5 285

② 原料 B 为外贸货物，到岸价为 470 美元/吨，由于项目地处港口，运费忽略不计，贸易费用率为 6%，故用影子价格计算的费用为

$$470 \times 5.92 \times 1.06 = 2\,949\,（元/吨）$$

③ 原料 D 为非外贸货物，且为长线产品，经测算影子价格换算系数为 0.91，按其计算的费用为

$$2\,400 \times 0.91 = 2\,184\,（元/吨）$$

④ 电费按电力影子价格 0.218 1 元/（kW·h）进行调整。

⑤ 外购燃料煤的调整，项目所用动力煤热值为 21MJ/kg，且项目距供煤单位较近，故直接用项目所在城市煤的影子价格（含贸易费用）133.05 元/吨计算煤的费用。

⑥ 其他各项不予调整。

国民经济评价经营费用调整计算如表 7-21 所示。

（3）销售收入的调整。

N 产品为外贸货物，在国内外市场均属紧俏产品，如果不建该项目，我国还需进口。根据外贸货物的定价原则，应按替代进口产品影子价格的确定方法确定产品的影子价格。其确定方法为"替代进口产品的影子价格等于原进口货物的到岸价乘以影子汇率，加港口到用户的运输费用及贸易费用，再减去拟建项目到用户的运输费用和贸易费用，具体用户难以确定时，可按到岸价计算"。由于该项目难以确定具体用户，因此 N 产品的影子价格是按近几年进口这种产品的到岸价，并考虑其变化趋势确定的。每吨到岸价为 2 300 美元，计算公式为

$$\begin{aligned} N\,\text{产品的影子价格} &= \text{到岸价} \times \text{影子汇率} \\ &= 2\,300 \times 5.92 \\ &= 13\,616\,（元/吨） \end{aligned}$$

国民经济评价销售收入调整计算如表 7-22 所示。

2. 国民经济盈利能力分析

根据以上调整后的基础数据，编制国民经济效益费用流量表（全部投资）（表 7-23）和国民经济效益费用流量表（国内投资）（表 7-24），由经济效益费用流量表计算如下指标。

（1）全部投资的经济内部收益率（EIRR）为 15.63%，大于社会折现率 12%，说明项目是可以考虑接受的。

（2）在社会折现率为 12% 时，全部投资的经济净现值为 8 192 万元，说明国家为这个项目付出代价后，除得到符合社会折现率的社会盈余外，还可以得到 8 192 万元现值的超额社会盈余，所以该项目是可以考虑接受的。

（3）国内投资的经济内部收益率为 18.91%，大于社会折现率 12%。

（4）国内投资的经济净现值为 10 474 万元。

3. 经济外汇流量分析

为进行外汇流量分析，计算外汇净现值和节汇成本指标，编制了生产替代进口产品的国内资源流量表（表 7-25）和经济外汇流量表（表 7-26），项目计算期内生产替代进口产品所投入的国内资源流量现值为 104 135 万元。生产替代进口产品的经济外汇净现值为 19 031 万美元。

$$经济节汇成本 = \frac{104\,135}{19\,031} = 5.47（元/美元）$$

经济节汇成本为 5.47 元/美元，小于影子汇率 5.92 元/美元，说明该产品替代进口产品对国家是有利的。

4. 不确定性分析

1）敏感性分析

敏感性分析即对固定资产投资、经营费用和销售收入分别做了提高 10% 和降低 10% 的单因素变化的敏感性分析。这些因素的变化都对经济内部收益率有一定影响，经济敏感性分析表如表 7-27 所示。

根据经济敏感性分析表绘制的经济敏感性分析图如图 7.4 所示。

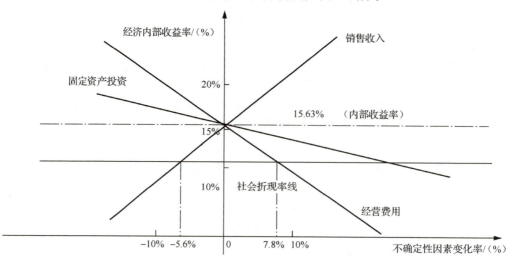

图 7.4　经济敏感性分析图

表 7-21 国民经济评价经营费用调整计算

序号	产品名称	单位	年消耗量	财务评价/万元				国民经济评价/万元			
				单价/元	达产70%	达产90%	达产100%	单价/元	达产70%	达产90%	达产100%
1	外购原材料、化工料及辅助材料										
	A	吨	23 621	5 100	8 431	10 840	12 045	5 285	8 738	11 234	12 483
	B	吨	13 570	1 600	1 519	1 953	2 171	2 949	2 664	3 425	3 806
	C	吨	18 170	230	291	375	417	230	291	375	417
	D	吨	3 220	2 400	540	694	772	2 184	481	634	708
	E	吨	252	1 400	24	31	35	1 400	24	31	35
	F	吨	20 000	154	215	277	308	154	215	277	308
	小计				11 024	14 173	15 748		12 413	15 976	17 757
2	外购燃料动力										
	水	吨	4 000 000	0.6	168	216	240	0.6	168	216	240
	电	kW·h	63 380 000	0.17	754	969	1 077	0.2181	967	1 244	1 382
	煤	吨	42 000	175	514	661	735	133.05	389	501	557
	小计				1 436	1 846	2 052		1 525	1 961	2 179
3	工资及福利费				319	319	319		319	319	319
4	修理费				1 467	1 467	1 467		1 467	1 467	1 467
5	财务费用				291	291	291				
6	其他费用				868	868	868		798	798	798
	其中：土地费用				70	70	70				
	经营费用合计				15 405	18 964	20 745		16 522	20 521	22 520

表 7-22 国民经济评价销售收入调整计算

产品名称	年销量/吨	单价/元	达产70%（第四年）			达产90%（第五年）			达产100%（第六~十八年）		
			外销收入/万美元	内销收入/万元	小计/万元	外销收入/万美元	内销收入/万元	小计/万元	外销收入/万美元	内销收入/万元	小计/万元
财务评价（N产品）	23 000	15 400		24 794	24 794		31 878	31 878		35 420	35 420
国民经济评价（N产品）	23 000	13 616		21 921	21 921		28 185	28 185		31 317	31 317

表 7-23 国民经济效益费用流量表（全部投资）

单位：万元

序号	项目	合计	建设期/年			投产期/年			达到设计生产能力期/年										
			1	2	3	4	5	6	7	8	9	10	11	12	13	14	15	16	17	18
	生产负荷(%)					70	90	100	100	100	100	100	100	100	100	100	100	100	100	100
1	效益流量	465 124				21 921	28 185	31 317	31 317	31 317	31 317	31 317	31 317	31 317	31 317	31 317	31 317	31 317	31 317	39 214
1.1	产品销售收入	457 227				21 921	28 185	31 317	31 317	31 317	31 317	31 317	31 317	31 317	31 317	31 317	31 317	31 317	31 317	31 317
1.2	回收固定资产余值	1 634																		1 634
1.3	回收流动资金	6 263																		6 263
1.4	项目间接效益																			
2	费用流量	372 775	7 262	19 970	9 077	20 906	21 774	23 146	22 520	22 520	22 520	22 520	22 520	22 520	22 520	22 520	22 520	22 520	22 520	22 520
2.1	建设投资	36 309	7 262	19 970	9 077															
2.2	流动资金	6 263				4 384	1 253	626												
2.3	经营成本费用	329 803				16 522	20 521	22 520	22 520	22 520	22 520	22 520	22 520	22 520	22 520	22 520	22 520	22 520	22 520	22 520
2.4	项目间接费用																			
3	净现金流量 (1−2)	92 749	−7 262	−19 970	−9 077	1 015	6 411	8 171	8 797	8 797	8 797	8 797	8 797	8 797	8 797	8 797	8 797	8 797	8 797	16 694

计算指标：经济内部收益率（EIRR）为 15.63%；经济净现值（i_s＝12%）为 8 192 万元。

表 7-24 国民经济效益费用流量表（国内投资）

单位：万元

序号	项目	合计	建设期/年			投产期/年			达到设计生产能力期/年											
			1	2	3	4	5	6	7	8	9	10	11	12	13	14	15	16	17	18
	生产负荷/(%)					70	90	100	100	100	100	100	100	100	100	100	100	100	100	100
1	效益流量	465 124				21 921	28 185	31 317	31 317	31 317	31 317	31 317	31 317	31 317	31 317	31 317	31 317	31 317	31 317	39 214
1.1	产品销售收入	457 227				21 921	28 185	31 317	31 317	31 317	31 317	31 317	31 317	31 317	31 317	31 317	31 317	31 317	31 317	31 317
1.2	回收固定资产余值	1 634																		1 634
1.3	回收流动资金	6 263																		6 263
1.4	项目间接效益																			
2	费用流量	381 171	3 172	8 724	3 965	25 913	26 505	27 600	26 698	26 421	26 145	25 867	22 520	22 520	22 520	22 520	22 520	22 520	22 520	22 520
2.1	建设投资（国内）	15 861	3 172	8 724	3 965															
2.2	流动资金（国内）	6 263				4 384	1 253	626												
2.3	流至国外的资金	29 244				5 007	4 731	4 454	4 178	3 901	3 625	3 347								
2.3.1	国外借款本金偿还	21 502				3 072	3 072	3 072	3 072	3 072	3 072	3 071								
2.3.2	国外借款利息支付	7 741				1 935	1 659	1 382	1 106	829	553	276								

续表

序号	项目	合计	建设期/年			投产期/年		达到设计生产能力期/年											
			1	2	3	4	5	6	7	8	9	10	11	12	13	14	15	16	17	18
2.3.3	其他																			
2.4	经营费用	329 803				16 522	20 521	22 520	22 520	22 520	22 520	22 520	22 520	22 520	22 520	22 520	22 520	22 520	22 520	22 520
2.5	项目间接费用																			
3	净现金流量(1−2)	83 953	−3 172	−8 724	−3 965	−3 992	1 680	3 717	4 619	4 896	5 172	5 450	8 797	8 797	8 797	8 797	8 797	8 797	8 797	16 694

计算指标：经济内部收益率(EIRR)为18.91%；经济净现值(i_s=12%)为10 474 万元。

表 7-25 国内资源流量表

单位：万元

序号	项目	合计	建设期/年			投产期/年			达到设计生产能力期/年										
			1	2	3	4	5	6	7	8	9	10	11	12	13	14	15	16	17	18
	生产负荷/(%)					70	90	100	100	100	100	100	100	100	100	100	100	100	100	100
1	建设投资中的国内资金	15 861	3 172	8 724	3 965															
2	流动资金中的国内资金	6 263				4 384	1 253	626												
3	经营费用中的国内资金	277 389				14 009	17 290	18 930	18 930	18 930	18 930	18 930	18 930	18 930	18 930	18 930	18 930	18 930	18 930
4	其他国内投入																			
5	国内资源流量合计	299 513	3 172	8 724	3 965	18 393	18 543	19 556	18 930	18 930	18 930	18 930	18 930	18 930	18 930	18 930	18 930	18 930	18 930

计算指标：国内资源流量现值为 104 135 万元。

表 7-26 经济外汇流量表

单位：万美元

序号	项目	合计	建设期/年			投产期/年		达到设计生产能力期/年											
			1	2	3	4	5	6	7	8	9	10	11	12	13	14	15	16	17	18
	生产负荷/(%)					70	90	100	100	100	100	100	100	100	100	100	100	100	100	100
1	外汇流入	80 688	691	1 900	863	3 703	4 761	5 290	5 290	5 290	5 290	5 290	5 290	5 290	5 290	5 290	5 290	5 290	5 290	5 290
1.1	产品替代进口产品收入	77 234				3 703	4 761	5 290	5 290	5 290	5 290	5 290	5 290	5 290	5 290	5 290	5 290	5 290	5 290	5 290
1.2	外汇借款	3 454	691	1 900	863															
1.3	其他外汇收入																			
2	外汇流出	17 580	691	1 900	863	1 337	1 358	1 413	1 368	1 318	1 267	1 217	606	606	606	606	606	606	606	606
2.1	固定资产投资中外汇支出	8 847																		
2.2	进口原材料					424	545	606	606	606	606	606	606	606	606	606	606	606	606	606
2.3	进口零部件																			
2.4	支付技术转让费																			
2.5	偿付外汇借款本息					913	813	807	762	712	661	611								
2.6	其他外汇支出																			
3	净外汇效果（1－2）	63 108	0	0	0	2 366	3 403	3 877	3 922	3 972	4 023	4 073	4 684	4 684	4 684	4 684	4 684	4 684	4 684	4 684

计算指标：经济外汇净现值为 19 031 万美元；经济节汇成本为 5.47 元美元。

表 7-27 经济敏感性分析表

项目	变化幅度			敏感性程度排序
	−10%	0	+10%	
固定资产投资	14.21	15.63	17.27	
较基本方案增减	1.64%		−1.42%	3
销售收入	8.96	15.63	21.29	
较基本方案增减	−6.67%		5.74%	1
经营费用	19.81	15.63	10.94	
较基本方案增减	4.18%		−4.69%	2

由图 7.4 可求出经济内部收益率达到临界点时某种因素允许变化的最大幅度。这说明该项目是能够承受一定风险的。

2）概率分析

设该项目固定资产投资不变，预测在生产期内销售收入、经营费用可能会发生变化，其概率分析情况如表 7-28、图 7.5 所示。

表 7-28 累计概率表

净现值	−1.66	−0.62	0.22	0.42	0.82	1.22	1.86	2.26	3.30
累计概率	0.06	0.16	0.31	0.35	0.60	0.69	0.79	0.94	1.00

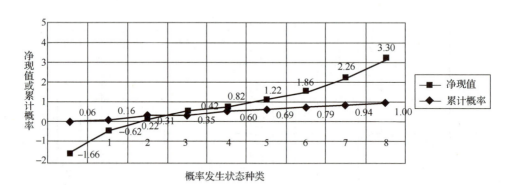

图 7.5 累计概率图

由表 7-28 和图 7.5 可以得净现值小于零的概率为 0.31，从而可计算出净现值不小于零的概率为

$$P(\mathrm{NPV} \geqslant 0) = 1 - P(\mathrm{NPV} < 0) = 1 - 0.31 = 0.69$$

根据以上计算结果，该项目净现值的期望值为 0.984 亿元，净现值不小于零的概率为 0.69，期望值的计算如图 7.6 所示。

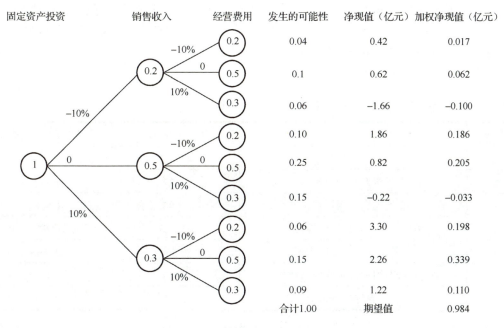

图 7.6 期望值的计算

由上述国民经济盈利能力分析可以看出,国民经济评价效益是好的,全部投资的经济内部收益率大于社会折现率,全部投资的经济净现值大于零,经济节汇成本小于影子汇率,所以从国民经济角度看项目也是可行的。

7.5 评价结论

财务评价全部投资的内部收益率为 17.76%,大于行业基准收益率 12%;投资回收期从建设期算为 7.8 年,小于行业基准投资回收期 10.3 年;国内借款偿还期从借款年算为 7.4 年,能满足借款条件。国民经济评价全部投资的内部收益率为 15.63%,大于社会折现率 12%;全部投资的经济净现值为 8 192 万元;经济节汇成本为 5.47 元/美元,小于影子汇率 5.92 元/美元。

从以上主要指标看,财务评价和国民经济评价效益均较好,而且生产的产品是国家急需的,所以项目是可以接受的。

7.6 主要方案比较

在可行性研究经济评价过程中进行了多方案比较,其中有两个主要方案可供选择:一个方案为主要技术和设备从国外引进;另一个方案为全部选用国产设备。

这两个方案各有优缺点，引进设备方案技术先进、设备性能好，特别对污染物的泄漏处理较好，但销售价格略高些，设备购置费比国产设备方案要高。根据两个方案的具体条件，进行了财务的全部经济因素的全面比较。

各方案计算数据如表 7-29 所示。

表 7-29　各方案计算数据　　　　　　　　　　　　　　　　　　　　单位：万元

序号	项目	引进设备方案	国产设备方案
1	建设投资	42 542	39 238
2	投资方向调节税	2 127	1 962
3	流动资金需用量	7 084	6 808
4	销售收入（正常生产年份）	35 420	34 040
5	经营成本（正常生产年份）	20 454	20 368
6	销售税金及附加（正常生产年份）	2 689	2 157
7	回收固定资产余值	2 565	2 063

用以上数据分别对两个方案编制财务现金流量表（全部投资），分别计算财务内部收益率，引进设备方案为 17.72%，国产设备方案为 18.29%，这两个指标均大于行业基准收益率 12%，仍不能确定哪个是最优方案，还应采用差额投资内部收益率法进行计算比较。差额投资现金流量表如表 7-30 所示。

表 7-30　差额投资现金流量表　　　　　　　　　　　　　　　　　　单位：万元

序号	项目	建设期/年			投产期/年		达到设计生产能力期/年			
		1	2	3	4	5	6	7～10	11～17	18
	生产负荷/（%）				70	90	100	100	100	100
1	引进设备方案净现金流量	−8 935	−24 570	−11 164	2 548	9 077	11 278	11 986	12 277	21 924
2	国产设备方案									
2.1	现金流入				23 828	30 636	34 040	34 040	34 040	51 782
2.1.1	产品销售收入				23 828	30 636	34 040	34 040	34 040	42 911
2.1.2	回收固定资产余值									2 063
2.1.3	回收流动资金									6 808
2.2	现金流出	8 240	22 660	10 300	21 549	22 167	23 496	22 816	22 525	22 525
2.2.1	固定资产投资（含固定资产投资方向调节税）	8 240	22 660	10 300						

单位：万元　续表

序号	项　目	建设期/年			投产期/年		达到设计生产能力期/年			
		1	2	3	4	5	6	7～10	11～17	18
2.2.2	流动资金				4 766	1 362	680			
2.2.3	经营成本				15 273	18 864	20 659	20 659	20 368	20 368
2.2.4	销售税金及附加				1 510	1 941	2 157	2 157	2 157	2 157
2.3	净现金流量（2.1－2.2）	－8 240	－22 660	－10 300	2 279	8 469	10 544	11 224	11 515	29 257
3	差额净现金流量	－695	－1 910	－684	269	608	734	762	762	－7 333

从表 7-30 看出，差额投资内部收益率 ΔIRR 为 15.03%，大于行业基准收益率 12%。这时以投资大的方案为优，因而选择了引进设备方案。

 想一想

结合党的二十大报告的内容，广大青年要坚定不移听党话、跟党走，怀抱梦想又脚踏实地，敢想敢为又善作善成，立志做有理想、敢担当、能吃苦、肯奋斗的新时代好青年，让青春在全面建设社会主义现代化国家的火热实践中绽放绚丽之花。请思考学完本门课程后如何将所学知识运用到国家建设中去。

附录 复利系数表

复利系数表（1）

$i=0.5\%$

n	(F/P, i, n)	(P/F, i, n)	(F/A, i, n)	(A/F, i, n)	(A/P, i, n)	(P/A, i, n)
1	1.005 0	0.995 0	1.000 0	1.000 0	1.005 0	0.995 0
2	1.010 0	0.990 1	2.005 0	0.498 8	0.503 8	1.985 1
3	1.015 0	0.985 1	3.015 0	0.331 7	0.336 7	2.970 3
4	1.200 0	0.980 2	4.030 0	0.248 1	0.253 1	3.950 5
5	1.025 0	0.975 4	5.050 0	0.198 0	0.203 0	4.925 9
6	1.030 0	0.970 5	6.076 0	0.164 6	0.169 6	5.896 2
7	1.036 0	0.965 7	7.106 0	0.140 7	0.145 7	6.862 0
8	1.041 0	0.960 9	8.141 0	0.122 8	0.127 8	7.822 9
9	1.046 0	0.956 1	9.182 0	0.108 9	0.113 9	8.778 9
10	1.051 0	0.951 3	10.228 0	0.097 8	0.102 8	9.730 5
11	1.056 0	0.946 6	11.279 0	0.088 7	0.093 7	10.677 0
12	1.062 0	0.941 9	12.336 0	0.081 1	0.086 1	11.618 5
13	1.067 0	0.937 2	13.397 0	0.074 6	0.079 6	12.556 5
14	1.072 0	0.932 6	14.464 0	0.069 1	0.074 1	13.488 0
15	1.078 0	0.927 9	15.537 0	0.064 4	0.069 4	14.417 5
16	1.083 0	0.923 3	16.614 0	0.060 2	0.065 2	15.339 8
17	1.088 0	0.918 7	17.697 0	0.056 5	0.061 5	16.257 5
18	1.094 0	0.914 1	18.786 0	0.053 2	0.058 2	17.173 3
19	1.099 0	0.909 6	19.880 0	0.050 3	0.055 3	18.083 2
20	1.105 0	0.905 1	20.979 0	0.047 8	0.052 7	18.986 1
21	1.110 0	0.900 6	22.084 0	0.045 3	0.050 3	19.888 6
22	1.116 0	0.896 1	23.194 0	0.043 1	0.048 1	20.785 7
23	1.122 0	0.891 6	24.310 0	0.041 1	0.046 1	21.677 9
24	1.127 0	0.887 2	25.432 0	0.039 3	0.044 3	22.563 2

续表

n	(F/P, i, n)	(P/F, i, n)	(F/A, i, n)	(A/F, i, n)	(A/P, i, n)	(P/A, i, n)
25	1.133 0	0.882 8	26.559 0	0.037 7	0.042 7	23.446 7
26	1.138 0	0.878 4	27.692 0	0.036 1	0.041 1	24.325 0
27	1.144 0	0.874 0	28.830 0	0.034 7	0.039 7	25.195 3
28	1.150 0	0.869 7	29.975 0	0.033 4	0.038 4	26.068 8
29	1.156 0	0.865 3	31.124 0	0.032 1	0.037 1	26.932 4
30	1.161 0	0.861 0	32.280 0	0.031 0	0.036 0	27.793 2
35	1.191 0	0.839 8	38.145 0	0.026 2	0.031 2	32.030 7
40	1.221 0	0.819 1	44.159 0	0.022 6	0.027 6	36.172 2
45	1.252 0	0.799 0	50.324 0	0.019 9	0.024 9	40.207 2
50	1.283 0	0.779 3	56.645 0	0.017 7	0.022 7	44.150 1
55	1.316 0	0.760 1	63.126 0	0.015 8	0.020 8	47.984 6
60	1.349 0	0.741 4	69.770 0	0.014 3	0.019 3	51.733 0
65	1.383 0	0.723 1	76.582 0	0.013 1	0.018 1	55.371 0
70	1.418 0	0.705 3	83.566 0	0.012 0	0.017 0	58.927 5
75	1.454 0	0.687 9	90.727 0	0.011 0	0.016 0	62.422 0
80	1.490 0	0.671 0	98.068 0	0.010 2	0.015 2	65.789 5
85	1.528 0	0.654 5	105.594 0	0.009 5	0.014 5	69.108 5
90	1.567 0	0.638 3	113.311 0	0.008 8	0.013 8	72.306 6
95	1.606 0	0.622 6	121.222 0	0.008 2	0.013 3	75.471 7
100	1.647 0	0.607 3	129.334 0	0.007 7	0.012 7	78.554 6

复利系数表（2）

$i = 1\%$

n	(F/P, i, n)	(P/F, i, n)	(F/A, i, n)	(A/F, i, n)	(A/P, i, n)	(P/A, i, n)
1	1.010 0	0.990 1	1.000 0	1.000 0	1.010 0	0.990 1
2	1.020 1	0.980 3	2.010 0	0.497 5	0.507 5	1.970 4
3	1.030 3	0.970 6	3.030 1	0.330 0	0.340 0	2.941 0
4	1.040 6	0.961 0	4.060 4	0.246 3	0.256 3	3.902 0
5	1.051 0	0.951 5	5.101 0	0.196 0	0.206 0	4.853 4
6	1.061 5	0.942 0	6.152 0	0.162 5	0.172 5	5.795 5
7	1.072 1	0.932 7	7.213 5	0.138 6	0.148 6	6.728 2
8	1.082 9	0.923 5	8.285 7	0.120 7	0.130 7	7.651 7
9	1.093 7	0.914 3	9.368 5	0.106 7	0.116 7	8.566 0

续表

n	(F/P, i, n)	(P/F, i, n)	(F/A, i, n)	(A/F, i, n)	(A/P, i, n)	(P/A, i, n)
10	1.104 6	0.905 3	10.462 2	0.095 6	0.105 6	9.471 3
11	1.115 7	0.896 3	11.566 8	0.086 5	0.096 5	10.367 6
12	1.126 8	0.887 4	12.682 5	0.078 8	0.088 8	11.255 1
13	1.138 1	0.878 7	13.809 3	0.072 4	0.082 4	12.133 7
14	1.149 5	0.870 0	14.947 4	0.066 9	0.076 9	13.003 7
15	1.161 0	0.861 3	16.096 9	0.062 1	0.072 1	13.865 1
16	1.172 6	0.852 8	17.257 9	0.057 9	0.067 9	14.717 9
17	1.184 3	0.844 4	18.430 4	0.054 3	0.064 3	15.562 3
18	1.196 1	0.836 0	19.614 7	0.051 0	0.061 0	16.398 3
19	1.208 1	0.827 7	20.810 9	0.048 1	0.058 1	17.226 0
20	1.220 2	0.819 5	22.019 0	0.045 4	0.055 4	18.045 6
21	1.232 4	0.811 4	23.239 2	0.043 0	0.053 0	18.857 0
22	1.244 7	0.803 4	24.471 6	0.040 9	0.050 9	19.660 4
23	1.257 2	0.795 4	25.716 3	0.038 9	0.048 9	20.455 8
24	1.269 7	0.787 6	26.973 5	0.037 1	0.047 1	21.243 4
25	1.282 4	0.779 8	28.243 2	0.035 4	0.045 4	22.023 2
26	1.295 3	0.772 0	29.525 6	0.033 9	0.043 9	22.795 2
27	1.308 2	0.764 4	30.820 9	0.032 4	0.042 4	23.559 6
28	1.321 3	0.756 8	32.129 1	0.031 1	0.041 1	24.316 4
29	1.334 5	0.749 3	33.450 4	0.029 9	0.039 9	25.065 8
30	1.347 8	0.741 9	34.784 9	0.028 8	0.038 7	25.807 7
35	1.417 0	0.705 9	41.660 0	0.024 0	0.034 0	29.408 6
40	1.489 0	0.671 7	48.886 0	0.020 5	0.030 5	32.834 7
45	1.565 0	0.639 1	56.481 0	0.017 7	0.027 7	36.094 5
50	1.645 0	0.608 0	64.463 0	0.015 5	0.025 5	39.196 1
55	1.729 0	0.578 5	72.852 0	0.013 7	0.023 7	42.147 2
60	1.817 0	0.550 4	81.670 0	0.012 2	0.022 2	44.955 0
65	1.909 0	0.523 7	90.937 0	0.011 0	0.021 0	47.626 6
70	2.007 0	0.498 3	100.676 0	0.009 9	0.019 9	50.168 5
75	2.109 0	0.474 1	110.913 0	0.009 0	0.019 0	52.587 1
80	2.217 0	0.451 1	121.672 0	0.008 2	0.018 2	54.888 2
85	2.330 0	0.429 2	132.979 0	0.007 5	0.017 5	57.077 7
90	2.449 0	0.408 4	144.863 0	0.006 9	0.016 9	59.160 9
95	2.574 0	0.388 6	157.354 0	0.006 4	0.016 4	61.143 0
100	2.705 0	0.369 7	170.481 0	0.005 9	0.015 9	63.028 9

复利系数表（3）

$i = 1.5\%$

n	(F/P, i, n)	(P/F, i, n)	(F/A, i, n)	(A/F, i, n)	(A/P, i, n)	(P/A, i, n)
1	1.015 0	0.985 2	1.000 0	1.000 0	1.015 0	0.985 2
2	1.030 0	0.097 1	2.015 0	0.496 3	0.511 3	1.955 8
3	1.046 0	0.956 3	3.045 0	0.328 4	0.343 4	2.912 1
4	1.061 0	0.942 2	4.091 0	0.244 4	0.259 4	3.855 1
5	1.077 0	0.928 3	5.152 0	0.194 1	0.209 1	4.782 4
6	1.093 0	0.914 5	6.230 0	0.160 5	0.175 5	5.698 0
7	1.110 0	0.901 0	7.323 0	0.136 6	0.151 6	6.596 3
8	1.126 0	0.887 7	8.433 0	0.118 6	0.133 6	7.485 0
9	1.143 0	0.874 6	9.559 0	0.104 6	0.119 6	8.361 2
10	1.161 0	0.861 7	10.703 0	0.093 4	0.108 4	9.225 1
11	1.178 0	0.848 9	11.893 0	0.084 3	0.099 3	10.070 5
12	1.196 0	0.836 4	13.041 0	0.076 7	0.091 7	10.905 1
13	1.214 0	0.824 0	14.237 0	0.072 0	0.085 2	11.737 0
14	1.232 0	0.511 8	15.450 0	0.064 7	0.079 7	12.547 1
15	1.250 0	0.799 9	16.682 0	0.059 9	0.074 9	13.335 1
16	1.269 0	0.788 0	17.932 0	0.055 8	0.070 8	14.124 3
17	1.288 0	0.776 4	19.201 0	0.052 1	0.067 1	14.903 1
18	1.307 0	0.764 9	20.489 0	0.048 8	0.063 8	15.674 0
19	1.327 0	0.753 6	21.797 0	0.045 9	0.060 9	16.420 3
20	1.347 0	0.742 5	23.124 0	0.043 2	0.058 2	17.182 1
21	1.367 0	0.731 5	24.471 0	0.040 9	0.055 9	17.889 1
22	1.388 0	0.720 7	25.838 0	0.038 7	0.053 7	18.622 0
23	1.408 0	0.710 0	27.225 0	0.036 7	0.051 7	19.342 4
24	11.430 0	0.699 5	28.634 0	0.034 9	0.049 9	20.040 0
25	1.451 0	0.989 2	30.063 0	0.033 3	0.048 3	20.703 9
26	1.473 0	0.979 0	31.514 0	0.031 7	0.046 7	21.413 3
27	1.495 0	0.669 0	32.987 0	0.030 3	0.045 3	22.075 0
28	1.517 0	0.659 1	34.481 0	0.029 0	0.044 0	22.727 3
29	1.540 0	0.649 4	35.999 0	0.027 8	0.042 9	23.310 0
30	1.563 0	0.639 8	37.539 0	0.026 6	0.041 6	24.038 5
35	1.684 0	0.593 9	45.592 0	0.021 9	0.037 9	27.075 6
40	1.814 0	0.551 3	54.268 0	0.018 4	0.033 4	29.915 8

续表

n	(F/P, i, n)	(P/F, i, n)	(F/A, i, n)	(A/F, i, n)	(A/P, i, n)	(P/A, i, n)
45	1.954 0	0.511 7	63.614 0	0.015 7	0.030 7	32.573 3
50	2.105 0	0.475 0	73.683 0	0.013 6	0.028 6	34.965 0
55	2.268 0	0.440 9	84.529 0	0.011 5	0.026 8	37.313 4
60	2.443 0	0.409 3	96.215 0	0.010 4	0.025 4	39.370 0
65	2.632 0	0.379 9	108.803 0	0.009 2	0.024 2	41.322 3
70	2.836 0	0.352 7	122.364 0	0.008 2	0.023 2	43.103 4
75	3.005 0	0.327 4	136.973 0	0.007 3	0.022 3	44.843 0
80	3.291 0	0.303 9	152.711 0	0.006 5	0.021 5	46.511 6
85	3.515 0	0.282 1	169.665 0	0.005 9	0.020 9	47.846 9
90	3.819 0	0.261 9	187.930 0	0.005 3	0.020 3	49.261 0
95	4.114 0	0.243 1	207.606 0	0.004 8	0.019 8	50.505 0
100	4.432 0	0.225 6	228.803 0	0.004 4	0.019 4	51.546 4

复利系数表（4）

$i=2\%$

n	(F/P, i, n)	(P/F, i, n)	(F/A, i, n)	(A/F, i, n)	(A/P, i, n)	(P/A, i, n)
1	1.020 0	0.980 4	1.000 0	1.000 0	1.020 0	0.980 4
2	1.040 4	0.961 2	2.020 0	0.495 0	0.515 0	1.941 6
3	1.061 2	0.942 3	3.060 4	0.326 8	0.346 8	2.883 9
4	1.082 4	0.923 8	4.121 6	0.242 6	0.262 6	3.807 7
5	1.104 1	0.905 7	5.204 0	0.192 2	0.212 2	4.713 5
6	1.126 2	0.888 0	6.308 1	0.158 5	0.178 5	5.601 4
7	1.148 7	0.870 6	7.434 3	0.134 5	0.154 5	6.472 0
8	1.171 7	0.853 5	8.583 0	0.116 5	0.136 5	7.325 5
9	1.195 1	0.836 8	9.754 6	0.102 5	0.122 5	8.162 2
10	1.219 0	0.820 3	10.949 7	0.091 3	0.111 3	8.982 6
11	1.243 4	0.804 3	12.168 7	0.082 2	0.102 2	9.786 8
12	1.268 2	0.788 5	13.412 1	0.074 6	0.094 6	10.575 3
13	1.293 6	0.773 0	14.680 3	0.068 1	0.088 1	11.348 4
14	1.319 5	0.757 9	15.973 9	0.062 6	0.082 6	12.106 2
15	1.345 9	0.743 0	17.293 4	0.057 8	0.077 8	12.849 3
16	1.372 8	0.728 4	18.639 3	0.053 7	0.073 7	13.577 7
17	1.400 2	0.714 2	20.012 1	0.050 0	0.070 0	14.291 9

续表

n	$(F/P, i, n)$	$(P/F, i, n)$	$(F/A, i, n)$	$(A/F, i, n)$	$(A/P, i, n)$	$(P/A, i, n)$
18	1.428 2	0.700 2	21.412 3	0.046 7	0.066 7	14.992 0
19	1.456 8	0.686 4	22.840 6	0.043 8	0.063 8	15.678 5
20	1.485 9	0.673 0	24.297 4	0.041 2	0.061 2	16.351 4
21	1.515 7	0.659 8	25.783 3	0.038 8	0.058 8	17.011 2
22	1.546 0	0.646 8	27.299 0	0.036 6	0.056 6	17.658 0
23	1.576 9	0.634 2	28.845 0	0.034 7	0.054 7	18.292 2
24	1.608 4	0.621 7	30.421 9	0.032 9	0.052 9	18.913 9
25	1.640 6	0.609 5	32.030 3	0.031 2	0.051 2	19.523 5
26	1.673 4	0.597 6	33.670 9	0.029 7	0.049 7	20.121 0
27	1.706 9	0.585 9	35.344 3	0.028 3	0.048 3	20.706 9
28	1.741 0	0.574 4	37.051 2	0.027 0	0.047 0	21.281 3
29	1.775 8	0.563 1	38.792 2	0.025 8	0.045 8	21.844 4
30	1.811 4	0.552 1	40.568 1	0.024 6	0.044 6	22.396 5
35	2.000 0	0.500 0	49.994 0	0.020 0	0.040 0	24.998 6
40	2.208 0	0.452 9	60.402 0	0.016 6	0.036 6	27.355 5
45	2.438 0	0.410 2	71.893 0	0.013 9	0.033 9	29.490 2
50	2.692 0	0.371 5	84.579 0	0.011 8	0.031 8	31.423 6
55	2.972 0	0.336 5	98.587 0	0.010 1	0.030 1	33.174 8
60	3.281 0	0.304 8	114.052 0	0.008 8	0.028 8	34.760 9
65	3.623 0	0.276 1	131.126 0	0.007 6	0.027 6	36.197 5
70	4.000 0	0.250 0	149.978 0	0.006 7	0.026 7	37.498 6
75	4.416 0	0.226 5	170.792 0	0.005 9	0.025 9	38.677 1
80	4.875 0	0.205 1	193.772 0	0.005 2	0.025 2	39.744 5
85	5.383 0	0.185 8	219.144 0	0.004 6	0.024 6	40.711 3
90	5.943 0	0.168 3	247.157 0	0.004 0	0.024 0	41.586 9
95	6.562 0	0.152 4	278.085 0	0.003 6	0.023 6	42.380 0
100	7.245 0	0.138 0	312.232 0	0.003 2	0.023 2	43.098 4

复利系数表（5）

$i=2.5\%$

n	$(F/P, i, n)$	$(P/F, i, n)$	$(F/A, i, n)$	$(A/F, i, n)$	$(A/P, i, n)$	$(P/A, i, n)$
1	1.020 0	0.980 4	1.000 0	1.000 0	1.020 0	0.980 4
2	1.040 4	0.961 2	2.020 0	0.495 0	0.515 0	1.941 6

续表

n	$(F/P, i, n)$	$(P/F, i, n)$	$(F/A, i, n)$	$(A/F, i, n)$	$(A/P, i, n)$	$(P/A, i, n)$
3	1.061 2	0.942 3	3.060 4	0.326 8	0.346 8	2.883 9
4	1.082 4	0.923 8	4.121 6	0.242 6	0.262 6	3.807 7
5	1.104 1	0.905 7	5.204 0	0.192 2	0.212 2	4.713 5
6	1.126 2	0.888 0	6.308 1	0.158 5	0.178 5	5.601 4
7	1.148 7	0.870 6	7.434 3	0.134 5	0.154 5	6.472 0
8	1.171 7	0.853 5	8.583 0	0.116 5	0.136 5	7.325 5
9	1.195 1	0.836 8	9.754 6	0.102 5	0.122 5	8.162 2
10	1.219 0	0.820 3	10.949 7	0.091 3	0.111 3	8.982 6
11	1.243 4	0.804 3	12.168 7	0.082 2	0.102 2	9.786 8
12	1.268 2	0.788 5	13.412 1	0.074 6	0.094 6	10.575 3
13	1.293 6	0.773 0	14.680 3	0.068 1	0.088 1	11.348 4
14	1.319 5	0.757 9	15.973 9	0.062 6	0.082 6	12.106 2
15	1.345 9	0.743 0	17.293 4	0.057 8	0.077 8	12.849 3
16	1.372 8	0.728 4	18.639 3	0.053 7	0.073 7	13.577 7
17	1.400 2	0.714 2	20.012 1	0.050 0	0.070 0	14.291 9
18	1.428 2	0.700 2	21.412 3	0.046 7	0.066 7	14.992 0
19	1.456 8	0.686 4	22.840 6	0.043 8	0.063 8	15.678 5
20	1.485 9	0.673 0	24.297 4	0.041 2	0.061 2	16.351 4
21	1.515 7	0.659 8	25.783 3	0.038 8	0.058 8	17.011 2
22	1.546 0	0.646 8	27.299 0	0.036 6	0.056 6	17.658 0
23	1.576 9	0.634 2	28.845 0	0.034 7	0.054 7	18.292 2
24	1.608 4	0.621 7	30.421 9	0.032 9	0.052 9	18.913 9
25	1.640 6	0.609 5	32.030 3	0.031 2	0.051 2	19.523 5
26	1.673 4	0.597 6	33.670 9	0.029 7	0.049 7	20.121 0
27	1.706 9	0.585 9	35.344 3	0.028 3	0.048 3	20.706 9
28	1.741 0	0.574 4	37.051 2	0.027 0	0.047 0	21.281 3
29	1.775 8	0.563 1	38.792 2	0.025 8	0.045 8	21.844 4
30	1.811 4	0.552 1	40.568 1	0.024 6	0.044 6	22.396 5
35	2.000 0	0.500 0	49.994 0	0.020 0	0.040 0	24.998 6
40	2.208 0	0.452 9	60.402 0	0.016 6	0.036 6	27.355 5
45	2.438 0	0.410 2	71.893 0	0.013 9	0.033 9	29.490 2
50	2.692 0	0.371 5	84.579 0	0.011 8	0.031 8	31.423 6
55	2.972 0	0.336 5	98.587 0	0.010 1	0.030 1	33.174 8

n	(F/P, i, n)	(P/F, i, n)	(F/A, i, n)	(A/F, i, n)	(A/P, i, n)	(P/A, i, n)
60	3.281 0	0.304 8	114.052 0	0.008 8	0.028 8	34.760 9
65	3.623 0	0.276 1	131.126 0	0.007 6	0.027 6	36.197 5
70	4.000 0	0.250 0	149.978 0	0.006 7	0.026 7	37.498 6
75	4.416 0	0.226 5	170.792 0	0.005 9	0.025 9	38.677 1
80	4.875 0	0.205 1	193.772 0	0.005 2	0.025 2	39.744 5
85	5.383 0	0.185 8	219.144 0	0.004 6	0.024 6	40.711 3
90	5.943 0	0.168 3	247.157 0	0.004 0	0.024 0	41.586 9
95	6.562 0	0.152 4	278.085 0	0.003 6	0.023 6	42.380 0
100	7.245 0	0.138 0	312.232 0	0.003 2	0.023 2	43.098 4

复利系数表（6）

$i = 3\%$

n	(F/P, i, n)	(P/F, i, n)	(F/A, i, n)	(A/F, i, n)	(A/P, i, n)	(P/A, i, n)
1	1.030 0	0.970 9	1.000 0	1.000 0	1.030 0	0.970 9
2	1.060 9	0.942 6	2.030 0	0.492 6	0.522 6	1.913 5
3	1.092 7	0.915 1	3.090 9	0.323 5	0.353 5	2.828 9
4	1.125 5	0.888 5	4.183 6	0.239 0	0.269 0	3.717 4
5	1.159 3	0.862 6	5.309 1	0.188 4	0.218 4	4.579 8
6	1.194 1	0.837 5	6.468 4	0.154 6	0.184 6	5.417 1
7	1.229 9	0.813 1	7.662 5	0.130 5	0.160 5	6.230 1
8	1.266 8	0.789 4	8.892 3	0.112 5	0.142 5	7.019 5
9	1.304 8	0.766 4	10.159 1	0.098 4	0.128 4	7.786 3
10	1.343 9	0.744 1	11.463 9	0.087 2	0.117 2	8.530 2
11	1.384 2	0.722 4	12.807 8	0.078 1	0.108 1	9.252 4
12	1.425 8	0.701 4	14.192 0	0.070 5	0.100 5	9.954 2
13	1.468 5	0.681 0	15.617 8	0.064 0	0.094 0	10.634 9
14	1.512 6	0.661 1	17.086 3	0.058 5	0.088 5	11.295 6
15	1.558 0	0.641 9	18.598 9	0.053 8	0.083 8	11.937 4
16	1.604 7	0.623 2	20.156 9	0.049 6	0.079 6	12.561 2
17	1.652 8	0.605 0	21.761 6	0.046 0	0.076 0	13.166 6
18	1.702 4	0.587 4	23.414 4	0.042 7	0.072 7	13.753 3
19	1.753 5	0.570 3	25.116 9	0.039 8	0.069 8	14.324 6
20	1.806 1	0.553 7	26.870 4	0.037 2	0.067 2	14.876 5

续表

n	(F/P, i, n)	(P/F, i, n)	(F/A, i, n)	(A/F, i, n)	(A/P, i, n)	(P/A, i, n)
21	1.860 3	0.537 5	28.676 5	0.034 9	0.064 9	15.415 4
22	1.916 1	0.521 9	30.536 8	0.032 7	0.062 8	15.936 3
23	1.973 6	0.506 7	32.452 9	0.030 8	0.060 8	16.444 7
24	2.032 8	0.491 9	34.426 5	0.029 0	0.059 1	16.934 8
25	2.093 8	0.477 6	36.459 3	0.027 4	0.057 4	17.412 5
26	2.156 6	0.463 7	38.553 0	0.025 9	0.055 9	17.876 3
27	2.221 3	0.450 2	40.709 6	0.024 6	0.054 6	18.328 4
28	2.287 9	0.437 1	42.930 9	0.023 3	0.053 3	18.765 2
29	2.356 6	0.424 3	45.218 9	0.022 1	0.052 1	19.190 2
30	2.427 3	0.412 0	47.575 4	0.021 0	0.051 0	19.600 2
35	2.814 0	0.355 4	60.462 0	0.016 5	0.046 5	21.486 8
40	3.262 0	0.306 6	75.401 0	0.013 3	0.043 3	23.116 0
45	3.782 0	0.264 4	92.720 0	0.010 8	0.040 8	24.515 8
50	4.384 0	0.228 1	112.797 0	0.008 9	0.038 9	25.772 7
55	5.082 0	0.196 8	136.072 0	0.007 3	0.037 4	26.773 8
60	5.892 0	0.169 7	163.053 0	0.006 1	0.036 1	27.667 8
65	6.830 0	0.146 4	194.333 0	0.005 1	0.035 2	28.449 5
70	7.918 0	0.126 3	230.594 0	0.004 3	0.034 3	29.120 6
75	9.179 0	0.108 9	272.631 0	0.003 7	0.033 7	29.700 0
80	10.641 0	0.094 0	321.363 0	0.003 1	0.033 1	30.202 4
85	12.336 0	0.081 1	377.857 0	0.002 6	0.032 7	30.627 9
90	14.300 0	0.069 9	443.349 0	0.002 3	0.032 2	30.998 1
95	16.578 0	0.060 3	519.272 0	0.001 9	0.031 9	31.318 5
100	19.219 0	0.052 0	607.288 0	0.001 6	0.031 6	31.595 6

复利系数表（7）

$i=4\%$

n	(F/P, i, n)	(P/F, i, n)	(F/A, i, n)	(A/F, i, n)	(A/P, i, n)	(P/A, i, n)
1	1.040 0	0.961 5	1.000 0	1.000 0	1.040 00	0.961 5
2	1.081 6	0.924 6	2.040 0	0.490 2	0.530 2	1.886 1
3	1.124 9	0.889 0	3.121 6	0.320 3	0.360 3	2.775 1
4	1.169 9	0.854 8	4.246 5	0.235 5	0.275 5	3.629 9
5	1.216 7	0.821 9	5.416 3	0.184 6	0.224 6	4.451 8

续表

n	(F/P, i, n)	(P/F, i, n)	(F/A, i, n)	(A/F, i, n)	(A/P, i, n)	(P/A, i, n)
6	1.265 3	0.790 3	6.633 0	0.150 8	0.190 8	5.241 1
7	1.315 9	0.759 9	7.898 3	0.126 6	0.166 6	6.002 4
8	1.368 6	0.730 7	9.214 2	0.108 5	0.148 5	6.732 7
9	1.423 3	0.702 6	10.582 8	0.094 5	0.134 5	7.435 5
10	1.480 2	0.675 6	12.006 1	0.083 3	0.123 3	8.110 9
11	1.539 5	0.649 6	13.486 4	0.074 1	0.114 1	8.760 5
12	1.601 0	0.624 6	15.025 8	0.066 6	0.106 6	9.385 1
13	1.665 1	0.600 6	16.626 8	0.060 1	0.100 1	9.985 6
14	1.731 7	0.577 5	18.291 9	0.054 7	0.094 7	10.563 1
15	1.800 9	0.555 3	20.023 6	0.049 9	0.089 9	11.118 4
16	1.873 0	0.533 9	21.824 5	0.045 8	0.085 8	11.652 3
17	1.947 9	0.513 4	23.697 5	0.042 2	0.082 2	12.165 7
18	2.025 8	0.493 6	25.645 4	0.039 0	0.079 0	12.659 3
19	2.106 8	0.474 6	27.671 2	0.036 1	0.076 1	13.133 9
20	2.191 1	0.456 4	29.778 1	0.033 6	0.073 6	13.590 3
21	2.278 8	0.438 8	31.969 2	0.031 3	0.071 3	14.029 2
22	2.369 9	0.422 0	34.248 0	0.029 2	0.069 2	14.451 1
23	2.464 7	0.405 7	36.617 9	0.027 3	0.067 3	14.856 8
24	2.563 3	0.390 1	39.082 6	0.025 6	0.065 6	15.247 0
25	2.665 8	0.375 1	41.645 9	0.024 0	0.064 0	15.622 1
26	2.772 5	0.360 7	44.311 7	0.022 6	0.062 6	15.982 8
27	2.883 4	0.346 8	47.084 2	0.021 2	0.061 2	16.329 6
28	2.998 7	0.333 5	49.967 6	0.020 0	0.060 0	16.663 1
29	3.118 7	0.320 7	52.966 3	0.018 9	0.058 9	16.983 7
30	3.243 4	0.308 3	56.084 9	0.017 8	0.057 8	17.292 0
35	3.946 0	0.253 4	73.652 0	0.013 6	0.053 6	18.664 5
40	4.801 0	0.208 3	95.026 0	0.010 5	0.050 5	19.792 8
45	5.841 0	0.171 2	121.029 0	0.008 3	0.048 3	20.720 0
50	7.107 0	0.140 7	152.667 0	0.006 6	0.046 6	21.482 2
55	8.646 0	0.115 7	191.159 0	0.005 2	0.045 2	22.108 6
60	10.520 0	0.095 1	237.991 0	0.004 2	0.044 2	22.624 4
65	12.799 0	0.078 1	294.968 0	0.003 4	0.043 4	23.046 8
70	15.572 0	0.064 2	364.290 0	0.002 7	0.042 8	23.391 8

续表

n	(F/P, i, n)	(P/F, i, n)	(F/A, i, n)	(A/F, i, n)	(A/P, i, n)	(P/A, i, n)
75	18.945 0	0.052 8	448.631 0	0.002 2	0.042 2	23.679 8
80	23.050 0	0.043 4	551.245 0	0.001 8	0.041 8	23.917 7
85	28.044 0	0.035 7	676.090 0	0.001 5	0.041 5	24.108 0
90	34.119 0	0.029 3	827.983 0	0.001 2	0.041 2	24.266 0
95	41.511 0	0.024 1	1 012.785 0	0.001 0	0.041 0	24.396 1
100	50.505 0	0.019 8	1 237.624 0	0.000 8	0.040 8	24.503 8

复利系数表（8）

$i=5\%$

n	(F/P, i, n)	(P/F, i, n)	(F/A, i, n)	(A/F, i, n)	(A/P, i, n)	(P/A, i, n)
1	1.050 0	0.952 4	1.000 0	1.000 0	1.050 0	0.952 4
2	1.102 5	0.907 0	2.050 0	0.487 8	0.537 8	1.859 4
3	1.157 6	0.863 8	3.152 5	0.317 2	0.367 2	2.723 2
4	1.215 5	0.822 7	4.310 1	0.232 0	0.282 0	3.546 0
5	1.276 3	0.783 5	5.525 6	0.181 0	0.231 0	4.329 5
6	1.340 1	0.746 2	6.801 9	0.147 0	0.197 0	5.075 7
7	1.407 1	0.710 7	8.142 0	0.122 8	0.172 8	5.786 4
8	1.477 5	0.676 8	9.549 1	0.104 7	0.154 7	6.463 2
9	1.551 3	0.644 6	11.026 6	0.090 7	0.140 7	7.107 8
10	1.628 9	0.613 9	12.577 9	0.079 5	0.129 5	7.721 7
11	1.710 3	0.584 7	14.206 8	0.070 4	0.120 4	8.306 4
12	1.795 9	0.556 8	15.917 1	0.062 8	0.112 8	8.863 3
13	1.885 6	0.530 3	17.713 0	0.056 5	0.106 5	9.393 6
14	1.979 9	0.505 1	19.598 6	0.051 0	0.101 0	9.898 6
15	2.078 9	0.481 0	21.578 6	0.046 3	0.096 3	10.379 7
16	2.182 9	0.458 1	23.657 5	0.042 3	0.092 3	10.837 8
17	2.292 0	0.436 3	25.840 4	0.038 7	0.088 7	11.274 1
18	2.406 6	0.415 5	28.132 4	0.035 5	0.085 5	11.689 6
19	2.527 0	0.395 7	30.539 0	0.032 7	0.082 7	12.085 3
20	2.653 3	0.376 9	33.066 0	0.030 2	0.080 2	12.462 2
21	2.786 0	0.358 9	35.719 3	0.028 0	0.078 0	12.821 2
22	2.925 3	0.341 8	38.505 2	0.026 0	0.076 0	13.163 0
23	3.071 5	0.325 6	41.430 5	0.024 1	0.074 1	13.488 6

续表

n	$(F/P, i, n)$	$(P/F, i, n)$	$(F/A, i, n)$	$(A/F, i, n)$	$(A/P, i, n)$	$(P/A, i, n)$
24	3.225 1	0.310 1	44.502 0	0.022 5	0.072 5	13.798 6
25	3.386 4	0.295 3	47.727 1	0.021 0	0.071 0	14.093 9
26	3.555 7	0.281 2	51.113 5	0.019 6	0.069 6	14.375 2
27	3.733 5	0.267 8	54.669 1	0.018 3	0.068 3	14.643 0
28	3.920 1	0.255 1	58.402 6	0.017 1	0.067 1	14.898 1
29	4.116 1	0.242 9	62.322 7	0.016 0	0.066 0	15.141 1
30	4.321 9	0.231 4	66.438 8	0.015 1	0.065 1	15.372 5
35	5.516 0	0.181 3	90.320 0	0.011 1	0.061 1	16.374 2
40	7.040 0	0.142 0	120.800 0	0.008 3	0.058 3	17.159 1
45	8.985 0	0.111 3	159.700 0	0.006 3	0.056 3	17.774 1
50	11.467 0	0.087 2	209.348 0	0.004 8	0.054 8	18.255 9
55	14.636 0	0.068 3	272.713 0	0.003 7	0.053 7	18.633 5
60	18.679 0	0.053 5	353.584 0	0.002 8	0.052 8	18.929 3
65	23.840 0	0.041 9	456.798 0	0.002 2	0.052 2	19.161 1
70	30.426 0	0.032 9	588.529 0	0.001 7	0.051 7	19.342 7
75	38.833 0	0.025 8	756.654 0	0.001 3	0.051 3	19.485 0
80	49.561 0	0.020 0	971.229 0	0.001 0	0.051 0	19.596 5
85	63.254 0	0.015 8	1 245.087 0	0.000 8	0.050 8	19.683 8
90	80.730 0	0.012 4	1 594.607 0	0.000 6	0.050 6	19.752 3
95	103.035 0	0.009 7	2 040.694 0	0.000 5	0.050 5	19.805 9
100	131.501 0	0.007 6	2 610.025 0	0.000 4	0.050 4	19.847 9

复利系数表（9）

$i=6\%$

n	$(F/P, i, n)$	$(P/F, i, n)$	$(F/A, i, n)$	$(A/F, i, n)$	$(A/P, i, n)$	$(P/A, i, n)$
1	1.060 0	0.943 4	1.000 0	1.000 0	1.060 0	0.943 4
2	1.123 6	0.890 0	2.060 0	0.485 4	0.545 4	1.833 4
3	1.191 0	0.839 6	3.183 6	0.314 1	0.374 1	2.673 0
4	1.262 5	0.792 1	4.374 6	0.228 6	0.288 6	3.465 1
5	1.338 2	0.747 3	5.637 1	0.177 4	0.237 4	4.212 4
6	1.418 5	0.705 0	6.975 3	0.143 4	0.203 4	4.917 3
7	1.503 6	0.665 1	8.393 8	0.119 1	0.179 1	5.582 4
8	1.593 8	0.627 4	9.897 5	0.101 0	0.161 0	6.209 8
9	1.689 5	0.591 9	11.491 3	0.087 0	0.147 0	6.802 7

续表

n	(F/P, i, n)	(P/F, i, n)	(F/A, i, n)	(A/F, i, n)	(A/P, i, n)	(P/A, i, n)
10	1.790 8	0.558 4	13.180 8	0.075 9	0.135 9	7.360 1
11	1.898 3	0.526 8	14.971 6	0.066 8	0.126 8	7.886 9
12	2.012 2	0.497 0	16.869 9	0.059 3	0.119 3	8.383 8
13	2.132 9	0.468 8	18.882 1	0.053 0	0.113 0	8.852 7
14	2.260 9	0.442 3	21.015 1	0.047 6	0.107 6	9.295 0
15	2.396 6	0.417 3	23.276 0	0.043 0	0.103 0	9.712 2
16	2.540 4	0.393 6	25.672 5	0.039 0	0.099 0	10.105 9
17	2.692 8	0.371 4	28.212 9	0.035 4	0.954 4	10.477 3
18	2.854 3	0.350 3	30.905 7	0.032 4	0.092 4	10.822 5
19	3.025 6	0.330 5	33.760 0	0.029 6	0.089 6	11.158 1
20	3.207 1	0.311 8	36.785 6	0.027 2	0.087 2	11.469 9
21	3.399 6	0.294 2	39.992 7	0.025 0	0.085 0	11.764 1
22	3.603 5	0.277 5	43.392 3	0.023 0	0.083 0	12.041 6
23	3.819 7	0.261 8	46.995 8	0.021 3	0.081 3	12.303 4
24	4.048 9	0.247 0	50.815 6	0.019 7	0.079 7	12.550 4
25	4.291 9	0.233 0	54.864 5	0.018 2	0.078 2	12.783 4
26	4.549 4	0.219 8	59.156 4	0.016 9	0.076 9	13.003 2
27	4.822 3	0.207 4	63.705 8	0.015 7	0.075 7	13.210 5
28	5.111 7	0.195 6	68.528 1	0.014 6	0.074 6	13.406 2
29	5.418 4	0.184 6	73.639 8	0.013 6	0.073 6	13.590 7
30	5.743 5	0.174 1	79.058 2	0.012 6	0.726 5	13.764 8
35	7.686 0	0.130 1	111.435 0	0.009 0	0.689 7	14.498 2
40	10.286 0	0.097 2	154.762 0	0.006 5	0.066 5	15.046 3
45	13.765 0	0.072 7	212.744 0	0.004 7	0.064 7	15.455 8
50	18.420 0	0.054 3	290.336 0	0.003 4	0.063 4	15.761 9
55	24.650 0	0.040 6	394.172 0	0.002 5	0.062 5	15.990 5
60	32.988 0	0.030 3	533.128 0	0.001 9	0.061 9	16.161 4
65	44.145 0	0.022 7	719.083 0	0.001 4	0.061 4	16.289 1
70	59.076 0	0.016 9	947.932 0	0.001 0	0.061 0	16.384 5
75	79.257 0	0.012 6	1 300.949 0	0.000 8	0.060 8	16.455 8
80	105.796 0	0.009 5	1 746.600 0	0.000 6	0.060 6	16.509 1
85	141.579 0	0.007 1	2 342.982 0	0.000 4	0.060 4	16.548 9
90	189.465 0	0.005 3	3 141.075 0	0.000 3	0.060 3	16.578 7
95	253.546 0	0.003 9	4 209.104 0	0.000 2	0.060 2	16.600 9
100	339.302 0	0.002 9	5 638.368 0	0.000 2	0.060 2	16.617 5

复利系数表（10）

$i = 7\%$

n	(F/P, i, n)	(P/F, i, n)	(F/A, i, n)	(A/F, i, n)	(A/P, i, n)	(P/A, i, n)
1	1.070 0	0.934 6	1.000 0	1.000 0	1.070 0	0.934 6
2	1.144 9	0.873 4	2.070 0	0.483 1	0.553 1	1.808 0
3	1.225 0	0.816 3	3.214 9	0.311 1	0.381 1	2.624 0
4	1.310 8	0.762 9	4.439 9	0.225 2	0.295 2	3.387 5
5	1.402 6	0.713 0	5.750 7	0.173 9	0.243 9	4.100 0
6	1.500 7	0.666 3	7.153 3	0.139 8	0.209 8	4.766 4
7	1.605 8	0.622 7	8.654 0	0.115 6	0.185 6	5.387 9
8	1.718 2	0.582 0	10.259 8	0.097 5	0.167 5	5.970 1
9	1.838 5	0.543 9	11.978 0	0.083 5	0.153 5	6.514 7
10	1.967 2	0.508 3	13.816 4	0.072 4	0.142 4	7.022 5
11	2.104 9	0.475 1	15.783 6	0.063 4	0.133 4	7.496 3
12	2.252 2	0.444 0	17.888 5	0.055 9	0.125 9	7.942 8
13	2.409 8	0.415 0	20.140 6	0.049 7	0.119 7	8.354 2
14	2.578 5	0.387 8	22.550 5	0.044 3	0.114 3	8.748 9
15	2.759 0	0.362 4	25.129 0	0.039 8	0.109 8	9.107 5
16	2.952 2	0.338 7	27.888 1	0.035 9	0.105 9	9.442 9
17	3.158 8	0.316 6	30.840 2	0.032 4	0.102 4	9.765 6
18	3.379 9	0.295 9	33.999 0	0.029 4	0.099 4	10.060 4
19	3.616 5	0.276 5	37.379 0	0.026 8	0.096 8	10.330 6
20	3.869 7	0.258 4	40.995 5	0.026 8	0.094 4	10.593 2
21	4.140 6	0.241 5	44.865 2	0.022 3	0.092 3	10.834 2
22	4.430 4	0.225 7	49.005 7	0.020 4	0.090 4	11.061 9
23	4.740 5	0.210 9	53.436 1	0.018 7	0.088 7	11.274 0
24	5.072 4	0.197 1	58.176 7	0.017 2	0.087 2	11.467 9
25	5.427 4	0.184 2	63.249 0	0.015 8	0.085 8	11.655 0
26	5.807 4	0.172 2	68.676 5	0.014 6	0.084 6	11.820 3
27	6.213 9	0.160 9	74.483 8	0.013 4	0.083 4	11.990 4
28	6.648 8	0.150 4	80.697 7	0.012 4	0.082 4	12.135 9
29	7.114 3	0.140 6	87.346 5	0.011 4	0.081 4	12.285 0
30	7.612 3	0.131 4	94.460 8	0.010 6	0.080 6	12.406 9
35	10.677 0	0.093 7	138.237 0	0.007 2	0.077 2	12.953 4
40	14.974 0	0.066 8	199.635 0	0.005 0	0.075 0	13.333 3

续表

n	(F/P, i, n)	(P/F, i, n)	(F/A, i, n)	(A/F, i, n)	(A/P, i, n)	(P/A, i, n)
45	21.007 0	0.047 6	285.749 0	0.003 5	0.073 5	13.605 4
50	29.457 0	0.033 9	406.529 0	0.002 5	0.072 5	13.793 1
55	41.315 0	0.024 2	575.929 0	0.001 7	0.071 7	13.947 0
60	57.946 0	0.017 3	813.520 0	0.001 2	0.071 2	14.044 9
65	81.273 0	0.012 3	1 146.755 0	0.000 9	0.070 9	14.104 4
70	113.989 0	0.008 8	1 614.134 0	0.000 6	0.070 6	14.164 3
75	159.876 0	0.006 3	2 269.657 0	0.000 4	0.070 4	14.204 5
80	224.234 0	0.004 5	3 189.063 0	0.000 3	0.070 3	14.222 5
85	314.500 0	0.003 2	4 478.576 0	0.000 2	0.070 2	14.245 0
90	441.103 0	0.002 3	6 287.185 0	0.000 2	0.070 2	14.245 0
95	618.670 0	0.001 6	8 823.854 0	0.000 1	0.070 1	14.265 3
100	867.716 0	0.001 2	12 381.622 0	0.000 1	0.070 1	14.265 3

复利系数表（11）

$i=8\%$

n	(F/P, i, n)	(P/F, i, n)	(F/A, i, n)	(A/F, i, n)	(A/P, i, n)	(P/A, i, n)
1	1.080 0	0.925 9	1.000 0	1.000 0	1.080 0	0.925 9
2	1.166 4	0.857 3	2.080 0	0.480 8	0.560 8	1.783 3
3	1.259 7	0.793 8	3.246 4	0.308 0	0.388 0	2.577 1
4	1.360 5	0.735 0	4.506 1	0.221 9	0.301 9	3.312 1
5	1.469 3	0.680 6	5.866 6	0.170 5	0.250 5	3.992 7
6	1.586 9	0.630 2	7.335 9	0.136 3	0.216 3	4.622 9
7	1.713 8	0.583 5	8.922 8	0.112 1	0.192 1	5.206 4
8	1.850 9	0.540 3	10.636 6	0.094 0	0.174 0	5.746 6
9	1.999 0	0.500 2	12.487 6	0.080 1	0.160 1	6.246 9
10	2.158 9	0.463 2	14.486 6	0.069 3	0.149 0	6.710 1
11	2.331 6	0.428 9	16.645 5	0.060 1	0.140 1	7.139 0
12	2.518 2	0.397 1	18.977 1	0.052 7	0.132 7	7.536 1
13	2.719 6	0.367 7	21.495 3	0.046 5	0.126 5	7.903 8
14	2.937 2	0.340 5	24.214 9	0.041 3	0.121 3	8.244 2
15	3.172 2	0.315 2	27.152 1	0.036 8	0.116 8	8.559 5
16	3.425 9	0.291 9	30.324 3	0.033 0	0.113 0	8.851 4

续表

n	$(F/P, i, n)$	$(P/F, i, n)$	$(F/A, i, n)$	$(A/F, i, n)$	$(A/P, i, n)$	$(P/A, i, n)$
17	3.700 0	0.270 3	33.750 2	0.029 6	0.109 6	9.121 6
18	3.996 0	0.250 2	37.450 2	0.026 7	0.106 7	9.371 9
19	4.315 7	0.231 7	41.446 3	0.024 1	0.104 1	9.603 6
20	4.661 0	0.214 5	45.762 0	0.218 5	0.101 9	9.818 1
21	5.033 8	0.198 7	50.422 9	0.019 8	0.099 8	10.016 8
22	5.436 5	0.183 9	55.456 8	0.018 0	0.098 0	10.200 7
23	5.871 5	0.170 3	60.893 3	0.016 4	0.096 4	10.371 1
24	6.341 2	0.157 7	66.764 8	0.015 0	0.095 0	10.528 8
25	6.848 5	0.146 0	73.105 9	0.013 7	0.093 7	10.674 8
26	7.396 4	0.135 2	79.954 4	0.012 5	0.092 5	10.810 0
27	7.988 1	0.125 2	87.350 8	0.011 4	0.091 4	10.935 2
28	8.627 1	0.115 9	95.338 8	0.010 5	0.090 5	11.051 1
29	9.317 3	0.107 3	103.965 9	0.009 6	0.089 6	11.158 4
30	10.062 7	0.099 4	113.283 2	0.008 8	0.088 8	11.257 8
35	14.785 0	0.067 6	172.317 0	0.005 8	0.085 8	11.654 6
40	21.725 0	0.046 0	259.057 0	0.003 9	0.083 9	11.924 6
45	31.920 0	0.031 3	386.506 0	0.002 6	0.082 6	12.108 4
50	46.902 0	0.021 3	573.770 0	0.001 7	0.081 7	12.233 5
55	68.914 0	0.014 5	848.923 0	0.001 2	0.081 2	12.318 6
60	101.257 0	0.009 9	1 253.213 0	0.000 8	0.080 8	12.376 6
65	148.780 0	0.006 7	1 847.248 0	0.000 5	0.085 4	12.416 0
70	218.606 0	0.004 6	2 720.080 0	0.000 4	0.080 4	12.442 8
75	321.205 0	0.003 1	4 002.557 0	0.000 2	0.080 2	12.461 1
80	471.955 0	0.002 1	5 886.935 0	0.000 2	0.080 2	12.473 5
85	693.456 0	0.001 4	8 655.706 0	0.000 1	0.080 1	12.482 0
90	1 018.915 0	0.001 0	12 723.939 0	0.000 08	0.080 08	12.487 7
95	1 497.121 0	0.000 7	18 701.507 0	0.000 05	0.080 05	12.491 7
100	2 199.761 0	0.000 5	27 484.516 0	0.000 04	0.080 04	12.494 3

复利系数表（12）

$i=9\%$

n	$(F/P, i, n)$	$(P/F, i, n)$	$(F/A, i, n)$	$(A/F, i, n)$	$(A/P, i, n)$	$(P/A, i, n)$
1	1.090 0	0.917 4	1.000 0	1.000 0	0.917 4	1.090 0
2	1.188 1	0.841 7	2.090 0	0.478 5	0.568 5	1.759 0
3	1.295 0	0.772 2	3.278 1	0.305 0	0.395 1	2.531 3
4	1.411 6	0.708 4	4.573 1	0.218 7	0.308 7	3.239 4
5	1.538 6	0.649 9	5.984 7	0.167 2	0.257 1	3.889 5
6	1.677 1	0.596 3	7.523 3	0.132 9	0.222 9	4.486 3
7	1.828 0	0.547 0	9.200 4	0.108 7	0.198 7	5.033 0
8	1.992 6	0.501 9	11.028 5	0.090 7	0.180 7	5.534 8
9	2.171 9	0.460 4	13.021 0	0.076 8	0.166 8	5.995 2
10	2.367 4	0.422 4	15.192 9	0.065 8	0.155 8	6.417 7
11	2.580 4	0.387 5	17.560 3	0.056 9	0.146 9	6.805 2
12	2.812 7	0.355 5	20.140 7	0.049 7	0.139 7	7.160 7
13	3.065 8	0.326 2	22.953 4	0.043 6	0.133 6	7.486 9
14	3.341 7	0.299 2	26.019 2	0.038 4	0.128 4	7.786 2
15	3.642 5	0.274 5	29.360 9	0.034 1	0.124 1	8.060 6
16	3.970 3	0.251 9	33.003 4	0.030 3	0.120 3	8.312 6
17	4.327 6	0.231 1	36.973 7	0.027 0	0.117 0	8.543 6
18	4.717 1	0.212 0	41.301 3	0.024 2	0.114 2	8.755 6
19	5.141 7	0.194 5	46.018 5	0.021 7	0.111 7	8.950 1
20	5.604 4	0.178 4	51.160 1	0.019 5	0.109 5	9.128 5
21	6.108 8	0.163 7	56.764 5	0.017 6	0.107 6	9.292 2
22	6.658 6	0.150 2	62.873 3	0.015 9	0.105 9	9.442 4
23	7.257 9	0.137 8	69.531 9	0.014 4	0.104 4	9.580 2
24	7.911 1	0.126 4	76.789 8	0.013 0	0.103 0	9.706 6
25	8.623 1	0.116 0	84.700 9	0.011 8	0.101 8	9.822 6
26	9.399 2	0.106 4	93.324 0	0.010 7	0.100 7	9.929 0
27	10.245 1	0.097 6	102.723 1	0.009 7	0.099 7	10.026 6
28	11.167 1	0.089 5	112.968 2	0.008 9	0.098 9	10.116 1
29	12.172 2	0.082 2	124.135 4	0.008 1	0.098 1	10.198 2
30	13.267 7	0.075 4	136.307 5	0.007 3	0.097 3	10.273 7

续表

n	(F/P, i, n)	(P/F, i, n)	(F/A, i, n)	(A/F, i, n)	(A/P, i, n)	(P/A, i, n)
35	20.414 0	0.049 0	215.710 8	0.004 6	0.094 6	10.570 8
40	31.409 4	0.031 8	337.882 4	0.003 0	0.093 0	10.757 4
45	48.327 2	0.020 7	525.858 8	0.001 9	0.091 9	10.881 2
50	74.357 5	0.013 4	815.083 6	0.001 2	0.091 2	10.961 7
55	114.408 3	0.008 7	1 260.091 8	0.000 80	0.090 8	11.014 0
60	176.031 2	0.005 7	1 944.792 1	0.000 51	0.090 5	11.048 0
65	270.846 0	0.003 7	2 998.288 5	0.000 33	0.090 3	11.070 1
70	416.730 1	0.002 4	4 619.223 2	0.000 22	0.090 2	11.084 4
75	641.190 9	0.001 6	7 113.232 1	0.000 14	0.090 1	11.093 8
80	986.551 7	0.001 0	15 950.574 1	0.000 09	0.090 09	11.100 0
85	1 517.932 0	0.000 6	16 854.800 3	0.000 06	0.090 05	11.103 8
90	2 335.526 6	0.000 43	25 939.184 3	0.000 04	0.090 03	11.106 4
95	3 593.497 1	0.000 28	39 916.635 0	0.000 03	0.090 025	11.108 0
100	5 529.040 8	0.000 18	61 422.675 5	0.000 02	0.090 016	11.109 1

复利系数表（13）

$i=10\%$

n	(F/P, i, n)	(P/F, i, n)	(F/A, i, n)	(A/F, i, n)	(A/P, i, n)	(P/A, i, n)
1	1.100 0	0.909 1	1.000 0	1.000 0	1.100 00	0.909 1
2	1.210 0	0.826 4	2.100 0	0.476 2	0.576 19	1.735 5
3	1.331 0	0.751 3	3.310 0	0.302 1	0.402 00	2.486 9
4	1.464 1	0.683 0	4.641 0	0.215 5	0.315 47	3.169 9
5	1.610 5	0.620 9	6.105 1	0.163 8	0.263 80	3.790 8
6	1.771 6	0.564 5	7.715 6	0.129 6	0.229 61	4.355 3
7	1.948 7	0.513 2	9.487 2	0.105 4	0.205 41	4.868 4
8	2.143 6	0.466 5	11.435 9	0.087 4	0.187 44	5.334 9
9	2.357 9	0.424 1	13.579 5	0.073 6	0.173 64	5.759 0
10	2.593 7	0.385 5	15.937 4	0.062 7	0.162 75	6.144 6
11	2.853 1	0.350 5	18.531 2	0.054 0	0.153 96	6.495 1
12	3.138 4	0.318 6	21.384 3	0.046 8	0.146 76	6.813 7
13	3.452 3	0.289 7	24.522 7	0.040 8	0.140 78	7.103 4
14	3.797 5	0.263 3	27.975 0	0.035 7	0.135 75	7.366 7

续表

n	(F/P, i, n)	(P/F, i, n)	(F/A, i, n)	(A/F, i, n)	(A/P, i, n)	(P/A, i, n)
15	4.177 2	0.239 4	31.772 5	0.031 5	0.131 47	7.606 1
16	4.595 0	0.217 6	35.949 7	0.027 8	0.127 82	7.823 7
17	5.054 5	0.197 8	40.544 7	0.024 7	0.124 66	8.021 6
18	5.559 9	0.179 9	45.599 2	0.021 9	0.121 93	8.201 4
19	6.115 9	0.163 5	51.159 1	0.019 5	0.119 55	8.364 9
20	6.727 5	0.148 6	57.275 0	0.017 5	0.117 46	8.513 6
21	7.400 2	0.135 1	64.002 5	0.015 6	0.115 62	8.648 7
22	8.140 3	0.122 8	71.402 7	0.014 0	0.114 01	8.771 5
23	8.954 3	0.111 7	79.543 0	0.012 6	0.112 57	8.883 2
24	9.849 7	0.101 5	88.497 3	0.011 3	0.111 30	8.984 7
25	10.834 7	0.092 3	98.347 1	0.010 2	0.110 17	9.077 0
26	11.918 2	0.083 9	109.181 8	0.009 2	0.109 16	9.160 9
27	13.110 0	0.076 3	121.099 9	0.008 3	0.108 26	9.237 2
28	14.421 0	0.069 3	134.209 9	0.007 5	0.107 45	9.306 6
29	15.863 1	0.063 0	148.630 9	0.006 7	0.106 73	9.369 6
30	17.449 4	0.057 3	164.494 0	0.006 1	0.103 08	9.426 9
35	28.102 0	0.035 6	271.024 0	0.003 7	0.103 69	9.644 2
40	45.259 0	0.022 1	442.593 0	0.002 3	0.102 26	9.779 1
45	72.890 0	0.013 7	718.905 0	0.001 4	0.101 39	9.862 8
50	117.391 0	0.008 5	1 163.909 0	0.000 9	0.100 86	9.914 8
55	189.059 0	0.005 3	1 880.591 0	0.000 5	0.100 53	9.947 1
60	304.482 0	0.003 3	3 034.816 0	0.000 3	0.100 33	9.967 2
65	490.371 0	0.002 0	4 893.707 0	0.000 2	0.100 20	9.979 6
70	789.747 0	0.001 3	7 887.470 0	0.000 13	0.100 13	9.987 3
75	1 271.895 0	0.000 8	12 708.954 0	0.000 08	0.100 08	9.992 1
80	2 048.400 0	0.000 5	20 474.002 0	0.000 05	0.100 05	9.995 1
85	3 298.969 0	0.000 3	32 979.690 0	0.000 03	0.100 03	9.997 0
90	5 313.023 0	0.000 2	53 120.226 0	0.000 02	0.100 02	9.998 1
95	8 556.676 0	0.000 1	85 556.760 0	0.000 01	0.100 01	9.998 8
100	13 780.612 3	0.000 07	137 796.123 4	0.000 00	0.100 007	9.999 3

复利系数表（14）

$i = 11\%$

n	(F/P, i, n)	(P/F, i, n)	(F/A, i, n)	(A/F, i, n)	(A/P, i, n)	(P/A, i, n)
1	1.110 0	0.900 9	1.000 0	1.000 0	1.110 0	0.900 9
2	1.232 1	0.811 6	2.110 0	0.473 9	0.583 9	1.712 5
3	1.367 6	0.731 2	3.342 1	0.299 2	0.409 2	2.443 7
4	1.518 1	0.658 7	4.709 7	0.212 3	0.322 3	3.102 4
5	1.685 1	0.593 5	6.227 8	0.160 6	0.270 6	3.695 9
6	1.870 4	0.534 6	7.912 9	0.126 4	0.236 4	4.230 5
7	2.076 2	0.481 7	9.783 3	0.102 2	0.212 2	4.712 2
8	2.304 5	0.433 9	11.859 4	0.084 3	0.194 3	5.146 1
9	2.558 0	0.390 9	14.164 0	0.070 6	0.180 6	5.537 0
10	2.839 4	0.352 2	16.722 0	0.059 8	0.169 8	5.889 2
11	3.151 8	0.317 3	19.561 4	0.051 1	0.161 1	6.206 5
12	3.498 5	0.285 8	22.713 2	0.044 0	0.154 0	6.492 4
13	3.883 3	0.257 5	26.211 6	0.038 2	0.148 2	6.749 9
14	4.310 4	0.232 0	30.094 9	0.033 2	0.143 2	6.981 9
15	4.784 6	0.209 0	34.405 4	0.029 1	0.139 1	7.190 9
16	5.310 9	0.188 3	39.189 9	0.025 5	0.135 5	7.379 2
17	5.895 1	0.169 6	44.500 8	0.022 5	0.132 5	7.548 8
18	6.543 6	0.152 8	50.395 9	0.019 8	0.129 8	7.701 6
19	7.263 3	0.137 7	56.939 5	0.017 6	0.127 6	7.839 3
20	8.062 3	0.124 0	64.202 8	0.015 6	0.125 6	7.963 3
21	8.949 2	0.111 7	72.265 1	0.013 8	0.123 8	8.075 1
22	9.933 6	0.100 7	81.214 3	0.012 3	0.122 3	8.175 7
23	11.026 3	0.090 7	91.147 9	0.011 0	0.121 0	8.266 4
24	12.239 2	0.081 7	102.174 2	0.097 9	0.119 8	8.348 1
25	13.585 5	0.073 6	114.413 3	0.008 7	0.118 7	8.421 7
26	15.079 9	0.066 3	127.998 8	0.007 8	0.117 8	8.488 1
27	16.738 7	0.059 7	143.078 6	0.007 0	0.117 0	8.547 8
28	18.579 9	0.053 8	159.817 3	0.006 3	0.116 3	8.601 6
29	20.623 7	0.048 5	178.397 2	0.005 6	0.115 6	8.650 1
30	22.892 3	0.043 7	199.020 9	0.005 0	0.115 0	8.693 8

续表

n	(F/P, i, n)	(P/F, i, n)	(F/A, i, n)	(A/F, i, n)	(A/P, i, n)	(P/A, i, n)
35	38.574 9	0.025 9	341.589 6	0.002 9	0.112 9	8.855 2
40	65.000 9	0.015 4	640.008 7	0.001 6	0.111 7	8.951 1
45	109.530 2	0.009 1	986.638 6	0.001 0	0.111 0	9.008 0
50	184.564 8	0.005 4	168.771 2	0.000 6	0.110 6	9.041 7
55	311.002 4	0.003 2	2 818.204 2	0.000 4	0.110 3	9.061 7
60	524.057 2	0.001 9	4 755.065 9	0.000 2	0.110 2	9.073 6
65	883.066 9	0.001 1	8 018.790 3	0.000 1	0.110 1	9.080 6
70	1 488.019 1	0.000 7	13 518.355 7	0.000 07	0.110 07	9.084 8
75	2 507.398 8	0.000 4	22 785.443 4	0.000 04	0.110 04	9.087 2
80	4 225.112 8	0.000 2	38 401.025 0	0.000 03	0.110 02	9.088 8
85	7 119.560 7	0.000 1	64 714.188 2	0.000 02	0.110 01	9.089 6
90	11 996.873 8	0.000 08	109 053.398 3	0.000 01	0.110 008	9.090 2
95	20 215.430 0	0.000 05	183 767.545 9	0.000 005	0.110 005	9.090 5
100	34 064.175 3	0.000 03	309 665.229 7	0.000 003	0.110 003	9.090 6

复利系数表（15）

$i=12\%$

n	(F/P, i, n)	(P/F, i, n)	(F/A, i, n)	(A/F, i, n)	(A/P, i, n)	(P/A, i, n)
1	1.120 0	0.892 9	1.000 0	1.000 00	1.120 00	0.892 9
2	1.254 4	0.797 2	2.120 0	0.471 7	0.591 70	1.690 1
3	1.404 9	0.711 8	3.374 4	0.296 3	0.416 35	2.401 8
4	1.573 5	0.635 5	4.779 3	0.208 2	0.329 23	3.037 3
5	1.762 3	0.567 4	6.352 8	0.157 4	0.277 41	3.604 8
6	1.973 8	0.506 6	8.115 2	0.123 2	0.243 23	4.111 4
7	2.210 7	0.452 3	10.089 0	0.099 1	0.219 12	4.563 8
8	2.476 0	0.403 9	12.299 7	0.081 3	0.201 30	4.967 6
9	2.773 1	0.360 6	14.775 7	0.067 7	0.187 68	5.328 2
10	3.105 8	0.322 0	17.548 7	0.057 0	0.176 98	5.650 2
11	3.478 6	0.287 5	20.654 6	0.048 4	0.168 42	5.937 7
12	3.896 0	0.256 7	24.133 1	0.041 4	0.161 44	6.194 4
13	4.363 5	0.229 2	28.029 1	0.035 7	0.155 68	6.423 5

续表

n	$(F/P, i, n)$	$(P/F, i, n)$	$(F/A, i, n)$	$(A/F, i, n)$	$(A/P, i, n)$	$(P/A, i, n)$
14	4.887 1	0.204 6	32.392 6	0.030 9	0.150 87	6.628 2
15	5.473 6	0.182 7	37.279 7	0.026 8	0.146 82	6.810 9
16	6.130 4	0.163 1	42.753 3	0.023 4	0.143 39	6.974 0
17	6.866 0	0.145 6	48.883 7	0.020 5	0.140 46	7.119 6
18	7.690 0	0.130 0	55.749 7	0.018 0	0.137 94	7.249 7
19	8.612 8	0.116 1	63.439 7	0.015 8	0.135 76	7.365 9
20	9.646 3	0.103 7	72.052 4	0.013 9	0.133 88	7.469 4
21	10.803 8	0.092 6	81.698 7	0.012 2	0.132 24	7.562 0
22	12.100 3	0.082 6	92.502 6	0.010 8	0.130 81	7.644 6
23	13.552 3	0.073 8	104.602 9	0.009 6	0.129 56	7.718 4
24	15.178 6	0.065 9	118.155 2	0.008 5	0.128 46	7.784 3
25	17.000 1	0.058 8	133.333 9	0.007 5	0.127 50	7.843 1
26	19.040 1	0.052 5	150.333 9	0.006 7	0.126 65	7.895 7
27	21.324 9	0.046 9	169.374 0	0.005 9	0.125 90	7.942 6
28	23.883 9	0.041 9	190.698 9	0.005 2	0.125 24	7.984 4
29	26.749 9	0.037 4	214.582 8	0.004 7	0.124 66	8.021 8
30	29.959 9	0.033 4	241.332 7	0.004 1	0.124 14	8.055 2
35	52.800 0	0.018 9	431.663 0	0.002 3	0.122 32	8.175 5
40	93.051 0	0.010 7	767.091 0	0.001 3	0.121 30	8.243 8
45	163.988 0	0.006 1	1 358.230 0	0.000 7	0.120 74	8.282 5
50	289.002 0	0.003 5	2 400.018 0	0.000 4	0.120 42	8.304 5
55	509.321 0	0.002 0	4 236.005 0	0.000 2	0.120 24	8.317 0
60	897.597 0	0.001 1	7 471.641 0	0.000 1	0.120 13	8.324 0
65	1 581.872 0	0.000 6	13 173.937 0	0.000 08	0.120 08	8.328 1
70	2 787.800 0	0.000 4	23 223.332 0	0.000 04	0.120 04	8.330 3
75	4 913.056 0	0.000 2	40 933.799 0	0.000 02	0.120 02	8.331 6
80	8 658.483 0	0.000 1	72 145.692 0	0.000 01	0.120 01	8.332 4
85	15 259.205 7	0.000 06	127 151.714	0.000 008	0.120 00	8.332 8
90	26 891.934 2	0.000 04	224 091.118 5	0.000 004	0.120 004	8.333 0
95	20 215.430 1	0.000 05	394 931.471 9	0.000 003	0.120 003	8.333 16
100	83 522.265 7	0.000 01	696 010.547 7	0.000 001	0.120 001	8.333 23

复利系数表（16）

$i=15\%$

n	(F/P, i, n)	(P/F, i, n)	(F/A, i, n)	(A/F, i, n)	(A/P, i, n)	(P/A, i, n)
1	1.150 0	0.869 6	1.000 0	1.000 0	1.150 00	0.869 6
2	1.322 5	0.756 1	2.150 0	0.465 1	0.615 12	1.625 7
3	1.520 9	0.657 5	3.472 5	0.288 0	0.437 98	2.283 2
4	1.749 0	0.571 8	4.993 4	0.200 3	0.350 27	2.855 0
5	2.011 4	0.497 2	6.742 4	0.148 3	0.298 32	3.352 2
6	2.313 1	0.432 3	8.753 7	0.114 2	0.264 24	3.784 5
7	2.660 0	0.375 9	11.066 8	0.090 4	0.240 36	4.160 4
8	3.059 0	0.326 9	13.726 8	0.072 9	0.222 85	4.487 3
9	3.517 9	0.284 3	16.785 8	0.059 6	0.209 57	4.771 6
10	4.045 6	0.247 2	20.303 7	0.049 3	0.199 30	5.018 8
11	4.652 4	0.214 9	24.349 3	0.041 1	0.191 07	5.233 7
12	5.350 3	0.186 9	29.001 7	0.034 5	0.184 48	5.420 6
13	6.152 8	0.162 5	34.351 9	0.029 1	0.179 11	5.583 1
14	7.075 7	0.141 3	40.504 7	0.024 7	0.174 69	5.724 5
15	8.137 1	0.122 9	47.580 4	0.021 0	0.171 02	5.847 4
16	9.357 6	0.106 9	55.717 5	0.018 0	0.167 95	5.954 2
17	10.761 3	0.092 9	65.075 1	0.015 4	0.165 37	6.047 2
18	12.375 5	0.080 8	75.836 4	0.013 2	0.163 19	6.128 0
19	14.231 8	0.070 3	88.211 8	0.011 3	0.161 34	6.198 2
20	16.366 5	0.061 1	102.443 6	0.009 8	0.159 76	6.259 3
21	18.821 5	0.053 1	118.810 1	0.008 4	0.158 42	6.312 5
22	21.644 7	0.046 2	137.631 6	0.007 3	0.157 27	6.358 7
23	24.891 5	0.040 2	159.276 4	0.006 3	0.156 28	6.398 8
24	28.625 2	0.034 9	184.167 8	0.005 4	0.155 43	6.433 8
25	32.919 0	0.030 4	212.793 0	0.004 7	0.154 70	6.464 1
26	37.856 8	0.026 4	245.712 0	0.004 1	0.154 07	6.490 6
27	43.535 3	0.023 0	283.568 8	0.003 5	0.153 53	6.513 5
28	50.065 6	0.020 0	327.104 1	0.003 1	0.153 06	6.533 5
29	57.575 5	0.017 4	377.169 7	0.002 7	0.152 65	6.550 9
30	66.211 8	0.015 1	434.745 1	0.002 3	0.152 30	6.566 0

续表

n	(F/P, i, n)	(P/F, i, n)	(F/A, i, n)	(A/F, i, n)	(A/P, i, n)	(P/A, i, n)
35	133.176 0	0.007 5	881.170 0	0.001 1	0.151 13	6.616 6
40	267.864 0	0.003 7	1 779.090 0	0.000 6	0.150 56	6.641 8
45	538.769 0	0.001 9	3 585.128 0	0.000 3	0.150 28	6.654 3
50	1 083.657 0	0.000 9	7 217.716 0	0.000 1	0.150 14	6.660 5
55	2 179.622 0	0.000 5	14 524.148 0	0.000 07	0.150 07	6.663 6
60	4 383.999 0	0.000 2	29 217.992 0	0.000 03	0.150 03	6.665 1
65	8 817.787 0	0.000 1	58 778.583 0	0.000 02	0.150 02	6.665 9
70	17 735.720 0	0.000 056	118 231.466 9	0.000 008	0.150 008	6.666 3
75	35 672.868 0	0.000 028	237 812.453 2	0.000 004	0.150 004	6.666 5
80	71 750.879 4	0.000 014	478 332.529 3	0.000 002	0.150 001	6.666 6
85	144 316.647 0	0.000 007	962 104.313 3	0.000 001	0.150 001	6.666 62
90	290 272.325 2	0.000 003	1 935 142.168 0	0.000 000 5	0.150 000 5	6.666 64
95	583 841.327 6	0.000 002	3 892 268.850 9	0.000 000 3	0.150 000 25	6.666 66
100	1 174 313.450 7	0.000 000 9	7 828 749.671	0.000 000 1	0.150 000 13	6.666 67

复利系数表（17）

$i=20\%$

n	(F/P, i, n)	(P/F, i, n)	(F/A, i, n)	(A/F, i, n)	(A/P, i, n)	(P/A, i, n)
1	1.200 0	0.833 3	1.000 0	1.000 0	1.200 0	0.833 3
2	1.440 0	0.694 4	2.200 0	0.454 5	0.654 5	1.527 8
3	1.728 0	0.578 7	3.640 0	0.274 7	0.474 7	2.106 5
4	2.074 0	0.482 3	5.368 0	0.186 3	0.386 3	2.588 7
5	2.488 0	0.401 9	7.442 0	0.134 4	0.334 4	2.990 6
6	2.986 0	0.334 9	9.930 0	0.100 7	0.300 7	3.325 5
7	3.583 0	0.279 1	12.916 0	0.077 4	0.277 4	3.604 6
8	4.300 0	0.232 6	16.499 0	0.060 6	0.260 6	3.837 2
9	5.160 0	0.193 8	20.799 0	0.048 1	0.248 1	4.031 0
10	6.192 0	0.161 5	25.959 0	0.038 5	0.238 5	4.192 5
11	7.430 0	0.013 5	32.150 0	0.031 1	0.231 1	4.327 1
12	8.916 0	0.112 2	39.581 0	0.025 3	0.225 3	4.439 2
13	10.699 0	0.093 5	48.497 0	0.020 6	0.220 6	4.532 7
14	12.839 0	0.077 9	59.196 0	0.016 9	0.216 9	4.610 6

续表

n	$(F/P, i, n)$	$(P/F, i, n)$	$(F/A, i, n)$	$(A/F, i, n)$	$(A/P, i, n)$	$(P/A, i, n)$
15	15.407 0	0.064 9	72.035 0	0.013 9	0.213 9	4.675 5
16	18.488 0	0.054 1	87.442 0	0.014 4	0.211 4	4.729 6
17	22.186 0	0.045 1	105.931 0	0.009 4	0.209 4	4.774 6
18	26.623 0	0.037 6	128.117 0	0.007 8	0.207 8	4.812 2
19	31.948 0	0.031 3	154.740 0	0.006 5	0.206 5	4.843 5
20	38.338 0	0.026 1	186.688 0	0.005 4	0.205 4	4.869 6
21	46.005 0	0.021 7	225.026 0	0.004 4	0.204 4	4.891 3
22	55.206 0	0.018 1	271.031 0	0.003 7	0.203 7	4.909 4
23	66.247 0	0.015 1	326.237 0	0.003 1	0.203 1	4.924 5
24	79.497 0	0.012 6	392.484 0	0.002 5	0.202 5	4.937 1
25	95.396 0	0.010 5	471.981 0	0.002 1	0.202 1	4.947 6
26	114.475 0	0.008 7	567.377 0	0.001 8	0.201 8	4.956 3
27	137.371 0	0.007 3	681.853 0	0.001 5	0.201 5	4.963 6
28	164.845 0	0.006 1	819.223 0	0.001 2	0.201 2	4.969 7
29	197.814 0	0.005 1	984.068 0	0.001 0	0.201 0	4.974 7
30	237.376 0	0.004 2	1 181.882 0	0.000 9	0.200 8	4.978 9
35	590.668 0	0.001 7	2 948.341 0	0.000 3	0.200 3	4.991 5
40	1 469.772 0	0.000 7	7 343.858 0	0.000 1	0.200 1	4.996 6
45	3 657.262 0	0.000 3	18 281.310 0	0.000 1	0.200 06	4.998 6
50	9 100.438 0	0.000 1	45 497.191 0	0.000 02	0.200 02	4.999 5
55	22 644.802 3	0.000 04	113 219.011 3	0.000 009	0.200 01	4.999 8
60	56 347.514 4	0.000 02	281 732.571 8	0.000 004	0.200 004	4.999 9
65	140 210.646 9	0.000 007	701 048.234 6	0.000 001	0.200 001	4.999 96
70	348 888.956 9	0.000 003	1 744 439.784 7	0.000 0006	0.200 00006	4.999 99
75	868 147.369 3	0.000 001	4 340 731.846 6	0.000 0002	0.200 00002	4.999 994
80	2 160 228.462 0	0.000 000 5	10 801 137.310 1	0.000 0001	0.200 00001	4.999 998
85	5 375 339.686 6	0.000 000 2	26 876 693.432 9	0.000 0000	0.200 00000	5.000 000
90	13 375 565.248 9	0.000 000 1	66 877 821.244 7	0.000 0000	0.200 00000	5.000 000
95	33 282 686.520 2	0.000 000 0	166 413 427.601 1	0.000 0000	0.200 00000	5.000 000
100	82 817 974.522 0	0.000 000 0	3 414 089 867.610 1	0.000 0000	0.200 00000	5.000 000

复利系数表（18）

$i = 25\%$

n	(F/P, i, n)	(P/F, i, n)	(F/A, i, n)	(A/F, i, n)	(A/P, i, n)	(P/A, i, n)
1	1.250 0	0.800 0	1.000 0	1.000 00	1.250 0	0.800 0
2	1.562 0	0.640 0	2.250 0	0.444 44	0.694 4	1.440 0
3	1.953 0	0.512 0	3.812 0	0.262 30	0.512 3	1.952 0
4	2.441 0	0.409 6	5.766 0	0.173 44	0.423 4	2.361 6
5	3.052 0	0.327 7	8.207 0	0.121 85	0.371 8	2.689 3
6	3.815 0	0.262 1	11.259 0	0.088 82	0.338 8	2.951 4
7	4.768 0	0.209 7	15.073 0	0.066 34	0.316 3	3.161 1
8	5.960 0	0.167 8	19.842 0	0.050 40	0.300 4	3.328 9
9	7.451 0	0.134 2	25.802 0	0.038 76	0.288 8	3.463 1
10	9.313 0	0.107 4	33.253 0	0.030 07	0.280 1	3.570 5
11	11.642 0	0.085 9	42.566 0	0.023 49	0.273 5	3.656 4
12	14.552 0	0.068 7	54.208 0	0.018 45	0.268 4	3.725 1
13	18.190 0	0.055 0	68.760 0	0.014 54	0.264 5	3.780 1
14	22.737 0	0.044 0	86.949 0	0.011 50	0.251 5	3.824 1
15	28.422 0	0.035 2	109.687 0	0.009 12	0.259 1	3.859 3
16	35.527 0	0.028 1	138.109 0	0.007 24	0.257 2	3.887 4
17	44.409 0	0.022 5	173.636 0	0.005 76	0.255 8	3.909 9
18	55.511 0	0.018 0	218.045 0	0.004 59	0.254 6	3.927 9
19	69.389 0	0.014 4	273.556 0	0.003 66	0.253 7	3.942 4
20	86.736 0	0.011 5	342.945 0	0.002 92	0.252 9	3.953 9
21	108.420 0	0.009 2	429.681 0	0.002 33	0.252 3	3.963 1
22	135.525 0	0.007 4	538.101 0	0.001 86	0.251 9	3.970 5
23	169.407 0	0.005 9	673.626 0	0.001 48	0.251 5	3.976 4
24	211.758 0	0.004 8	843.033 0	0.001 19	0.251 2	3.981 1
25	264.698 0	0.003 8	1 054.791 0	0.000 95	0.251 0	3.984 9
26	330.872 0	0.003 0	1 319.489 0	0.000 76	0.250 8	3.987 9
27	413.590 0	0.002 4	1 650.361 0	0.000 61	0.250 6	3.990 3
28	516.988 0	0.001 9	2 063.952 0	0.000 48	0.250 5	3.992 3
29	646.235 0	0.001 5	2 580.939 0	0.000 39	0.250 4	3.993 8
30	807.794 0	0.001 2	3 227.174 0	0.000 31	0.250 3	3.995 0
35	2 465.190 0	0.000 4	9 856.761 0	0.000 10	0.251 0	3.998 4

续表

n	(F/P, i, n)	(P/F, i, n)	(F/A, i, n)	(A/F, i, n)	(A/P, i, n)	(P/A, i, n)
40	7 523.164 0	0.000 1	30 088.655 0	0.000 03	0.250 03	3.999 5
45	22 958.874 0	0.000 04	91 831.496 2	0.000 01	0.250 01	3.999 8
50	770 064.923 2	0.000 001	280 255.692 9	0.000 004	0.250 004	3.999 9
∞					0.250 0	4.000 0

复利系数表（19）

$i=30\%$

n	(F/P, i, n)	(P/F, i, n)	(F/A, i, n)	(A/F, i, n)	(A/P, i, n)	(P/A, i, n)
1	1.300 0	0.769 2	1.000 0	1.000 0	1.300 0	0.769 2
2	1.690 0	0.591 7	2.300 0	0.434 8	0.734 8	1.361 0
3	2.197 0	0.455 2	3.990 0	0.250 6	0.550 6	1.816 1
4	2.856 0	0.350 1	6.187 0	0.161 6	0.461 6	2.166 2
5	3.713 0	0.269 3	9.043 0	0.110 6	0.410 6	2.435 6
6	4.827 0	0.207 2	12.756 0	0.078 4	0.378 4	2.642 8
7	6.275 0	0.159 4	17.583 0	0.056 9	0.356 9	2.802 1
8	8.157 0	0.122 6	23.858 0	0.041 9	0.341 9	2.924 7
9	10.604 0	0.094 3	32.015 0	0.031 2	0.331 2	3.019 0
10	13.786 0	0.072 5	42.619 0	0.023 5	0.323 5	3.091 6
11	17.922 0	0.055 8	56.405 0	0.017 7	0.317 7	3.147 3
12	23.298 0	0.042 9	74.327 0	0.013 5	0.313 5	3.190 3
13	30.288 0	0.033 0	97.625 0	0.010 2	0.310 2	3.223 3
14	39.374 0	0.025 4	127.913 0	0.007 8	0.307 8	9.248 7
15	51.186 0	0.019 5	167.286 0	0.006 0	0.306 0	3.268 2
16	66.542 0	0.015 0	248.472 0	0.004 6	0.304 6	3.283 2
17	86.504 0	0.011 6	285.014 0	0.003 5	0.303 5	3.294 8
18	112.455 0	0.008 9	371.518 0	0.002 7	0.302 7	3.303 7
19	146.192 0	0.006 8	483.973 0	0.002 1	0.302 1	3.310 5
20	190.050 0	0.005 3	630.165 0	0.001 6	0.301 6	3.315 8
21	247.065 0	0.004 0	820.215 0	0.001 2	0.301 2	3.319 8
22	321.184 0	0.003 1	1 067.280 0	0.000 9	0.300 9	3.322 9
23	417.539 0	0.002 4	1 388.464 0	0.000 7	0.300 7	3.325 4
24	542.810 0	0.001 8	1 806.003 0	0.000 5	0.300 5	3.327 2

续表

n	(F/P, i, n)	(P/F, i, n)	(F/A, i, n)	(A/F, i, n)	(A/P, i, n)	(P/A, i, n)
25	705.641 0	0.001 4	2 348.803 0	0.000 4	0.300 4	3.328 6
26	917.333 0	0.001 1	3 054.444 0	0.000 3	0.300 3	3.329 7
27	1 192.533 0	0.000 8	3 971.778 0	0.000 3	0.300 25	3.330 6
28	1 550.293 0	0.000 6	5 164.311 0	0.000 2	0.300 19	3.331 2
29	2 015.381 0	0.000 5	6 714.604 0	0.000 2	0.300 15	3.331 7
30	2 619.996 0	0.000 4	8 729.985 0	0.000 1	0.300 11	3.332 1
31	3 405.994 3	0.000 3	11 349.981 1	0.000 09	0.300 09	3.332 3
32	4 427.792 6	0.000 2	14 755.975 5	0.000 07	0.300 07	3.332 6
33	5 756.130 4	0.000 17	19 183.768 1	0.000 05	0.300 05	3.332 8
34	7 482.969 6	0.000 13	24 939.898 5	0.000 04	0.300 04	3.332 9
35	9 727.860 4	0.000 10	32 422.868 1	0.000 03	0.300 03	3.333 0

复利系数表（20）

$i=40\%$

n	(F/P, i, n)	(P/F, i, n)	(F/A, i, n)	(A/F, i, n)	(A/P, i, n)	(P/A, i, n)
1	1.400 0	0.713 4	1.000 0	1.000 0	1.400 0	0.714 3
2	1.960 0	0.510 2	2.399 8	0.416 7	0.816 7	1.224 4
3	2.744 0	0.364 4	4.359 2	0.229 4	0.629 4	1.588 8
4	3.841 6	0.260 3	7.102 3	0.140 8	0.540 8	1.849 1
5	5.378 2	0.185 9	10.706 6	0.093 4	0.493 4	2.026 8
6	7.529 5	0.132 8	61.349 7	0.016 3	0.416 3	2.402 1
7	10.541 3	0.094 9	23.866 3	0.041 9	0.411 9	2.427 8
8	14.757 9	0.067 8	34.364 2	0.029 1	0.429 1	2.330 5
9	20.661 0	0.048 4	49.261 1	0.020 3	0.420 3	2.379 3
10	28.925 4	0.034 6	69.930 1	0.014 3	0.414 3	2.413 7
11	40.495 7	0.024 7	99.009 9	0.010 1	0.410 1	2.438 4
12	56.693 9	0.017 6	138.888 9	0.007 2	0.407 2	2.455 8
13	79.173 5	0.012 6	196.078 4	0.005 1	0.405 1	2.468 5
14	111.120 1	0.009 0	277.777 8	0.003 6	0.403 6	2.477 7
15	1555.568 1	0.006 4	384.615 4	0.002 6	0.402 6	2.483 9
16	217.795 3	0.004 6	526.315 8	0.001 9	0.401 9	2.488 2
17	304.913 5	0.003 3	769.230 8	0.001 3	0.401 3	2.491 9

续表

n	(F/P, i, n)	(P/F, i, n)	(F/A, i, n)	(A/F, i, n)	(A/P, i, n)	(P/A, i, n)
18	426.878 9	0.002 3	1 111.111 1	0.000 9	0.400 9	2.494 4
19	597.630 4	0.001 7	1 428.571 4	0.000 7	0.400 7	2.495 6
20	836.682 6	0.001 2	2 000.000 0	0.000 5	0.400 5	2.496 9
21	1 171.355 6	0.000 9	3 333.333 3	0.000 3	0.400 3	2.498 1
22	1 639.897 8	0.000 6	5 000.000 0	0.000 2	0.400 2	2.498 8
23	2 295.856 9	0.000 4	5 737.142 3	0.000 17	0.400 17	2.498 9
24	3 214.199 7	0.000 3	8 032.999 3	0.000 12	0.400 12	2.499 2
25	4 499.879 6	0.000 2	11 247.199 0	0.000 089	0.400 09	2.499 4
26	6 299.831 4	0.000 16	15 747.078 5	0.000 064	0.400 06	2.499 6
27	8 819.764 0	0.000 11	22 046.909 9	0.000 450	0.400 05	2.499 7
28	12 347.669 6	0.000 08	30 866.673 9	0.000 032	0.400 03	2.499 8
29	17 286.737 4	0.000 06	43 214.343 5	0.000 023	0.400 02	2.499 85
30	24 201.432 4	0.000 04	60 501.080 9	0.000 017	0.400 016	2.499 89
31	33 882.005 3	0.000 03	84 702.513 2	0.000 012	0.400 012	2.499 93
32	47 434.807 4	0.000 02	118 584.518 5	0.000 008	0.400 008	2.499 94
33	66 408.730 4	0.000 015	166 019.326 0	0.000 006	0.400 006	2.499 96
34	92 972.222 5	0.000 011	232 428.056 3	0.000 004	0.400 004	2.499 97
35	130 161.111 6	0.000 008	352 400.278 9	0.000 003	0.400 003	2.499 98

复利系数表（21）

$i=50\%$

n	(F/P, i, n)	(P/F, i, n)	(F/A, i, n)	(A/F, i, n)	(A/P, i, n)	(P/A, i, n)
1	1.500 0	0.666 7	1.000 0	1.000 0	1.500 0	0.666 7
2	2.250 0	0.444 4	2.500 0	0.400 0	0.900 0	1.111 1
3	3.375 0	0.296 3	4.644 7	0.210 5	0.710 5	1.407 4
4	5.062 5	0.197 5	8.124 8	0.123 1	0.623 1	1.604 9
5	7.593 8	0.131 7	13.187 4	0.075 8	0.575 8	1.736 7
6	11.390 6	0.087 8	20.781 4	0.048 1	0.548 1	1.824 4
7	17.085 9	0.058 5	32.175 0	0.031 1	0.531 1	1.883 9
8	25.628 9	0.039 0	49.261 1	0.020 3	0.520 3	1.922 0
9	38.443 4	0.026 0	74.906 4	0.013 4	0.513 4	1.948 0
10	57.665 0	0.017 3	113.378 7	0.008 8	0.508 8	1.965 3

续表

n	(F/P, i, n)	(P/F, i, n)	(F/A, i, n)	(A/F, i, n)	(A/P, i, n)	(P/A, i, n)
11	86.497 6	0.011 6	170.940 2	0.005 9	0.505 9	1.965 3
12	129.746 3	0.007 7	257.732 0	0.003 9	0.503 9	1.984 6
13	194.619 5	0.005 1	387.596 9	0.002 6	0.502 6	1.989 7
14	291.929 3	0.003 4	581.395 3	0.001 7	0.501 7	1.993 1
15	437.893 9	0.002 3	877.193 0	0.001 1	0.501 1	1.995 5
16	656.840 8	0.001 5	1 315.789 4	0.000 8	0.500 8	1.997 0
17	985.261 3	0.001 0	1 960.784 3	0.000 5	0.500 5	1.998 0
18	1 477.891 9	0.000 7	2 941.176 5	0.000 3	0.500 3	1.998 6
19	2 616.837 8	0.000 5	4 347.826 0	0.000 23	0.500 2	1.999 1
20	3 325.256 7	0.000 3	6 666.666 7	0.000 15	0.500 2	1.999 4
21	4 987.885 1	0.000 2	10 000.000 0	0.000 10	0.500 1	1.999 6
22	7 481.827 6	0.000 13	14 285.714 3	0.000 07	0.500 07	1.999 7
23	11 222.741 5	0.000 09	22 443.482 9	0.000 046	0.500 04	1.999 8
24	16 834.112 2	0.000 06	33 666.224 4	0.000 030	0.500 03	1.999 88
25	25 251.168 3	0.000 04	50 500.336 6	0.000 020	0.500 02	1.999 92

复利系数表（22）

(P/G, i, n)

n	2%	4%	6%	8%	10%	15%	20%	25%	30%	40%	50%
1	0.00	0.00	0.00	0.00	0.00	0.00	0.00	0.00	0.00	0.00	0.00
2	0.96	0.92	0.89	0.86	0.83	0.76	0.69	0.64	0.59	0.51	0.44
3	0.85	2.70	2.57	2.45	2.33	2.07	1.85	1.66	1.50	1.24	1.04
4	5.62	5.27	4.95	4.65	4.38	3.79	3.30	2.89	2.55	2.02	1.63
5	9.24	8.55	7.93	7.37	6.86	5.78	4.91	4.20	3.63	2.76	2.16
6	13.68	12.51	11.46	10.52	9.68	7.94	6.58	5.51	4.67	3.43	2.60
7	18.90	17.07	15.45	14.02	12.76	10.19	8.26	6.77	5.62	4.00	2.95
8	24.88	22.18	19.84	17.81	16.03	12.48	9.88	7.95	6.48	4.47	3.22
9	31.57	27.80	24.58	21.81	19.42	14.76	11.43	9.02	7.23	4.86	3.43
10	38.96	33.88	29.60	25.98	22.89	16.98	12.89	9.99	7.89	5.17	3.58
11	47.00	40.38	34.87	30.27	26.40	19.13	14.23	10.86	8.45	5.42	3.70
12	55.67	47.25	40.34	34.63	29.90	21.19	15.47	11.60	8.92	5.61	3.78
13	64.95	54.45	45.96	539.0	33.38	23.14	16.59	12.26	9.31	5.76	3.85

续表

n	2%	4%	6%	8%	10%	15%	20%	25%	30%	40%	50%
14	74.80	61.96	51.71	43.47	36.80	24.97	17.60	12.83	9.64	5.88	3.89
15	85.20	67.47	57.55	47.89	40.15	26.69	18.51	13.33	9.92	5.97	3.92
16	96.13	77.74	63.46	52.26	43.42	28.30	19.32	13.75	10.14	6.04	3.95
17	107.56	85.96	69.4	56.59	46.58	29.78	20.04	14.11	10.33	6.08	3.96
18	119.46	94.35	75.36	60.84	49.64	31.16	20.68	14.42	10.48	6.13	3.97
19	131.81	102.89	51.31	65.01	52.58	32.42	21.24	14.67	10.60	6.16	3.98
20	144.60	111.56	87.23	69.09	55.41	33.58	21.74	14.89	10.70	6.18	3.99
21	157.80	120.34	93.11	73.06	58.11	34.65	22.17	15.08	10.78	6.20	3.99
22	171.38	129.20	98.94	76.93	60.69	35.62	22.56	15.23	10.85	6.21	3.99
23	185.33	138.13	140.70	80.67	63.15	36.50	22.89	15.36	10.90	6.22	4.00
24	199.63	147.10	110.38	84.30	65.48	37.30	23.18	15.47	10.94	6.23	4.00
25	214.26	156.10	115.97	87.80	67.70	38.03	23.43	15.56	10.98	6.24	4.00
26	229.20	165.12	121.47	91.18	69.79	38.69	23.65	15.64	11.01	6.24	4.00
27	244.43	174.14	126.86	94.44	71.78	30.29	23.84	15.70	11.03	6.24	4.00
28	259.94	183.14	132.14	97.57	73.65	39.83	24.00	15.75	11.04	6.24	4.00
29	275.71	192.12	137.31	100.57	75.42	40.32	24.14	15.80	11.06	6.25	4.00
30	291.72	201.06	142.36	103.46	77.08	40.75	24.26	15.83	11.07	6.25	4.00
35	374.88	244.88	165.74	116.09	83.99	42.36	24.66	15.94	11.10	6.25	4.00
40	461.99	286.53	185.96	126.04	88.95	43.28	24.85	15.98	11.11	6.25	4.00
45	551.57	325.40	203.11	133.73	92.45	43.51	24.93	15.99	11.11	6.25	4.00
50	642.36	361.16	217.46	139.59	94.89	44.10	24.97	16.09	11.11	6.25	4.00

复利系数表（23）

$$(R/G, i, n) = \left[\frac{1}{i} - \frac{n}{(1+i)^n - 1}\right]$$

n	2%	4%	6%	8%	10%	15%	20%	25%	30%	40%	50%
1	0.00	0.00	0.00	0.00	0.00	0.00	0.00	0.00	0.00	0.00	0.00
2	0.50	0.49	0.49	0.48	0.48	0.47	0.45	0.44	0.43	0.42	0.40
3	0.99	0.97	0.96	0.95	0.94	0.91	0.88	0.85	0.83	0.78	0.74
4	1.48	1.45	1.43	1.40	1.38	1.33	1.27	1.22	1.18	1.09	1.02
5	1.96	1.92	1.83	1.85	1.81	1.72	1.64	1.56	1.49	1.36	1.24
6	2.44	2.39	2.33	2.28	2.22	2.10	1.98	1.87	1.77	1.58	1.42
7	2.92	2.84	2.77	2.69	2.62	2.45	2.29	2.14	2.01	1.77	1.56

续表

n	2%	4%	6%	8%	10%	15%	20%	25%	30%	40%	50%
8	3.40	3.29	3.20	3.10	3.00	2.78	2.58	2.39	2.22	1.92	1.68
9	3.87	3.74	3.61	3.49	3.37	3.09	2.84	2.60	2.40	2.04	1.76
10	4.34	4.18	4.02	3.87	3.73	2.38	3.07	2.80	2.55	2.14	1.82
11	4.80	4.61	4.42	4.24	4.06	3.65	3.29	2.97	2.68	2.22	1.87
12	5.26	5.03	4.81	4.60	4.39	3.91	3.48	3.11	2.80	2.28	1.91
13	5.72	5.45	5.19	4.94	4.70	4.14	3.66	3.24	2.89	2.33	1.93
14	6.18	6.87	5.56	5.27	5.00	4.39	3.82	3.36	2.97	2.37	1.95
15	6.63	6.27	5.93	5.59	5.28	4.56	3.96	3.45	3.03	2.40	1.97
16	7.08	6.67	6.28	5.90	5.55	4.75	4.09	3.54	3.09	2.43	1.98
17	7.53	7.07	6.62	6.20	5.81	4.93	4.20	3.61	3.13	2.44	1.98
18	7.97	7.45	6.96	6.49	6.05	5.08	4.30	3.67	3.17	2.46	1.99
19	8.41	7.83	7.29	6.77	6.29	5.23	4.39	3.72	3.20	2.47	1.99
20	8.84	8.21	7.61	7.04	6.51	5.37	4.46	3.77	3.23	2.48	1.99
21	9.28	8.58	7.92	7.29	6.72	5.49	4.53	3.80	3.25	2.48	2.00
22	9.71	8.94	8.22	7.54	6.92	5.60	4.59	3.84	3.26	2.49	2.00
23	10.13	9.30	8.51	7.78	7.11	5.70	4.65	3.86	3.28	2.49	
24	10.55	9.65	8.80	8.01	7.29	5.80	4.69	3.89	3.29	2.49	
25	10.97	9.99	9.07	8.23	7.46	5.88	4.74	3.91	3.30	2.49	
26	11.39	10.33	9.34	8.44	7.62	6.96	4.77	3.92	3.30	2.50	
27	11.80	10.66	9.60	8.64	7.77	6.03	4.80	3.93	3.31	2.50	
28	12.21	10.99	9.86	8.83	7.91	6.10	4.83	3.95	3.32		
29	12.62	11.31	10.10	9.01	8.05	6.15	4.85	3.96	3.32		
30	13.02	11.63	10.34	9.19	8.18	6.21	4.87	3.96	3.32		
35	15.00	13.12	11.43	9.96	8.71	6.40	4.94	3.99	3.33		
40	16.89	14.48	12.36	10.57	8.10	6.52	4.97	4.00			
45	18.70	15.70	13.14	11.04	9.37	6.58	4.99				
50	20.44	16.81	13.80	11.41	9.57	6.62	4.99				

参 考 文 献

黄仕诚，1997．建筑工程经济与企业管理[M]．3版．北京：中国建筑工业出版社．
李雪淋，刘辉．2007．工程经济学[M]．北京：人民交通出版社．
张凌云，2015．工程造价控制[M]．3版．北京：中国建筑工业出版社．
刘云月，余剑英，2018．建筑经济[M]．3版．北京：中国建筑工业出版社．
全国一级建造师执业资格考试用书编写委员会，2020．建设工程经济[M]．北京：中国建筑工业出版社．
田恒久，吴艳，2021．工程经济[M]．4版．武汉：武汉理工大学出版社．
袁媛，迟晓明，2021．工程造价案例分析[M]．4版．北京：机械工业出版社．